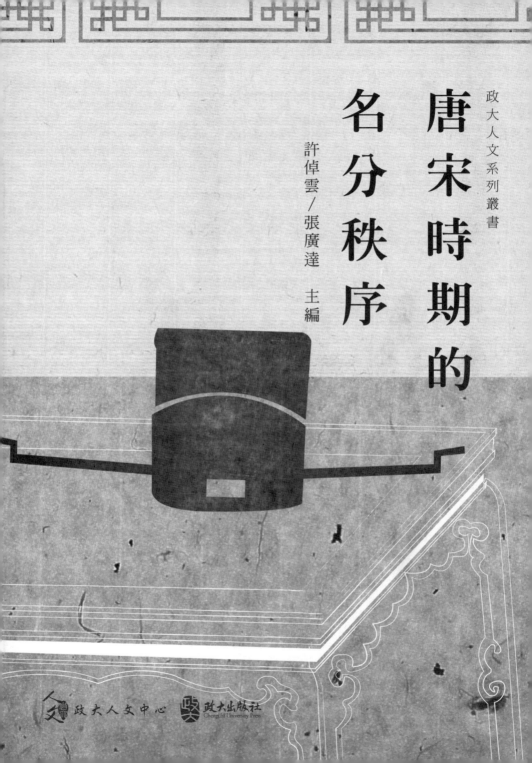

政大人文系列叢書

唐宋時期的
名分秩序

許倬雲／張廣達　主編

政大人文中心　政大出版社
Chengchi University Press

國家圖書館出版品預行編目 (CIP) 資料

唐宋時期的名分秩序 / 許倬雲,張廣達主編 . -- 初版 .
-- 臺北市:政大出版社出版:政大發行, 2015.07
面; 公分
ISBN 978-986-6475-74-0 (平裝)

1.中國政治制度 2.唐代 3.宋代 4.文集

573.14   104012372

政大人文系列叢書

唐宋時期的名分秩序

主　　編	許倬雲　張廣達
著　　者	許倬雲　王德權　沈宗憲　廖敏淑
	張廣達　張啟雄　林冠群　童長義
發 行 人	周行一
發 行 所	國立政治大學人文中心
出 版 者	政大出版社
執行編輯	蕭淑慧　林淑禎
校　　對	張雨捷　李佳若
封面設計	談明軒
地　　址	11605 臺北市文山區指南路二段 64 號
電　　話	886-2-29393091#80625
傳　　真	886-2-29387546
網　　址	http://nccupress.nccu.edu.tw
經　　銷	元照出版公司
地　　址	10047 臺北市中正區館前路 18 號 5 樓
電　　話	886-2-23756688
傳　　真	886-2-23318496
網　　址	http://www.angle.com.tw
戶　　名	元照出版有限公司
郵撥帳號	19246890
法律顧問	黃旭田律師
電　　話	886-2-23913808
排版印刷	中華彩色印刷股份有限公司
初版一刷	2015 年 7 月
定　　價	360 元
I S B N	9789866475740
G P N	1010401129

政府出版品展售處
・國家書店松江門市:104 臺北市松江路 209 號 1 樓
・電話:886-2-25180207
・五南文化廣場臺中總店:400 臺中市中山路 6 號
・電話:886-4-22260330

目　次

序文

許倬雲
國立政治大學歷史學系講座教授

　　這本文集包括七篇文章，其涉及的主題是唐宋政治與名分觀念。其中三篇，是有關國內的政治，另外四篇則是牽涉國際關係與外國對於中國名分觀念之處理。

　　「名分」當然是儒家思想中，相當重要的一部分。孔子主張「名不正則言不順」，就是為了要端正古代封建制度正在轉變時，發生的一些社會變化，以及因此引發的，對於原本階級分野的影響。中國儒家的觀念，國家的政治並不只是「公」的部分，也會涉及人與人之間，「私」的部分，種種不同的關係。公和私之間不是對立，而是人際倫理的不斷延伸。司馬光撰寫《資治通鑑》，第一條「臣光曰」就是：「臣聞天子之職莫大於禮，禮莫大於分，分莫大於名。」所以，「齊家、治國、平天下」是從個人的修養開始，一步步經過「私」的領域，延伸到政治領域，天子之職在於確立名分，皇權制度下最大的「公」，也就是所謂天下。

　　先談有關國內政治與名分的關係。第一篇是關於唐代官職的名分觀念。王德權教授特別指出，唐代官員的身分由一連串的銜頭界定。凡是讀過唐代墓誌銘者都會發現，不僅墓主的銜頭會有許多不同的名稱，墓誌銘的作者和書寫墓碑的書法家，也都要列出一連串不同的名號。這些名號包括，有關官階的「散」、「中大夫」，或者「司徒」等等。有關他自己職務，例如，「工部員外郎」。「功」、「勳」、「爵、食邑」等等榮耀，然後還要加上「賜金魚袋」等等，我們看來不知所云的銜頭。凡此不同的名稱，實際上都反映唐代官僚組織的擴

張，以至於不能再用單純的階級和官銜，代表一個人的官階和他的職務。漢代的制度相當簡單：一個官員，他的官階是「俸祿」，例如，「二千石」、「八百石」；他的職務，則是「三公」、「九卿」、「六部」、「院」「台」「郡守」、「縣令」等等。經過漢代五百年的演變，再加上魏晉南北朝長期的不安定，與這一時期階級社會的出現，簡單的文官制度，不再能夠適應比以前複雜的實際情形，於是才有種種不同的名稱，有的代表身分，有的代表官職，有的代表官階的高低，以及臨時被派遣的任務。

唐代只是總結這一類的習慣，以至於每個官員都背上一大串不同的名號。王教授指陳的現象，最主要的部分，乃是以「散」職，代表中央政府的職位，不過某一個官員的工作，卻不一定是在這職位上服務，而是要接受另外一個任務，其實就是「使職」，也就是被派的臨時工作。例如，各道的「安撫使」、「轉運使」，以及武職的「節度使」，都是派遣。到了晚唐，又常常以「檢校」、「兼」、「領」等等名義，當作一種榮譽，封賞給地方高官。這種類似「使職」的銜頭，其實是虛銜，只是表示這個外官，具有「京官」的身分。

「金魚袋」、「銀魚袋」這一類的名稱，乃是一種特殊的身分證明，表示這位官員可以直接到達內廷的某一處。持有「金魚袋」的官員，可以直接到達內廷，而「銀魚袋」就不能進入最內層。

差遣與特殊榮譽的賞賜，都不過說明了君主地位提高，公務員的職位，並不必然是他的職務，君主有權隨時調動，擁有原有職務的工作人員，擔任其他任務。外官必須具有京官的身分，或者內廷職位的虛銜，才是與君主親近的重要人物。宋代的文官制度，「差遣」是真正的職務，他原來的職務卻是由別人擔任。這一個變化，其源頭實際上在唐代已經出現了。王德權教授要說明的重點，也正是提出了「唐宋變革」的延續性。而他著重「名分」，也正是因為他注意到，由韓愈代表的唐代思維：重新整頓儒家思想「名實相符」的理想。

　　關於沈宗憲教授，宋代「詔葬」的論文，也是討論上一篇文章類似的現象，象徵君權的重要性。大臣要員、皇親國戚死後，都可能由皇帝特命，安排他們的葬禮。作者的討論，特別提到這一類的榮譽，非常注重死者本身的地位，尤其與皇室的關係。宋人對於這個制度，也有相當多的討論，例如，歐陽修、范仲淹都特別指出，「詔葬」是國庫的負擔。但是，宋代仍不斷有「詔葬」的榮譽，賦予重臣和皇親。我們必須注意到：宋代的封號，例如，「國公」等等，其實是虛銜，並不代表任何實質的意義。自從太祖杯酒釋兵權以後，勳臣大將並不受重視，死後的哀榮只是補償而已。宋代的宗室和外戚，在中國歷代皇朝之中，是最沒有實際地位的一批貴族。宋太宗奪取帝位，從此對於宗室常具戒心。於是宋代的宗室不能領兵，也不能擔任宰輔，他們得到的一些俸祿，其實也有限。在本文中，有一個例子，就是太祖的後裔，窮得家中不能安排喪禮，才由皇帝特命「詔葬」。

　　「唐宋變革」而論，「詔葬」榮典，也許正說明了宋代已經沒有真正的世襲「貴族」，皇權是唯一可以世襲的社會地位。相對於唐代，則是極大的改變；相對於從東漢以後，世族出現以及南北朝的貴族社會，宋代是走向君權獨尊，其他人都不過是君主的臣民而已。

　　關於廖敏淑教授大作，外邦人，在唐代的「治外法權」。廖教授特別指陳，外國的商人，在中國都受到特別的待遇，由他們自己的領袖，按照外人自己的習慣風俗，管理這些外商、外僑。最著名的例子，當然是廣州的「蕃坊」，幾乎類似近代的租界。不過，我們必須理解，近代的租界，其「治外法權」乃是因為侵華的帝國主義者，不願意由中國法律管理他們的僑民。唐代的措施，則是在唐代還是非常強盛時，那些經過絲路進入中國的粟特商人，就由他們自

己的領袖，以「薩寶」的名義，處理長安周圍居住的胡人。孔子的時代，由於中原的華夏圈和南方的楚國，北方的戎狄，都不斷有衝突，中原不免強調華夷之分：五服之外圈，夷不亂華，所以夷人自己管，外人不在華夏的管轄之下。

張廣達教授的宏文，論述北方諸族的更替，與中國朝代與北方各族的相應。格局宏闊，議輪精闢。

為了與本書其他部分，有所呼應，我想提出幾個概念，或是作者論述中的關鍵。

中國北方，由天山到遼東，是一個廣漠的開放空間。雖有沙漠，仍以草原與丘陵為主。這一大片高緯度的亞洲大陸，不適於農耕；數千年來，這裡的居住族群，通常以漁獵和游牧為生。空間廣大，東西奔馳，並無難以跨域的天險。生態相近，生活方式也相近，於是，這一地區的族群，強并弱，眾暴寡，許多困難本來不屬一族的部落，往往併入強大的盟主。北方大陸稱霸的族群，原來也不過是一般部落，勢力大了，那些低頭服從的不同部落，也都成為主流族群的一部分。這一過程，弱者的領袖認強者盟主為父、兄，自居為子、弟，並不少見。至於單于、可汗代表稱號，乃是領袖的通稱，未必有嚴格的上、下之名分。

中國的儒家，創於春秋時代。那是一個封建體制的時代。周人原來的封建體制，君統與宗統疊合，君、父二詞，神聖不可侵犯。於是，殘唐、五代，認父、養子胡風，在中國讀書人的心目中，乃是名分的極端錯亂。宋人敗於女真，屈服講和，歲幣數目可以讓步，二國君主間的名義，卻常是爭執的重點。

宋儒重名分，乃是唐宋儒家復興的一部分。自從南北朝以來，北方為胡人主宰，北魏至李唐，經過數百年磨合，胡人出身的皇室終於被漢文化涵化，唐代逐漸成為中國正統朝代，中唐開始，儒家爭回文化正統，宋代繼五代混亂之餘，更必須高舉文化本位的護衛者身分，

才能在武力不振的惡劣情勢下，至少努力恢復儒家居於文化主流的身分。

　　張啟雄教授關於宋代與遼人、金人的往來，都牽涉到兩國君主與宋皇室的對等身分，有時候是兄弟，有時候是叔侄。這種國與國之間的關係，界定為親屬身分：反映前面所說，「公」和「私」的延續性，天下關係終於以親屬的地位，作為界定的網絡。這一現象，也許是套用東周封建親戚的舊制度，周代封建只有自己的親戚和子弟，才能編制為封建系統：君統和宗統是合一的。也正因為儒家的這一主張，唐代不斷以帝室「李」姓，賞賜給外國的臣屬。許多胡人的部落酋長，投降之後，幾乎都會賜姓「李」氏。最著名的當然是沙陀的酋長，後來居然建立了後唐，號稱自己是「李」氏的宗室。

　　往回追溯，漢代和親，不斷以公主下嫁匈奴，匈奴單于常常自稱為漢氏的外甥。在五胡亂華時，第一波進入中國的胡人，是匈奴人劉淵，他自稱是劉氏外甥，可以繼承已經覆亡的劉氏政權。

　　宋代的中國，並不是第一次與敵國攀親戚。五代的石敬瑭，由契丹冊封為皇帝，號為「兒皇帝」。對於中國人，稱他人為「父」是極為羞恥之事。然而，草原上的民族，結拜兄弟，和認作父子，乃是結盟的方式。唐室猶有胡人舊俗，前述「賜姓」，也是這一舊俗的實踐。唐代河北藩鎮，常常有主將籠絡部屬，收為「義子」的習慣。宋人在疆場上失敗，又不願意做兒皇帝，就只能爭取叔侄或是兄弟的身分。而且斤斤較量，稍微過得去的時候，就以皇室繼承的世代，爭取自己是叔叔，對方的小皇帝是姪子。這種「名分」之爭，則是列國制度的另一表現方式：中國不再是「天下」的共主，只不過是列國共存的國際社會中的一員。

　　林冠群教授與童長義教授，分別討論有關吐蕃和日本的兩篇文章：他們涉及的現象，有相當的類似性。這兩個國家，都在中國邊緣，從來沒有做過中國的屬國，可又都曾經接受中國文化的影響。兩

個國家的成立過程，都是從許多地方勢力，經過相當激烈的競爭，才形成了一個獨立的國家。吐蕃成為國家，是在中國漢代的時候，促進統一的因素，是各地「苯教」的僧侶，促成了各地的部落領袖，接受「贊普」的領導。吐蕃一度成為東方的強國，可是國內的政治，常常並不穩定。政教之間，經常有矛盾，君主失去權力的時候，可能就有攝政者掌權，「贊普」的輔助者，也常常是僧相。唐、蕃之間，曾經多次盟約，西元822年，「長慶會盟」的石碑，今天仍舊站立在西藏拉薩。這個碑名上，「贊普」的稱號是「聖神」，而參加盟約實際的首長，則是一位「僧相」。

日本的情形也很類似。神武天皇，日本皇統的創始者，其實就是當時大的女巫卑彌呼。在這個時候，日本的若干部落，才統一為一個國家。代表皇室權威的銅劍、銅鏡，和玉勾三寶，都是宗教性的法器。日本的神道教是國教，天皇實際上是最高的祭司；一直到二戰以後，才被美國代訂的憲法規定，天皇始喪失了「神性」。這一現象，正是和吐蕃皇權的宗教性相當類似。日本國內政治，始終有各地強大的勢力，崛起為霸主。「武家」常常篡奪「公家」的權力，於是，在日本國內政治，確定名分、尊王攘夷，常是日本國內政爭的焦點。日本自己以為是另外一個「天下」，和中國是平行的。可是，日本又常常希望，得到中國的承認。從南朝開始，一直到唐宋，日本常常爭取取得中國的名號。當地群雄的霸主，日本的實質統治者，接受中國的封號為「日本國王」，而仍舊將天皇放在國王之上，自詡日本的天皇，乃是從來沒有向中國屈服的日出處皇帝。在日本的名分之爭，因此既是國內君臣之間的相對權力，也牽涉到中日之間的相對地位。

這七篇文章，從不同的角度，討論不同的問題，而其中代表的現象，都是名義和實質之間的差距。中國當時的學者們，希望以儒家的秩序，解決中國的混亂。同時，以日本而論，也是日本接受了中國文化以後，希望借重中國的儒家秩序，解決國內自己的權力糾紛，同時

處理中日之間，複雜的相對關係。總結而論，中國的唐代以後，不可能再自以為是「天下」，宋代以後，中國是列國體制之一員。中國常常在天下共主與列國體制之間，借用名分做為調解。因此，唐宋對於「名分」的關心，一方面，反映中唐以後，儒家學者回歸儒家理念的努力。另一方面，又是因應當時特有的問題，採取權宜之計。這種特殊的時空背景，在上述兩種情形，均有其制約作用。唐宋變革，許多方面，肇始於中唐；畢竟是延續進行的過程；變與不變，當作如是解。

導論

許倬雲

國立政治大學歷史學系講座教授

　　國立政治大學同仁有一個集體研究計畫，選擇中國歷史各時代特殊的現象，加以闡釋。這一個論文集，就是聚焦於唐宋之間，出現的名分問題。唐宋之間最大的課題，就是所謂「唐宋轉移」，其問題來源，應追溯到內藤湖南關於中古史轉移到近代史的討論。世界各處學者圍繞這個題目，分別提出唐宋之間，乃是一個主要的轉換點，有人以為，唐宋之間是割裂，也有人以為，唐宋之間乃是延續。

　　中國的中古史，在中國傳統史學上，也只是以朝代排列，作為長期中國歷史的一部分。「中古史」的觀念，毋寧是從西洋中古史借用。內藤的討論，乃是肯定如此借用的重要含意。

　　東方和西方歷史發展，並不必然同步。只是，「中古」這一段，的確有相當相似之處，尤其在「中古」時段開始的階段，都因為在西方稱為蠻族，在中國稱為胡人，幾乎不約而同，分批侵入農耕文明的地區。從這些蠻族入侵引發的現象，確實有若干相似之處。

　　這些大批蠻族，或是胡人的入侵同時發生。今天的史學家，無論東方、西方，都注自於全球性氣候轉變，在那個時候，分別呈現於歐亞兩個大陸。在中國史方面，竺可楨和許靖華分別提出，氣候轉變的大現象。他們分別從物候失常和樹木年輪冰層厚薄等等資料，指出在西元第1世紀到第6世紀之間，東亞大陸經歷了一個寒冷期，尤其在西元300年到500年之間，可謂寒冷曲線的谷底。我自己也曾經，從中國正史的祥瑞、五行等志書，找出氣候異常的記載。我發現，中國北方和南方，如果以秦嶺淮河為界，寒冷的現象起伏程度，北方非常劇

烈，南方呈現的曲線，則相當緩和。

　　回到歷史上記載的民族移動，在本文集中，張廣達先生的專論，有相當詳細的論述。簡而言之，東漢大規模討伐匈奴，匈奴大敗，正是北方大草原上極度寒冷，牛羊大量凍死，草原長期生態不佳，匈奴的勢力削弱，中國的北伐，才能成功。匈奴餘部從中國向西移動，惹起一波又一波，中亞、西亞腹地南北的遷徙，西方學者認為，歐洲蠻族入侵的現象，乃是由於中亞地帶，大批亞歷安族群一波一波，推骨牌現象，侵入歐洲本土，完全改變了歐洲的民族分布狀態。

　　以中國北方而論，從東北到西北，匈奴移走後，邊緣民族也紛紛向南侵犯，他們不能在大漠草原上久留，必然一波一波侵壓中國邊境。三國結束，西晉早期，匈奴等「五胡」，都已經分別在中國北方邊境立足。中國內部的八王之亂，中原無主，這些在邊境待機而動的胡人，分別進入中國，建立自己的部落國家。五胡之一，羯人的形貌，高鼻多鬚，可能就是西部雅利安人。東漢時，羌人還沒有形成大部落，也沒有君長制度。中國和西域之間開拓絲路，羌人原居地正在絲路之上，接受了西域和中國的影響，而且發展了青海大草原周邊的農業，種植羌麥。馬超、姜維的涼州軍事力量，莫不以羌騎、羌麥為其基礎。氐人與羌人鄰居，也是在這個基礎上，發展了新生的力量。東北方向，漢末曹魏時代，丁零、烏桓，都已經進入中國邊疆；後面跟著上來的，則是大批鮮卑部落，很迅速地，鮮卑成為五胡中最強大的一支力量。中國北朝，前半段是五胡紛爭，後半段則是鮮卑人建立的拓跋魏，和其延伸而出的北齊、北周。

　　他們進入中國地區，其漢化經過，乃是中國歷史上一般知識，此處毋需贅述。值得注意者，這一個長時期的胡人入侵，不僅是胡人移居中國，改變了中國北方人群成分：胡人固然漢化，漢人也有一些人群經歷相當程度的胡化。這一過程是雙向的。必需注意者，秦漢帝國編戶齊民的帝國體制，經過這一衝擊，先是有主奴之分，後來卻又有

貴族與庶民之分的普遍現象。不論漢人、胡人的貴族階層，都分別掌握了各自能夠控制的人口，不受中央政府的直接管轄。

在南方中國亦復如此，永嘉南遷，大批北方漢人，向東南和華南移動，建立新的家園。在東漢時開始，南方已經逐漸開發，三國時代，吳、蜀兩國，分別努力開拓南方山林地區。南北朝時代，北方南下的大族，和南方土著的領袖階層，也構成了新的貴族，分別控制一部分人口。南方建立的政權，也不能以帝國體制，直接管理國家人民。

隋唐帝國一方面是北方拓跋大帝國的延伸，其統治階層，實際上就是拓跋魏貴族的後代；另一方面，隋唐恢復漢人國家的體制，以帝國的結構統治了南方，重建了中國的正統朝代。這是兩元結構，所以，唐太宗兼有天可汗和中國天子的身分。唐代除了漢土是帝國的本部，羈縻州府數以百計，分布東起於大海，西至蔥嶺的廣大地區。各處的部落和小國，都領有大唐州府的名號。有些部分，例如，今日新疆高車等處，也確實實行唐代帝國戶口編制。這個兩元大帝國，可說沒有邊界，以日本為例，一方面接受大唐文化，例如律令制度；另一方面，又自稱為天皇的國家。

唐代重新規劃，漢代留下來的帝國體制，在行政制度上，基本上是延續秦漢的郡縣制度，改稱為道、府、州、縣。在初唐時期，從唐律可以反映，貴族擁有部曲，主奴之間有身分的差別，其權利、義務並不對等。在政府的執政層次，也保留了

世族大家占有特殊優勢的局面。可是，從武則天以後，唐代皇權也逐漸恢復秦漢體制，藉由科舉推薦，從庶人常民中，選出人才，代替貴族。這一個現象，在陳寅恪的「唐代政治史略論」，已經有相當的敘述。

這一以平民取代貴族，乃是漸進的過程，很難真正劃分分隔點。個別官員的職務、地位、身分，都需要面面顧全。中唐以後，內困於

宦寺，外困於藩鎮，皇權有必須遷就其間。於是，整個唐代，不斷以官稱、榮銜等等制度，界定逐漸轉變過程中，個別官員所占有的政治權力和地位。本文集中王德權指出唐代名分問題，就是針對這一個現象，而提出的討論。

隋唐之初，正是伊斯蘭教興起的時候，從阿拉伯沙漠崛起的力量，秉承狂熱的宗教信仰，如秋風掃落葉，迅速地籠罩了中亞的大部分和整個中東。阿拔斯王朝，吞滅了原有接受希臘文明和波斯文明建立的國家。安西都護高仙芝兵敗拖邏斯河，大唐帝國從此退出中亞。中亞地區的粟特語族群，中國史書上的昭武九姓，以及波斯國的餘眾，在大唐天下國家體制下，他們是大唐的百姓，大唐帝國必須接納他們。於是，粟特語群的胡人，一批一批遷入中國，分別安置在西起靈州，東至營州，分布於華北。

其實，因為粟特語族群是絲路上主要的貿易者，胡商大多是粟特語後人，他們經營商業，分散各處，早就落腳於長城以南，草原與漢地之間的道路上。他們由自己的「薩寶」管理，毋寧享有治外法權。盛唐時，長安市上，胡人來去，視同尋常。

安史之亂，是中國歷史上的大事情。赫赫大唐帝國，漁陽鼙鼓，一蹶不振。安、史二人，論及姓氏，都是粟特語姓名，而他們血統號稱雜胡，當然又是因為各種胡人婚媾以後，形成了一些來源混雜的人口。後來，昭武九姓之中，以沙陀為例，則如上述，中亞有伊斯蘭興起，因而大批移入中國。殘唐五代，爭奪天下的武裝力量，沙陀軍人乃是重要成分。

從盛唐以後，出現於中國的這些族群，以不同的方式，顛覆了大唐的帝國秩序。安史之亂平定，北方藩鎮並不接受中央號令，各處帝國軍隊也通常是胡兵番將，那些從中亞故居流入中國的流浪漢。這一番擾亂，要到宋代建立以後，方才逐漸安定。因此，從盛唐到五代，長長數百年，實際上是不斷調整的時代。帝國的統治體制和社會結

構，喪亂之中，必須尋找新的平衡。因此，所謂「華夷之辨」、「君臣之分」， 在重新安頓帝國結構時，朝、野議論禮制，都是必須處理的重要課題。從盛唐到宋代，二百年之久，乃是歷史大轉變的關口。許多變化逐漸進行，很難真正切斷，確認分隔點。

北方擾亂不停，人口不斷移向比較安全的南方。人口南移的大趨向，自東漢以來，從未停步；永嘉之亂，南移人口數量，更為巨大。隋唐時代，國家統一，但是南部人口並未北返。安史之亂以後，又是延續不停的移民南方。這一波的浪潮，在五代時期又到了高潮。北宋統一時，淮水以南的人口，已經占了全國總比例的百分之六十，甚至於更多。

如前所述，南方的氣候，即使在東亞最寒冷的時代，也還比北方溫暖而穩定。這一條件，當然使南移的居民，很容易發展比較富足的經濟。於是，南方居民點，從三國開始，以至宋代，不斷地增加，地方行政單位，愈形密集。以農業生產而論， 因為開發山區的土地，以及從河流、湖泊，築圩填土，轉為良田，南方的耕地面積，早就超過了北方。

南方的農作物，也因為與各處的土著接觸，取得許多新的農作物品種。單以稻作而論，中南半島發展的占城早熟稻，引進入中國，在南方普遍種植，大幅增加了稻米的產量。種植甘蔗，以及學得印度製造蔗糖的技術，使南方又增加新的經濟作物。唐代開始，飲茶的習慣，已經相當普遍。而且鄰近的北方民族，也學習飲茶。中唐以後，南方各地普遍種植茶樹，茶葉生產迅速地發展。中國的茶，成為國際貿易的重要商品，從日本到中亞，飲茶，成為日常生活。以上各種經濟作物出現，毋寧使南方的經濟，逐漸脫離純粹生產食糧的農業經濟。

在其他技術方面，冶金、陶瓷、紡織、印染、印刷書籍，都有快速的成長。先說紡織，北方氣候寒冷，桑樹不易成長，絲帛業逐漸轉

移南方；從中唐以後，江淮以南迅速發展為中國紡織業的主要產地。同時，織物的原料，也擴大為麻、葛、木棉。這些本是適應南方氣候的植物，一旦成為絲帛以外的紡織原料，南方的紡織手工業，就因此更為壯大。

五代到宋的中國，南北各處，都出現了不同特色的陶瓷產品。過去只在北方製作的陶瓷，例如，鈞窯、定窯、邢窯等等，都在北方，然而，五代以後，南方的名窯，普遍出現於浙江、福建、江西、湖南、安徽等處，景德鎮成為中國的瓷都。近代發現的宋代沉船，幾乎都已運送瓷器，遠販於中東和非洲。

宋代的鋼鐵產量，當時世界第一，甚至於比後世西方產業剛開始時的一個世紀，英國、法國生產的鋼鐵量還要巨大。中國從中東和中亞，學到的冶金技術，加以改進，使中國的鐵器，質地、品類冠極當時，產品普遍銷售於東亞各地。佛山鎮成為中國的冶鐵名城。在東南亞各地考古發現，中國的鐵器和瓷器，比比皆是。

以上各種工業生產，不僅發展了個別產業，而且引發了普遍的都市化現象。交通要道的交叉點，都形成重要的商業城市，例如，朱仙鎮、漢口鎮，以及江南無數的市鎮。通商的口岸，則有營州、明州、泉州、福州、揚州、廣州，都是帆檣林立，中國和胡商的船舶，出入不絕。

都市化的現象，也是從唐末五代就開始了。宋代的城市，已經不再有過去坊里的制度，而是以道路兩邊的商店，形成街市；著名的〈清明上河圖〉，就足以呈現宋代都市的繁榮和多元化。因此；南方帶動了經濟的躍進，其實整個的中國，都蒙受其影響，出現了完全不同的市場經濟和都市社會。隋初，開通南北大運河，應當是一個契機，使中國東西方向的水陸交通，經由大運河、淮水、漢水，以及長江以南的許多南北向河流，編織成一個覆蓋中國的水道網。

從國際情勢而言，隋唐中國的霸權，在安史之亂以後，連續面臨

不同遊牧民族的挑戰，突厥、吐蕃、回鶻、契丹，分別建立了龐大的遊牧帝國。在中亞和近東，更有回教大食帝國崛起。這些強大的北方國家，雖然彼此競爭和更替，卻也各別經歷內部成長。於是，東亞和西方的通道，南方和北方的通道，都因交通和市場的發展，激發更多的國際貿易。從中國南海，繞航馬來半島，進入印度洋，這一條通道，西邊是阿拉伯、印度的商舶，東邊是中國的船隻，穿梭來往，也交織為遠洋航路的網絡。不僅在經濟方面，帶動當時中國的經濟，有上述商業化和城市化的現象；在文化方面，亞洲西部和北部，發展了許多工藝技術(例如，蒸餾釀酒、高碳鋼鐵等等)，傳入中國，發展更好的本土技術。

　　更值得注意者，外來宗教，祆教、摩尼教、景教(東方基督教耐斯托林教派)、伊斯蘭教，以及印度本土和中亞的佛教教派，都在中國傳播。華傳佛教，因此逐漸定型，以禪宗、淨土為主體的民間佛教，蔚成東方佛教系統的主流；華傳佛教的影響也超越中國，將朝鮮半島和日本列島，都轉化為佛教的國家。佛教以外的那些啟示性宗教，對中國的影響，則是轉化為中國民間的信仰，尤其對若干佛教、道教支派的影響，　使中國的民間基層，至今一千年來，不斷有以救世主號召的教派，挑戰中國的主流思想。

　　這些經濟、文化方面的轉變，也改變了中國的社會結構。如前面所說，隋唐大帝國，曾經由世家大族與帝國君權共治。唐中葉以後，世家大族的影響逐漸微弱，相對而起的，則是民間社會出現於地方基層。安史之亂，帝國的秩序面臨挑戰，於是中國北方戰亂地區，民間自衛的機制，逐漸發展為局部性的地方自治。尤其在大移民的浪潮中，許多移民群，從家鄉集體出發，到了新的地點，還是保持原有的團體意識和結構。「客家」型的鄉黨親戚族群，不是僅見於客家族群而已。

　　與這一個現象平行者，則在宋代逐漸安定以後，經由科舉，參加

政府的儒生，在其家鄉，往往形成縉紳階層。這些地方性的文化社會菁英，代替了過去世家大族，他們領導地方，也致力於地方的社會福利。這種紳士層次，和日本的武士不同；他們卻與英國的鄉紳，和德國的「容克」比較類似。

如上所述，佛教的充分華化，道教的重整改組，以及民間宗教的草根性，以及其對正統的挑戰，改變了儒家獨尊的局面。東漢以後，中國擾攘不斷，儒家本身理論發展，原本沒有很好的成長條件。自從唐代以來，又面臨了上述更種外來宗教和地方宗教的挑戰，儒家學者，例如，韓愈、柳宗元、李翱，都已經提出：儒家必須重新界定儒家的宇宙觀、倫理觀和世界秩序的論點。宋代開始，從北宋的道學，到南宋的理學，許多儒家學者，投注心力，組織了第二期的儒學系統。如上所述，韓愈等人，特別注意，如何恢復儒家的倫理，以及個人的自修，而兩宋的道學、理學，則將這兩個需求，完整地整合為一體。表現於實際的政治，則是有鑑於五代君臣一倫的淪喪，如何重整名分，重整人倫，以建構穩定的社會秩序，成為當時的需要。

從以上敘述，我們可見，中唐以至宋代，中國的朝代轉變，並不足以說明，在社會、經濟與文化各方面的變化，各種導致的巨大影響，以至於宋代出現，完全與過去不同的社會和經濟。在經濟方面，財富並不來自食物生產的農業經濟，於是，貨幣的功能，遠超過了過去。經濟體的擴大，和商品流轉的迅速，已經不是政府鑄造貨幣足以對付。新的貨幣型態，以及貨幣的流轉，構成近代的商業社會。

當然，與此相伴而起，則是都市化後出現的都市社會。行商作賈，以及各種勞動人員，和都市的游離分子，他們共同構成社會的新成分，不再接受過去農村中鄰里鄉黨的組織型態。政府的皇權，如何管理這些城市居民，是在中古以前沒有的經驗。私人財富形成的社會力量，更不同於大地主，皇權對這些人，也必須尋找其他途徑，約束其力量的發展。

　　社會多元化，實際上，在隋唐帝國初期時就已出現。管理複雜的社會，也不能夠完全依賴簡單的官僚結構。皇權與文官組織之間，政府與不同身分的國民之間，中央與地方之間，都有錯綜複雜，而又往往矛盾衝突的關係。中唐以後，這些矛盾愈來愈顯著，已經到了難以收拾的局面。上述韓愈等人與宋代儒生，鼓吹儒家理論的再闡釋，也就是所謂的面對這種困難，不能不有進一步的思考。

　　隋唐帝國的崩潰，並不因為北宋統一，中國又能恢復一個天下帝國。中唐以後，中國不能不面對突厥、吐蕃、回紇，調整彼此的相對位置。宋代面對強大的契丹(遼)、唐古斯(西夏)、女真(金)和蒙古，武力無法抵抗，只能盡力周旋，以歲幣換取和平。對一些四周新興的列國，日本、高麗、南詔(大理)，也不再能夠以宗主國的身分，凌駕於上。這些新興的力量，建國不久，內部如何建構一個秩序，也常常需要借鏡中國的前例。因此，國際局面，彼此之間，天下帝國的體制，必須改變為列國共存，彼此調適的新形勢。對內而言，他們又必須借重，或者修改，中國的社會結構，以及與此相關的君臣、主從的倫理觀念，以此重組國家體制。

　　這本文集，每一篇都以「名分」，為其論述的焦點。我在這一篇導論，提出中唐以後種種的變化，目的在說明，這個論文集的各篇論文，雖然看似各自獨立的，實際上，他們所討論的問題，其根源都在中唐以後，延伸於兩宋，中國和東亞都經歷了波瀾壯闊的劇變。上述種種變化，都是彼此勾連，糾葛，難以切斷，經歷三、四個世紀，始終在震盪起伏；那是一個長期漸變的過程，因此，「唐宋轉換」只是這個長時期變化的簡稱而已。

從官人章服制看唐代君臣關係

王德權

國立政治大學歷史學系教授

一、緣起

筆者舊稿〈決杖於朝堂──隋唐皇帝與官僚群體互動的一幕〉[1]注意到隋、唐前期朝堂機能發生微妙的變化，隨著漢魏以來朝堂議政機能消失，以個別官人為對象、決杖於朝堂的懲戒機能代起。在象徵百官政治空間的朝堂裡，中間是受著決杖處分的官人，一旁圍繞著品級高低不等的百官，隨著木杖起落，發出陣陣哀嚎，血花四濺，聲音、影像充塞在圍觀者耳目之中，不難想見佇立一旁的百官可能油然興起兔死狐悲之情。從這個場景看來，與其說這幕戲的主角是受杖的官人，倒不如說是那些佇足圍觀的觀眾。再者，通過決杖於朝堂的公開儀式，未登場的皇帝明確地傳達政治訊息給圍觀的百官，皇帝才是這幕戲的導演。從這個角度看，決杖於朝堂處置的主體是皇帝與百官，君臣關係的變化是理解此現象頻繁出現於隋和唐前期的關鍵。

決杖於朝堂這幕戲的上演，是隋唐國制變動下君臣關係的反映。以描繪唐初政治世界著稱的《貞觀政要》裡，君臣務實地檢討隋氏速亡之因，焦點正在君臣關係上。不唯《貞觀政要》，太宗晚年撰《帝範》，告誡太子並闡釋為君之道，也是出於這個脈絡。其後，武后更以為臣之道為主題，撰寫《臣軌》；至玄宗注《孝經》，也聚焦在臣

1.　王德權，〈決杖於朝堂──隋唐皇帝與官僚群體互動的一幕〉，收入榮新江主編，《唐研究》(北京：北京大學出版社，2015)，卷21，頁163-202。

子的忠敬之道。這幾部書的主題、內容與表述方式雖不盡相同,君臣
關係為其交集。為何唐前期三位著名皇帝,同致力於闡釋君臣之道?
這個不尋常的現象,顯示他們業已認識到政治體系的變化,並嘗試加
以因應。蕭公權先生曾經指出:唐前期的君臣論,在體裁上雖有創
新,內容卻是「老生常談」。[2] 誠如蕭先生所言,唐前期君臣關係論
的主軸,的確還是漢魏以來的《孝經》愛敬說與曹魏杜恕的「君臣同
體」論;晚近,渡辺信一郎考察武后《臣軌》,也說明這一點。[3] 但無
論是老生常談,還是了無新意,因襲陳說,那是就思想內涵是否創新
而言。如果轉換視角,唐人重新提出這些陳舊的論點,不無「舊瓶新
酒」之意味;漢魏六朝既有之陳說,不無可能在隋唐政治體系下賦予
其從屬於其時代的意義,其間隱藏著值得深入瞭解的現實。

　　從方法論的角度看,學者多側重從人際關係與君臣互動之個案層
次展開考察,但君臣關係涉及君與臣兩個主體間的互動,無論是君,
還是臣,都處在特定的制度處境中,唯有兼顧隋唐政治體系中君、臣
兩方的位置,始能掌握君臣互動之確切意涵。唐代君臣關係形塑自隋
代「五服之內,政決王朝」的國制變化,[4] 包括三個部分:

(一)皇帝臨朝主政

　　自北魏孝文帝有意識地介入朝堂議政以來,皇帝逐漸介入日常國
政,至隋代皇帝臨朝主政制度化。皇帝政治角色的變化,不僅發生在
朝堂的懲處官人機能上,也表現為「內—中—外」三朝政治空間的形
成。[5] 魏晉南北朝尚書省主政時期,作為日常國政議政空間、位居宮中

---

2. 蕭公權,《中國政治思想史》(臺北:聯經出版事業公司,1982),頁431。
3. 渡辺信一郎,〈《臣軌》小論〉,《中国古代国家の思想構造——専制国家とイデ
　　オロギー》(東京:校倉書房,1994),頁305-307。
4. 關於古代中國國制組織化的歷史進程,參見王德權,〈結論——漂泊的士人〉,
　　《為士之道——中唐士人的自省風氣》(臺北:政大出版社,2012)。
5. 關於唐代各種御前會議,參見謝元魯,《唐代中央政權決策研究》(臺北:文津出
　　版社,1992),頁53以下。綜觀漢唐間「外朝」觀念的演變,從兩漢時位居宮外、
　　相府的外朝,一變而為魏晉以降位居宮內的尚書省,再變而為隋與唐初承天門兩側

的朝堂,至隋代外移至宮門口的承天門兩側,自此失去議政機能,皇帝的殿廷成為日常國政的議政空間。[6] 隋與唐初猶承襲魏明帝以來的太極宮「太極—兩儀」殿,其後進一步建立「內朝—中朝—外朝」三朝政治空間的大明宮體制。李華〈含元殿賦〉云:「古有六寢,御茲一人;今也三朝,繇古是因。布大命於宣政,澹元心於紫宸。」[7] 李華提到的宣政、紫宸,加上此賦主體的含元殿,構成大明宮體制下「含元殿(外朝)—宣政殿(中朝)—紫宸殿(內朝)」的三朝。[8] 成書於唐初的《晉書》〈后妃傳〉云:「作配皇極,齊體紫宸。」[9] 紫宸是指皇帝。換言之,大明宮三殿之命名已脫離儒學「太極—兩儀」的天道觀,走向以皇帝為中心之世間秩序,這是皇帝臨朝主政的反映。

(二) 以皇帝臨朝主政為主軸釐定三省關係

隋代展開「去鄉里化」的中央集權措施,將地方的資源與權力往

的朝堂,最後發展為大明宮體制下位居宮內的含元殿。從丞相的政務空間,一變為北魏孝文帝介入朝堂議政,再變為皇帝自身的政治空間。歷來多以宮內、宮外或者皇帝、皇帝以外為基準區分內朝、外朝,這種區分並不符合古代國家型態的內涵。所謂「內朝」、「外朝」其實是對應著「王畿—四方」的國家型態,位處王畿而處理全國政務的空間就是外朝,唐代大明宮體制下的外朝成為皇帝的政治空間,標誌著皇帝介入日常國政的結果。參見王德權,〈決杖於朝堂——隋唐皇帝與官僚群體互動的一幕〉,頁175-177。

6. 關於隋唐朝堂議政機能的衰退,參見王德權,〈決杖於朝堂——隋唐皇帝與官僚群體互動的一幕〉,頁168-178。

7. 〔清〕董誥等撰,《全唐文》(太原:山西教育出版社,2002),標點本,卷314,李華,〈含元殿賦(并序)〉。

8. 唐初「太極—兩儀」殿體制與內中外三朝的對應關係並不完整。表面上,似為「兩儀(內朝)—太極(中朝)—朝堂(外朝)」,但唐代朝堂已逐漸喪失議政功能,此時,具有議政功能的外朝其實是太極殿。因此,《大唐六典》述及此事,顯得相當含混。參見王德權,〈決杖於朝堂——隋唐皇帝與官僚群體互動的一幕〉,頁175-177。三朝的政治空間仿自《周禮》,若取唐制與《周禮》三朝比較,顯有不同,相較於《周禮》三朝「公私混雜」的現象,唐制三朝全部是皇帝處理國政的空間,不復存在著「燕朝」之類皇帝的「私人空間」。這個現象有助於理解漢唐間皇帝權力「由私到公」的演變。又,從「太極—兩儀」殿向大明宮「含元—宣政—紫宸」的轉變,寓有傳統天道觀的退潮之意涵,形成以「人」為主體的政治空間,「人」是指擴大政治參與、制度地介入日常國政的皇帝。

9. 〔唐〕房玄齡等撰,《晉書》(北京:中華書局,1974),卷31,〈后妃傳上〉,頁947。

上抽調至朝廷。為了管理這些資源與權力，朝廷組織面臨調整之需要。於是以皇帝臨朝主政為主軸，釐定三省關係，削減尚書省的重要職權，往上移動至中書、門下二省，為皇帝臨朝主政鋪平了道路。[10]

（三）個體化官僚制的成立

　　南北朝後期起，官僚制結構歷經頻繁調整，至貞觀年間，成立階職勳封四類官序井然有序的官僚制架構，完成從「官—士」二軌朝向「官＝士」的演變。朝廷取得士人資格的定義權，士人脫離過去依憑鄉里、入貢王廷的狀態，以個體的方式入仕。個體化官僚制成為唐代官僚制的顯著特徵。

　　以上三者共同塑造了隋唐國制的基本架構，改變了皇帝、士人在政治體系中的位置，也改變了君臣互動的樣式，成為當時君、臣必須面對的課題。從皇帝這一方看，皇帝臨朝主政，與官僚群體、政府的互動日益頻繁，君臣互動的制度、禮儀與政治空間，都面臨調整、甚至創新的需要。從官僚群體的角度看，漢六朝依憑於鄉里的官僚制，在隋代去鄉里化的國制調整下，離開歷史舞臺，唐初建立以散官制為平臺的四類官序並立的個體化官僚制。隋唐君臣間的互動，正是建立在個體化官僚制的基礎上。[11] 隋唐國制變動下君臣位置的變化，是我們理解個別儀制與制度體現之君臣關係的前提。基於上述思考，筆者以唐代官人待遇為主題，撰成〈彝倫攸敘——唐代官人待遇等級結構

---

10. 三省制的組織架構大抵已完成於隋世，唐代僅止於修正或補強而已。相關討論，參見劉后濱，〈從三省體制到中書門下體制——隋唐五代〉，收入吳宗國主編，《中國官僚政治研究》（北京：北京大學出版社，2004）。
11. 唐代承襲南北朝後期以來官僚制演變之趨勢，著力於整合官僚制，建立了以個別官人為基準的個體化官僚制，表現為以散官為核心的四類官序架構，這是古代國家型態下士人性質長期演變的結果。官僚制架構的重整是隋、唐初國制整合的一部分，官僚制秩序及其運作並非處在孤立自存、自我完足的狀態，而是當時政治體系以皇帝角色的轉變為主軸重構的世間秩序之一環。參見王德權，〈序論：士人、鄉里與國家——古代中國國家型態下士人性質思考〉，《為士之道——中唐士大夫的自省風氣》。

的分析〉，[12] 歸納仁井田陞《唐令拾遺》、池田溫《唐令拾遺補》裡有關官人的各項儀制，指出唐代形成以官人之散位為基準的官僚制秩序，體現為以個別官人為對象的公卿大夫士身分等級。為因應政治體系的變動，隋唐君臣互動的制度、禮儀與空間面臨調整與創新。大體上，唐代官人待遇雖多沿襲漢六朝，但不乏創新之制；唐代官人待遇著重表現官人、尤其是五品以上官人的身分性，官人章服制正是在此趨勢下創新之儀制。

　　衣服顏色較易產生鮮明的辨識效果，可說是人群互動之際的醒目表徵。以顏色辨別身分等級，其來尚矣，漢代已形成以顏色標示印綬等佩飾的儀制，以彰顯官吏身分。[13] 官服面積遠較印綬等佩飾為大，更足以產生直接的視覺效果，發揮辨識身分的功能。官人服色制始於隋而成於唐初，奠定此後以服色規範官人身分等級的長期傳統，直到宋明，皆襲其制，反映出唐宋以降官僚制結構的建立與長期延續。又，隨身魚符(袋)制也是始於隋而成於唐初，至玄宗開元時，與官人服色制結合，合稱章服。隨身魚袋制沿用至宋世，成為唐宋官人服飾的顯著特徵。

　　漢隋間官人服制首重冠冕，有「冠為首飾」之說。[14] 唐代冕服制承襲漢晉，但為因應當時政治體系的變遷，展開以官人品級為主軸的調整。[15]相較於局部修補、調整的冕服制，唐代官人服制的獨特性，表現在作為尋常服飾(「常服」)之官人章服制的成立上，官人章服制歷經了從無到有的過程，為隋唐之創制。為何在冕服制外，發展出以

---

12. 王德權，〈彝倫攸敘——唐代官人待遇等級結構的分析〉，國科會99年度計畫成果報告(臺北：行政院國家科學委員會，2011)。

13. 阿部幸信，〈漢代における朝位と綬制について〉，《東洋学報》，卷82号3(2000年12月)。

14. 〔後晉〕劉昫等撰，《舊唐書》(北京：中華書局，1975)，卷45，〈輿服志・皇太子衣服〉，頁1942。開元二十六年尚書左丞相裴耀卿、太子太師蕭嵩等奏曰：「至於貴賤之差，尊卑之異，則冠為首飾，名制有殊。」

15. 閻步克，《服周之冕》(北京：中華書局，2006)。

顏色為基準的官人服色制？如何從政治體系的運作理解此制？官人服
色制、隨身魚符制皆始於隋而成於唐初，成立在皇帝、官僚群體之制
度處境都發生變化的隋唐之際，其意義固不止於建構官僚制本身的秩
序，更與當時君臣間的互動息息相關，這是本文討論的主題。

二、官人章服制的成立過程

(一)官人服色制的成立

　　官人服色制始於隋大業，至唐貞觀成為定制。關於此制起源，有
學者根據品色衣的概念，認為始於北周，佐證是北周宣帝大象二年三
月丁亥詔書：「天臺侍衛之官，皆著五色及紅紫綠衣，以雜色為緣，
名曰品色衣。有大事，與公服間服之。」[16]單就品色為衣這一點來說，
確與唐制有相近之處；但從周宣帝「以五色土塗所御天德殿，各隨方
色」[17]觀之，北周五色衣出自五行說的方位，包括青、白、黑、赤、黃
五色，與後來隋唐服色相去甚遠。又，「天臺」是北周宣帝即位後，
改大成元年為大象元年時，自稱天元皇帝，所居稱為天臺。[18]《周書》
未明言天臺侍衛之官包括哪些官職。周宣帝「令羣臣朝天臺者，皆致
齋三日。」[19]也無法確認天臺侍衛之官的範圍。若將對象或體現的秩序
納入思考，北周品色衣制與唐代官人服色制適用於內外全體官人顯有
不同，二者僅止於形式上色別為衣的關聯，不足以確認其間存在制度
的延續關係。

　　兼具服色形式與秩序內涵的官人服色制，始於煬帝大業六年，規
定：「五品以上，通著紫袍，六品以下，兼用緋、綠。胥吏以青，庶

---

16. 〔唐〕令狐德棻等撰，《周書》(北京：中華書局，1971)，卷7，〈宣帝紀〉「大
　　象二年」條，頁123。
17. 〔唐〕令狐德棻等撰，《周書》，卷7，〈宣帝紀〉「大象二年」條，頁125。
18. 〔唐〕令狐德棻等撰，《周書》，卷7，〈宣帝紀〉「大象元年」條，頁119。
19. 〔唐〕令狐德棻等撰，《周書》，卷7，〈宣帝紀〉「大象二年」條，頁125。

人以白，屠商以皁，士卒以黃。」[20]開始將官僚制納入以顏色為基準的等級秩序，已有依官品制服之意，且寓強調五品以上官人服色之意。有唐創業，高祖武德四年(621)，以大業官人服色制為基礎，進一步將五品以上分為紫、朱二色：三品以上常服為紫色，四、五品朱色，六品以下服黃。[21]至太宗貞觀四年(630)，依官品制定不同等級的服色：「三品已上服紫，五品已上服緋，六品、七品以綠，八品、九品以青。」將九品以上所有官人涵攝在內，以紫、緋、綠、青四個顏色，對應「公卿—大夫—上士—下士」身分等級。高宗朝，一度將四品以下官人之服色，再依單一品級分為深淺：「四品服深緋，五品服淺緋；六品服深綠，七品服淺綠；八品服深青，九品服淺青。」唯以顏色深淺區隔品級，易致混淆，且嫌繁複，其後又恢復貞觀舊制。

　　貞觀朝奠定官人服色制的基本架構，成為有唐一代之經制。開元制大抵承貞觀之舊。《大唐六典》卷4〈禮部郎中員外郎〉條云：

> 凡百僚冠、笏、纔、幰，各有差。凡常服亦如之。(本註：親王、三品已上、二王後，服用紫飾以玉。五品已上，服用朱，飾以金。七品已上，服用綠，飾以銀。九品已上，服用青，飾以鍮石。流外庶人，服用黃，飾以銅鐵。)凡凶服不入公門。(本註：遭喪被起在朝者，各依本品，著淺色絁緩；周以下慘者，朝參起居亦依品色，無金玉之飾。)

　　開元官人服色制也是採「三品以上(紫)—五品以上(朱)—六・七品(綠)—八・九品(青)」的架構，與貞觀制無殊。

　　官人服色制始於隋而成於唐初，從成立過程看，煬帝創行官人服

---

20. 〔唐〕魏徵等撰，《隋書》(北京：中華書局，1997)，卷12，〈禮儀七〉，頁279。
21. 〔宋〕王溥，《唐會要》(上海：上海古籍出版社，2006)，卷32，〈異文袍〉引「(高祖)武德四年八月十六日敕」：「三品已上。服大科紬綾及羅。其色紫。飾用玉。五品已上。服小料紬綾及羅。其色朱。飾用金。六品已上。服絲布雜小綾。交梭及雙紃。其色黃。六品七品飾銀。八品九品鍮石。流外及庶人。服紬絹絁布。其色通用黃白。飾用銅鐵。」，頁680。三品以上服紫，五品以上著朱，六品以下服黃，大抵承襲隋代舊制。

色制，與皇帝臨朝主政一事有關。早在文帝開皇年間，已形成以五品以上官人為對象的隨身魚符制，作為官人「應徵召」(參見下文討論)，進入宮中參與議政或接受皇帝垂詢時驗證身分之用，大業官人服色以五品以上官人著紫服，正是出自這個背景。煬帝承襲開皇以來的國制變遷，以皇帝臨朝主政為主軸，釐定三省職權，進一步完善以皇帝為中心的議政秩序。登朝與皇帝議政者為五品以上官人，即後來唐代常參官的主體。五品以上官人入朝議政之際，以魚符作為驗證其身分之憑契；煬帝更以紫服為標誌，凸顯五品以上官人的身分價值。開皇隨身魚符、大業服色制的成立，正是對應著當時皇帝臨朝主政之政治現實。

　　貞觀年間，更明確規定六至九品官人之服色。大朝會之際，九品以上官人皆參與，但除了特定官員，六品以下官人不參加每日舉行的常參會議。從這個角度看，貞觀官人服色，除了保留官人登朝議政與皇帝互動之形式，更確立涵攝內外所有官人之身分。太宗定服色詔書表示：

> 車服以庸，昔王令典；貴賤有節，禮經彝訓。自末代澆浮，采章訛雜，卿士無高卑之序，兆庶行僭侈之儀。遂使金玉珠璣，靡隔於工賈；錦繡綺縠，下通於皂隸。習俗為常，流遁亡反，因循已久，莫能懲革。
>
> 朕繼踵百王，欽承寶運，思宏典制，垂範後昆，永鑒前失，義存厘改。其冠冕制度，已備令文，至於尋常服飾，未為差等。今已詳定，具如別式，宜即頒下，咸使聞知。[22](底線為筆者所加)

　　通覽此詔，太宗以「卿士無高卑之序，兆庶行僭侈之儀」為由，

22.　〔清〕董誥等撰，《全唐文》，卷5，〈太宗〉，「定服色詔」。

在傳統冠冕制度外，另行制定官人「尋常服飾」(「常服」)的規範。詔書裡以卿士、兆庶連言，顯示其機能在辨明官(士)庶，將所有官人、庶民涵攝在內。然而，為何原有的冠冕制度不能達到辨別卿士高卑之序的目的，而須在尋常服飾上依品制服？這個問題可從衣服形制與體現的秩序兩方面理解。在衣服形制方面，學者指出：漢魏以來厚重的冠冕，行動不便，隋唐承襲北朝胡族服制，習著輕捷便於行動的袍服，袍服遂成為唐代官人常服的基本形式。衣服形制的觀點說明常服普遍運用在官人日常生活中，但不足以解釋官人服色制體現的身分秩序。閻步克從官僚制秩序的角度，指出：唐代表現出以官人品級為基準重整冕服制的趨勢，這個發現有助於從官僚制的演變檢視官人服色制的成立。官人服色制成於貞觀，並非偶然。貞觀朝整合北朝後期以來官僚制演變的趨勢，在「官＝士」的架構下，建構了以個別官人為基準的個體化官僚制。唐初個體化官僚制與官人服色制的成立，二者在時間上的重疊，提供我們認識官人服色制朝向涵攝九品、辨明官人身分之方向轉變的線索。

　　綜言之，隋代皇帝臨朝主政，改變皇帝與官僚群體的互動，於是以五品以上入朝議政之官人為對象，實施官人服色與隨身魚符制，寓有崇重五品以上官人之用意。唐承隋制，在唐初整合完成的個體化官僚制秩序下，催生了袍服形式、涵攝九品的官人常服制。

(二)隨身魚袋(符)制的成立

　　隋至唐初形成並確立以顏色為基準的官人服色制，隨身魚符制也成立於此時。至開元初，二者合流，形成連帶關係，著紫服者必繫金魚袋，著緋服者必繫銀魚袋，共同構成官人章服制。隨身魚符制的演變及其與官人服色制合流，說明這兩個制度具有內在親近性。《大唐六典》卷8〈門下省‧符寶郎〉條云：

　　　凡國有大事則出納符節，辨其左右之異，藏其左而班其右，以

> 合中外之契焉。……三曰隨身魚符,所以明貴賤,應徵召(親王
> 及二品已上散官、京官文武職事五品已上、都督、刺史、大都
> 督府長史、司馬、諸都護、副都護,並給隨身魚符。)

隨身魚符寓有「明貴賤」與「應徵召」兩方面的機能,以制度形成與演變看,應徵召、明貴賤不是制度創設伊始即同時產生的機能。應徵召是隨身魚符(袋)制的起源,明貴賤則是後來魚符(袋)制擴大適用範圍的結果;應皇帝徵召入朝議政是隨身魚符制原生的機能,其後始朝向辨明貴賤上下之機能演進。以下分別說明之。

1、應徵召

隨身魚符原是百官應徵召、入朝參議政事之際檢視身分的證明,皇帝召見官人,以合符的方式查驗魚符,以防詐偽。武后朝,崔神慶表示:「臣伏思五品以上所以帶龜者,比為別敕徵召,內出龜合,恐有詐妄,內出龜合,然後應命。」[23]皇帝下敕召見官人時,「內出龜合」,以宮內收貯的龜符與官人所帶之龜符合符,以防詐妄,說明龜符(魚符)是官人應皇帝徵召、進入宮中的身分證明。又,《唐語林》卷5記載一則逸事:

> 黃幡綽滑稽不窮,嘗為戲,上悅,假以緋衣。忽一日,佩一兔
> 尾,上怪問,答曰:「賜緋毛魚袋。」上謂曰:「魚袋,本朝
> 官入閣合符方佩之,不為汝惜。」竟不賜。

朝官「入閣」是指皇帝成為日常國政運作的中心後,百官入宮參加以皇帝為中心的議政或奏對。[24]應皇帝徵召入閣議事者,須合符證明其身分。魚袋的作用是盛裝魚符,官人應徵召出入宮禁的憑契,當是魚袋內的魚符而非魚袋。

---

23. 〔後晉〕劉昫等撰,《舊唐書》,卷77,〈崔神龜傳〉,頁2690。
24. 松本保宣,《唐王朝の宮城と御前会議──唐代聽政制度の展開》(京都:晃洋書房,2006),頁248以下。

　　隨身魚符制的成立與皇帝為中心的一元議政體制有關，皇帝臨朝主政，擴大與官僚群體的互動，公卿百官進入殿廷議政，成為日常政治生活的一部分。應皇帝徵召參議政事者，主要是五品以上中高階官人，在官階相當(職位與散位相當)的任用原則下，五品以上官人構成唐代常參官的主體，包括：中書、門下兩省的重要文官(中書舍人、給事中以上)，以及尚書省丞、郎(郎中)以上官人。五品以上官人入朝議政之際，為防範偽冒、詐偽等情事的發生，於是隋代始創魚符之制，其後為唐繼承，以因應皇帝臨朝主政後君臣互動的新形式。

2、明貴賤

　　唐制以三品以上為「貴」，五品以上為「通貴」。[25]五品以上佩魚意在崇重其身分，故云：「明貴賤」。五品是九品官制內身分等級的界線，其制非始於唐，宮崎市定考察魏晉九品官人法，以官僚線名之。[26]以五品區隔九品官制之上下，雖始於魏晉，但唐制崇重五品以上，不是單純承襲魏晉舊制，須自隋唐之際皇帝臨朝主政的脈絡理解其意義。參議朝政的官人以五品以上為主體，當其應徵召、入朝議政之際，需佩魚以明其身分，這是隋唐崇重五品以上的根源。[27]

　　隨身魚符原作為官人應徵召、入朝議政的憑契，「以防召命之詐」，其後以魚袋制的成立為轉折，衍生出「明貴賤」的機能。魚符銅製，藏於官人之身而不外顯，從外觀看，魚符本身並不具備辨別貴賤上下的視覺效果。魚袋盛裝魚符，以鐵鉤繫於腰間。魚符內藏，魚

---

25. 唐制：職事官三品已上、散官二品已上、爵一品已上為「貴」，參見〔唐〕長孫無忌等撰，《唐律疏議》，卷1，〈名例律〉「八議」條，五品已上為「通貴」，參見〔唐〕長孫無忌等撰，《唐律疏議》(北京：中華書局，1983)，卷2，〈名例律〉「五品以上妾有犯」條。
26. 宮崎市定著，韓昇、劉建英譯，《九品官人法研究》(北京：中華書局，2008)。
27. 這是理解唐代君臣關係的重要線索，無論是官人諸多的身分待遇，抑或臣子面對皇帝的自稱形式，皆與皇帝介入國政後政治體系的運作有關。參見王德權，〈「臣某」與唐代君臣關係——學說史的檢討〉，《臺灣師大歷史學報》，期52(2014年12月)，頁1-43。

袋外顯。從外觀看，魚袋增添了視覺上辨識身分的效果，自此寓有
「明貴賤」的意涵。高宗永徽二年始創魚袋，標誌了隨身魚符「明貴
賤」機能的誕生。不同品位的官人，飾以金、銀等不同色澤，繫掛於
腰間，發揮辨識身分、區分貴賤的作用。高宗以後，魚符適用範圍逐
漸擴大，明貴賤機能日益顯著，無論是在任死亡者不追收，或者武
后垂拱二年，魚符(袋)制適用範圍擴展至外官都督、刺史，至開元前
期，更進一步擴大至正員官以外的檢校、試、判等占闕官人。至此，
魚符(袋)雖仍發揮應徵召之機能，但制度運作的焦點已逐漸轉移到
「明貴賤」的身分辨識上。

　　以下從隨身魚符(袋)的成立與演變，說明隨身魚符制從「應徵
召」向「明貴賤」的變化。官人佩戴魚符，始於隋文帝開皇年間。開
皇七年四月，始頒青龍、騶虞、朱雀、玄武等符給東西南北四方總
管、刺史。至開皇九年閏月，頒給木魚符，對象也是外官總管、刺
史。[28]但至平陳後的開皇十年十月，木魚符適用範圍擴大至五品以上京
官。[29]開皇十五年五月改頒銅魚符，史書僅提及適用對象是「京官五品
已上」，是否包括外官總管、刺史，不得而知。[30]

　　隋代魚符制初具雛形，唐初因之，至高宗永徽二年始置魚袋，以
盛裝魚符，故名隨身魚袋，頒給對象是「開府儀同三司及京官文武職
事四品、五品以上」，[31]唯有五品以上有執掌的京職事官，未擔任職位
的散官只有開府階得以佩載，可見佩魚資格甚嚴。魚袋飾以金、銀，

28.　〔唐〕魏徵等撰，《隋書》，《隋書》，卷1，〈高祖紀上〉，頁33。

29.　〔唐〕魏徵等撰，《隋書》，《隋書》，卷2，〈高祖紀下〉，頁35。

30.　〔唐〕魏徵等撰，《隋書》，《隋書》，卷2，〈高祖紀下〉。唐代魚符作鯉魚之
　　　形，頗有學者認為鯉、李同音之假借，以為唐人之瑞。唐人已有此說，如，張鷟，
　　　《朝野僉載》《補輯》：「漢發兵用銅虎符。及唐初，為銀兔符，以兔子為符瑞故
　　　也。又以鯉魚為符瑞，遂為銅魚符以珮之。至偽周，武姓也，玄武，龜也，又以銅
　　　為龜符。」不過，這個看法忽略隋世已有魚符，鯉字蓋取其「強」之意，以象此時
　　　官僚體系之擴充，與「李」、「鯉」同音恐無關係。

31.　〔宋〕王溥，《唐會要》，卷31，〈輿服上·魚袋〉，頁676。

以區別其等級，三品以上以金飾袋，五品以上飾以銀。[32]高宗置魚袋，開始賦予隨身魚符制辨識身分的機能。隨身魚符朝向明貴賤的方向演變，更表現在高宗以降一連串擴大魚符適用範圍的規定上。隨身魚符原是皇帝徵召官人登朝議對時證明身分的符契，若官人在任死亡，必須繳回，說明魚符原本是附隨於官人一身的儀制。至永徽五年八月十四日放寬規定，官人亡沒，不須追收魚袋。[33]自永徽二年至五年間，從置袋盛符到官人在任亡沒不須追收魚袋，透露出魚符(袋)原本作為執行勤務之官人「應徵召」的證明，朝向「明貴賤」方向的演變。

隋開皇十五年銅魚符未明確頒授予外官，武后垂拱二年，初令都督、刺史並准京官帶魚，[34]頒授對象不再侷限在京職事官，更擴及地方的都督、刺史。外官佩戴隨身魚符(袋)，雖有應徵召的機能，但都督、刺史入朝與皇帝議政的機會不多，其意義主要體現在「明貴賤」的身分機能上。天授元年九月，以武姓近於玄武，玄武與龜有關，於是改內外官所佩魚符為龜符。[35]至久視元年十月進一步規定，依品級不同，分別用金、銀、銅裝飾龜袋：三品以上飾以金，四品以銀，五品以銅。[36]這個作法類似高宗以服色深淺區隔品級，不同處在魚袋僅限五品以上官人佩戴而已。

至中宗神龍內禪，罷去天授以來行用的龜袋，內外官五品以上仍

---

32. 〔宋〕歐陽修等撰，《新唐書》(北京：中華書局，1975)，卷24，〈車服‧符印等〉頁525。高宗給五品以上隨身魚銀袋，以防召命之詐，出內必合之。三品以上金飾袋。

33. 〔宋〕王溥，《唐會要》，卷31，〈輿服上‧魚袋〉引「永徽五年八月十四日敕」：「恩榮所加，本緣品命，帶魚之法，事彰要重。豈可生平在官，用為褒飾，才至亡沒，便即追收。尋其始終，情不可忍。自今以後，五品以上有薨亡者，其隨身魚袋不須追收。」，頁676。

34. 〔宋〕王溥，《唐會要》，卷31，〈輿服上‧魚袋〉，頁676、〔後晉〕劉昫等撰，《舊唐書》，卷45，〈輿服志〉，頁1954。

35. 〔宋〕王溥，《唐會要》，卷31，〈輿服上‧魚袋〉，頁676。

36. 〔後晉〕劉昫等撰，《舊唐書》，卷45，〈輿服志〉，頁1954、〔宋〕王溥，《唐會要》，卷31，〈輿服上‧魚袋〉，頁676。

依舊式，佩戴魚袋。[37] 又，魚符(袋)制原本僅適用於異姓官人，神龍元年六月十七日赦書，佩魚範圍擴大至嗣王與郡王。[38] 景龍三年八月，更令未任職事的特進(正二品文散官)佩魚，「散職佩魚，自茲始也。」[39] 佩魚資格雖稍微放寬，仍只有正員官才能佩戴，員外官、試官或檢校官，雖占闕，仍不佩魚。[40] 至睿宗景雲二年四月二十四日赦文：「魚袋，著紫者金裝，著緋者銀裝。」[41] 衣紫者魚袋以金飾之，衣緋者飾以銀，開啟此後隨身魚袋與官人服色合流之端緒。

　　玄宗朝，官人佩魚的範圍又見擴大，開元元年八月二十日規定：親王長子先帶郡王、官階級者，亦聽著紫，佩(金)魚袋，[42] 大抵是重申神龍元年赦書之制。其後，又有借服之制，駙馬都尉從五品者，借紫金魚袋；都督、刺史品卑者借緋銀魚袋。[43] 對擔任特定職位而官資較低的官人，允許他們暫時著用上一級的章服，確立以地方長官為主的借服之制。至開元九年(721)，中書令張嘉貞更奏請大幅放寬佩戴魚袋的資格：

> 致仕官及內外官五品已上檢校、試、判及內供奉官見占闕者，聽準正員例，許終身佩魚，以為榮寵。以理去任，亦許佩魚。[44]

　　高宗朝以降，佩魚範圍漸趨擴大，開元九年可說是這個趨勢下規

---

37. 〔唐〕劉餗，《隋唐嘉話》(北京：中華書局，1979)，卷下：「朝儀：魚袋之飾，唯金銀二等。至武后乃改五品以銅。中宗反正，從舊。」〔宋〕王溥，《唐會要》，卷31，〈輿服上‧魚袋〉，頁676。神龍二年二月四日，京文武官五品已上，依舊式佩魚袋。

38. 〔宋〕王溥，《唐會要》，卷31，〈輿服上‧魚袋〉，「神龍元年六月十七日」條：「嗣王、郡王有階級者，許佩金魚袋。」，頁676。

39. 或認為「散官佩魚自此始。」事實上，不任職事的開府儀同三司佩魚，早於此前即已成立，此事不過是將散官佩魚的範圍擴及特進而已。

40. 〔宋〕王溥，《唐會要》，卷31，〈輿服上‧魚袋〉引「中宗神龍元年六月十七日赦文」，頁676。

41. 〔宋〕王溥，《唐會要》，卷31，〈輿服上‧魚袋〉，頁676。

42. 〔宋〕王溥，《唐會要》，卷31，〈輿服上‧魚袋〉，頁676-677。

43. 〔宋〕歐陽修等撰，《新唐書》，卷24，〈車服‧符印等〉，頁526。

44. 〔宋〕王溥，《唐會要》，卷31，〈輿服上‧魚袋〉引「蘇氏記曰」，頁677。

模最大的一次。高宗以來，正員官雖得佩魚，去任及致仕即須解去魚袋。開元九年之制打破正員官始能佩魚的規定，原不佩魚的檢校試判等占闕的官員、致仕官和以理去任的前資官，都納入佩魚的範圍。且自此官人得終身佩魚，魚袋的功能進一步朝向繫於官人一身的明貴賤方向轉變。又，開元初，魚袋制漸與官人服色連言，著紫服者，其散位必在三品以上，又佩金魚袋，故連稱「紫金魚袋」。同理，著緋服者可佩銀魚袋，故以「緋(銀)魚袋」連言，二者合稱章服。[45]在此前，隨身魚袋與官人服色制還處在各自運作、未連動的狀態，此後魚袋與服色正式結合，服紫者必佩金魚袋，著緋者則佩銀魚袋，成為慣例。

　　從佩魚者的資格看來，除了外官都督、刺史、大督護、副督護、大都督府長史、司馬，主要是在京擔任職事的五品以上官人。不任職事的純粹散官而得佩魚者，僅限開府、特進。關於此，《舊唐書》卷42〈職官一〉記載：「舊例：開府及特進，雖不職事，皆給俸祿，預朝會。」不任職事的純粹散官，僅開府、特進得給俸祿，預朝會。不難想見，當開府、特進入朝參加朝會之際，須佩魚驗證其身分，這兩項記載是互相關聯的。

　　綜合本節所論，成立於開皇年間的隨身魚符制，以及成立於煬帝大業中的官人服色制，都是因應皇帝臨朝主政，官人應徵召入朝議政時驗證身分之需。唐承隋制續有調整，貞觀初確立其制，著眼於建立彝倫攸敘的「貴賤」(身分)秩序。高宗永徽年間創以袋盛裝魚符之制，明確表現出從「應徵召」向「明貴賤」演變的趨勢。至開元初，官人服色、隨身魚符制遂合流為官人章服。官人服色制與隨身魚符制同出於隋唐之際國制變動的脈絡中，二者都有辨明身分貴賤之意義，具有內在的親近性，最後在唐前期「明貴賤」的趨勢下走向合一。

　　隨身魚袋制是唐宋官僚章服制的特徵，明清已無此制，以下稍比

---

45. 〔宋〕王溥，《唐會要》，卷31，〈輿服上・魚袋〉引「蘇氏記曰」，頁677。

較唐宋的異同。唐制魚袋內盛魚符，原本作為官人「應徵召」入朝議政的證明，其後隨著適用範圍的擴大，逐漸朝向「明貴賤」發展。北宋建國之初，未施行隨身魚袋制，至太宗雍熙元年(984)始仿唐制，賜魚袋給近臣。[46]唯宋制僅存其形式，有魚袋而無魚符，不復有「應徵召」的功能。宋人解釋其原因是宋代文書發達，朝命多用敕書，絕少使用契符。[47]宋代不需符契作為皇帝徵召官人之證明，故無魚符，只是在魚袋上飾以魚形，已無唐制魚符「應徵召」、「防召命之詐」的功能，僅寓「明貴賤」之意於其中。[48]再者，宋代魚袋雖承唐制，寓有「明貴賤」功能，但其內在意涵，已因唐宋間官僚體系的演變而發生微妙變化。宋魚袋制明貴賤的功能，與中唐以降逐漸擴大的流品意識結合，在佩魚資格上區別流品。[49]宋人視佩魚為區隔官員科名、吏職出身者的標誌，吏職、伎術官不具佩戴魚袋的資格。真宗大中祥符六年詔書：「伎術官未升朝，賜緋、紫者，不得佩魚袋。」[50]至仁宗天聖二

46. 〔元〕脫脫等撰，《宋史》(北京：中華書局，1977)，卷153，〈輿服五‧諸臣服下〉，頁3568。

47. 〔宋〕程大昌，《演繁露》(北京：中華書局，1991)，卷16，「魚袋」條云：「魚袋，六典符寶郎載隨身魚符之制，左二右一，太子以玉，親王以金，庶官以銀(「銅」？)，佩以金飾。刻姓名者，去官而納焉，不刻者，傳而佩之。注云：符上皆題云某位姓名，其官止一，貴者不著姓名，並以袋盛。其袋三品以上飾以金，五品以上飾以銀，六品以下守五品以上不佩。若在家非時及出使，別敕召檢校並領兵在外者，不別給符契，若須回改處分者，勘符同，然後承府。按此而言，即今之魚袋。雖沿唐制，但存形模，全無其用。今之用玉、金、銀為魚形，附著其上者，特其飾耳。今用黑韋方直附身者，始是唐始世所用以貯魚符者，是之謂袋，袋中實有符契，即右一而與左二合者也。凡有召或使令，即從中出半契，合驗以防詐偽，故不別給符契者，憑袋中半符為信。本朝命令多用敕書，罕有用契，即所給魚袋特存遺制，以為品服之別耳。其飾魚者，固為以文，而革韋之不復有契，但以木楦滿充其中，人亦不復能明其何用何象也。」

48. 〔元〕脫脫等撰，《宋史》，卷153，〈輿服五‧諸臣服下〉：「魚袋。其制自唐始，蓋以為符契也。其始曰魚符，左一，右一。左者進內，右者隨身，刻官姓名，出入合之。因盛以袋，故曰魚袋。宋因之，其制以金銀飾為魚形，公服則繫於帶而垂於後，以明貴賤，非復如唐之符契也。」

49. 關於唐代流品意識的變化，筆者曾稍作分疏。參見王德權，《為士之道——中唐士人的自省風氣》，頁200-204。

50. 〔元〕脫脫等撰，《宋史》，卷153，〈輿服五‧諸臣服下〉，頁3568。

年，更明令伎術官不得佩魚。[51]相較於漢晉間以士庶之別為主軸的流品意識，唐宋之際萌生的流品意識，標誌著個體化官僚制在科舉制下的內在分化。

三、官人章服的基準

唐代官人服色以官人之散位為基準，其事例散見史傳、筆記小說與金石材料，學者論之綦詳。本節擬詳人之所略，援引若干事例，略作說明：

(1)武后朝，傅遊藝上書倡言武氏當革唐命，深得武后賞識，驟遷給事中，尋晉升同平章事，隨後又加朝散大夫，擔任守鸞臺侍郎同平章事。武周革命，再加銀青光祿大夫。因為傅氏升遷至速，「時人號為四時仕宦，言一年自青而綠，及於朱、紫也。」[52]傅氏上書前，著青服，後改任守給事中(正五品上)，其散位雖有晉升，但未至五品，故著綠服。及至加朝散大夫階(從五品下)，始服緋。晉升銀青光祿大夫階後，著用紫服。因此，時人以傅遊藝一年內四改服色，故稱之「四時仕宦」。

據此例，唐前期時官人服色視其散位，當時尚無賜服之制，散位在五品以下，即使貴為宰相，仍只能著用綠服。以卑階出任宰相者，只能穿著本品應服的服色。

(2)開元八年(720)二月敕云：「都督、刺史品卑者，借緋及魚袋，永為常式。」[53]此即唐代借服之制。[54]都督、刺史等職位的品階，至少正四品下。[55]如果說，官人服色是以其擔任之職位的品級為基準，則都

---

51. 〔元〕脫脫等撰，《宋史》，卷153，〈輿服五·諸臣服下〉，頁3568。
52. 〔後晉〕劉昫等撰，《舊唐書》，卷186上，〈酷吏上·傅遊藝傳〉，頁4842。
53. 〔宋〕王溥，《唐會要》，卷31，〈內外官章服〉，頁667。
54. 官人章服制衍生的「借服」與「賜服」，表面上都賦予低階官人著用較高階之服色、魚袋。但深究之，二者其實大不相同。借服是在散階制運作趨於變質之際採取的修補，旨在維繫以散階為基準的品級秩序。賜服則是逐漸打破以散階為基準的身分秩序，至晚唐尤然。關於唐代借服與賜服，筆者擬另文探討。
55. 〔後晉〕劉昫等撰，《舊唐書》，卷42，〈職官志一·下州刺史〉。

督與上州刺史當可服紫，中、下州刺史亦可著緋，無須借服。因此，敕文「品卑」者借緋的「品」字，顯然不是指職位之品級，而是指擔任都督、刺史者的散位。敕文意在強調散位不及五品的都督、刺史，得借用五品服色，目的在維持地方長官的尊嚴，待其任滿離職，即恢復官人散位應著之服色。[56]

(3)《隋唐嘉話》記載一則逸事，崔行功擔任秘書少監，當時其散位尚未至五品，未能佩戴魚袋。有一天，「忽有鸜鵒衝一物入其堂，置案上而去，乃魚袋鉤鐵，不數日而加大夫。」[57]秘書少監為四品職位，故此處「加大夫」當指朝散大夫以上之散位，說明佩戴魚袋的基準是官人的散位而非職位。

(4)開元典制規定官人服色視其本品。前引《大唐六典》卷4〈禮部郎中員外郎〉條云：「凡凶服不入公門。(本註：遭喪被起在朝者，各依本品，著淺色紬縵；周以下慘者，朝參起居亦依品色，無金玉之飾。)」「本品」是律令規範的法制名詞，意指官人的散位(《唐‧官品令》)。此條規定有重喪而被起復的官人，參加朝集時，其服色依本品，唯著淺色紬縵以為區別。若是親屬關係較疏的周親以下親屬之喪，「朝參起居亦依品色」，相較於重喪，唯不著淺色紬縵，不飾金玉。「品色」是指官人本品之服色。據此，開元制度下官人服色，同樣是依其散位為據，應無疑義。

(5)白居易詩云：「鳳閣舍人京亞尹，白頭俱未著緋衫，南宮起請無消息，朝散何時得入銜。」[58]鳳閣舍人即中書舍人，正五品上；京

---

56. 唐前期重內輕外的人事結構下，擔任地方長吏者的資格益輕，故有以較低之散階擔任都督、刺史者，因而有借服之需要。又，刺史借服，當其任滿或調職時，須還為其散階應有之服色。關於離職後恢復原來服色，白居易有生動的描述。樂天詩云：「便留朱綬還鈴閣，卻著青袍侍玉除；無奈嬌痴三歲女，繞腰啼哭覓銀魚。」(〔唐〕白居易，《白居易集》(北京：中華書局，1979)，卷18，〈初除尚書郎脫刺史緋〉，頁394)樂天原先量移忠州刺史，故得著緋(刺史借服)；及其遷任尚書郎時，借服因素已經消失，因而恢復對應其散階之青服。

57. 〔唐〕劉餗，《隋唐嘉話》，卷中。

58. 〔唐〕白居易，《白居易集》，卷19，〈重合元少尹〉，頁405。

亞尹即京兆少尹，從四品上。詩中明言元、白二人職位雖已至四、五品，但因散位仍不及五品，故不得著緋。白居易也曾提到：獲得朝散大夫的散位，被視為「貴」，[59]不僅可以「腰白金，服赤芾」，更可以「蔭及子，命及妻」。[60]所謂「腰白金」是指佩戴銀魚袋，「服赤芾」即著緋服。

根據以上事例，無論是官人服色，還是隨身魚袋，自始就是以官人的散位為基準。官人服色象徵官人一身之身分，而非擔任之職位的品級，故服色視其散位。但武后久視元年(700)似有不同的規定。《舊唐書》卷45〈輿服志〉載：

> (武后)久視元年十月，職事三品以上龜袋，宜用金飾，四品用銀飾，五品用銅飾。上守、下行皆依官給。

此制佩龜袋的對象為「職事五品以上」，但「上守、下行皆依官給」一語，語意模糊，未能斷定此處的「官」究竟是指官人之散位，還是官人擔任的職位。若為前者，與唐制並無二致。若屬後者，官人的散位與職位不在同一個品階時，依據職位之品級頒給龜袋。若係如此，推測其因，可能是高宗實施泛階後散官制的運作鬆動，反映出從注重官人之散位朝向職位轉變的趨勢。但衡諸唐前期諸多官人待遇之規制與運作實例，這個解釋的可能性並不高。即使這個解釋仍可能成立，至多止於初步的萌芽而已，尚未成為趨勢。其次，久視之制只能就「魚袋(龜袋)」的部分加以解釋，是否包括官人服色，亦可存疑。再者，此制實施的時間不長，至中宗神龍元年(705)二月，龜袋恢復成

59. 〔唐〕白居易，《白居易集》，卷49，〈兵部郎中知制誥馮宿、侍御史裴注、義武軍行軍司馬御史中丞蕭籍、饒州刺史齊照、鄧州刺史渾鐵並可朝散大夫同制〉：「凡品秩之制有九，自五而上，謂之貴階。」，頁1036。五品朝散大夫階為通貴，樂天此處視為貴階，蓋為泛稱。
60. 〔唐〕白居易，《白居易集》，卷49，〈兵部郎中知制誥馮宿、侍御史裴注、義武軍行軍司馬御史中丞蕭籍、饒州刺史齊照、鄧州刺史渾鐵並可朝散大夫同制〉，頁1036。

早先的魚袋，次年即下制：「京文官五品已上，依舊式佩銀魚袋。」[61]將
久視之制的金、銀、銅三級，改為久視元年以前舊制的金、銀兩級，
故詔書云：「依舊式」，此處「舊式」，應指久視元年以前的〈禮部
式〉。

　　玄宗開元朝佩魚的基準仍是官人的散位。《大唐六典》卷8〈門下
省‧符寶郎〉條云：

> 隨身魚符之制，左二右一(筆者按，似缺「左者進內，右者隨
> 身」八字)，太子以玉，親王以金，庶官以銅(隨身魚符，皆題云
> 「某位姓名」……隨身者，仍著姓名，並以袋盛。其袋，三品
> 已上飾以金，五品以上飾以銀，六品已下、守五品已上者不佩
> 魚。)……佩以為飾。刻姓名者，去官而納焉；不刻者，傳而佩
> 之。(若傳佩魚，皆須遞相付，十日之內申報禮部)。[62]

　　隨身魚符的適用對象是五品以上官人，至於佩魚的基準，《六
典》規定：「六品已下、守五品已上不佩魚。」守五品職位者的散位
在六品以下，不佩魚意味著不具佩魚的資格，可見佩魚的基準是官人
五品以上散位，而非其擔任職位之品級。佩魚是官人入朝議政或應皇
帝徵召的符契，重要的是官人佩魚以其散位為基準，這個規定間接顯
示官人是以其散位參議國政、與皇帝互動。換句話說，散位是官人與
皇帝互動之際的身分基準。

　　根據上述，官人章服視其散位，應不致有誤，但下面這則資料似
予人不同的看法。《唐會要》卷31〈雜錄〉載「太和六年六月敕」引
〈禮部式〉云：

> 親王及三品已上，若二王後，服色用紫，飾以玉。五品已上，

61. 〔宋〕王溥，《唐會要》，卷31，〈輿服上‧魚袋〉，頁676。
62. 〔宋〕歐陽修等撰，《新唐書》，卷24，〈車服志〉也指出：「隨身魚符者，以明
　　貴賤，應召命，……皆盛以魚袋。」，頁525。

服色用朱，飾以金。七品已上，服色用綠，飾以銀。九品已
上，服色用青，飾以瑜石。<u>應服綠及青人，謂經職事官成及食
祿者</u>。其用勳官及爵，直司依出身品，仍聽佩刀礪紛悅。流外
官及庶人服色用黃，飾以銅鐵。(底線為作者所加)

　　這條〈禮部式〉收錄貞觀四年以來的相關規定，確實頒布年代已
不可考。式文裡「經職事官成及食祿者」的「職事官」一詞易引人誤
解。單就表面文字看，或可能認為官人服色是以官人擔任的職位(「職
事官」)為基準。其實，式文「職事官成及食祿者」是指不擔任職務
的純粹散官，正式解褐成為職事官、開始支領俸祿以後，在職或者以
前資官身分待選期間，其服色依上述規定，並無依職位之品級定服色
之意。深入檢討，式文「職事官」一詞是律令的法制用語，〈公式
令〉：「有執掌者為職事官，無執掌者為散官。」意指有無執掌之官
人，而非官人擔任之職位。[63] 上引式文「經職事官成及食祿者」的對
象，是指「應服綠及青人」，也就是六至九品的官人，在此可引一例
為佐證。按，《舊唐書》卷42〈職官志一〉云：

　　舊例：……光祿大夫已下，朝散大夫已上，衣服依本品，無祿
　　俸，不預朝會。朝議郎已下，黃衣執笏，於吏部分番上下承使
　　及親驅使，甚為猥賤。兩番已上，則隨番許簡，通時務者始令
　　參選。一登職事已後，雖官有代滿，即不復番上。

　　五品以上不擔任職事的純粹散官，可依其本品(散位)著用朱或紫
服，但六品以下的純粹散官，卻只能著用庶人通行的黃衣。但當其
「一登職事」，即解褐以後，即可穿著本品服色的綠或青服。即使任
期屆滿後，因其官資已成，身分已不再是純粹散官而是前資官，無須
穿著黃衣，可著用以本品為基準的服色。由此觀之，上述〈禮部式〉

---

63. 今人往往以「職位」解讀唐代律令的「職事官」，而造成誤解。唐代律令裡「職事
　　官」與「散官」的定義是理解唐代官僚制「繫於官人一身」之特質的關鍵。

是指不任職事的純粹散官解褐後的服色，而「經職事官成及食祿者」
與《舊志》「一登職事已後」之意同。「職事官成」意指獲得職事官
之資歷，即正式解褐；而「食祿者」是指在職事官任上的官人。總
之，上述〈禮部式〉規範的對象是在任、有執掌的官人，也包括已獲
得職事官資歷、卸任待選的前資官，這條〈禮部式〉不能作為官人服
色依其職位之品級的證據。

綜上所論，官人服色、隨身魚符的頒給基準都是標誌官人「本人
之品」的散位，揭示當時君臣間的互動體現在皇帝與個別官人之間，
皇帝與官人的互動建立在個體化官僚制的平臺上，散位成為官人與皇
帝互動之際的身分基準，這個制度邏輯也反映在唐代官人待遇的品級
規定上。

四、官人章服與朝會班序

唐代以本品為基準，通過各項儀制，規範官人身分。在日常生活
裡，服色予人鮮明、直接的視覺感受，發揮辨識身分的效果。唐人多
從公私聚會的角度，描述或評論官人服色制。如，高宗曾下詔禁斷服
色偽濫：

> 采章服飾，本明貴賤，升降有殊，用崇勸獎。如聞在外官人百
> 姓，有不依令式，遂於袍衫之內，著朱紫青綠等色短小襖子，
> 或於閭野，公然露服，貴賤莫辨，有蠹彝倫。自今已後，衣服
> 上下，各依品秩。上得通下，下不得僭上。仍令所司，嚴加禁
> 斷，勿使更然。[64]

官人服色制的作用在辨上下尊卑之等威，體現以官人品級為基準
的身分秩序。高宗朝開始實施泛階，加上武后至睿宗朝的濫官政策，
散官制的運作逐漸鬆動，影響到官人服色的價值，屢見時人對此現象

64.　〔清〕董誥等撰，《全唐文》，卷13，高宗，〈禁僭服色立私社詔〉。

的批評。如，武后萬歲通天元年(696)，劉知幾上表進諫泛階之弊：
「至於朝野宴聚，公私集會，緋服眾於青袍，象板多於木笏。」[65]中宗
景龍二年(708)十月，中書侍郎蕭至忠上疏：「臺寺之內，朱紫盈滿，
官秩益輕，恩賞不貴。」[66]皆其例。玄宗即位後，整肅官箴，也曾下詔
禁斷：「彰施服色，分別貴賤，苟容僭濫，有乖儀式。如聞內外官絕
無著碧者，皆詐著綠，不以為事。」[67]以上事例表明唐人多從官僚之公
私聚會，描述官人服色制的身分價值。

　　官人服色、隨身魚符制既成立在皇帝臨朝主政的背景中，如何理
解官人章服的成立與君臣關係的關聯？朝會班序是討論這個問題的焦
點，唐人云：「夫朝會者，所以正君臣之位。」[68]朝會班序不僅表現官
僚群體的身分秩序，更是君臣上下尊卑關係的表徵。官人章服既是體
現朝會班序的儀制，所以玄宗表示：「朱紫貴服，所以分別班品。」[69]
開元二十五年詔書亦云：「緋紫之服，班命所崇。」[70]無論是班品、還
是班命，都指出官人章服與朝會班次的關係，意味著朝會之際官人章
服制建構的秩序，涵攝在以皇帝為頂點的整體秩序中。

　　官人服色規範的是官人常服，唐代官人習著常服，參加皇帝主持
的朝參議政。玄宗開元二年七月二十四日敕：「百官所帶跨巾、算袋
等，每朔望朝參日著，外官衙日著，餘日停。」[71]跨巾、算袋是官人
朝參之際所著常服的配件，按，《唐會要》卷31〈章服品第〉引「(高
宗)上元元年八月二十一日敕」：

65. 〔宋〕王溥，《唐會要》，卷81，〈階〉，頁1770。此條顯示官人所執之「笏」，
　　包括象牙、木等不同材質，其區分也是以官人之散位為據。
66. 〔宋〕王溥，《唐會要》，卷67，〈員外官〉「中宗景龍二年十月」條，頁1392。
67. 〔宋〕王溥，《唐會要》，卷31，〈內外官章服〉引「(開元)四年二月二十三日
　　詔」，頁666。
68. 〔清〕董誥等撰，《全唐文》，卷331，〈李元成〉，「應賢良方正科對策(并
　　問)」，元成，天寶中人。
69. 〔清〕董誥等撰，《全唐文》，卷29，〈玄宗〉，「禁濫借魚袋詔」。
70. 〔宋〕王溥，《唐會要》，卷31，〈內外官章服〉引「(開元)二十五年五月三日
　　敕」，頁667。
71. 〔宋〕王溥，《唐會要》，卷31，〈章服品第〉，頁665。

一品已下文官，並帶手巾、算袋、刀子、礪石；其武官欲帶
者，亦聽之。文武三品已上服紫，金玉帶十三銙；四品服深
緋，金帶十一銙；五品服淺緋，金帶十銙；六品服深綠，七品
服淺綠，並銀帶，九銙；八品服深青，九品服淺青，並鍮石
帶，九銙；庶人服黃銅鐵帶，七銙。前令九品已上，朝參及視
事，聽服黃。

上元元年敕文規範官人著用常服時相關佩飾的形制與數量，算袋
是附屬於官人常服的佩飾。據此，開元二年敕文百官朔望登朝議政時
所著，正是紫朱綠青等常服，而外官正衙視事時，也是穿著常服。
又，《唐大詔令集》卷4〈改元光宅詔〉亦云：

其在京諸司文武職事，五品已上清官，並六品七品清官，並每
日入朝之時，常服袴褶。諸州縣長官，在公衙亦准此。自餘官
朔望朝參皆依舊，其色皆依本品。

敕文指出：常參官每日著常服入朝議政，不在常參官之列的官
人，則是朔望朝參，由敕文觀之，也是指朱、紫等常服，故云「其色
皆依本品」。又，前引《大唐六典》在描述官人常服之制後，接著表
示：「凡凶服不入公門。(本註：遭喪被起在朝者，各依本品，著淺
色綀縵；周以下慘者，朝參起居亦依品色，無金玉之飾。)」本註提到
官人遭喪起復「在朝」者，其服色各依本品；至於周親以下喪者，其
「朝參起居」亦依品色，即本品之色。據此，官人朝參議政時，依其
本品著用常服，亦顯示官人習著常服登朝議政，成為唐前期以來之經
制。

即使到了散官制運作鬆動的中晚唐，詩人也經常描述官人著常服
入朝議政的景觀，劉禹錫有「初佩銀魚隨仗入，宜乘白馬退朝歸」[72]

---

72. 〔唐〕劉禹錫，《劉禹錫集》(北京：中華書局，1990)，卷36，〈酬嚴給事賀加五
品兼簡同制水部李郎中〉，頁531。

的詩句，「隨仗入」是指參加朝參的官人，隨著儀仗，進入殿廷。此詩雖云「銀魚」，開元以降隨身魚袋已與官人服色結合成為章服，銀魚實連同緋服而言，顯示朱、紫等常服是官人朝參議政穿著的服飾。又，元和朝，鄭餘慶也說：「每朝會，朱紫滿廷，而少衣綠者。」[73]也說明官人是穿著朱紫青綠等常服參加朝會。又，白居易詩云：「雪中退朝者，朱紫盡諸侯。」描述冬天下雪時，官人穿著朱紫等常服上朝的景觀。[74]可見安史亂後，官人仍是穿著朱紫等常服登朝議政。

官人常服雖不如冕服來得尊貴，未能取代冕服在重大典禮中的職能，但在日常政治生活裡，尤其是朝參之際，官人穿著輕便的常服登朝議政，依其服色，排列在議政空間的殿廷裡，在皇帝面前展示由服色體現的身分秩序。前述玄宗詔書「分別班品」、「班命所崇」，固不止於描述官僚群體本身，更是辨明君臣上下之際，在皇帝面前呈現以服色為基準的身分秩序。官人服色、隨身魚符等制形成於皇帝臨朝主政的背景中，宜置於以皇帝為頂點的整體秩序下理解其意義。

唐代官人著常服登朝議政，通過以散位為基準的服色制，在皇帝面前展示由服色體現的身分秩序。如此一來，朝會班序與官人散位的關聯值得深究。學者多根據〈公式令〉「各依職事官品為序」的規定，認為朝會班次是以官人擔任的職位之品級為基準。表面上，這個觀點也符合中唐貞元以降的朝會班序。[75]但筆者對這個觀點有不同看法，以下先摭引〈公式令〉，作為討論的基礎。仁井田陞，《唐令拾遺》〈公式令〉35〈開七〉〈開二五〉(《唐會要》卷25〈文武百官朝

73. 〔宋〕歐陽修等撰，《新唐書》，卷165，〈鄭餘慶傳〉。
74. 〔唐〕白居易，《白居易集》，卷2，〈秦中吟十首·歌舞〉，頁34。按，中唐以降散官制運作鬆動變質的過程，一般文官與藩鎮官員的情況似有不同，在藩鎮官員、尤其是武人方面，散官制的運作趨於冗濫，故白樂天有「朱紫盡諸侯」之說。但一般文官，包括使府文職僚佐的散階敘進，仍然相對嚴格。關於中唐以降散官制的運作，有必要另文檢討。
75. 〔宋〕王溥，《唐會要》，卷25，〈文武百官朝謁班序〉載「德宗貞元二年九月五日敕」，頁560。

謁班序〉、《唐六典》卷2〈吏部郎中〉條、《通典》卷75〈禮三五：天子朝位〉、《通鑑》卷209〈唐紀二十五〉「中宗景龍二年十一月」條)：[76]

> 諸文武官，朝參行立，二王後，位在諸王侯上，餘各依職事官品為序(《六典》無「職事」二字)。職事同者以齒，致仕官各居本品之上(《六典》、《通考》「本品」並作「本色」)。若職事與散官、勳官合班，則文散官在當階職事者之下，武散官次之，勳官又次之。官同者，異姓為後。若以爵為班者，爵同者亦準此。其男以上，任文武官者，從文武班。若親王、嗣王任卑官職事者，仍依王品(《通典》《會要》並作「本品」)。郡王任三品以下職事官，在同階品上，自外無文武官者，嗣王在太子太保下，郡王次之；國公在正三品下，郡公在從三品下，縣公在正四品下，侯在從四品下，伯在正五品下，子在從五品上，男在從五品下。即前資官被召見及赴朝參(「即」，《六典》作若；「前資官」，《六典》《通鑑》並作「前官」)，<u>致仕者在本品見任上；以理解者，在同品下。其在本司參集者，各依職事</u>。諸司散官三品以上，在京者，正冬朝會依百官例。
> 自餘朝集及須別使，臨時聽敕進止。(底線為筆者所加)

　　池田溫援用此令，認為朝會班序依「職事官品」而定，[77]但未說明「職事官品」是一個擁有職位的「官人之品級」，還是官人擔任的「職位之品級」？這是兩個不同的定義，前者是「有執掌、擔任職位的官人」，重點是「(官)人」，後者是「官人擔任的職位」，重點在

76.　《大唐開元禮》載皇帝元會受群臣朝賀之儀，唯言品級。參見〔唐〕蕭嵩等撰，《大唐開元禮》(北京：民族出版社，2000)，卷97，〈嘉禮：皇帝元正冬至受群臣朝賀〉。
77.　池田溫，〈中国律令と官人機構〉，收入仁井田陞博士追悼論文集編集委員会編，《前近代アジアの法と社会——仁井田陞博士追悼論文集》(東京：勁草書房，1967)，卷1，頁159-169。

「職(位)」，不宜混淆。晚近，閻步克也援引此令，表示：

> 「職事官」是權力、事務和責任之所繫，乃是帝國命脈之所
> 在。因而「職事官品」被規定為朝位的最基本依據。文散官、
> 武散官、勳官，均列在同品階的職事官之下。[78]

閻氏以「權力、事務和責任之所繫」解釋職事官，認為職事官品是朝位之依據，依其文意，似有將令文「職事官品」解讀為尚書、侍郎之類擁有權力的「職位」之品級的意思，予人官人擔任的職位是朝位班序之基準的印象。

以職位之品級解釋「職事官品」，可能符合一般讀者重視官職(職位)的傾向，但是否契合唐令本意？令文「各依職事官品為序」果真是指官序種類下的職位之品級，抑或另有所指？首先，令文云：「若職事與散官、勳官合班，則文散官在當階職事者之下，武散官次之，勳官又次之。」令文使用的是「職事者」一詞，意指一個擔任職位之官人的意思。其次，參照前引令文，《大唐六典》記為「依官品為序」，相較其他典籍「職事官品」的記載，稍可淡化以職位為朝會班序基準的解釋傾向。但「官品」所指為何，《六典》也未作定義。細讀令文，其中多次提到「本品」，第一句「致仕官各居本品之上」，《六典》雖作「本色之上」，但接著再次提到致仕官時，則作「致仕官居本品見任上」，此處「本色」大抵是本品之意。由此觀之，《六典》的「官品」可能是指官人的散位而非職位。但《六典》「本品見任」一詞卻強化了讀者以職位為朝會班序基準的認知，既為「見任」，自然是指尚書、侍郎之類職位。但從唐令相關規定看，如此解釋殊為無據。「見任」只是描述一個官人是否任職的狀態，並未涉及官序、乃至品階的認定。事實上，唐令已對「職事官」與「散官」作了明確的定義，〈公式令〉云：「有執掌者為職事官，無執掌者為散

78. 閻步克，《從爵本位到官本位》(北京：三聯書店，2009)，頁266-267。

官。」令文以有無執掌為標準區分職事官和散官，重點在「官人」。因此，《六典》「見任」只是指有執掌的官人，未涉及其品階的認定。一個官人之品階的認定，凡有執掌的職事官必然帶有散位，唐令明確規定以本品作為認定官人品階的基準，〈官品令〉云：「凡九品已上職事，皆帶散位，謂之本品。」[79]唐令「本品」是一個明確定義的律令用語，據此，前引〈公式令〉是指致仕官參加朝會時，其班次位在同一散階(本品)而有執掌的官人之上，這項安排是對致仕官人的禮遇與尊重，合於情理。相形之下，以理解官者，既然因為種種原因，未擔任職位，就只能位在同散位而有執掌的職事官之下。由此觀之，唐前期的制度規範下，致仕官加朝會時的班序，其基準不是官人退休以前擔任的職位，而是其散位。

　　另一個可供推敲的線索是令文包括「朝會」與「本司參集」兩種情況，在規範朝會、朝集後，令文又設定「其在本司參集，各依職事」的情況，規定官人在本司參集，以其擔任之職位為序，這個規定反襯出與朝會班次不同的秩序原理，顯示令文有意區別朝會班序與本司參集的不同，因而採取不同的班序基準。「朝會」是臣子面對皇帝的場合，展現的是以皇帝為起點的君臣關係；「本司參集」是執行官府職務的場所，著重表現處理公務之官人的上下秩序。

　　茲假設一例以明之，在階職勳封合班的大朝會裡，一個帶從三品銀青光祿大夫散階的官人，擔任正四品上階的職位，若依朝會班次依職位為基準的解釋，理應排列在正四品上階的班次裡。此時，另一官人為未擔任職位、卻有銀青光祿大夫階的純粹散官，根據令文，其班次在「當階職事者之下」，也就是在從三品班次之末。如此一來，將出現擁有相同散階者，無執掌的官人之班次在前，而有執掌者之班次居後的現象，顯然是不合理的。可見將「職事官品」解釋為官人擔任

---

79. 仁井田陞，《唐令拾遺》(東京：東京大学出版会，1964)，〈官品令〉1乙，頁102。

之職位的品級，不符合當時官僚制運作的實態。

　　或以為上述討論只是筆者演繹令文，不無失之主觀臆測的可能，有必要摭引實例，以為佐證。《舊唐書》卷96〈宋璟傳〉：

> (宋)璟嘗侍宴朝堂，時易之兄弟皆為列卿，位三品，璟本階六品，在下座。易之素畏璟，妄悅其意，虛位揖璟曰：「公第一人，何乃下座？」璟曰：「才劣品卑，張卿以為第一人，何也？」

　　百官侍宴與朝會班次都是體現以皇帝為起點的君臣上下秩序，唐制：皇帝宴請同姓於東堂，宴請異姓(百官)於朝堂。[80]這項記載應是武后朝百官侍宴於朝堂的情景，「侍宴」是指皇帝與官人宴飲，相關儀制比照元會禮的朝儀後皇帝與百官舉行的「會儀」。[81]傳文不厭其煩地註明「位三品」、「本階六品」，卻未言及其職位，說明百官侍宴的座次安排是以官人的散位為依據。當時宋璟擔任的職位是從五品的御史中丞，散階為六品。因此，他侍宴的位次以六品散階為準，而非擔任的五品職位(中丞)，故不得預於大夫(五品以上散階者)以上的座次，遑論三品以上公卿之列。因此，張易之才會說「何乃下座」。這個例子說明，官人侍宴的位次以其散位(本品)為據，而非職位之品級，顯示唐令朝會「依職事官品為序」一語，不是如表面文字般，以官人之職位的品級為基準，而是其散位。朝會班序體現的君臣關係，建立在以散位為基礎維繫的官人身分上，這是唐前期個體化官僚制在君臣關係上的表現。

　　朝會班序以官人的散位為基準，若再往前追溯，其制非始於唐，

---

80. 唐承晉制，有朝堂、東堂之區分，參見王德權，〈決杖於朝堂——隋唐皇帝與官僚群體互動的一幕〉，頁172。
81. 根據《大唐開元禮》，在元會禮朝儀後舉行會儀，即百官侍宴之儀。參見〔唐〕蕭嵩等撰，《大唐開元禮》，卷97，〈嘉禮：皇帝元正冬至受群臣朝賀〉，「會」。不過，《開元禮》只籠統表示皇帝與官人宴飲時的班次依官品為序，未說明所謂三品之基準為何。

據筆者所見事例，至少可上溯隋代：

> 晉王廣之伐陳也，都督巴峽緣江諸軍事，以拒秦王俊，軍不得
> 渡，相持踰月。遇丹陽陷，陳主被擒，上江猶不下，晉王廣遣
> 陳主手書命之，羅睺與諸將大臨三日，放兵士散，然後睺降‧
> 高祖慰諭之，許以富貴。……高祖甚器之。……其年秋，拜上
> 儀同三司，鼓吹羽儀，送之于宅。先是，陳裨將羊翔歸降于
> 我，使為鄉導，位至上開府，班在羅睺上。韓擒於朝堂戲之
> 曰：「不知機變，立在羊翔之下，能無愧乎？」[82]

隋世朝堂已移至宮外，百官上朝前，皆會集於朝堂整緝登朝之班
序。開皇九年平陳後，周羅睺始降，受到文帝器重，授上儀同三司的
散實官。此時，平陳前已降隋的陳將羊翔，已晉升至上開府的位階。
在朝會班序時，羊翔的班次反在周羅睺之上。因此，韓擒虎在朝堂整
緝班序時，嘲笑周羅睺「不知機變」，未能及早降隋，以致班次反在
裨將羊翔之下。根據此例，隋代朝會班序是以官人的「散實官」為基
準。開皇散實官地位崇重，韓擒虎授上柱國，甚至有「生為上柱國，
死作閻羅王」之說。[83] 開皇散實官經煬帝大業散官、武德文武散官，
至貞觀發展成為文武散官制，一脈相承，其功能是作為官人的本階，
維繫他們在政治體系中的身分與地位。[84]

由此觀之，以散實官為基準的朝會秩序，既行之於隋，唐承隋
制，官人的散位成為唐前期朝會班序的基準。唐前期朝會班序既依官

82.　〔唐〕魏徵等撰，《隋書》，卷65，〈周羅睺傳〉，頁1524。
83.　〔唐〕魏徵等撰，《隋書》，卷52，〈韓擒虎傳〉，頁1341。
84.　〔唐〕魏徵等撰，《隋書》，卷57〈薛道衡傳〉：「後數歲，授內史侍郎，加上儀
同三司。……後高祖善其稱職，謂楊素、牛弘曰：『道衡老矣，驅使勤勞，宜使其
朱門陳戟。』於是進位上開府，賜物百段。」，頁1408。隋文帝以薛道衡執掌絲
綸之憂勤，於是進其位至上開府(隋制從三品散官)，使其能朱門陳戟，以榮耀其
家。按，內史侍郎，正四品下，薛道衡立戟時，職位並未至三品。因此，隋制「三
品已上立戟」的「三品」正是指上開府而言，也就是以散實官為準。即使職位未至
三品，也能申請立戟。換言之，文帝開皇散實官是官人身分標誌的基準。

人的散位而定，其間體現的君臣關係，建立在以散位維繫的官人身分
上，也就是建立在皇帝與個別官人的身分聯結上，這是理解唐代官人
待遇與君臣互動儀制時的重要線索。唐代官人待遇不只是規範官僚群
體本身，更是以皇帝為起點的整體秩序的一環。

　　歸納上述，唐前期官人章服、朝會班次，皆以官人的散位為基
準。官人既習著常服登朝議政，在皇帝面前展示以服色為基準的秩
序，官人服色遂成為君臣互動之際顯著的身分表徵，玄宗所謂「朱紫
貴服，所以分別班品」、「緋紫之制，班命所崇。」殆非虛語。官人
服色、隨身魚符制皆成立在皇帝臨朝主政的背景中，顯示官人章服制
建構的秩序並不侷限在官僚制本身，而是涵攝在以皇帝為起點的秩序
中。隋唐皇帝臨朝之際，在一體稱臣的禮儀下，官僚群體通過以顏色
為媒介的「紫—緋—綠—青」服色，在皇帝面前，靜態展示著「公
卿—大夫—上士—下士」的身分秩序，體現君臣關係。[85]接下來擬從漢
唐間的國制變動，解明公卿大夫士身分等級的演變。

五、「公卿大夫士」身分等級的演變

　　散位是從屬於個別官人的身分表徵，唐制以三品、五品和六品以
下區隔九品官制，分為三品以上的公卿、五品以上的大夫和六品以下
的士，再細分為六七品的上士和八九品的下士。官人依其散位，享有
諸多待遇，以散位為基準的「公卿—大夫—上士—下士」身分等級，
是唐令規範官人待遇的主要形式。

　　歸納唐令官人待遇的品級構成，包括「公卿大夫士」、「兼勳+公
卿大夫士」、「兼爵+公卿大夫士」和「公卿大夫士以外」四種類型：

(一)「公卿大夫士」

　　這是唐代官人待遇的主要品級形式，如，蔭任、免課役、官人大

辟之刑，舍屋之制。唐令以「官人」與「本品」(散位)為基準規範官
人待遇，建構了公卿士大夫身分等級的官僚制秩序。

(二)「兼勳+公卿大夫士」

　　唐令的兼勳規定表現為「勳官□品帶職事□品以上」的形式，主
要儀制包括：立戟、開府與親事帳內。此類儀制是實施府兵制的周隋
唐國家特有之制，源自府兵統領體系的勳官，成為授予官人待遇的基
準之一。

　　此類規定多採「勳官三品以上擔任職事三品以上」，勳官等級和
職事等級相同，這個現象值得玩味。唐代勳官是早年周隋府兵制統領
系統的陳迹，北周戎秩、隋開皇散實官等誕生自府兵統領體系的官
銜，構成唐代文武散官制的直接來源。唐初，勳官與散官分途，原本
在周隋時期以戎秩或散實官規範待遇的品級，隨著官僚制架構的改
變，部分官人待遇在同一品級的基礎上，分化為勳官與職事品兩部
分。如，隋代立戟對象是散實官三品以上，唐代遂分化為「勳官三品
以上」與「職事三品以上」兩個部分。

(三)「兼爵+公卿大夫士」

　　唐代官人待遇的兼爵規定，表現為「兼爵+公卿大夫士」的形式，
主要儀制包括：國子學生、課役、家廟等。國子學是唐前期重要的入
仕途徑，課役攸關官人一家之負擔，家廟之制更是官人身分崇貴的標
誌。[86]公侯伯子男五等爵制原為「外爵」，品級秩序卻比附公卿大夫士
的「內爵」，二者本出於不同原理。唐代建立階職勳封四類官序並列
的官僚制架構，兼爵規定也存在於官人待遇中，其趨勢是外爵之重要
性日漸下降，最後形成以官品為唯一基準的現象。

---

86. 這三類採取兼爵形式的儀制，顯示其重要性，唯唐代官人待遇的品級構成裡爵制的
　　意義，還有待探究。

（四）「公卿大夫士以外」

　　唐令官人待遇以公卿大夫士為主要基準，但也存在部分例外規定，其中，「散官二品」頻繁出現引人注目。「散官二品」是指無執掌的純粹散官。唐代官人待遇裡，對純粹散官的附加規定，多採「散官二品」的形式，即光祿大夫(文散官)、鎮軍大將軍(武散官)以上，計有九項儀制採取這種形式。至於「散官一品」(開府儀同三司、驃騎大將軍)的規定，僅「臨軒冊授」與「皇帝舉哀」二項。安史亂前，能晉昇至一品散階者相當稀少，開元一朝僅四人獲得開府階。從皇帝臨軒冊授與舉哀的性質觀之，足以顯示其崇重。

　　概括言之，唐代官人待遇的品級構成，呈現明確可辨的公卿大夫士身分等級，[87]以公卿大夫士區隔官僚等級非始於唐，而是漢晉以來之往制。不過，若單單視唐制為漢晉之陳迹，並不周洽，歷經隋代「五服之內，政決王朝」的國制變動，其間業已發生微妙的變化，有必要

---

87. 綜上所述，唐令規範官人待遇主要表現為三品以上、五品以上與六品以下的形式，視待遇之性質略有變化，僅少部分儀制未採取此形式。歸納如下：(1)臨軒冊授，職事二品以上；(2)朝堂冊授，職事正三品；(3)王公百官鹵簿，職事四品以上；(4)皇帝舉哀，執事二品以上；(5)佩玉，二品至五品；(6)家廟，二品以上祠四廟；(7)公文不稱姓，散官正二品、職事官從三品已上，爵郡王已上。其中，(1)(4)(6)三項採取相同規定，以從二品為斷限，這一點與前述「散官二品」的構造相同。值得注意的是這三項儀制相當崇重，標誌著皇帝與二品以上官人的特殊關係。其他如，(2)正三品，卻未包括從三品，其理由不易得知，還有待追索。(3)百官鹵簿的四品以上、(5)佩玉的二至五品，也都是僅見之例。其意義或可不必深究。較值得深入檢討的是(7)，茲援引原文如下。〔唐〕李隆基撰、李林甫注，《大唐六典》，卷4「禮部郎中員外郎」條載：「凡散官正二品、職事官從三品已上，爵郡王已上，於公文皆不稱姓。凡六品已下官人妻妾，皆自稱官號、臣、姓名，然後陳事(通事舍人、侍御史、殿中侍御史則不稱官號)。」散官正二品是指特進，以漢代以來特進的待遇觀之，有前例可循。較有爭議的是職事官從三品，王詩倫根據版本比較，指出從三品為「從二品」之誤。從官僚制結構的角度觀之，這個論點符合前述(1)(4)(6)的等級結構，且此儀制至為崇重，王氏的說法可從。至於唐代為何在公文與奏事上發展出不同的臣子自稱形式？王詩倫並未作出解釋。甘懷真接踵王氏的考察，從「皇帝的擬制家人」說詮釋此制，參見甘懷真，《皇權、禮儀與經典詮釋：中國古代政治史研究》(上海：華東師範大學出版社，2008)，頁170-172。筆者以為甘氏此說未能扣緊唐代政治體系之現實，猶有深論餘地，參見王德權，〈「臣某」與唐代君臣關係——學說史的檢討〉，頁13以下。

深入剖析。

　　漢帝國以降，公卿大夫士身分等級根源於當時「核心─四方」的國家型態。漢人以周制比附當時官僚制，視身在王廷的百官為公卿大夫士，名之曰「內爵」，宮崎市定、板野長八、閻步克皆論及此事。[88]晚近，閻步克從「爵本位」到「官本品」的脈絡，闡釋古代中國官僚制的長期進程，視公卿大夫士為「周爵」：

> 來自周爵的公卿大夫士概念，在整合位階上所發揮的作用還是比較有限的。……但公卿大夫士爵在促成帝國品位結構一體化上，畢竟是發揮了整合之功的。[89]

　　周代公卿大夫士並非爵位，視其為爵等，遠非西周國制之現實而是漢人的發明。公卿大夫士等級固然源自周制，但與封建制下公侯伯子男等「外爵」不同。周制，王畿不分封，王畿之外行分封，有公侯伯子男之爵稱。公卿大夫士以周王之佐的身分，在王左右，行動於王廷，雖有采邑之屬，但采邑不是封土，稱不上是爵位，只能視為早期以族制為基礎之國家型態下官僚制的雛形。相較於有土有民的公侯伯子男等「外爵」，公卿大夫士毋寧寓有王畿百官之意味，而非爵等。視公卿大夫士為「內爵」，是漢人比附經典所作的詮釋。我們不妨看看漢人是怎麼說的：

> 公卿大夫者何謂也？內爵稱也。曰：為爵稱公卿大夫何？爵者，盡也。<u>各量其職，盡其才也</u>。公之為言公正無私也。卿之為言章也，章善明理也。大夫之為言大扶，扶進人者也。故《傳》曰：「進賢達能，謂之大夫也。」《王制》云：「上大夫卿也。」故《禮辨名記》曰：「士者、事也，任事之稱

---

88. 宮崎氏、閻步克二氏所論茲不具引，板野長八，《中国古代社会思想史の研究》（東京：研文出版，2000），頁316-319。
89. 閻步克，《從爵本位到官本位》，頁254。

也。」故《傳》曰:「通古今,辯然否,謂之士。」[90](底線為
筆者所加)

　　漢人以「各量其職,盡其才也」詮釋公卿大夫士,「職與才」是
官僚制運作的內涵,並非封爵、授民土的「封建」之意。可見漢人認
知下的「內爵」,出於官僚制的脈絡而非封建制的意涵,即使名之曰
內爵,也不宜視其為爵等。

　　漢儒區分內爵、外爵,與其說重點是爵等,不如說是根源於當時
「內(王畿)─外(四方)」國家型態,即東漢何休「內其國而外諸夏,內
諸夏而外夷狄。」以漢代國制觀之,「國」指王畿,「諸夏」是指郡
縣制涵蓋的範圍,「夷狄」則處在郡縣制的範圍外。「內爵」專指位
處王畿的朝廷百官,並未涉及諸夏(郡縣)的範疇。「內(核心)─外(四
方)」的政治空間,具體反映在漢六朝的元會禮儀上。[91]元會禮體現以
皇帝為中心的世間秩序,建構君臣上下秩序。漢六朝的元會禮儀上,
以委質禮向皇帝稱臣者僅限王畿的公卿百官。王畿百官依其品秩,仿
古代公卿大夫士的「贊」委質為臣,以個人的形式表達對皇帝的臣
從,締結君臣關係。[92]漢六朝政治體系下,以個人的形式與皇帝締結君
臣關係者,只有王畿的公卿百官,並不包括四方的郡國,郡國官僚不
在委贊為臣的範圍內。王畿以外的郡國,派遣上計吏,以郡國代表的
身分會集朝堂,以貢納禮的形式,代表其「國」和皇帝(王畿)建立君
臣關係,即柳宗元所謂:「諸侯之來,王有賜予,非以貨其人也,以

---

90. 〔漢〕班固,《白虎通義》(北京:中華書局,1985),卷1,〈爵〉。
91. 有關漢唐間的元會禮,參見渡辺信一郎,〈元会の構造——中国古代国家の儀礼的
　　秩序〉,《天空の玉座——中国古代帝国の朝政と儀礼》(東京:柏書房,1996),
　　頁105-193。
92. 〔晉〕司馬彪,《續漢書》,收入楊家駱主編,《新校本後漢書》(臺北:鼎文書
　　局,1978),〈禮儀志中〉注引摯虞,《決疑要注》:「古者朝會皆執贊,侯伯執
　　圭,子男執璧。孤執皮帛,卿執羔,大夫執雁,士執雉。漢魏粗依其制,正日旦大
　　會,諸侯執玉璧,薦以鹿皮,公卿已下所執如古禮。」所謂漢魏粗依其制,大體上
　　即如《禮記·曲禮下》所云:「諸侯圭,卿羔,大夫雁,士雉。」詳細討論,參見
　　甘懷真,《皇權、禮儀與經典詮釋中國古代政治史研究》,頁172以下。

禮其國也。」[93]郡國上計吏有若過去諸侯遣使入覲王廷般，代表其國參加元會禮，故王之賜予對象是郡國（「禮其國」），而非地方長官個人，表現出早期帝國郡縣體制下「類封建」的特徵。

漢六朝元會禮委質、貢納兩種君臣關係的締結，體現「內外有別」的國家型態。當時的公卿大夫士身分等級具有兩方面的特徵：(1)位處王畿(內)的公卿百官，外官不在其間、(2)以個人的形式委質為臣，和皇帝締結君臣關係。掌握這兩個特徵，始能理解隋代取消委質禮後君臣關係的微妙變化，以及隋唐公卿大夫士身分等級制的意涵。

隋代改革元禮，取消王畿百官委質為臣之禮，又以朝集使取代上計吏，改變過去以上計吏代表郡國的貢納制，皇帝不再通過委質、貢納等儀式，確認與朝廷百官的君臣關係，以及四方向王畿的臣從，反映當時朝廷組織化進程下君臣關係的變化。隋代取消委質禮，不僅反映出「內(核心)—外(郡國)」國家型態的變化，更是塑造隋唐君臣關係的主軸。漢六朝通過內外有別的委質、貢納兩種儀制締結君臣關係，至隋代改變為不分內、外官，一體地向皇帝行舞蹈臣服之禮，締結君臣關係。內外一體、普遍稱臣的形式，是理解隋唐君臣關係的起點。

南北朝後期至隋唐官僚制歷經頻繁調整，至貞觀年間底定，確立了以散官制為主軸之階職勳封四類官序並列的官僚制。至此，原本屬於王畿百官的公卿大夫士身分等級，以散階制為平臺，向外擴大至包含郡國的所有官人，無論內、外官，一體適用。唐代官職猶有內外之分，但散官卻是不分內外、所有官人共同擁有的官序，散官制正是建構涵攝內外官、維繫所有官人身分的制度平臺。隋代普遍稱臣的禮儀下，賦予朝廷將內、外官整合至一體化官僚制秩序的契機。自此，「王者無外」不再只是皇帝或朝廷宣示的口號，「率土之濱，莫非王

---

93. 〔唐〕柳宗元，《柳宗元集》(北京：中華書局，1979)，卷44，〈非國語上：叔孫僑如〉，頁1274。

臣」也不再是虛像，而是在國家組織力量擴充下轉換為真實的圖像，成為隋唐以降制度與禮儀體現的現實。唐代公卿大夫士身分等級的意義，宜置於這個脈絡下理解之。

徇上所論，唐代君臣關係宜包括兩個層次，第一個層次奠基在內外一體、普遍稱臣的禮儀和制度中，所有官人皆為皇帝之臣。唐制規定：「皇太子已下，率土之內，於皇帝皆稱臣。六宮已下，率土之內，婦人於太皇太后、皇太后、皇后皆稱妾。」[94]第二個層次是在皇帝臨朝主政下，區分公卿大夫士身分等級，定君臣上下之等威。唯有在普遍稱臣的前提下，始能掌握公卿大夫士等級及其反映之君臣關係。隋唐皇帝臨朝主政，改變了與官僚群體、尤其是五品以上官人的互動，於是在崇重五品以上的基調下，重構從皇帝至於庶人的秩序，以公卿大夫士身分等級為主軸，重新整編、創建儀制，官人章服制的成立即其一例。強化皇帝與五品以上官人的聯繫，構成唐代官人待遇的主要品級特徵。[95]

綜上所論，相較於漢六朝，隋唐公卿大夫士身分等級發生兩方面的變化：

(1)脫卻漢六朝以來「內爵」的意涵，不再侷限在「內」(王畿百官)，而是在內外一體的國家型態下，成為不分內、外，依官人品級(散位)、所有官人一體適用的身分等級。隋、唐初官人服色制成立伊始，即涵攝內、外所有官人，即其表現。

(2)漢隋間王畿百官以個人的形式委質為臣，與皇帝締結君臣關係，隋代廢除委質禮，以個人形式與皇帝締結君臣關係者，不再侷限王畿百官，而是由內而外擴充至所有官人，體現為以散官為基準、涵

---

94. 〔唐〕李隆基撰、李林甫注，《唐六典》(北京：中華書局，1992)，卷4，〈尚書禮部〉，「郎中員外郎」條，頁112。
95. 學者論唐代君臣關係，多忽略普遍稱臣這個前提，以致過度詮釋皇帝與中高階官人之互動，如甘懷真的「擬制的皇家家人」說，從「皇帝之私」的角度理解君臣關係。相關評論，參見王德權，〈「臣某」與唐代君臣關係——學說史的檢討〉，頁13-25。

攝內外官之個體化官僚制。唐代君臣關係建立在皇帝與個別官人間的身分聯結上，建立在以散階為基準之儀制共同構成的身分秩序中。

官人服色制始於隋而成於唐初，官人依其散位，有紫、緋、綠、青等服色之別，不只內官，外官也根據同一基準，穿著不同顏色的衣服，建立由服色體現、涵攝內外官之公卿大夫士身分秩序。隋唐公卿大夫士不再是漢六朝元會禮上通過委質禮，動態地與君主締結君臣關係的王畿百官，而是隱身在普遍稱臣形式下，不分內官、外官，通過官人服色制，在皇帝面前靜態展示其身分。如果將我們的視野往後延伸到宋代，將能更深入掌握其意義。表面上，宋承唐制，實施官人服色制，但其內涵已發生微妙變化。宋初，官人服色猶承唐制，三品以上服紫，五品以上著緋，六七品著綠，八九品著青。至神宗元豐元年(1078)改制，去青色不用，官人服色的品級結構發生變化：「四品以上服紫，六品以上服緋，九品以上服綠。」凡著緋、紫服者皆加佩魚袋。形式上，宋制與唐制皆以服色明貴賤，辨身分，並無大異，但其間已不復見公卿大夫士身分等級的踪影。宋代公卿大夫士身分等級的消失，提供我們從漢宋間的長期視野理解的線索。[96]

閻步克探討公卿大夫士等級與古代官僚制的關係，細緻地分析了漢代二十等爵、秩俸祿和魏晉六朝隋唐官品制，及其對公卿大夫士等級的比附運用，提供我們認識這項課題所需的訊息。[97]閻氏表示：

> 隋(漢)帝國禮制由粗趨密，這些概念(即公卿大夫士)開始具有新

---

96. 以四品以上、六品以上、七品以下作為服色之基準，始於北宋。其後，明代服色雖有改變，但仍承襲唐宋依品制服之制，且其品級基準也承自北宋。這個現象說明宋代以降官僚制秩序具有一定程度的延續性。宋代以降為何採取此一品級基準，有必要從當時國制變遷深入探討。按：四品以上服紫，晚唐已見其端倪。唐宣宗大中三年五月中書門下奏文云：「職事官四品」許衣紫。參見〔宋〕王溥，《唐會要》，卷31，〈輿服上・內外官章服〉，頁667。到了明朝，官人服色之制仍舊，但服色變化為一至四品服緋，五至七品服青，八、九品服綠，去除紫色不用。一如宋制，已不復存在公卿大夫士等級結構。

97. 閻步克，《從爵本位到官本品》，頁243-262。

的意義了，即禮制意義。就「品秩諸要素」而言，周爵在配置
「禮遇」這個要素上，開始發揮較大功能了。[98]

公卿大夫士與禮制的結合，將各種官職名號的擁有者，整合在
同一個禮制等級之中。[99]

閻氏注意到漢代公卿夫士等級在禮制的運作上，一方面發揮了官
僚分層的作用，另一方面又具有整合官僚制的機能，寓有別異求同之
意涵。閻氏的觀察，揭示公卿大夫士身分等級與古代帝國整合官僚制
間的內在聯繫。循著閻氏的觀察，我們有必要追問：為什麼漢唐間的
古代國家，總是想方設法將官僚制「塞」進公卿大夫士的框架中？關
於這個問題，筆者以為禮制的作用在別異求同，漢唐間國家整合社會
之「異」，除了表現為垂直的上下尊卑關係，更包括水平的「內─
外」關係。閻氏注意到前者，卻忽略了後者，對廣土眾民的中國來
說，後者更是理解漢唐間國制演變的重點。漢人比附周制，視公卿大
夫士為「內爵」，正是出於「內─外」國家型態的視野。六朝仍處在
「內外有別」的國家型態中，公卿大夫士等級仍侷限在王畿百官。至
隋唐，展開「五服之內，政決王朝」的國制調整，以散官制為平臺，
建立涵攝內外的官僚制平臺，公卿大夫士不再專屬於朝廷百官，而成
為不分內外所有官人共同擁有的身分等級。歷唐迄宋，在朝廷進一步
組織化的進程下，朝廷組織跨越「王畿─四方」間那道政治邊界，直
接凌駕四方之上，國制的中央集權化到達巔峰，烙印著「內─外」國
家型態的公卿大夫士等級，也在此時退出歷史舞臺。由此觀之，公卿
大夫士等級的形成、擴大到消失，與古代「內─外」國家型態演變下
朝廷的組織化進程息息相關。隋唐公卿大夫士身分等級以散官制為
平臺，向外擴大至所有外官，宜視為古代國制長期組織化進程下，
「內─外」國家型態走向消失前的過渡階段；唐代君臣關係雖承續漢

98.　閻步克，《從爵本位到官本位》，頁252。
99.　閻步克，《從爵本位到官本位》，頁254。

六朝而略有變化，正是出於這個脈絡。

　　歸納本節討論，唐代官人章服制的歷史特徵，厥為公卿大夫士身分的顏色展示。在漢代以降「內─外」國家型態的演變下，公卿大夫士身分等級及其與皇帝的禮儀互動，呈現「動態展示─靜態呈現─隱沒不存」的長期變化。公卿大夫士身分等級源自古代「核心(內)─四方(外)」國家型態下官僚制的脈絡，漢六朝王畿百官仿效古代公卿大夫士，以個人委質為臣的形式，和皇帝締結君臣關係。至隋唐，皇帝臨朝主政，擴大與官僚群體的互動，於是以散官制為平臺，建立涵攝內外官、由王畿擴充到四方的身分秩序。在不分內外、普遍稱臣的前提下，通過以個人品級(本品)為基準的諸多儀制，在皇帝面前展示公卿大夫士身分秩序。徇著這個脈絡，隋唐君臣關係建立在皇帝與個別官人的身分聯結上，在內外一體、普遍稱臣的形式下，將公卿大夫士等級納入以皇帝為起點的身分秩序中，建構從天子達於庶人、彝倫攸敘的禮制秩序，發揮「辨君臣上下之等威」的作用。[100]

六、結論

　　唐代官人服飾的特徵，主要表現在官人服色制與隨身魚符(袋)制的成立上，這是漢六朝絕無僅有的制度創新。官人服色、隨身魚符(袋)制皆始於隋而成於唐初，二者的成立與當時皇帝臨朝主政、個體化官僚制成立等國制變動密切相關。

　　皇帝介入日常國政始於北魏孝文帝，至隋代而制度化，以皇帝臨朝主政為主軸，釐定三省關係，塑造「內─中─外」三朝議政空間，建立以皇帝為中心的一元議政體制，開啟皇帝與官僚群體互動的新格局。唐初，結合形成中的個體化官僚制，形成以顏色為基準的官人服

---

100. 本文校對之際，始得知：楊振紅，〈從漢官僚體系中的公卿士大夫爵位系統及其意義──中國古代官僚政治社會構造研究之一〉，2008年期5(2008年9月)，頁88-105。但已不及納入本文，故註記於此。楊氏此文從漢代「中二千石」制的成立，詮析公卿士大夫等級，其說有助於認識漢代「王畿─郡國」國家型態下官僚體制的演變，盼讀者參看。

色制。貞觀年間，建立階職勳封四類官序構成的官僚制架構，不論內官、外官，都納入以散階為基準的官僚制架構中。官人服色制也承襲隋制而完成於貞觀之初，擴大適用至六品以下官人。通過衣服顏色的鮮明象徵，在官人登朝議政或朝會之際的君臣互動中，體現以皇帝為起點、內外官一體適用、以衣服顏色為基準的身分秩序。

　　隨身魚符制始於隋世，其背景是官人應皇帝徵召入朝議政之際，通過合符的方式，驗證官人身分。至唐前期，隨身魚符制的機能，從「應徵召」逐漸向「明貴賤」的方向演變，官人佩魚範圍擴大至外官都督、刺史，且由在任期間佩魚，逐漸放寬至官人終生佩戴。至開元初，隨身魚符(袋)制與官人服色制結合，合稱官人章服。

　　唐代官人章服的制度意涵，不僅是官僚制秩序本身的展示，更是從屬於以皇帝為起點之秩序的一環。唐前期的朝會班序以官人的散位為基準，在皇帝面前，體現公卿大夫士身分等級。官人身著常服登朝議政，通過服色、魚袋等儀制，在皇帝面前靜態地展示從屬於個別官人、以衣服顏色標示的公卿大夫士身分。公卿大夫士等級始自西周王畿百官，漢人雖名之曰「內爵」，實際上是以官僚制視之，不具公侯伯子男等外爵的封建意涵。漢六朝的元會禮儀中，王畿百官以個人的形式，通過委質為臣之儀，動態地與皇帝締結君臣關係。但郡國上計吏不在委質為臣的範圍內，而是通過貢納的形式，在王畿與郡國間締結君臣關係。至隋代，展開「五服之內，政決王朝」的國制變革，元會禮儀也發生重大變化，無論內官、外官，皆以舞蹈為禮的形式，一體向皇帝稱臣。內外一體、普遍稱臣是隋唐君臣關係的基本原則，而公卿大夫士身分等級則涵攝在此普遍稱臣的形式中，釐清這一點，對理解唐代君臣關係來說，至為緊要。如果將我們的視野往後延伸至宋世，宋代官人服色雖承襲唐制，其內涵業已發生重大變化。神宗元豐官人服色包括四品以上、六品以上和七品以下三個等級，其間已不復存在公卿大夫士等級。由漢至宋，公卿大夫士身分等級表現出「動態展示─靜態呈現─隱沒不存」的長期趨勢。

　　公卿大夫士身分等級源自古代「內─外」國家型態，故漢人名之曰「內爵」。其制始自西周王畿百官，漢六朝「內外有別」的國家型態下，王畿百官以委質為臣的形式，個別地與皇帝建立君臣關係。至隋代，展開「五服之內，政決王朝」的國制變革，原本「內外有別」的國家型態為之一變，隋代元會禮儀取消委質為臣之禮，形成不分內外、一體稱臣的禮儀，締結君臣關係。隋唐時期，不復存在委質為臣之禮，公卿大夫士身分等級以新近成立的散官制為平臺，由內而外，擴大至內、外所有官人，構成官人待遇的基本結構。其後在唐宋間國制組織化的進程下，朝廷組織跨越「王畿─四方」間那道政治邊界，凌駕四方之上，拆除國制裡「內─外」的藩籬，公卿大夫士等級至此退出歷史舞臺。由此觀之，公卿大夫士歷經長期的演變，從周漢六朝的王畿百官，一轉而為隋唐時期的所有官人，再轉至宋代而消失。其間變化的動力不是來自官僚制本身，而是古代「王畿(內)─四方(外)」國家型態長期演變的結果。[101]

　　隋唐以降，國制組織化與皇帝臨朝主政，共同形塑成一個不同於漢六朝的政治體系，在皇帝臨朝主政的制度背景下，重構以公卿大夫士等級為骨幹的官人儀制，建立以皇帝為起點以達庶人之彝倫攸敘的世間秩序，這是理解唐代君臣關係與互動的前提。

---

101. 西周王畿制成立至北宋王畿制消失這個時段，國制逐漸擴大、深化組織職能，以管理這廣土眾民的國度。其間國制凡三變：(一)在戰國，建立王畿對四方的組織支配，以「丞相府制─郡縣制」的成立為其標誌。(二)在漢晉間，尚書省取代漢丞相府(三公制)，起初是水平組織分工的擴大，西晉武帝時，尚書省增加至35曹司，組織分工較漢代三公府細密，這個現象意味著國家垂直管理社會、汲取權力與資源的能力獲得提升。然而，過於細密的組織分工，不利國政的管理與協調，至北朝後期，以六部整合諸司，逐漸形成隋唐尚書省26司之制，這就是筆者所謂「從打散到重組」的過程。(三)是唐宋之際，這個階段是國制「從打散到重組」的再次演示。中唐使職差遣體制擴大，侵奪六部職權，使職差遣體制之組織分工細密化，使朝廷得以更深入掌握地方社會的權力與資源，集權中央。然而，一如漢晉間尚書省體制的成立過程，使職差遣的細密分工雖有利集權中央，最終仍將導致協調與管理上的困難。於是，北宋神宗展開元豐官制改革，以六部整合使職差遣，重建尚書六部體制。至此，西周以來的王畿制以及相應而來的機制(如公卿士大夫身分等級)消失，完成西周以來廣土眾民國家型態下國制中央集權的過程。自此以迄明清，皆以六部為國政管理之主體，雖見細部的調整，但不復發生結構性的變動。

宋代詔葬之研究

沈宗憲
國立臺灣師範大學僑生先修部歷史科副教授

一、前言

　　歷來儒者對禮的解釋，多少帶有神聖化的色彩，但王朝禮制不單是聖人心血結晶或儒者的學理主張。至唐宋時代，傳統國家禮制分為吉禮、賓禮、軍禮、嘉禮、凶禮五大類，透過相應產生的儀式，禮儀已具體實踐在政治和生活等層面。近來學界十分重視國家禮制中的祭祀，研究祀典祭儀與國家權力互動之風，方興未艾。

　　宋代開國之後，朝廷採取右文政策，發展教育，培養大批知識分子，透過制度化的科舉，建立文人政府。大量士人進入官僚體系，形成新的士大夫社群。朝廷優禮士大夫，對官員有一定的保障，尤其重要官員亡故，帝王會賜予相當的照顧，肯定為國付出，而詔葬便是其中一項措施。近年來，學界陸續發表有關宋代喪葬研究，但詔葬制度的研究還不多，較早有吳麗娛的〈唐宋時代的詔葬與敕葬〉，[1] 2013年初，吳麗娛出版《終極之典：中古喪葬制度研究》兩冊，內設專章討論唐宋詔葬。[2]吳氏立論乃以唐代史實為主，兼及宋代的變化，對研究宋代詔葬問題，仍有參考性。

　　探討宋代詔葬前，先看兩宋關於喪葬的法令制定過程。太祖建隆四年(963)修訂的《宋刑統》，係限制官員、民眾辦理喪葬的法規，部

---

1. 吳麗娛，〈唐宋時代的詔葬與敕葬〉，《中國社會科學院院報》，2006年11月。
2. 吳麗娛，《終極之典：中古喪葬制度研究》(北京：中華書局，2013)，上、下冊。

分條文對違犯者，訂有不同刑度的處罰。太宗太平興國七年(982)，詔
「翰林學士承旨李昉等詳定士庶車服喪葬制度，付有司頒行，違者論
其罪。」[3]此詔令的目的，主要是規範民間禮俗，[4]實際上，朝廷「望令
御史台、街司頒行，限百日率從新制；限滿違者，以違禁之物給巡司
為賞。」[5]而宋代首次針對詔葬制度的立法，則在真宗時代。景德三年
(1006)，因為群臣詔葬的花費於公於私，都沒有相應的規範，朝廷命
晁迥、朱巽、劉承規及戚綸，根據官員品秩等級，訂定制度來施行詔
葬。[6]景德四年九月，制定詔葬賻贈體例。[7]

　　仁宗天聖五年(1027)，劉筠整理孫奭《五服制度》，又「節取
《假寧令》附《五服敕》後，以便有司。」[8]天聖七年，「詔以新令及
附令頒天下。始，命官刪定編敕，議者以唐令有與本朝事異者，亦命
官修定，成三十卷，有司又取咸平儀制令及制度約束之。在敕，其罪
名輕者五百餘條，悉附令後，號曰附令敕。」[9]此即《天聖編敕》及包
含喪葬的《天聖令文》。[10]

---

3. 〔宋〕李燾，《續資治通鑑長編》(北京：中華書局，2004)，卷23，〈太宗·太平
　　興國七年春正月壬寅〉，頁512。
4. 〔宋〕宋敏求編，《宋大詔令集》(北京：中華書局，1962)，卷148，〈政事一·
　　禮樂上·詳定士庶車服喪葬詔〉(太平興國七年正月壬寅)：「朕以士庶之間，車服
　　之制至乎喪制，咸有等威，年以來，頗成逾僭。用伸懲革，式著典彝。宜令有司，
　　更加詳定。」，頁545。
5. 〔元〕脫脫等撰，《宋史》(臺北：鼎文書局，1991)，卷125，〈禮二十八·凶禮
　　四·士庶人喪禮服紀〉，頁2917-8。
6. 〔宋〕李燾，《續資治通鑑長編》，卷62，〈真宗·景德三年三月丙寅〉，頁
　　1393。《宋史》，卷306，〈列傳第六十五·戚綸傳〉云：「(判鴻臚寺)先是，羣
　　臣詔葬，公私所費無定式。綸言其事，詔同晁迥、朱巽、劉承規校品秩之差，定為
　　制度，遂遵行之。」頁10105。
7. 〔清〕徐松纂輯，《宋會要輯稿》(臺北：新文豐出版公司，1976)，「真宗景德四
　　年九月」條，職官二五之一。
8. 〔宋〕李燾，《續資治通鑑長編》，卷105，〈仁宗·天聖五年十月乙酉〉，頁
　　2453。
9. 〔宋〕李燾，《續資治通鑑長編》，卷108，〈仁宗·天聖七年五月乙巳〉，頁
　　2512。
10. 〔元〕脫脫等撰，《宋史》，卷204，〈藝文三〉，頁5143。

　　至神宗朝，據《宋會要輯稿》記載，熙寧七年(1074)「命官參酌舊例，著為新式，付之有司。舊例所載不備，今并其數俱存之新式。」[11]《宋會要輯稿》又載熙寧七年九月二日，張叙、宋靖國與孫純同編修《宗室臣寮勅葬條》。[12]十二月，詔頒新式，係參考舊制而訂的新式。[13]熙寧十年四月二日進上，詔以《熙寧葬式》為目。[14]元豐元年三月(1080)，詔詳定宗室、外臣葬式。後完成百六十三卷的《喪葬》，其中包含《葬式》、《宗室外臣葬敕令格式》、《孝贈式》等，[15]該書增減幅度較前代為多，但已不傳世。南宋續編修法令，如《紹興喪葬格》，[16]而《慶元條法事類》一書列出喪葬專章，內容更為詳盡，應可視為北宋以來，朝廷喪葬法令規章演變的結果。

二、詔葬及其對象

　　歷代王朝對故亡大臣之喪葬，為示慎重，給予特別的安排。如西漢霍光薨卒，

> 上及皇太后親臨光喪。太中大夫任宣與侍御史五人持節護喪事。中二千石治莫府冢上。賜金錢、繒絮、繡被百領。衣五十篋，璧珠璣玉衣，梓宮、便房、黃腸題湊各一具，樅木外藏椁十五具。東園溫明，皆如乘輿制度。載光尸柩以轀輬車，黃屋左纛，發材官輕車北軍五校士軍陳至茂陵，以送其葬。諡曰宣

11.　〔清〕徐松纂輯，《宋會要輯稿》，「賻贈」，禮四四之一。
12.　〔清〕徐松纂輯，《宋會要輯稿》，「神宗熙寧七年九月二日」條，刑法一之九。
13.　〔元〕脫脫等撰，《宋史》，卷124，〈禮二十七・凶禮三・諸臣喪葬等儀・詔葬〉，頁2902、2908、2911。
14.　〔清〕徐松纂輯，《宋會要輯稿》，「神宗熙寧十年四月二日」條，刑法一之九。
15.　〔宋〕李燾，《續資治通鑑長編》，卷288，〈神宗・元豐元年三月丁亥〉：「詔編修諸司式所重詳定宗室、外臣葬式以聞。」，頁7052。〔元〕脫脫等撰，《宋史》，卷98，〈禮一・吉禮一〉，共163卷含「孝贈式」，頁2423；同書，卷204，〈藝文三〉則稱「《宗室及外臣葬敕令式》，92卷(元豐間)」，頁5141。
16.　〔清〕徐松纂輯，《中興禮書》(清蔣氏寶彝堂抄本，收入《續修四庫全書》，冊823)(上海：上海古籍出版社，1995)，卷300，〈凶禮六十五・服紀二〉，頁466。

成侯。發三河卒穿復土，起冢祠堂，置園邑三百家，長丞奉守如舊法。[17]

派高官持節護喪，贈殮葬器物，並舉行隆重喪禮，顯示西漢對國家重臣的哀悼。直到唐代，始有「詔葬」之名：「凡詔葬，大臣一品則卿護其喪事，二品則少卿，三品丞一人往。皆命司儀以示禮制也。」[18]宋制承襲唐制而有損益，帝王恤念亡故大臣生前對國家的辛勞，贈與榮典，彰顯「義莫重於輟朝，仁莫榮於詔葬」之意。[19]輟朝是天子不視朝，詔葬則是大臣喪葬儀式的最高待遇。史書云：「勳戚大臣薨卒，多命詔葬。」[20]有不少文獻又稱為「敕葬」，所謂「大臣及近戚有疾，恩禮厚者多宣醫。及薨，例遣內侍監護葬事，謂之敕葬。」[21]宋代詔葬與敕葬意義相同，敕葬或作「勅葬」，亦指大臣薨卒，「差中貴官監護喪事」。[22]另外，僅「賜資財，令辦葬事」的「宣葬」，[23]則是不同的制度，所給喪葬金額亦多。[24]

依宋代規定，官員死亡，有一定的陳報手續與喪事辦理流程。[25]政策重視文人，對大臣生活、死亡都很照顧，曾布說：「竊以朝廷親睦九族，故於死喪之際，臨弔、賻恤，至於窀穸之具，皆給於縣官。又

---

17. 〔漢〕班固，《漢書》(北京：中華書局，1962)，卷68，〈霍光金日磾傳第三十八〉，頁2948。

18. 〔唐〕李林甫等，《唐六典》(北京：中華書局，1992)，卷18，〈鴻臚卿〉，頁505。

19. 〔宋〕吳泳，《鶴林集》(收入曾棗莊、劉琳主編，《全宋文》，冊315)(上海：上海辭書出版社，2005)，卷10，〈外制·同知樞密安丙賜諡忠定制〉，頁269。

20. 〔元〕脫脫等撰，《宋史》，卷124，〈禮二十七·凶禮三·諸臣喪葬等儀·詔葬〉，頁2909。

21. 〔宋〕葉夢得，《石林燕語》(北京：中華書局，1984)，卷5，頁67。

22. 〔宋〕趙昇，《朝野類要》(北京：中華書局，2007)，卷5，頁22。

23. 〔宋〕趙昇，《朝野類要》，卷5，頁23。

24. 〔元〕不著撰人，《宋史全文》，卷31，十二月丙子，「湖州申齊王驚悸得疾，特賜錢三千緡，命守臣選醫診治。早薨，賜賻贈銀絹千匹兩、會子萬緡，充宣葬。」

25. 〔宋〕謝深甫，戴建國點校，《慶元條法事類》(哈爾濱：黑龍江人民出版社，2002)，卷77，〈職制門十·亡役歿·服制令〉，頁282。

擇近臣專董其事，所以深致其哀榮而盡其送終之禮。」[26]皇帝對亡故皇親及大臣，通常以車駕臨奠、舉哀掛服、輟朝、輟樂、賻贈、詔葬、追封冊命與定諡等方式，表達痛失重臣之意。

宋代可得到皇帝詔葬的「勳戚大臣」究竟是指哪些人？《天聖喪葬令》言「其(在)京薨卒應敕葬者，鴻臚卿監護喪事，卿闕則以它官攝。司儀令示禮制。今以太常禮院禮直官攝。」[27]與前引《唐六典》：「凡詔葬大臣，一品則卿護其喪事，二品則少卿，三品丞一人往。皆命司儀，以示禮制也。」之官品略同。宋朝對官員之亡，依身分有不同定義：「諸百官身亡者，三品以上稱薨，五品以上稱卒，六品以下達於庶人稱死。今三品者，惟尚書、節度以上則稱薨。」[28]詔葬既是朝廷對勳戚大臣的禮遇，三到五品官員層級是否屬勳戚大臣？先看《宋史》：

> 詔葬。禮院例冊：諸一品、二品喪，敕備本品鹵簿送葬者，以少牢贈祭於都城外，加璧，束帛深青三、纁二。[29]

宋代詔葬雖源自唐代，但《宋史》稱詔葬者為一、二品。對照《天聖喪葬令》類似規定：「諸一品二品喪，敕備本品鹵簿送殯者，以少牢贈祭於都城外，加璧，束帛深青三、纁二。」[30]可知宋制對於一品、二品亡故高官的詔葬，朝廷賜予高規格的鹵簿送葬、都門外贈祭等儀式。至於三至五品亡官即便蒙賜詔葬，係朝廷派禮官監護喪事，以維禮制。

---

26. 〔元〕脫脫等撰，《宋史》，卷124，〈禮二十七·凶禮三·諸臣喪葬等儀·詔葬〉，頁2911。
27. 天一閣博物館、中國社會科學院歷史研究所天聖令整理課題組校證，《天一閣藏明鈔本天聖令校證》(北京：中華書局，2006)，〈喪葬令卷二十九〉，宋5，頁424。
28. 《天一閣藏明鈔本天聖令校證》，〈喪葬令卷二十九〉，宋31，頁426。。
29. 〔元〕脫脫等撰，《宋史》，卷124，〈禮二十七·凶禮三·諸臣喪葬等儀·詔葬〉，頁2909-2910。
30. 《天一閣藏明鈔本天聖令校證》，〈喪葬令卷二十九〉，宋10，頁424。

　　詔葬規範適用的官品，實際情形可能因紀述詳略不一而有所變化。先看皇親國戚詔葬的例子。治平元年(1064)，英宗詔葬皇后乳母永嘉郡夫人賈氏。[31] 哲宗朝，秦、楚國夫人敕葬。[32]高宗的憲聖慈烈皇后，其父為宣靖王，原先殯於金陵。在憲聖立為妃之後，敕葬於天竺石人嶺下。[33]理宗時，賈似道母胡氏薨，賜予敕葬。[34]大臣方面，真宗時，呂蒙正薨，喪葬隊伍有敕葬鹵簿，傳來鼓吹聲。[35]王珪對哲宗登大位有定策之功，[36]亡故後，朝廷賜宅、贈官、賜子、敕葬特厚，還引起政敵批評。[37]南宋張俊薨，高宗至府第臨奠，追封循王，敕葬於常州無錫縣。[38]愛國詩人辛棄疾死後，得贈光祿大夫及敕葬尊榮。[39]不過，有為殉國使臣乞敕葬，以獎勵忠義精神，皇帝交代的結果，竟是「上雖下其章，當路格不行。」[40]可見官員為亡故同僚求詔葬，受限於法令與當時政治情勢，不一定如願。

　　另方面，官品低的官員應無法得到詔葬的哀榮。太祖皇帝三世孫右監門衛率府率趙世堅病故，「有司以品卑，不在詔葬之例。」仁宗憐惜，「特命入內供奉官梁克明往護喪事以黃金五十兩，白金三百兩

31. 〔宋〕江少虞編纂，《宋朝事實類苑》(上海：上海古籍出版社，1981)，卷5，〈祖宗聖訓五·英宗皇帝〉，頁47-8。

32. 〔元〕佚名，《宋史全文》(哈爾濱：黑龍江人民出版社，2005)，卷13下，〈宋哲宗三〉，頁753。

33. 〔宋〕葉紹翁，《四朝聞見錄丙集》(北京：中華書局，1989)，〈慈明〉，頁110。

34. 〔宋〕周密，《癸辛雜識前集》(北京：中華書局，1988)，〈賈母飾終〉，頁48-49。

35. 〔宋〕王銍，《默記》(北京：中華書局，1981)，卷中，頁33。

36. 〔宋〕李燾，《續資治通鑑長編》，卷352，〈神宗·元豐八年三月甲午〉，頁8417。

37. 〔宋〕李燾，《續資治通鑑長編》，卷486，〈哲宗·紹聖四年四月丁未〉，頁11550。

38. 〔宋〕徐夢莘，《三朝北盟會編》(上海：上海古籍出版社，1987)，卷219，炎興下帙一百十九，起紹興二十一年九月盡紹興二十五年十月二十一日乙未，頁1575、1577。

39. 〔宋〕謝枋得，《謝疊山全集校注》(上海：華東師範大學出版社，1995)，卷2，〈辛稼軒先生墓記〉，頁50。

40. 〔宋〕周必大，《平園續稿》(收入《全宋文》，冊232)，卷25，〈敷文閣待制贈少師張公郃神道碑慶元五年夏〉，頁381。

賵之。令內使卹詔，贈以右監門衛將軍。」[41]依北宋《元祐官品令》，
右監門衛率府率係正四品官，[42]有司認為趙世堅官品低，不符合詔葬
門檻。仁宗遂命官護葬、給金銀賵贈、贈官，並命內使撫恤家屬等。
不過，即使皇帝另給皇親、寵臣恩澤，如趙世堅得到的喪葬撫卹及禮
遇，與大臣詔葬規格仍有差距。宋敏求亡故，神宗贈尚書禮部侍郎(從
三品)，「勅府縣應接其葬事，皆特恩，非常比也。」此種「贈官、詔
葬不以常比」的看法，[43]是指宋敏求死後贈官係從三品，該官品能得
到「勅府縣應接其葬事」，已非尋常之詔葬。徽宗時，童貫之子師閔
死，得敕葬於祥符縣。[44]徽宗對童貫的器重，竟然給予其子敕葬。受限
於資料，無法知道實行程度為何。因此，分析宋代詔葬制度的對象(身
分)，有必要再從詔葬的儀式或相應措施來論。

　　另外，皇帝為亡故國戚官員輟朝，因官品位階近於詔葬，容易將
二者混為一談。如高瓊病重，真宗原想前往問疾，王欽若以「天子問
疾所以寵勳臣，今瓊無破敵之功，不可往。」為由，勸阻真宗。[45]宋
制：「諸王、公主、宗室將軍以上有疾，皆乘輿臨問；如小疾在家，
或幸其第，有至三四者；其宮邸在禁中，多不時而往；惟宰相、使
相、駙馬都尉疾亟，幸其第，或賜勞加禮焉。」[46]高瓊在世時任忠武軍

41. 〔宋〕胡宿，《文恭集》(收入《全宋文》，冊22)，卷38，〈右監門衛率府率世堅
　　墓誌銘〉，頁248。
42. 〔宋〕孫逢吉，《職官分紀》(影印文淵閣四庫全書本)，卷30，〈左右監門率府率
　　副率〉，頁923-584。
43. 〔宋〕蘇頌，《蘇魏公集》(收入《全宋文》，冊62)，卷51，〈龍圖閣直學士修國
　　史宋公神道碑〉，頁21、26。
44. 〔元〕脫脫等撰，《宋史》，卷452，〈列傳二百一十一‧忠義七‧郭僎〉，頁
　　13307。
45. 〔宋〕王珪，《華陽集》(收入《全宋文》，冊53)，卷49，〈推忠保節翊戴功臣忠
　　武軍節度許州管內觀察處置等使開府儀同三司檢校太尉使持節許州諸軍行許州刺史
　　兼御史大夫上柱國渤海郡開國公食邑八千七百戶食實封三千戶累贈太師尚書令兼中
　　書令烈武高衛王神道碑銘〉，頁219。
46. 〔元〕脫脫等撰，《宋史》，卷124，〈禮二十七‧凶禮三‧諸臣之喪〉，頁
　　2901。

節度使，依《元祐令》，是從三品官，[47]王欽若所言，並非無理。按
《禮院例冊》：「文武官一品、二品喪，輟視朝二日，於便殿舉哀掛
服。」[48]原先，有司只請輟視朝一日，「終以王有舊勳，特輟二日，官
給喪事。」[49]這是高瓊昔日舊功，得比照一品二品輟朝的天數。他的喪
事雖是「官給喪事」，但沒得到詔葬。又如右監門衛率府副率仲甫於
慶曆四年(1044)六月卒；[50]右監門衛率府率克壯卒於嘉祐四年(1059)正
月卒，[51]並輟朝一日。反觀皇從姪孫供奉官從溥亡故，按皇帝五服關
係，仁宗可為亡故的從姪孫輟朝一日，但因趙從溥所任供奉官，僅是
從八品，[52]禮院以其秩卑，遂不申請輟朝。[53]準上可知，輟朝官品異於
詔葬，學者不宜逕將輟朝等同於詔葬儀式。

三、詔葬贈賻

　　傳統王朝對於官員及其家屬身亡，皇帝均給予治喪財物及喪葬費
用的補助，常見對喪家的慰問是賵、賻。《春秋公羊傳》云：「賵者
何？喪事有賵。賵者蓋以馬、以乘馬束帛。車馬曰賵，貨財曰賻，衣
被曰襚。」[54]《周禮》：「凡邦之弔事，掌其戒令，與其幣器財用凡所
共者」，鄭玄注云：「凡喪，始死，弔而含襚，葬而賵贈，其閒加恩

47. 〔宋〕孫逢吉，《職官分紀》，卷39，〈節度使〉，頁923-717。
48. 〔元〕脫脫等撰，《宋史》，卷124，〈禮二十七‧凶禮三‧輟朝之制〉，頁
　　2903。
49. 〔宋〕王珪，《華陽集》，卷49，〈推忠保節翊戴功臣忠武軍節度許州管內觀察處
　　置等使開府儀同三司檢校太尉使持節許州諸軍行許州刺史兼御史大夫上柱國渤海郡
　　開國公食邑八千七百戶食實封三千戶累贈太師尚書令兼中書令烈武高衛王神道碑
　　銘〉，頁219。
50. 〔清〕徐松纂輯，《宋會要輯稿》，「輟朝」，禮四一之三二。
51. 〔清〕徐松纂輯，《宋會要輯稿》，「輟朝」，禮四一之三五。
52. 〔宋〕孫逢吉，《職官分紀》，卷26，「內侍省左右班都都知」，頁923-542。
53. 〔清〕徐松纂輯，《宋會要輯稿》，「輟朝」，禮四一之三二，天禧三年六月。
54. 〔漢〕公羊壽等，《春秋公羊傳注疏》(北京：北京大學出版社，2000)，卷1，頁
　　23-24。

厚，則有賻焉。」[55]亦即邦國君臣喪，弔喪包含慰問、贈入殮用的含、襚，加恩另贈財物。

宋代官府給葬是恩典之一，《宋會要輯稿》云：「凡文武臣僚及宗室、公主、附(駙)馬都尉與其親屬薨卒，皆賻贈，舊書格目載之已詳。」[56]又載：「國朝凡近臣及帶職事官薨卒，非詔葬者，如有喪訃及遷葬，皆賜賻贈，鴻臚寺與入內內侍省以舊例取旨。其嘗踐兩府或任近侍者，多增其數。熙寧七年，命官參酌舊例，著為新式，付之有司。舊例所載不備，今並其數俱存之新式。」[57]主管賻贈的機關是鴻臚寺與入內內侍省，與詔葬相同。喪家沒能得到詔葬殊榮，也有賻贈的機會，獲得官府財物的實質慰問。

宋代官員薨卒後，「群臣賻物，皆鴻臚寺定例以聞」，[58]朝廷賜給賻贈數額約是：

> 絹自五百匹至五十匹，錢自五十萬至五萬，又賜羊酒有差，其優者仍給米麥香燭。自中書、樞密而下至兩省五品、三司三館職事、內職、軍校并執事禁近者亡歿，及父母、近親喪，皆有贈隆賜。宗室期、功、袒免，乳母、殤子及女出適者，各有常數。其特恩加賜者，各以輕重為殺焉。[59]

若干官員因皇帝寵信，恩賜葬費超過一般官員，如宋太宗對趙普之喪，「弔祭賵贈之數並給加等，以盡君臣之禮焉。」[60]景德元年(1004)五月，夏侯嶠卒，真宗詔贈其兵部尚書，賵賜外，增賜白金三百兩給

55. 〔漢〕鄭玄等，《周禮注疏》(北京：北京大學出版社，2000)，卷3，〈小宰〉，頁83。
56. 〔清〕徐松纂輯，《宋會要輯稿》，「賻贈雜錄」，禮四四之一八。
57. 〔清〕徐松纂輯，《宋會要輯稿》，「賻贈」，禮四四之一。
58. 〔清〕徐松纂輯，《宋會要輯稿》，「真宗景德四年十一月三日」條，禮四四之二五。
59. 〔元〕脫脫等撰，《宋史》，卷124，〈禮二十七·凶禮三·賻贈〉，頁2907。
60. 〔宋〕李攸，《宋朝事實》(上海：商務印書館，1935，叢書集成初編)，卷3，〈御製·太宗皇御製太師魏國公尚書令真定王神道碑〉，頁45。

葬。[61]汝南郡王薨,仁宗臨奠,「詔特屏桃茢枝祓滌,以示親厚,賻賵加等,罷朝五日,贈太尉,中書令,追封濮王,諡安懿。命龍圖閣直學士向傳式、入內副都知任守忠護葬。」[62]至於地位低或退休官員不能詔葬或賻贈者,皇帝也可能給予治喪費用。

> 景德三年八月一日,開封府浚儀縣尉房初舉賢良方正科,中書考試辭理為優,未及殿試而卒。帝憫之,特賜錢五十貫,以恤其家。四年七月十六日,江陵府言,工部侍郎致仕朱昂卒,致仕官無賻贈之例,帝以昂舊德,深軫念之時,令有司就賜賻贈。[63]

真宗時,曾命翰林學士晁迥等人與龍圖閣待制戚綸研商鴻臚寺賻贈標準,提出辦法:

> 應職官喪亡賜賻贈,五品以上,內侍省於學士院請詔書,差官押賜;六品以下差官傳宣押賜。臣僚薨亡,如無恩旨敕葬及五服內親喪及遷葬合有副(賻)贈者,下鴻臚寺檢會體例,牒報內侍取旨。[64]

這是文官賻贈的規範,分兩部分:(1)職官五品以上、六品以下喪亡,押賜賻贈的程序;(2)官員薨亡無得恩旨敕葬、五服內親喪、五服內親喪及遷葬,應得賻贈者,鴻臚寺依例審定,由內侍取旨辦理。仁宗朝所修撰的《天聖喪葬令》出現細緻的規定,凡宗室、內外皇親、文武官薨卒,及家有親屬之喪,應賜給賻物者,「皆鴻臚寺具官名聞奏,

---

61. 〔元〕脫脫等撰,《宋史》,卷292,〈列傳第五十一‧夏侯嶠〉,頁9758。
62. 〔宋〕李燾,《續資治通鑑長編》,卷190,〈仁宗‧嘉祐四年十一月庚子〉,頁4598。
63. 〔清〕徐松纂輯,《宋會要輯稿》,「真宗景德三年八月一日」條,禮四四之三〇。
64. 〔清〕徐松纂輯,《宋會要輯稿》,「真宗景德四年九月十一日」條,禮四四之二四、二五。

物數多少，隨旨聽給。」[65]賻贈多少，隨皇帝旨意而定，這彈性用以顯示皇恩。而「諸賻物兩應給者，從多給」，[66]顯示對官員從優撫恤之意。即便是退休官員，文武職事五品以上者，可依現任官辦理弔祭賻贈事宜，且「其於任所致仕未還而薨卒者，仍量給手力，送還本貫。」[67]神宗朝《熙寧新式》亦訂下規矩：

> 官與職各該賻贈者，從多給；差遣權並同權發遣，並與正同。時暫權者不賜。諸兩府、使相、宣徽使並前任宰臣，問疾或澆奠已賜，不願勅葬者，並宗室不經澆奠支賜，雖不係勅葬，並支賻贈。餘但經問疾、或澆奠支賜、或勅葬者，更不支賻贈。前兩府如澆奠只支賻贈，仍加絹一百、布一百、羊酒米麵各一十。[68]

詔葬，則是皇帝「表一時之恩」，是一、二品重臣高官最高規格的哀榮，除喪葬費用的補助，喪葬需要的人力也由政府提供。唐制，由官府提供官員喪葬物料者，程序是「皆所司及本屬上於尚書省，尚書省乃下寺，寺下司儀，司儀准品，而料上於寺。」[69]北宋初年，亦然。太宗時，將敕葬支應錢物改由地方政府負擔：

> 舊制，賜敕葬者，皆內諸司供帳。或言其不便，戊戌，始令所在州府，以官錢賃僦。[70]

內諸司供帳，應指雜買務負責。大中祥符二年(1009)五月十一日，真宗云：「近日宮中凡所須索，並付左藏庫，雖動須變轉，且免擾民

---

65. 《天一閣藏明鈔本天聖令校證》，〈喪葬令卷二十九〉，宋6，頁424。
66. 《天一閣藏明鈔本天聖令校證》，〈喪葬令卷二十九〉，宋7，頁424。
67. 《天一閣藏明鈔本天聖令校證》，〈喪葬令卷二十九〉，宋12，頁424。
68. 〔清〕徐松纂輯，《宋會要輯稿》，禮四四之二五。
69. 〔唐〕李林甫等，《唐六典》，卷18，「司儀署」，頁508。
70. 〔宋〕李燾，《續資治通鑑長編》，卷22，〈太宗・太平興國六年九月戊戌〉，頁494。

也。」八月十日，詔：「洞真宮、開寶院、韓國長公主宅、廣平公保信軍院及應敕葬所買賣物色，並聽從便，不須下雜買務。」[71]換言之，以往由雜買務負責敕葬物品，改由左藏庫承辦，以免擾民。

　　根據《天聖喪葬令》的規定，喪家所得的賻贈，其「諸賻物及粟，皆出所在倉庫，得旨則給。」[72]至於敕葬物品與人力供應：「諸應宗室、皇親及臣僚等敕葬者，所須及賜人徒，並從官給。」[73]賻贈、敕葬均由官府處理，可能引起民怨。仁宗時，「詔京西轉運司，每歲宗室內人上陵，及遣官朝拜，或勅葬所須什物，並官為辦置，無得擾民。從知河南府李若谷之言也。」[74]不過，官府喪葬支出龐大，造成現金周轉問題。慶曆三年(1043)八月，三司奏言左藏庫支用見錢浩大，仁宗決定除敕葬依例需用的現錢、「特旨令取見錢，即依臨時指揮」及少數恩賜用途外，其他費用多採「用絹折」的權宜措施詔：

> 今後敕葬支使，依例用見錢外，凡御前取索，並依臨時所降指揮。餘支賜錢，並依舊條。一應文武臣僚使臣差出外支盤纏，皇族迎嫁繫親下定諸般例物，並勾當行人錢，看經道場齋料等價錢，僧道等身死孝贈等錢，宣葬、敕葬並諸般支賜錢，皇親房臥折諸物色價錢，並繫親折銀馬價錢，官員使臣身亡孝贈、御前支賜，並內中不顯出名目取索製造諸般生活了當恩澤錢，以上並用絹折。如特旨令取見錢，即依臨時指揮。賜皇親並諸般支賜、恩澤，皇親往西京汝州南祔葬，並係支見錢。[75]

71. 〔清〕徐松纂輯，《宋會要輯稿》，「雜買務‧真宗大中祥符二年」條。從後來仁宗的話，也可看出雜買務承辦宮禁物品的弊端：「詔雜買務自今凡宮禁所市物，皆給實直，其非所缺者勿得市。初，上謂輔臣曰，國朝監唐世宮市之患，特置此務，以防擾人。近歲，物非所急者，一切收市，其擾人亦甚矣。」，食貨五五之一六。〔元〕佚名，《宋史全文》，卷9上，〈宋仁宗五‧皇祐四年三月辛未〉，頁441。

72. 《天一閣藏明鈔本天聖令校證》，〈喪葬令卷二十九〉，宋9，頁424。

73. 《天一閣藏明鈔本天聖令校證》，〈喪葬令卷二十九〉，宋23，頁425。

74. 〔宋〕李燾，《續資治通鑑長編》，卷116，〈仁宗‧景祐二年三月丁酉〉，頁2725。

75. 〔清〕徐松纂輯，《宋會要輯稿》，「內藏庫」，食貨五一之二四。

其後，仁宗希望能對敕葬賜贈費用有所限制，於慶曆四年正月詔「應敕葬者自今止量加賜予，其家有大勳勞者令取旨。」[76]這類皇帝旨意或喪葬法令，因恩澤考慮或訂有例外條款，往往不能達到節省費用的目的。例如神宗元豐二年(1079)，為遷祔濮安懿王二夫人，詔賜給鹵簿全仗，至國門外減半的送葬規格，並以翰林學士章惇為遷護使，入內東頭供奉幹當御藥院李舜舉為遷護都監，賜給主奉祠事濮國公宗暉：銀二千兩、絹二千疋、錢三千緡，以給葬具。[77]從此例，可知一品規格的詔葬，所行禮儀財物與喪家賻贈，所費不貲。

　　南宋的喪葬補助制度是「諸供葬之物，依所贈官品給。賻後贈官者非。」[78]官員依其贈官得到供葬物品。對於官府辦理喪葬金額，更有限制：

> 諸臣僚身亡，得旨令所屬量行應副葬事者，所須人物計功直，通不得過一千貫。曾任執政官以上者，不拘此令。[79]

這是針對一般官員喪葬，由官府應副葬事的部分。執政官喪葬費，或有旨給詔葬朝廷，金額不止一千貫，皇親更不止於此數。高宗紹興二十年(1150)六月十五日，贈故乳母故壽國柔惠淑婉和懿慈穆育聖夫人王氏，為福壽國柔惠淑婉和懿慈穆育聖夫人，賜絹二千四、錢一萬貫，充敕葬使用。[80]孝宗乾道三年(1167)七月九日，皇太子薨，賜銀五千兩、絹五千疋、錢二萬貫，充作敕葬支費使用。[81]孝宗淳熙七年

76. 〔宋〕李燾，《續資治通鑑長編》，卷146，〈仁宗・慶曆四年正月庚辰〉，頁3533。
77. 〔清〕徐松纂輯，《宋會要輯稿》，「濮安懿王園陵」，禮四〇之一〇。
78. 〔宋〕謝深甫，《慶元條法事類》，卷77，〈服制門・喪葬〉，「給賜令」，頁838。
79. 〔宋〕謝深甫，《慶元條法事類》，卷13，〈職制門・亡役歿敕令格〉，「服制令」，頁283。
80. 〔清〕徐松纂輯，《宋會要輯稿》，「乳母・高宗紹興二十年六月十五日」條，后妃三之三四。
81. 〔清〕徐松纂輯，《中興禮書》，卷289，〈凶禮五十四・莊文太子・初薨舉哀〉，頁415。

(1180)二月十日，皇子魏王愷薨，賜會子三萬貫、絹一萬匹、銀三千兩。[82]寧宗嘉定十三年(1220)八月八日，臣僚奏「皇太子薨，差都大主管敕葬，隨宜參酌比附，條具申請。數內官吏、諸色祗應人等合用孝贈及節次支賜，並日支食錢及應幹支費，乞依昨來敕葬莊文太子體例，於左藏庫取錢二萬貫文、銀五千兩、絹五千匹，仍免三分減一，全支本色。」[83]前引賈似道母喪敕葬，得到「內藏庫支賜賻贈銀絹四千疋兩，又令戶部特賜賻贈銀絹二千疋兩，皇太后殿又支賜賻贈銀絹四千疋兩。」朝廷支出的敕葬費用，甚為龐大。

　　有喪家雖然接受皇帝賜給敕葬，卻乞以自家財力支應所有喪葬開銷的案例，其中有一例值得討論。高宗紹興元年(1131)十一月十日，幹辦御藥院陳永錫奏稱，奉指揮主管康國福康惠徽夫人蕭氏葬事，所有應行事件比附第四等勅葬，「欲乞更不取索支供，詔依，止用本家錢物。」[84]這條資料是主事者請旨的結果。學者以為這資料「說明詔葬至少發展為四等，而第四等竟然是完全用本家錢物而朝廷不予供應。」[85]事實不然，此「比附第四等勅葬」，不是依勅葬等級來辦理葬事。因為有第四等敕葬，朝廷仍支給費用的事實，例如紹興十八年(1148)二月二十二日，幹辦御藥院李存約奉旨主管溫國夫人張氏葬事，「欲乞依郡(邵)諤主管嘉國懿康惠徽夫人朱氏葬事體例，今契勘依前項體例，比附等(第)四等勅葬，所有應千支用錢物，並乞從量度支使畢請實除破。」[86]類似案例還有紹興二年八月十七日嘉國懿康惠徽夫人朱氏葬事，也是「比附故康國福康惠徽夫人蕭氏葬事體例」辦理。[87]紹興十年七月二十八日，潤國莊俶惠徽柔懿夫人張氏勅葬，比附

82. 〔清〕徐松纂輯，《中興禮書》，卷291，〈凶禮五十六‧魏惠憲王‧榮國公〉，頁428。
83. 〔清〕徐松纂輯，《宋會要輯稿》，「攢所」，禮四三之四。
84. 〔清〕徐松纂輯，《中興禮書》，卷297，〈凶禮六十二‧詔葬一〉，頁451。
85. 吳麗娛，《終極之典：中古喪葬制度研究》，下冊，頁703。
86. 〔清〕徐松纂輯，《中興禮書》，卷297，〈凶禮六十二‧舉哀掛服〉，頁457。
87. 〔清〕徐松纂輯，《中興禮書》，卷297，〈凶禮六十二‧詔葬一〉，頁451。

故康國福康惠徽夫人蕭氏體例；十八年七月二十一日，永國夫人李氏葬事，依溫國夫人張氏體例；十一月十五日和國蕭順夫人張氏葬事，依永國夫人李氏葬事體例等。[88]關鍵在於各主管敕葬官員請旨使用錢物的來源，而非宋代敕葬分為不同等級，其第四等敕葬需自費經辦。

　　所謂第四等，究竟何所指？唐制，皇親喪葬依服制而有別，《唐六典》云：

> 凡太皇太后、皇太后、皇后之親分五等，皆先定於司封，宗正受而統焉。凡皇周親、皇后父母為第一等，準三品。皇大功親、皇小功尊屬，太皇太后、皇太后、皇后周親為第二等，準四品。皇小功親、皇緦麻尊屬，太皇太后、皇太后、皇后大功親，為第三等，準五品。皇緦麻親，為第四等。皇袒免親，太皇太后小功卑屬，皇太后、皇后緦麻親，及舅母、姨夫，為第五等，並準六品。其籍如州縣之法。[89]

再看《天聖喪葬令》記載不行之唐令第一條，亦載：

> 皇家諸親喪賻物，皇帝本服朞，準一品；本服大功，準二品；本服小功及皇太后本服朞，準三品；皇帝本服緦麻、皇太后本服大功、皇后本服朞、皇太子妃父母，準正四品；皇帝本服袒免、皇太后本服小功、皇后本服大功、皇太子妃本服朞，準從四品；皇太后本服緦麻、皇后本服小功，準正五品；皇后本服緦麻，準從五品。若官爵高者，從高。無服之殤，並不給。其準一品給賻物者，並依職事品。[90]

從這兩資料判斷，前引第四等敕葬是指依照皇親服制級別的敕葬。敕葬有固定儀式與辦理項目，乃因官品而有別。皇帝賜給金額有差，出

---

88. 〔清〕徐松纂輯，《中興禮書》，卷297，〈凶禮六十二‧舉哀掛服〉，頁457。
89. 〔唐〕李林甫等，《唐六典》，卷16，「宗正寺」，頁466。
90. 《天一閣藏明鈔本天聖令校證》，〈喪葬令卷二十九〉，唐1，頁426。

自天子恩典，而喪家態度，決定舉行敕葬的儀式。

四、詔葬儀式

　　國家賜予薨卒大臣詔葬之恩典，准許其施用特殊喪葬儀式，不受一般臣民喪葬法規的約束，亦即「其用音樂及欄街設祭，身無官而葬用方相者，望嚴禁之。其詔葬設祭者，不在此限。」[91]如何繼筠，「賜寶劍、甲胄同葬」；華陰郡王宗旦，「聽以旌節、牌印葬」等。[92]南宋時，規定亦然，[93]這些特權正是用以凸顯詔葬者的哀榮。再看錢俶之例。端拱元年(988)，太宗遣使太中大夫、尚書工部侍郎、上柱國、汾陽郡開國侯、食邑一千戶、賜紫金魚袋郭贄持節發，追封錢俶為秦國王。並命中使護其喪，歸葬洛陽。[94]錢俶死後贈官，有中使護喪。元祐二年(1087)，韓絳病重，哲宗每天派內侍監國醫診治。及薨，帝遣尚書致奠，隔天賜龍腦、水銀以斂，兩宮臨奠哀慟，賜賚踴等。天子成服於苑中，輟視朝兩日，贈太傅，遣使告於柩前，積勳至上柱國等。[95]韓絳薨後，哲宗詔祭於都門外，給一品鹵簿。後詔葬於穎昌府。[96]相較其他案例，這應是北宋記載詔葬，從殮葬物品、贈官祭告、鹵簿送葬、都門致祭等較詳盡的例子，但不載護葬。規格有所不同，何者才是詔葬的標準禮儀？

　　論及詔葬的意義與制度內涵，現存宋代禮書，如《太常因革禮》、《政和五禮新儀》，並未詳載詔葬的規格。清人徐松輯纂的

91. 〔元〕脫脫等撰，《宋史》，卷125，〈禮二十八・凶禮四・士庶人喪禮〉，頁2917。
92. 〔元〕脫脫等撰，《宋史》，卷124，〈禮二十七・凶禮三・諸臣喪葬等儀・詔葬〉，頁2911。
93. 〔宋〕謝深甫，《慶元條法事類》，卷77，〈服制門・喪葬・服制令〉，頁837。
94. 〔元〕脫脫等撰，《宋史》，卷480，〈列傳二百三十九・世家三・吳越錢氏〉，頁13907。
95. 〔宋〕范純仁，《范忠宣公文集》(北京：線裝書局，2004)，《宋集珍本叢刊》，冊15，卷15，〈司空康國韓公墓誌〉，頁484。
96. 〔宋〕范純仁，《范忠宣公文集》，卷15，〈司空康國韓公墓誌〉，頁485。

《中興禮書》、《宋會要輯稿》亦不載詔葬的完整儀式。近來發現整理的《天聖令》則有若干條文。先看《宋史》的部分：

> 詔葬。禮院例冊：諸一品、二品喪，敕備本品鹵簿送葬者，以少牢贈祭於都城外，加璧，束帛深青三、纁二。

> 諸重：一品柱鬲六，五品已上四，六品已下二。

> 諸銘旌：三品已上長九尺，五品已上八尺，六品已上，七尺，皆書某官封姓之柩。

> 諸輀車：三品已上油襈、朱絲絡網施襈，兩廂畫龍，襈竿諸末垂六旒蘇；七品已上油襈、施襈，兩廂畫雲氣，垂四旒蘇；九品已上無旒蘇；庶人鼈甲車，無襈、襈、畫飾。諸引、披、鐸、翣、挽歌；三品已上四引、四披、六鐸、六翣，挽歌六行三十六人；四品二引、二披、四鐸、四翣，挽歌者四行十六人；五品、六品挽歌八人；七品、八品挽歌六人；六品、九品謂非升朝者。挽歌四人。

> 其持引、披者，皆布幘、布深衣；挽歌，白練幘、白練褠衣，皆執鐸、綍，並鞵襪。

> 諸四品已上用方相，七品已上用魌頭。

> 諸蠹：五品已上，其竿長九尺；已下，五尺已上。

> 諸葬不得以石為棺槨及石室，其棺槨皆不得雕鏤彩畫、施方牖檻，棺內不得藏金寶珠玉。

> 又按會要：勳戚大臣薨卒，多命詔葬，遣中使監護，官給其費，以表一時之恩。

凡凶儀皆有買道、方相、引魂車，香、蓋、紙錢、鵝毛、影輿，錦繡虛車，大輿，銘旌；儀棺，行幕，各一；挽歌十六。

其明器、牀帳、衣輿、結絺牀皆不定數。

墳所有石羊虎、望柱各二，三品以上加石人二人。

入墳有當壙、當野、祖思、祖明、地軸、十二時神、誌石、券石、鐵券各一。

殯前一日對靈柩，及至墳所下事時，皆設敕祭，監葬官行禮。[97]

上文先說明詔葬對象，再敘述送葬隊伍及葬具、墓室，最後則引《宋會要輯稿》所載詔葬。《宋史》所載詔葬具體而微，包含又廣，是否已呈現有宋詔葬制度全貌？

參酌《天聖喪葬令》條文：「諸一品二品喪，敕備本品鹵簿送殯者，以少牢贈祭於都城外，加璧，束帛深青三、纁二。」[98]其與前引《宋史》，差別僅一「殯」字，但不載品官之送葬隊伍及葬具、墓室，而列在其他條文中。推論《宋史》詔葬條目有關三品以下的祭儀，似不符合天子追念勳戚大臣等高階官員葬禮的尊榮，不排除後人誤解，將諸臣喪葬儀式與詔葬混為一談，導致前引《宋史》詔葬條目存在一些矛盾。

根據《天聖喪葬令》與《宋史》，可將在京師的詔葬，分為「一品、二品喪」，「監護喪(葬)事」，「敕備本品鹵簿送殯(葬)」，「以少牢贈祭於都城外」等；京師以外得到詔葬者，如歸葬故里或亡於外國，儀式有所不同(詳下)。《宋史》引《會要》詔葬的部分，則是「中使監護」、「官給其費」、「敕祭，監葬官行禮」等。以下將分

---

97. 〔元〕脫脫等撰，《宋史》，卷124，〈禮二十七・凶禮三・諸臣喪葬等儀・詔葬〉，頁2909-2910。

98. 《天一閣藏明鈔本天聖令校證》，〈喪葬令卷二十九〉，宋10，頁424。

別討論宋代資料所載詔葬相關禮儀，釐清詔葬主要的儀式。

(一)官員監護喪(葬)事

歷代皇帝派官員監護大臣之喪葬，協助家屬辦理喪事，以示隆重。宋代皇帝賜詔葬時，亦指派監護喪(葬)事的官員；但也有官員奉命監護喪(葬)事，卻不屬於詔葬之列，應從亡臣的官品來論。詔葬的監護喪事的任務除了協辦喪事，還要致祭行禮，即「殯前一日對靈柩，及至墳所下事時，皆設敕祭，監葬官行禮」，[99]任務才結束。趙普薨，太宗「廢朝五日，為出次發哀。贈尚書令，追封真定王，賜諡忠獻。上撰神道碑銘，親八分書以賜之。遣右諫議大夫范杲攝鴻臚卿，護喪事，賻絹、布各五百匹，米、麪各五百石。葬日，有司設鹵簿鼓吹如式。」[100]韓琦薨，神宗指示比照當年趙普葬禮規格來辦：

> (神宗)輟視朝三日，遣中使慰撫本家，凡典禮，悉令按趙普故事施行，贈尚書令。……上又遣禮官大常丞集賢校理李清臣致祭於柩前，又遣內侍詢本家所欲，凡例外，令一切條上。復命姪正彥自兩浙提舉官知相州，令過闕賜對，面諭令照管諸孤。差入內都知利州觀察使張茂則監護葬事、入內供奉官張懷德增修墳兆，以石為幽堂，所費皆給于官。臣僚之葬於法不許以石為室，今特詔用之，自公始也。再遣幹當御藥院李舜舉奠於靈几，及許幼子嘉彥將來尚主。[101]

神宗以趙普喪葬故事為韓琦舉行喪葬典禮，兩則資料均未明說是否詔葬，但兩人官位都達敕葬門檻，尤其韓琦葬禮破例甚多。司馬光薨，哲宗命官員主持護喪、歸葬，也命戶部侍郎趙瞻到陝州夏縣，臨視司

99. 〔元〕脫脫等撰，《宋史》，卷124，〈禮二十七·凶禮三·諸臣喪葬等儀·詔葬〉，頁2910。
100. 〔元〕脫脫等撰，《宋史》，卷256，〈列傳第十五·趙普　弟安易〉，頁8931。
101. 〔宋〕不著撰人，《忠獻韓魏王家傳》(北京：線裝書局，2004，《宋集珍本叢刊》，冊6)，卷10，頁6-7。

馬光葬事,「候葬訖,就墳所致祭。」[102]又,真宗朝,劉承規病後,仍以公務為念,遺奏求免贈賻、詔葬。真宗十分惋惜,仍遣內臣與鴻臚典喪,並親撰祭文。[103]劉承規以節度觀察留後致仕,其為四品官,[104]此例應非詔葬。

　　因此,皇帝命官員、中使監護喪(葬)事,是否等於賜給詔葬?隋唐與宋代監護喪(葬)事,略有不同。如下表:

《唐六典》卷 18 大理寺 鴻臚寺	《通典》卷 84 禮四十四 凶六 喪制之二 小斂	《天聖喪葬令》卷 29	《宋史》卷 124 輟朝之制
凡詔葬,大臣一品則卿護其喪事,二品則少卿,三品丞一人往。皆命司儀以示禮制也。	隋開皇初,太常卿牛弘奏著《喪紀令》:正一品薨則鴻臚卿監護喪事,司儀令示禮制;二品以上則鴻臚丞監護,司儀丞示禮制;五品以上薨卒及三品以上有周親以上喪並掌儀一人示禮制。[105]	其(在)京薨卒應敕葬者,鴻臚卿監護喪事,卿闕則以它官攝。司儀令示禮制。今以太常禮院禮直官攝。(宋5)諸百官身亡者,三品以上稱薨,五品以上稱卒,六品以下達於庶人稱死。今三品者,惟尚書、節度以上則稱薨。(宋31)	一品、二品喪,皆以翰林學士已下為監護喪事,以內侍都知已下為同監護喪事。[106]

---

102. 〔宋〕李燾,《續資治通鑑長編》,卷392,〈哲宗·元祐元年十一月辛巳〉,頁9542。
103. 〔元〕脫脫等撰,《宋史》,卷466,〈列傳第二百二十五·宦者一·劉承規〉,頁13610。
104. 〔宋〕孫逢吉,《職官分紀》,卷39,「都督府·節度觀察留後」,頁923-726。
105. 〔唐〕杜佑,《通典》(北京:中華書局,1988),卷84,〈禮四十四·凶六·小斂〉,頁2284。
106. 〔元〕脫脫等撰,《宋史》,卷124,〈禮二十七·凶禮三·諸臣喪葬等儀·輟朝之制〉,頁2903。

　　《天聖喪葬令》應是延續隋朝以來的制度，而加以簡化，[107]南宋則改為六品以上稱卒。[108]就法令編修歷程來看，《天聖喪葬令》顯示北宋在京薨卒的五品以上官員若得到敕葬，應由鴻臚卿負責監護喪事，北宋仁宗時，乃以太常禮院禮直官擔任。至於《宋史》：「一品、二品喪皆以翰林學士已下為監護葬事，以內侍都知已下為同監護葬事。」應是後來的發展。北宋鴻臚卿之官階與職責，其演變為：

> 《兩朝國史志》：鴻臚寺判寺事一人，以朝官以上充。……本寺但掌祭祀、朝會前資致仕、蕃客進奉官、僧道耆壽陪位，享拜周六廟三陵，公主妃主以下喪葬，差官監護，給其所用鹵簿，文武官薨卒賻贈之事。府史三人，驅使官一人。元豐改制，事具載《職官志》。……(眞宗景德四年)九月詔定詔葬賻贈體例……《神宗正史職官志》：鴻臚寺卿從四品，少卿正六品，丞正八品，主簿從八品，各一人，掌賓客及凶儀之事。……凡凶儀之節，宗室以服，大臣以品，率辨其喪紀，以詔奠臨葬送賻贈之制，應中都道釋祠廟及籍賬除附之禁令，皆隸屬焉。[109]

北宋鴻臚寺掌管祭祀、外交、佛道與喪葬凶儀等事。起初，鴻臚寺判寺事由朝官以上充任。所謂朝官，「蓋前代朝官自一品以下，皆曰常參官；其未常參者，曰未常參官。宋目常參者，曰朝官；祕書郎而下

---

107. 隋代情形，參見仁井田陞著、栗勁編譯，《唐令拾遺》(長春：長春出版社，1989)，〈喪葬令第三十二・詔喪大臣〉，「開元七年」條，頁747。《隋開皇令》：「諸正一品薨，則鴻臚卿監護喪事，司儀令示禮制；二品已上則鴻臚丞監護，司儀丞示禮制；五品已上薨卒，及三品已上有期親已上喪，並掌儀一人示禮制。」《隋書・禮儀志》：「開皇初，高祖思定典禮……其喪紀，上自王公，下逮庶人，著《令》皆為定制，無相差越。正一品薨則鴻臚卿監護喪事，司儀令示禮制；二品已上則鴻臚丞監護(以下與本文同)。」
108. 〔宋〕謝深甫，《慶元條法事類》，卷13，〈服制門・喪葬〉，「服制令」，頁282。
109. 〔清〕徐松纂輯，《宋會要輯稿》，「鴻臚寺」，職官二五之一。

未常參者，曰京官。」[110]依《元祐官品令》，秘書郎為正八品。[111]換言之，朝官係指正八品以上常參官，以其出任鴻臚寺判寺事，官品不固定。至神宗朝，鴻臚寺卿訂為從四品官。

先看宋初具體情形。太祖乾德三年(965)六月，中書令、秦國公孟昶薨，其母李氏不久也過世。宋太祖命鴻臚卿范禹偁監護喪事，並下詔讓禮官商議吉凶儀仗禮例。[112]《宋史》禮志記載一品二品官員喪，應有兩名官員監護喪葬，仁宗明道元年(1032)二月，宸妃李氏薨。帝命翰林學士馮元攝鴻臚卿，與入內內侍省押班盧守勲、上御藥張懷德監護喪事，三司使、尚書兵部侍郎晏殊撰寫墓銘。[113]至少三名官員監護喪葬。慶曆四年(1044)，調整官員監護喪事及相關制度，皇親大臣部分亦由鴻臚卿護葬：

> 又定中書、樞密宣徽院、節度使、殿前馬步軍都副指揮使及曾任中書門下平章事致仕、上將軍、皇親觀察使及追封郡王親王夫人、皇后父母、駙馬都尉、公主，並差官攝鴻臚卿護葬。嘗有大功，雖官爵不該，臨時聽旨。內中大夫、宗室戚里，係有服紀，合差使臣勾當如例。官給葬家，除本墳合給外，諸喪未經，若無得官給，若雖該官給葬，而家不願者，聽。[114]

所謂「嘗有大功，雖官爵不該，臨時聽旨」，已經預留制度彈性空間，皇帝可依個案考慮以鴻臚卿護葬；喪家不願官府給葬者，也不勉強。

---

110. 〔元〕脫脫等撰，《宋史》，卷158，〈選舉一百十一·選舉四·銓法上〉，頁3698。

111. 〔宋〕孫逢吉，《職官分紀》，卷16，「秘書省」，頁923-395。

112. 〔元〕脫脫等撰，《宋史》，卷124，〈禮二十七·凶禮三·諸臣喪葬等儀·詔葬〉，頁2910。

113. 〔清〕徐松纂輯，《宋會要輯稿》，〈后喪二·章懿皇后〉，「仁宗明道元年二月二十六日」條，禮三二之一五。

114. 〔宋〕李燾，《續資治通鑑長編》，卷152，〈仁宗·慶曆四年十月庚戌〉，頁3708-3709。

　　仁宗晚期,監護喪事官制度發生變化。至和元年(1054)春,張貴妃薨,仁宗十分哀悼,打算舉行最隆重的禮數以示寵秩,乃追諡溫成皇后,殯於皇儀殿。並命參知政事劉沆監護喪事。[115]嘉祐四年(1059)十一月,濮王薨,富弼身為首相,卻不按例辦理,竟差龍圖閣直學士向傳式監護喪事,[116]引起極大的批評。薨卒之重臣詔葬,常見有中使、內侍負責監護喪事,操辦實際事務,如「遣中使監護,官給其費,以表一時之恩。」[117]但資料記載官員監護喪事之例,並不等於得到詔葬榮典。

　　《宋史》記載許多命中使護喪(葬)之例,茲略舉如下:郭守文:「遣中使護喪,歸葬京師。」陳承昭:「中使護喪」;王顯:「遣宮苑使鄧永遷馳還護喪。」姚內斌:「遣中使護喪,歸葬洛陽,常賻外,賜其子田三十頃。」董遵誨:「遣中使護喪,賵賻加等。」張凝:「遣中使護喪還京,官給葬事,厚其家。」張進:「上遣中使護喪還京,官給葬事。」白守素傳:「常賻外別賚錢五十萬,令護喪還京師。」程之邵:「官護喪歸。」劉文裕:「命中使護喪歸葬京師。」張崇貴:「內侍護喪還京師。」楊佐:「詔護喪歸,賻以黃金,恤其家。」有時,皇帝詔其家人護喪,索湘:「詔遣其子希顏護喪,傳置歸鄉里。」呂溱:「宜優給賻禮,官庀其葬,以屬臣節。敕其婦兄護喪歸」等。[118]以上諸例,身分有出使、有軍將、有外任官

---

115. 〔宋〕司馬光,《涑水記聞》(北京:中華書局,1989),卷8,「溫成皇后殯儀」,頁154。

116. 〔宋〕李燾,《續資治通鑑長編》,卷190,〈仁宗・嘉祐四年十一月庚子〉,頁4598。

117. 〔元〕脫脫等撰,《宋史》,卷124,〈禮二十七・凶禮三・諸臣喪葬等儀・詔葬〉,頁2909。

118. 〔元〕脫脫等撰,《宋史》,卷259,〈郭守文傳〉,頁9000;卷261,〈陳承昭〉,頁9036;卷268,〈王顯傳〉,頁9233;卷273,〈姚內斌傳〉,頁9341;卷273,〈董遵誨傳〉,頁9343;卷277,〈索湘傳〉,頁9421;卷279,〈張凝傳〉,頁9481;卷279,〈張進傳〉,頁9486;卷280,〈白守素傳〉,頁9507;卷320,〈呂溱傳〉,頁10402;卷333,〈楊佐傳〉,頁10696;卷353,〈程之邵傳〉,頁11151;卷463,〈劉文裕傳〉,頁13547;卷466,〈張崇貴傳〉,頁13619。

員，亡於邊地、途中等。朝廷命中使、內侍護喪目的，是迎身亡文武官員尸柩回京，與詔葬的監護喪(葬)事，不能一概而論。再看洪湛，其獲罪流放儋州，遇赦移惠州。卒年四十一，其子年幼，地方官上奏，「特詔賜錢二萬，官為護喪還揚州。」其後，真宗就此個案下詔：「命官配流嶺外而沒者，悉給緡錢，聽其歸葬，如親屬幼稚者，所在遣牙校部送之。」[119]洪湛的例子說明了朝廷遣官護喪出自皇恩，但與詔葬無關。

(二)殮葬物品及送葬鹵簿

北宋大臣薨卒，得到朝廷賜贈殮葬物品，吳充亡故，神宗「遣使，賜龍腦香、水銀以殮，特贈司空兼侍中。」[120]司馬光薨，帝贈官太師、溫國公，並賜「一品禮服、賻銀三千兩、絹四千匹，賜龍腦、水銀以斂。」[121]

官員詔葬，得贈殮葬物品外，還有本品送葬鹵簿。如前引韓絳的例子，帝遣尚書致奠，隔天賜龍腦、水銀以斂。天子成服於苑中，輟視朝兩日，遣使告於柩前，出殯日詔祭於都門外，給一品鹵簿，詔葬於潁昌府。依唐制，「若王公百官拜命及婚葬之禮，應給鹵簿。」[122]「鹵簿」指大駕儀仗，「凡兵衞以甲楯居外為前導，桿蔽其先後，皆著之簿籍，故曰鹵簿。」[123]《宋史》指出運用王公以下鹵簿的時機與規格：

> 凡大駕六引，用本品鹵簿，奉冊、充使及詔葬皆給之。親王用一品之制，加告止幡、傳教幡、信幡各二，其葬日，用六引內

119.〔元〕脫脫等撰，《宋史》，卷441，〈洪湛傳〉，頁13059。
120.〔宋〕杜大珪，《名臣碑傳琬琰集》(影印文淵閣四庫全書本)中，卷27，〈吳正憲公充墓誌銘〉，頁450-407。
121.〔宋〕蘇軾，《蘇軾文集》(北京：中華書局，1986)，卷16，〈司馬溫公行狀〉，頁491。
122.〔唐〕李林甫等，《唐六典》，卷16，「武器署」，頁464。
123.〔宋〕葉夢得，《石林燕語》，卷4，頁50。

儀仗。[124]

宋親王、一品、二品奉使及葬，幷給革輅，制同乘輿之副，惟
改龍飾為螭，六引內三品以上乘革車，赤質，制如進賢車，無
案，駕四赤馬，駕士二十五人。其緋幰衣、絡帶、旗戟、綢
杠繡文：司徒以瑞馬，京牧以隼，御史大夫以獬豸，兵部尚書
以虎，太常卿以鳳，駕士衣亦同。縣令乘軺車，黑質，兩壁紗
窗，一轅，金銅飾，紫幰衣、絡帶幷繡雉銜瑞草，駕二馬，駕
士十八人。[125]

重要典禮僅奉冊、充使及詔葬，給本品鹵簿，但《宋史》有言：「宋
制，臣子無鹵簿名，遇升儲則草具儀注。」[126]故宋人汪應辰認為唐代
包含皇太子妃、親王、文武職事官四品以上，散官二品以上，幷長安
縣令，內命婦才人以上，外命婦四品以上者，都有鹵簿。反觀「本朝
皇太子鹵簿，遇升儲則草具儀注。其王公以下，惟大禮奉引乘輿，及
身薨敕葬則給；太子妃以下內外命婦皆不復給。則是本朝人臣亦有給
者，而比舊愈嚴矣。」[127]可見宋代所訂官員鹵簿規格不如唐代，實際
情形為何？

　　宋初，為薨卒品官舉行詔葬儀式係仿效五代故事。乾德三年(965)
六月，中書令、秦國公孟昶薨，其母李氏不久後亦亡故，帝命鴻臚范
禹偁監護喪事。太常禮院參考後晉天福十二年葬故魏王，及後周廣順
元年葬故樞密使楊邠、侍衛使史弘肇、三司使王章等例，用一品禮之
故事。禮官提出辦理孟昶葬事，官員應準備的器物為：

　　墓方圓九十步，墳高一丈八尺，明器九十事，石作六事，音身

124.〔元〕脫脫等撰，《宋史》，卷147，〈儀衛五・王公以下鹵簿〉，頁3456。
125.〔元〕脫脫等撰，《宋史》，卷150，〈輿服二・皇太子王公以下車輿・親王群臣
　　車輅之制〉，頁3505-3506。
126.〔元〕脫脫等撰，《宋史》，卷147，〈儀衛五・王公以下鹵簿〉，頁3455。
127.〔宋〕汪應辰，《石林燕語辨》(北京：中華書局，1984)，卷4，頁194。

隊二十人，當壙、當野、祖明、祖思、地軸、十二時神、蚊廚
帳、暖帳各一，輀車一，挽歌三十六人；拂一、蠢一、翣六；
輀車、魂車、儀檸車、買道車、志石車各一；方相氏、鵝毛
纛、銘旌、香輿、影輿、蓋輿、錢輿、五穀輿、酒醢輿、衣物
輿、庖牲輿各一；黃白紙帳、園宅、象生什物、行幕，幷志
文、挽歌詞、啓攢啓奠祝文，幷請下有司修制。

孟昶與母親出殯當天的送葬陣仗為：

太僕寺革輅，兵部本品鹵簿儀仗，太常寺本品鼓吹儀仗，殿中
省傘一、曲蓋二、朱漆團扇四，自第導引出城，量遠近各還。
贈玉一、纁二，贈祭少牢禮料，亦請下光祿、太府寺、少府監
諸司依禮供應。又楚王母依子官一品例，準令文，外命婦一品
侍近二人、青衣六人，偏扇、方扇各十六，行鄣三、坐鄣二，
白銅飾犢車駕牛馭人四，從人十六，夾車、從車六、傘一、大
扇一、團扇二、戟六十。伏緣久不施用，如特賜施行，即合于
孟昶吉凶仗內，相參排列。[128]

孟昶是一品官，太常禮院建議由兵部提供官員本品鹵簿儀仗，由太常
寺負責官員本品鼓吹儀仗原本的儀式是隊伍出城後，在城外舉行贈祭
儀式，贈玉、纁，並以少牢為祭祀的犧牲，此即《宋史》禮志所云
「敕備本品鹵簿送葬」，是詔葬必備的儀式之一。宋太祖同意且下詔
令「排列祗應，仍俟導引至城外，分半導至西京墳下及葬，命供奉官
周貽慶押奉議軍士二，指揮防護至洛陽。又賜子玄喆墳莊一區。」[129]
一般詔葬，在都城外贈祭後，便結束儀式。太祖指示在城外贈祭儀式
後，將送葬儀仗分半，繼續送到洛陽安葬，沿路由供奉官周貽慶與奉

---

128. 〔元〕脫脫等撰，《宋史》，卷124，〈禮二十七‧凶禮三‧諸臣喪葬等儀‧詔
　　葬〉，頁2909-2910。
129. 〔元〕脫脫等撰，《宋史》，卷124，〈禮二十七‧凶禮三‧諸臣喪葬等儀‧詔
　　葬〉，頁2911。

議軍士指揮防護。這是特殊規格的詔葬,應與孟昶身分有關。

再看其他皇親大臣之例。趙普薨,隔年下葬時,太宗「命有司備鹵簿,葬于洛陽北邙之原而合祔焉。」[130]真宗咸平二年(999),王承衍出葬日,在禁樂,禮官請鹵簿鼓吹備而不作。真宗同意。[131]畢士安於真宗景德二年(1005)亡故,「上即日至其家,臨哭之慟,贈太傅中書,令廢朝五日,制服百官奉慰,詔皇城使、愛州刺史衛紹欽監護喪事。發百日,有司具鹵簿鼓吹,大鴻臚持節護葬,諡曰文簡。」皇祐二年(1051)七月甲辰,國舅李用和病故,遺命辭謝皇帝詔葬。但仁宗感念其舅,仍命近侍及中大夫職喪事。八月,「有詔,葬日以本品鹵簿寵之。」[132]在出殯日,賜本品鹵簿,李用和官居侍中(一品),資料雖無記載城外贈祭儀式,也近乎詔葬。呂蒙正薨於西京洛陽。重陽節當天,喪葬隊伍經過偃師時,大寒微霰,傳來敕葬的鹵簿、鼓吹聲。[133]前引神宗時遷祔濮安懿王二夫人,太常禮院建議依令用一品鹵簿,依晉國大長公主故事,用鼓吹。詔賜給鹵簿全仗,至國門外減半的送葬規格。[134]以上都載有鹵簿送葬,然品官鹵簿的實際編制多寡仍有待研究。現今所見一、二品官員較完整的鹵簿儀仗,[135]係徽宗政和年間制定的禮儀。史書已云「政和禮雖創具鹵簿,然未及行也。」[136]只能當作是北宋末年禮制發展的理想。

南宋禮書記載更多殮葬物品及送葬鹵簿儀典,類近於韓絳儀式。

---

130. 〔宋〕李攸,《宋朝事實》,卷3,〈御製‧太宗皇帝御製太師魏國公尚書令真定王神道碑〉,頁45。
131. 〔元〕脫脫等撰,《宋史》,卷147,〈儀衛五‧王公以下鹵簿〉,頁3456。
132. 〔宋〕宋祁,《景文集》(收入《全宋文》,冊25),卷58,〈李郡王墓誌銘〉,頁114。
133. 〔宋〕王銍,《默記》(北京:中華書局,1981),卷中,頁33。
134. 〔清〕徐松纂輯,《宋會要輯稿》,「濮安懿王園陵」,禮四〇之一〇。
135. 參見〔元〕脫脫等撰,《宋史》,卷147,〈儀衛五‧王公以下鹵簿〉,頁3457-3458,及〔宋〕鄭居中等,《政和五禮新儀》(影印文淵閣四庫全書本),卷216,〈凶禮‧品官喪儀中‧葬〉,頁647-886。
136. 〔元〕脫脫等撰,《宋史》,卷147,〈儀衛五‧王公以下鹵簿〉,頁3455。

紹興二十四年(1154)，秦檜薨，合行恩數。禮部、太常寺提出方案如下：

> 一合於臨安府，取次(賜)水銀，熟白龍腦以斂。
> 一合於祗候庫，取七梁額花冠，貂蟬籠巾，朝服一幅。
> 一依例，差官主管勅葬。
> 一出殯日，都門合排設贈祭。
> 一合賻贈銀絹。
> 一合差官護葬。
> 一出殯日，合用本品鹵簿、鼓吹、儀仗。

但可能因時間緊迫而不能照章行事，三天後，秦檜府恐物料準備不及，提出申請：

> 竊見大師在日，諸事務從謙損，雖昨來蒙賜到從物并圍子、衫帶等，亦不敢全用。兼今來出葬日逼，竊慮製造不及，伏乞朝廷敷奏，特賜寢免。[137]

相較於北宋資料，南宋秦檜喪葬資料載「於臨安府，取次水銀，熟白龍腦以斂」、「於祗候庫，取七梁額花冠，貂蟬籠巾，朝服一幅」，更能說明朝廷贈賜大臣入殮的器物。史書記載賈似道母薨，「詔以天子鹵簿葬之，起墳擬山陵。」[138]但周密則指賈母依一品例詔葬：

> 甲戌咸淳十年三月二十日丁酉，賈似道母秦、齊兩國賢壽夫人胡氏薨。特輟視朝五日，賜水銀、龍腦各兩百兩，聲鍾五百杵，特贈秦、齊國賢壽休淑莊穆夫人。擇日車駕幸臨奠，差內侍鄧惟善主管敕葬，特賜諡柔正。……就圖葬於湖山。且令

137.〔清〕徐松纂輯，《中興禮書》，卷297，〈凶禮六十二・詔葬一〉，「紹興
　　二十四年十月二十四日」條，頁458。
138.〔元〕脫脫等撰，《宋史》，卷474，〈列傳第二百三十三・姦臣四・賈似道〉，
　　頁13785。

帥、漕、州、司相視，展拓集芳園、仁壽寺基，營建治葬。於
內藏庫支賜賻贈銀絹四千疋兩，又令戶部特賜賻贈銀絹二千疋
兩，皇太后殿又支賜賻贈銀絹四千疋兩，又令帥、漕兩司應辦
葬事。……又令有司於出殯日，特依一品例，給鹵簿鼓吹，仍
屢差都司劉黻、李珏、梅應發致祭，併趣赴闕，於出殯日，特
輟視朝一日。[139]

賈母比照一品官詔葬，共得銀絹一萬兩千疋兩，出殯當天的鹵簿排
場，確能給予喪家備極哀榮之感。若因葬地不在京城，難以鹵簿送
葬。南宋孝宗時，有司辦理陳康伯勅葬，因需歸葬外地，考察典故
後，於乾道元年三月一日提出方案：

> 一合於臨安府取賜水銀、熟白龍腦以歛。
>
> 一合於祗候庫，取七梁冠、貂蟬籠中(應為巾)、朝服一副。
>
> 一出殯日，都門合排設贈祭。
>
> 一依典故，賻贈銀絹。
>
> 一依典故，差官護葬左僕射司馬光蔑，命戶部侍郎趙瞻、入內
> 內侍省押班馮宗道護其喪歸葬。

孝宗命權工部侍郎何俌護其喪歸及應副葬事。後來何俌差知衢州，詔
令護喪到信州軍。[140]

　　鹵簿是重要典禮中用以呈現官員身份的排場，儀仗混用於喜慶喪
葬場合，難免吉凶相參。景德二年(1005)，南郊鹵簿使王欽若見到酆
王欑日所給鹵簿，亦與南郊儀仗同，便奏言希望遵照法令規格，另外
制定王公車輅，鼓吹、儀仗也一併增設，以備拜官、朝會、婚葬用。
於是「儀服悉以畫，其葬日在塗，以革車代輅。」[141]增置鹵簿儀仗中

139.〔宋〕周密，《癸辛雜識前集》，「賈母飾終」，頁48-49。

140.〔清〕徐松纂輯，《中興禮書》，卷298，〈凶禮六十三・詔葬二〉，頁460。

141.〔元〕脫脫等撰，《宋史》，卷147，〈儀衛五・王公以下鹵簿〉，頁3456。

的革車，以應葬日所需。如此便可使行禮的儀仗分吉凶場合使用，人力物料則須加倍支應。至於勅葬所需物品，則由儀鸞司借用支應。[142]實際舉行典禮時，鹵簿規格往往從便，至南宋時更是儉省。[143]儘管如此，討論宋代品官喪葬，仍須檢視有無以本品鹵簿送葬的榮典，方能判斷是否為詔葬。

(三)都門贈祭及相關儀式

唐朝喪葬已訂有都門外舉行的儀式，情形較複雜：

> 凡京官職事三品已上、散官二品已上遭祖父母、父母喪，京官四品及都督、刺史並內外職事若散官以理去官五品已上在京薨、卒，及五品之官死王事者。將葬，皆祭以少牢，司儀率齋郎執俎豆以往；三品已上又贈以束帛，一品加乘馬。既引，又遣使贈于郭門之外，皆以束帛，一品加璧。[144]

其對象分京官尊親屬及本人喪、死王事者，儀式是將葬之日，以少牢獻祭；司儀、齋郎持俎豆禮器前往，並依官品贈束帛、乘馬等。發引出殯時，於郭門外，贈束帛、璧。「少牢」是指以羊、豕為祭祀的牲禮。《通典》記載三品以上官員葬儀：「至邦門，三品以上贈以束

---

142. 〔清〕徐松纂輯，《宋會要輯稿》，「儀鸞司」：(大中祥符)八年正月，三司言：「不堪什物萬五百七十八，欲差使臣一員，專副二人，於左右掖門西廊下置庫立界，受納揀選。內有止是顏色故暗及有破損，堪任縫補者，即應併收管。遇勅葬並閣慢隨排當，所須什物及修造處要遮圍青布等使用，並令儀鸞司於揀什物庫請借供使。」，職官二二之五。

143. 〔元〕脫脫等撰，《宋史》，卷147，〈儀衛五·王公以下鹵簿〉：「南渡後，雖嘗討論，然皇太子皆沖抱不受，朝謁宮廟及陪祀及常朝，皆乘馬，止以宮僚導從，有繖、扇而無圍子。用三接青羅繖一，紫羅障扇四人從，指使二人，直省官二人，客司四人，親事官二十人，輦官二十人，翰林司四人，儀鸞司四人，廚子六人，教駿四人，背印二人，步軍司宣效一十人，步司兵級七十八人，防警兵士四人。朝位在三公上，扈從在駕後方圍子內。皇太子妃，政和亦有鹵簿，南渡後亦省之。妃出入惟乘檐子，三接青羅傘一，黃紅羅障扇四人從。以皇太子府親事官充輦官，前執從物，檐子前小殿侍一人，抱塗金香球。先驅，則教駿兵士呵止。」，頁3455-3456。

144. 〔唐〕李隆基撰、李林甫注，《唐六典》，卷18，「司儀署」，頁507。

帛，一品加乘馬。既引，又遣使贈於郭門外，皆以束帛一品加璧，餘具開元禮。」[145]但未特別標明禮儀名稱。《天聖喪葬令》：詔葬一二品官員出殯時，須舉行「以少牢贈祭於都城外，加璧，束帛深青三、纁二」儀式，[146]以示隆重，典禮不盡相同，仍贈璧、束帛五，但不贈乘馬。南宋史料常見太常寺官員對大臣喪葬，提到「依本寺條，二品以上薨，出殯日都門合設贈祭」的記載。[147]

南宋文獻保留贈祭的完整記載，以下詔葬的例子，可看到贈祭儀式的器品。高宗紹興三年，朱勝非母魯國太夫人楊氏薨。有司言，楊氏係一品夫人，其詔葬應在都門舉行贈祭。除準備鹵簿儀仗外，提出物料及支援人員的調度需求：

> 一合差獻官奉禮郎、太祝、太官令各一員，內獻官乞依條，差本寺博士。其奉禮郎太祝太官令，並乞下臨安府差官。
>
> 一合用祝文一首，乞依例，下秘書省修撰。
>
> 一合用贈玉并匣、牀、竿各一，鑠匙全，乞下文思院製造供納。內玉係以石一代。
>
> 一合用祭器并祇應人，乞令本寺差辦。
>
> 一合用牲牢羊豕各一。黝三匹，以熟皂絹充。纁二匹，以熟緋絹充。黃絹單帕二條，各二幅，每幅長三尺，并合用濕香四兩。禮料酒齊幣帛，並乞下臨安府排辦。

此次詔葬贈祭儀式權責分工是「自從凡過都門排設則(贈)祭，內奉禮

145. 〔唐〕杜佑，《通典》，卷86，〈禮四十六·凶禮八·凶制之四〉，「器行序」，頁2339。
146. 《天一閣藏明鈔本天聖令校證》，〈喪葬令卷二十九〉，宋10，頁424。《宋史·禮院例冊》記載同，卷124，〈禮二十七·凶禮三·諸臣喪葬等儀·詔葬〉，頁2909。
147. 〔清〕徐松纂輯，《中興禮書》，卷298，〈凶禮六十三·詔葬二〉，頁460、462。

郎、太祝太官令差太常寺官，如不足報吏部，差侍監丞簿官充攝。
其牲半下牛羊司，勘糾幣帛下左藏庫支供排辦，其餘合行事件並仿
此。」[148]相關人員輪差，十分清楚。四月十三日，太常寺表示，魯國
太夫人楊氏葬事，已選定四月十八日出餘杭門前去湖秀州攢殯，「檢
準本寺條，諸宗室臣僚內人殯葬，應設鹵簿儀仗，贈祭應用人物，準
格供差，各隨事報所屬。」[149]另一例，更能看到贈祭所需人力。孝宗
淳熙七年(1180)二月十七日，辦理故皇子魏王勅葬，「檢準大觀太常
寺條節文，贈祭一品，用舉靈日，出新城門外陳設在外舉葬。得旨排
設贈祭，應用禮料，內在京關，請者報所屬給。勘會勅葬故皇子魏王
係正一品，依條例，出殯日合設贈祭。」三月十二日，魏王靈柩自紹
興府能仁寺，出稽山門。太常寺於門首，排設贈祭，由太常丞胡南逢
行禮，祭畢，靈柩往天依寺泊安，至十四日攢厝。除了贈祭所用羊
豕、禮料、祭器、祝版、勘、纊、幣、帛、贈玉等，禮部太常寺還提
出各項人力申請：

> 一檢準《大觀贈祭式》，行事獻官一員，奉禮郎、太祝太官令
> 各一員，數內獻官一員，依條，輪差本寺博士充。在外舉葬所
> 用獻官，準此。今來勅葬故皇子魏王，侯將來出殯，排設贈
> 祭。其獻官一員，合於出殯前期渡江前去。依禮例，欲乞起發
> 日免朝辭，回日朝見。所有合差奉禮郎、太祝太官令各一員，
> 前期報紹興府，差本府官充攝。

> 一今來行移合印記，乞從禮部權暫關借奉使印一面行使。

> 一合差饌造工匠并宰殺羊豕宰手，乞下御廚牛羊司各行差撥一
> 名，隨逐前去祗應。

> 一檢準太觀太常寺格，合差管押禮料職掌一名，供官五人，供

148. 〔清〕徐松纂輯，《中興禮書》，卷297，〈凶禮六十二‧舉哀掛服〉，頁456。
149. 〔清〕徐松纂輯，《中興禮書》，卷297，〈凶禮六十二‧詔葬一〉，頁451。

祭器祝版席職掌一十人，供勳繡贈玉職掌四人，擡祭器牙床節級一名，剩員一十人，祭屋三間。并合差司儀令一員以禮直官攝，引贊行事禮直官二人，贊者五人。

今隨宜減省管押禮料祭器等職掌，并供官止乞共差四人，司儀令、禮直官今止乞共差一名，贊者今止乞差四人。所有擡祭器等軍兵，乞下臨安府，差軍兵十人、節級一名，搬運祭器禮料等前去。[150]

原來儀式規模甚大，減省後只留人力20人左右。

有一條資料需要提出討論。前引趙伯圭薨，「上震悼，輟視朝三日。賵贈加厚，賜棺含，以蟬冠、朝服斂。遣內侍押班、左武大夫、保康軍承宣使吳思忠等五人護喪。……又遣太常博士錢易直等，軷祭於都門外。」[151]命五名官員護喪實屬罕見，反映對趙伯圭這位皇親的重視，而「軷祭於都門外」，則與常見的贈祭都門不同。「軷祭」指祭道路之神，是國君出城門時的祭典。《隋書》：「隋制，行幸所過名山大川，則有司致祭，岳瀆以太牢，山川以少牢。親征及巡狩，則類上帝、宜社、造廟，還禮亦如之。將發軔，則軷祭，其禮有司於國門外，委土為山象，設埋坎，有司剚羊，陳俎豆。駕將至，委奠幣，薦脯醢，加羊於軷，西首，又奠酒解羊，并饌埋於坎。駕至，太僕祭兩軹及軌前，乃飲，授爵，遂轢軷上而行。」[152]唐制更強調皇帝鹵簿儀仗，「皇帝出宮，備大駕鹵簿，皆如常儀。軷於國門，祭所過山川，如親征之禮。」[153]宋太祖建隆元年四月，「太常禮院言，車駕征潞州，

---

150. 〔清〕徐松纂輯，《中興禮書》，卷291，〈凶禮五十六‧魏惠憲王　榮國公〉，頁430。

151. 〔宋〕樓鑰，《攻媿集》(收入《全宋文》，冊265)，卷86，〈行狀‧皇伯祖太師崇憲靖王行狀〉，頁153。

152. 〔唐〕長孫無忌等撰，《隋書》(北京：中華書局，1973)，卷8，〈禮儀三‧志第三〉，頁160。

153. 〔唐〕蕭嵩等撰，《大唐開元禮》(北京：民族出版社，2000)，卷62，〈吉禮‧鑾駕出宮〉，頁321。

出宮日，請遣官告天地太廟社稷，城門外軷祭，用羝羊一。」[154]到北
宋徽宗時的《政和五禮新儀》所載「都門軷祭，羊一豕一」。[155]軷祭
已脫離其原始意義，而與詔葬都門外贈祭牲禮相同。宋人有云「宗室
至一品殯葬，朝廷遣禮官軷祭。舊制，知太常禮院官以次行事，得絹
五十疋。……自元豐官制行，太常博士專領軷祭，所得絹四。博士共
之行事，十四疋餘，十二疋有數。」[156]可能是祭祀地點與祭品相同，
而使時人將兩者相混。

　　上述監護喪(葬)事、殮葬物品及送葬鹵簿、都門贈祭及加璧束帛
等詔葬儀式，乃在首都實施；大臣葬於外地，不必然舉行所有儀式。
如張俊薨，因葬於外地，帝命延福宮使、安德軍承宣使、內侍省押班
張去為護喪事。[157]又如乾道元年6月6日，王剛中薨，詔令臨安府應副
葬事。太常寺表示「依本寺條，二品以上薨，出殯日，都門合設贈
祭。」其子王景辰考量自臨安扶柩歸饒州安葬，提出「所有今來合設
贈祭，欲乞朝廷特降指揮，依例免行排辦。」朝廷同意。[158]其請求依
例免行排設贈祭，證明不是個案。

　　若高品官員使臣或將軍在外地殉亡，便在當地安葬。魏勝忠勇力
戰而亡，詔贈正任承宣使，命令有司依法葬斂，並賜其家銀、絹一千
匹兩。禮部太常寺對其喪葬禮儀的看法是：

> 依條，從二品，今欲乞令本家于所在州軍擇地安葬。其葬事合
> 用人物、車轝、挽歌、銘旌、方相、名器、墓田、石歌、墳
> 域、立碑等，並令所在州軍照應喪葬二品條法，并遵依今降持

154. 〔元〕馬端臨，《文獻通考》，卷89，〈郊社考二十二‧告祭下〉，頁816-B。
155. 〔宋〕鄭居中等撰，《政和五禮新儀》(影印文淵閣四庫全書本)，卷5，〈序例‧
　　　牲勞牲體附〉，頁647-135。
156. 〔宋〕孔平仲，《孔氏談苑》(上海：商務印書館，1935，叢書集成初編)，卷1，
　　　頁11。
157. 〔宋〕徐夢莘，《三朝北盟會編》，卷219，炎興下帙一百十九，起紹興二十一年
　　　九月盡紹興二十五年十月二十一日乙未，頁1575、1577。
158. 〔清〕徐松纂輯，《中興禮書》，卷298，〈凶禮六十三‧詔葬二〉，頁460。

揮如法應辦葬歛。[159]

魏勝是從二品，依法可得詔葬，由所在地方政府負責葬事，儀式不同於在京薨卒官員的詔葬。

　若是死於外國的將軍使臣，只能舉行招魂葬禮。王倫奉命出使金國，不願降金而死。高宗賜其家金千兩、帛千匹。後來家屬希望在常州選擇墳地，辦理招魂葬，高宗詔「葬事令常州量行應副」，[160]不舉行其他詔葬禮儀。

五、詔葬衍生的問題

(一)詔葬耗費高

　宋代品官喪葬有一定禮儀，《天聖喪葬令》云：「諸喪葬不能備禮者，貴得同賤；賤雖富，不得同貴。」[161]明顯區隔官、民喪葬禮制，官員喪葬可降格，但民眾不能僭禮，這是以「令」來實踐禮的規範。同樣的，南宋規定「諸喪葬，事有著令者，不得用例。」此亦強調「令」對辦理喪葬事項的要求，但不刻意區別官民辦理喪葬儀式的貴賤區別，朝廷也同意無力配合者可變通，即「諸喪葬有制數，而力不及者聽從便。」[162]詔葬情形又如何？

　詔葬是朝廷對薨亡大臣的榮典，禮儀規格更高，且能得到治喪費用，喪家理應接受才是。但有大臣生前即交代子孫辭詔葬，如「馬知

159.〔清〕徐松纂輯，《中興禮書》，卷298，〈凶禮六十三〉，「隆興二年十一月十三日」條，頁460。
160.〔清〕徐松纂輯，《中興禮書》，卷297，〈凶禮六十二〉，頁457。(紹興)十五年正月二十七日同簽書樞密院事王倫妻安康郡夫人陳氏狀，伏為夫王倫奉使不還，日近竊聞在虜中身故事。本家欲招魂安葬，乞於常州，選擇墳地應有合用地段，營葬工匠物料等，乞令本州應辦。詔葬事令常州量行應副。
161.《天一閣藏明鈔本天聖令校證》，〈喪葬令卷二十九〉，宋33，頁426。
162.〔宋〕謝深甫，《慶元條法事類》，卷77，〈服制門·喪葬〉，「服制令」，頁836。

節遺命諸子，令辭詔葬。」真宗贈官侍中，諡正惠，賵賜加等。[163]劉承規「自寢疾，惟以公家之務為念。遺奏求免贈賻詔葬。」帝乃「遣內臣與鴻臚典喪，親為祭文。玉清昭應宮成，加贈侍中，遣內侍鄧守恩就墓告祭。」[164]資料顯示朝廷事前會詢問喪家意願，也出現很多乞求免詔(敕)葬或贈祭都門的案例。錢惟治卒，真宗知道他子孫甚眾，特詔給予豐厚賜賚。並問向敏中，錢家想得到詔葬否？向敏中曰：「群臣家貧者，頗憚官給喪事。」[165]於是罷詔葬。

仁宗時曾下詔：「臣僚應敕葬，而其家不願者，聽之。」[166]事實上，朝廷不一定同意。韓絳病重，朝廷遣使問後事，「病亂中誤諾勒葬，其後子姪辭焉。」[167]前文已述韓絳仍得到規格極高的詔葬。范純仁薨，「上遣中使密賜銀三千兩，且宣諭曰：非常典也，拊慰諸孤，索其所須無纖悉。問欲勒葬否？諸孤以治命力辭。尋勒葬昌河南府給其葬事，賜其墓碑曰世濟忠直。」[168]不過，墓誌銘提到仍得詔葬，由官給其葬事：「常賵外，賜其家銀三千兩，贈開府儀同三司。敕潁昌、河南給其葬事。賜世濟忠直四字，曰：以是書於墓隧碑首。又詔葬，為輟視朝。」[169]葉夢得指出「近年敕葬，多上章乞免，朝廷知其意，無不從者。」[170]這可能是北宋晚期以後的現象。

朝廷如何詢問喪家詔葬意願，可藉南宋高宗時之例探知其流程。紹興七年(1137)八月二十四日臨安府接到尚書省箚子，「奉聖旨令臨

163. 〔宋〕李燾，《續資治通鑑長編》，卷94，〈真宗・天禧三年八月〉，頁2165。
164. 〔元〕脫脫等撰，《宋史》，卷466，〈列傳二百二十五・宦者一・劉承規〉，頁13610。
165. 〔宋〕李燾，《續資治通鑑長編》，卷83，〈真宗・大中祥符七年七月辛卯〉，頁1888。
166. 〔宋〕李燾，《續資治通鑑長編》，卷118，〈仁宗・景祐三年三月丙午〉，頁2779。
167. 〔宋〕孔平仲，《孔氏談苑》，卷1，頁10。
168. 〔宋〕范純仁，《范忠宣公文集》，卷第20，〈范忠宣公行狀〉。
169. 〔宋〕曾肇，〈范忠宣公墓誌銘〉(收入《全宋文》，冊110)，《曲阜集》，卷4，頁112。
170. 〔宋〕葉夢得，《石林燕語》，卷5，頁67。

安府差官宣問趙仲湜本家，願與不願勅葬？具狀申尚書省。」臨安府便差簽書節度判官廳公事梁宏祖前去宣問，「據本家狀稱不願勅葬。」[171]但是喪家若乞免敕葬後，便無法要求官員監護葬事。紹興三年正月十一日，故慶遠軍節度使邢煥妻熊氏進狀：

> 伏蒙聖恩特降中使宣問，亡夫邢煥本家願與不願勅葬事。妾不敢上貽聖慮動煩朝廷，具箚子乞免，已蒙允從。竊緣本家雖已竭力營辦，深慮不前，伏望聖慈特降睿旨，差中使一員主管葬事。

高宗詔「所乞差內侍主管葬事，不行。今戶部支賜銀、絹各一千匹兩，仍令本家一面踏逐葬地。候踏逐到，令所屬軍州量行應副葬事。」[172]喪家請求免敕葬，獲得朝廷同意。其後因無力辦理，再度乞朝廷派中使監護喪事，但高宗不同意派官監護喪事，只增撥喪葬補助金，[173]令其自行覓妥土地，再由地方官府協助後續安葬事宜。可見詔葬是極為重要的典禮，朝廷會先詢問過喪家意願，如已得到指示，不易改變。

　朝廷給喪家賻贈、孝贈及特恩等喪葬慰問金，詔葬動員的人力與物件，也多由官府支應。喪家為何仍辭謝詔葬或贈祭？學者指出宋代喪葬費用過高，負擔沉重。[174]相形之下，時人傾向接受官府賜資財，自辦葬事的「宣葬」，「蓋省費於勅葬也。」[175]所謂「勅葬喪家無所預，一聽於監護官，不復更計費。惟其所欲，至罄家資，有不

---

171. 〔清〕徐松纂輯，《中興禮書》，卷297，〈凶禮六十二・舉哀掛服〉，「紹興七年八月二十四日」條，頁456。
172. 〔清〕徐松纂輯，《中興禮書》，卷297，〈凶禮六十二・詔葬一〉，頁451。
173. 吳麗娛認為此例屬於宣葬，見《終極之典：中古喪葬制度研究》，下冊，頁703-704。筆者認為宋代官方並未定義何為宣葬，以贈喪家金銀，令其自行辦理喪葬，認定為宣葬，無異於將賻贈視為宣葬。
174. 程民生，〈宋代婚喪費用考察〉，《文史哲》，2008年期5(2008年9月)，頁109-111。
175. 〔宋〕趙昇，《朝野類要》，卷5，頁23。

能辦者。」[176]喪家子孫乞免詔葬，如神宗時，楊琪薨，「諸孤既辭詔葬。」[177]官員家屬大多以家貧為由，無力籌募巨資配合皇帝敕葬恩典來辦理喪事。如畢士安「平生奉養至自貶約，而賑贍宗族，賙恤故舊甚厚」，在他「身沒之日，所餘俸祿無幾，比過詔葬，家遂貧。其喪未終。」[178]很難想像傾家蕩產，仍無法辦好詔葬。彭睿卒，仁宗至其家臨奠，並「輟一日朝，贈侍中，遣官監護葬事，法當得謚，其家避都省集官之費而固辭之。」[179]張知白卒，家裡「以貧辭敕葬」，仁宗詔令由官府提供所有喪葬器具，並要王曾等人一同撫恤其家。[180]南宋隆興二年(1164)八月十八日，潘粹卿等上表請求停止亡母故秦國大長公主勅葬指揮，他說：「竊念臣粹卿等家資貧薄，眾所共知，第恐致時應辦不周，不能仰體聖恩，□被誅戮，有犯天威。」便以其亡母遺表所乞為由，希望免除敕葬，「葬事止令婺州應辦，就差本家幹辦官管幹」孝宗同意。[181]

　　也有喪家因為儀式複雜，請求排除詔葬的某些儀式而非辭免詔葬，前引朱勝非母得到敕葬，朱勝非看到太常寺臚列的禮儀清單，兩天後(四月十五日)上狀：「竊見太常寺所稱降賜祝文，恩禮過厚，非所敢當。及有司排辦禮物稍多，差官吏兵級人不少。方時艱難，慮有煩擾。伏乞特賜寢罷，庶使存歿俱獲安迹。」[182]贈祭之繁文縟節亦令喪家卻步，乾道七年(1168)七月四日，蔣芾母亡歿，太常寺也建議

---

176. 〔宋〕葉夢得，《石林燕語》，卷5，頁67。
177. 〔宋〕宋祁，《景文集》(收入《全宋文》，冊25)，卷57，〈楊太尉神道碑〉，頁97。
178. 〔宋〕杜大珪，《名臣碑傳琬琰集》(影印文淵閣四庫全書本)，下卷4，〈畢文簡公士安傳〉。
179. 〔宋〕李燾，《續資治通鑑長編》，卷106，〈仁宗‧天聖六年春正月丁酉朔〉，頁2461。
180. 〔宋〕李燾，《續資治通鑑長編》，卷106，〈仁宗‧天聖六年二月壬午〉，頁2465。
181. 〔清〕徐松纂輯，《中興禮書》，卷298，〈凶禮六十三‧詔葬二〉，頁460。
182. 〔清〕徐松纂輯，《中興禮書》，卷297，〈凶禮六十二‧舉哀掛服〉，頁456。

「出殯日,都門合該排設贈祭。」蔣芾奏稱「契勘今來降賜祝文,恩
禮過厚,臣子之義非所敢當,并有司排辦禮物稍多,差官吏兵級人數
不少,委是煩擾,存沒難安。伏乞朝廷特賜敷奏寢罷。」[183]乾道七年
(1171)六月二十二日,沈雲紀為其父沈與求葬禮,請求不舉行贈祭:
「準太常寺牒,勘會依條二品以上薨,出殯日合都門贈祭。今來本家
更不願排設贈祭,伏乞行下所屬照會。」[184]

　　歸葬故鄉也是乞免詔葬的原因。敕葬儀式十分隆重,人力物力消
耗甚多,還要歸葬故鄉外地,喪葬經費恐倍增。乾道三年三月二十七
日,趙伯圭母秀王夫人張氏薨。伯圭打算扶靈送歸湖州先塋合葬,希
望「特降睿旨,就委浙西漕臣,并湖州守臣量行應副葬事。」太上
皇帝(高宗)聖旨同意請求,一方面差人賜賻贈外,並下箚子至途中各
處,盡速從優辦理。四月十八日,趙伯圭又上奏:

> 伏念臣當來所以陳乞漕臣應副葬事,非敢有他。止恐私家有所
> 不能辦者,須少假官司之力,非敢以覬漕司財用之費,已蒙聖
> 恩,俯從所請。臣今復聞朝廷舉行勅葬禮數,臣母已蒙聖恩,
> 錫賚賻贈之物至優至厚。臣為人子之心,自當罄竭家資以畢裏
> 奉。欲望聖慈,寢罷勅葬指揮,免差一行官屬,止依元降指揮
> 施行。[185]

太上皇帝也同意所請。趙伯圭也因需將亡母歸葬湖州,擔心舉行敕葬
的典禮過於隆重,隨行官員人力太多,以致上箚希望免行敕葬,以家
產自費葬母。

　　喪葬費用暴增,也跟答謝人情有關。真宗大中祥符二年七月,
詔:「內使宣賜,有送錢者,宜令本省差定其數,勿使過當。」[186]當

183. 〔清〕徐松纂輯,《中興禮書》,卷298,〈凶禮六十三‧詔葬二〉,頁461。
184. 〔清〕徐松纂輯,《中興禮書》,卷297,〈凶禮六十二‧舉哀掛服〉,「乾道七
　　　年六月二十二日」條,頁456。
185. 〔清〕徐松纂輯,《中興禮書》,卷298,〈凶禮六十三‧詔葬二〉,頁460。
186. 〔清〕徐松纂輯,《宋會要輯稿》,「內侍省」,職官三六之六。

時軍校有亡歿者，朝廷賜錢五十千，喪家以十千奉使臣。監護葬事的鴻臚，所得賵賻六十緡，[187]仁宗也說：「大臣之喪，遣官監護葬事，蓋出於恩禮，而近歲喪家過有所費。況祥符詔書，自使相以下，皆有定數。今宜稍增其舊，踰者令閤門、御史臺、金吾街仗司糾之。其不願敕葬者，亦聽。」[188]但詔葬費用過高的情形依舊。

　　由范仲淹、歐陽修論荊王詔葬的意見，便能看出詔葬的缺失。仁宗慶曆四年，宋祁任荊王葬禮的監護喪事，官員曾為是否舉行詔葬而有爭辯。范仲淹分析當時提到主張不舉行詔葬理由有三：「其一曰，年歲不利，此陰陽之說也；其二曰，財用方困，此有司之憂也；其三曰，京西寇盜之後，不可更有騷擾，此憂民之故也。」在陰陽拘忌、財政負擔、擾民三項意見外，范仲淹又提出四個看法：

> 其一曰，諸侯五月而葬，自是不易之典，今年歲不利之說，非聖人之法言也。其二曰，天下財利雖困，豈不能葬一皇叔耶？陛下常以荊王是太宗愛子，真宗愛弟，雖讒惑多端，陛下仁聖，力能保全，使得令終，豈忍送葬之際，卻惜財利，而廢典禮，使不得及時而葬？恐未副太宗、真宗之意，臣為陛下惜之，豈不防天下之竊議哉？更乞檢會先朝諸王之薨，有無權厝者。其三曰，自來敕葬，多是旋生事端，呼索無算。臣請特傳聖旨，令宋祁、王守忠與三司使副並禮官聚議，合要物色，務從簡儉，畫一聞奏，與降敕命，依所定事件應副，更不得於敕外旋生事節，枉費官物。仍出聖意，特賜內藏庫錢帛若干備葬事，使三司易為應副。如此，則陛下孝德無虧，光於史冊。其四曰，自來敕葬，枉費大半，道路供應，民不聊生。荊王二子

---

187. 〔宋〕李燾，《續資治通鑑長編》，卷190，〈仁宗・嘉祐四年十一月庚子〉，頁4598。一說六千緡。
188. 〔宋〕李燾，《續資治通鑑長編》，卷106，〈仁宗・天聖六年春正月庚子〉，頁2461。

並左右五七人送葬外，其餘婦人，合存合放，便與處分，更不令前去，自然道路易為供頓，大減冗費。既減得費耗，又存得典禮，此國家之正體也。[189]

范仲淹先以聖人法言與皇族親情，反駁以陰陽拘忌、財困為由而延遲詔葬，強調應舉行詔葬的理由。再就詔葬浪費、擾民的部分，提出改善之道，亦即從簡辦理葬事，由行政官及禮官事先估算必要物品，統一上奏申領，並由皇帝撥賜內藏庫錢帛應付葬事。至於送葬人力減少為五七人，便能省下經費，同時完成朝廷大事。

　　歐陽修也批判陰陽拘忌之說，不足為信；但反對者提到國家財用不足，不應該辦葬，可能使皇帝憂慮而遲疑。他認為歷來敕葬大臣，浮費枉用之物甚多，其實不是朝廷本意。乃承辦主司方法有疏失，令人有機可趁。歐陽修建議，「先乞令王堯臣、宋祁等，將一行合用之物列其名件，內浮費不急者，一一減去之。若只留實用之物，數必不多。假如稍多，更加節減，雖至儉薄，理亦無害。如此，則葬得及時，物亦不費。」[190]後來，歐陽修又指出朝廷「欲愛民節用，而常枉費勞人」，就是一開始沒找到問題癥結，他分析關鍵有四：「民間不科配，一也。州縣供應，物有定數，二也。送葬之人在路，禁其呼索，三也。州縣官吏不得過外供須以邀名譽，四也。」解決這四個現象，便無大患。方法是：

應是合要之物并須官給，不得民間科買。仍乞先將一行儀仗人馬并送葬人等一人以上，先定人數，然後箚與京西，令依數供頓，則可無廣費。自荊王以下諸喪，非至親者不必令其盡往，仍乞限定人數，及每人將帶隨行人數亦乞限定。凡皇親及一行

---

189. 〔宋〕范仲淹，《范文正公政府奏議》，收入《范仲淹全集》，中冊(成都：四川大學出版社，2007)，頁567。

190. 〔宋〕歐陽修，〈論葬荊王箚子〉，《歐陽修全集》(北京：中華書局，2001)，卷104，頁1585-1586。

官吏，除宿頓合供飲食外，不得數外呼索。州縣官吏亦不得於
官供飲食外，別以諸物獻送權要。其受獻送并呼索，并以入己
贓論。仍乞御史裏行一人，隨行糾察。其數外帶人，及州縣隨
順呼索獻送物等官吏，物出於己，亦從違制。若託以供應為
名，於民間賤買及率掠者，皆以枉法贓論。如此防禦，方可杜
絕浮費，以稱陛下厚親節用之心。[191]

歐陽修主張喪葬品由官府提供，不能向人民科買。其次，必先決定儀
仗與送葬人數，以控制花費。皇族中非至親不用親自送葬，皇親、官
員食宿不得額外要求。地方官吏提供飲食，不可送禮。途中由御史裏
行糾察，凡送禮、收禮、低價掠買民物等，都以論刑。

　　范仲淹與歐陽修的建議，都主張先核算必要禮儀器物，由官給，
不擾民，也都要求辦理喪事官吏不能趁機收禮、送禮，增加喪家負
擔。但不能扭轉詔葬風氣，如陳襄監護冀沖孝王葬事。事畢，帝贈絹
五百疋、錢五百貫，陳襄辭不敢受。[192]皇帝賞賜的金額應是朝廷的規
定，曾布個人的例子可為證明。神宗熙寧四年十二月，曾布奉敕擔任
監護贈榮王從式的葬事，發現得到詔葬之喪家私下餽贈使臣，連帶地
膨脹喪葬費用。儘管「祥符中，患其無節，嘗詔有司定數。皇祐中，
復著之編敕，令使臣所受無過五百，朝臣無過三百」「近世使臣過
取餽遺，私家之費或倍於公。比歲以來，不復循守，取之或十倍於
令。」時間推移，官員拿到的謝禮日漸可觀。曾布自認受皇命典掌護
葬事宜，雖不敢推辭喪家，「然遵行詔令，請自臣始。至於吏屬趨走
給使之人，所得之物亦當有節。乞同張茂則取舊例裁定中數，以為永
式。」[193]這辦法顯然無濟於事。孔平仲提到當時「勅葬之家，使、副

---

191. 〔宋〕歐陽修，〈論葬荊王一行事劄子〉，《歐陽修全集》，卷104，頁1587。
192. 〔宋〕陳襄，〈辭監護冀沖孝王葬畢宣賜狀〉，《古靈集》(收入《全宋文》，冊
　　 50)，卷14，頁12。
193. 〔宋〕李燾，《續資治通鑑長編》，卷228，〈神宗‧熙寧四年十二月辛未〉，頁
　　 5558-5559。

洗手帨巾，每人白羅三疋，它物可知也。」[194]官府敕葬乃是喪葬儀式
的一部分，鹵簿儀仗由官府提供，其間朝廷命官員監護喪事，治喪過
程的其他費用，包括所有人員的謝禮，需喪家自理。

　　至於辦理官員喪事的其金額限制是：「諸臣僚身亡，得旨令所
屬量行應副葬事者，所須人物計功直，通不得過一千貫。曾任執政
官以上者，不拘此令。」[195]更嚴格訂定「官吏仍不許於式外，受本家
遺送。飲食之物非。」、「諸毀緣敕葬而主管使臣及官司以所須之
物，配擾人戶或減剋所支財物者，徒兩年；情重，鄰州編管，命官勒
停。」[196]從陸游所說：「敕葬則喪家所費，至傾竭貲貨，其地又未必
善也。故都下諺曰：宣醫納命，敕葬破家。」來看，[197]南宋敕葬花費
問題似乎還沒完全改善。

　　從法律的角度來看，南宋辦理敕葬較北宋有明確的管理規範。請
領敕葬錢物的程序是「諸敕葬所須之物，主管官具數報所屬，即時以
所在官物充，闕或不足，給轉運司錢買，工匠闕即和雇，葬地近官山
者，其合用石，聽採。應副不足，申轉運司計置其人從，並從官給。
隨行人應給肉者，計價給錢。」[198]避免擾民，敕葬人員、靈車於途中
的措置是：

> 諸敕葬，程頓幕次主管諸司官關到親屬及緣葬人數，差官於官
> 地絞縛，或寺院店舍計日給賃錢。分貼位次，及安靈轝之所，
> 不得拆移門窗牆壁，仍辦所須之物，每頓差將校、軍曹司主
> 管，前柒日其畢備回報，餘官司關到緣葬排辦事，並准此。其
> 靈轝高闊，預行檢視經由處，有妨者即時修整。前參日畢。

194. 〔宋〕孔平仲，《孔氏談苑》，卷1，頁10。
195. 〔宋〕謝深甫，《慶元條法事類》，卷13，〈職制門‧亡役歿〉，頁283。
196. 〔宋〕謝深甫，《慶元條法事類》，卷77，〈服制門‧喪葬〉，「雜敕」，頁836。
197. 〔宋〕陸游，《老學庵筆記》(北京：中華書局，1979)，卷9，頁116-117。
198. 〔宋〕謝深甫，《慶元條法事類》，卷77，〈服制門‧喪葬〉，「服制令」，頁835。

在敕葬結束後，祭祀物品處理方式有二：「諸敕葬，供頓之物付本家。主管人候離頓交點收管，損失者，申所屬估價，關葬司，勒主管人備償，不得關禁。」、「諸敕葬畢，供頓之物所在差官點檢，損壞者申所屬修葺，席荐、瓷瓦器不堪者，除破。」[199]且訂有罰則及賞格，以取締故意毀損敕葬供頓物品者。[200]上述申辦步驟次序分明，並訂刑責，與北宋范仲淹、歐陽修主張改革敕葬的看法相去不遠，可視為兩宋敕葬管理制度沿革的結果。

(二) 詔葬不合禮法

宋代詔葬所衍生的問題卻不少。對喪家來說，主要是繁文縟節、費用巨大。從制度的角度來看，能否依法令辦理詔葬是很實際的問題。例如低階官員與宮中嬪妃喪葬儀式，是不能給詔葬規格的鹵簿。司馬光看到中官麥允言及充媛董氏之喪，天子都下詔給鹵簿，「皆爭之，以其非常典也。」[201]徽宗賜童貫子敕葬，童貫命縣尉郭僎拆除途中的民房，郭僎打算先拆除童姓民屋數十間。童貫立刻下令不用拆。[202]這固然是郭僎以機智打消權臣不合理的要求，但也可看到童貫兒子得到不合身分的敕葬。換言之，儘管法令對詔葬有所規範，皇帝往往因個人因素，例如與該薨卒大臣的關係，或寵信大臣的亡故家屬，賜予例外的禮遇。

南宋張俊薨，高宗曰：「張俊極宣力，與他將不同，恩數物從優厚。」[203]高宗差睿思殿祗候王晉行、黃大求主管故太傅、平樂郡王韋

---

199. 〔宋〕謝深甫，《慶元條法事類》，卷77，〈服制門・喪葬〉，「服制令」，頁836。
200. 〔宋〕謝深甫，《慶元條法事類》，卷77，〈服制門・喪葬〉，頁834、840。
201. 〔宋〕汪應辰，《石林燕語辨》，卷4，頁194。
202. 〔元〕脫脫等撰，《宋史》，卷452，〈列傳二百一十一・忠義七・郭僎〉，頁13307。
203. 〔元〕脫脫等撰，《宋史》，卷124，〈禮二十七・凶禮三・諸臣喪葬等儀・詔葬〉，頁2911。

淵勅葬。入內內侍省奏「本省檢準勅葬臣僚格，主管官一員。今承傳宣指揮，差王晉行、黃大求二員，有礙前項格法。合具奏稟。」，高宗仍不改原意。[204]再如万俟卨之例，他於紹興二十七年薨：

> 方公以病告也，上飭中貴人挾太醫診視，親御翰墨，諭以調護
> 之宜。尚方名劑，遣騎馳賜，相屬于道。公頓首表謝曰：臣不幸
> 犬馬之病寖革，自度不能復任陛下之事矣，願上還印綬，乞骸
> 骨。手詔慰諭，還其奏章。再上，除特進觀文殿大學士致仕。
> 制甫下，而公薨聞。天子震悼，輟視朝，賜東園秘器、龍腦、
> 水銀以殮，賻金帛六千，贈少師。官其子孫十二人，又授二子
> 夷中、致中直秘閣。勅內侍副都知衛茂實典護喪事，賻恤加
> 等，勿拘令式。諸孤擇日奉公之柩歸衡州，又詔兩淛轉運使、
> 江南東路總領司具舟護送，所在官給費。隱卒崇終，恩禮哀
> 榮，可謂盛矣。[205]

高宗差衛茂實主管万俟卨勅葬，又命內侍于惟修於臨安府取水銀二百兩，熟白龍腦一百兩，並充賜尚書右僕射万俟卨薨使用，[206]高宗種種作為，看出他感念大臣的心意。帝王個人意志，所謂「恩數物從優厚」、「賻恤加等，勿拘令式」，都是詔葬制度出現例外的主要原因。

(三) 墓地糾紛

對地方政府來說，應付葬事，調用人力而生民怨。仁宗時代「又

204. 〔清〕徐松纂輯，《中興禮書》，卷297，〈凶禮六十二‧舉哀掛服〉，「紹興
二十三年十二月十八日」條，頁458。
205. 〔宋〕孫覿，《鴻慶居士集》(收入《全宋文》，冊161)，卷36，〈宋故特進觀文
殿大學士河南郡開國公致仕贈少師万俟公墓誌銘〉，頁43。文中「東園秘器」乃指
棺，見〔宋〕洪邁，《容齋隨筆》(北京：中華書局，2006)，五筆卷九，〈東不可
名園〉，頁936。
206. 〔清〕徐松纂輯，《中興禮書》，卷297，〈凶禮六十二〉，「紹興二十七年三月
二十七日」條，頁459。

應奉陵宮詔葬，凡百費率特倍餘處，民力不易，亦有詣闕列訴。」[207]
其次，詔葬會賜給喪家土地，因而衍生出糾紛。治平元年(1064)，英
宗詔葬皇后乳母永嘉郡夫人賈氏。不料開封府言，因需徙掘民墓，產
生很多爭議。英宗表示：「豈宜以此擾民邪？」命勿徙。[208]洪邁任禮
部郎官時，則經歷一件敕葬墓地公案：

> 王淵以建炎三年僉書樞密院死於苗劉之難，骸骨不存。及事
> 寧，詔令招魂以葬，官給其費，而子弟懦弱，久未得集。王倫
> 以僉書樞密，留守東京，死於虜，在其後十二年，尸柩不歸，
> 亦俾招魂葬。其子居宜興，至紹興三十年，始克作墓。將以詰
> 旦掩壙，姻戚畢會，天未明，乃已有置棺於中者。驚問之，則
> 為淵家所據矣。兩下爭鬩，幾於兵刃相格。事聞於州縣，皆知
> 曲在淵家。而其言曰，彼此俱是勅葬，資於國力，用之何妨？
> 官司莫能決，淵故部將多顯貴，為之道地。遂云，淵既就穸，
> 豈宜復徙？但命倫子別卜地，而轉運司為主辦刀已，兩人皆王
> 氏，皆為樞密，皆不得其死，皆奉勅招魂，其家皆在宜興。去
> 淵之沒，凡三十餘年。家訟方起，殆前未之聞也。[209]

王淵死於苗劉之變，《宋史》本傳並未提及詔葬事。[210]前述王倫奉命
出使金國，不願降而死。家屬確認惡耗，希望在常州選擇墳地，辦理
招魂葬。高宗詔「葬事令常州量行應副」[211]兩位王姓官員都是因公殉
難而得敕葬，然相近的任官背景、殉國遭遇、招魂葬地點等諸多巧
合，引起爭訟。按《慶元條法事類》，要求「諸勅葬無地者，聽本家

207.〔清〕徐松纂輯，《宋會要輯稿》，「宋緣陵裁製上」，禮三七之三二。
208.〔宋〕江少虞編纂，《宋朝事實類苑》，卷5，〈祖宗聖訓五‧英宗皇帝〉，頁48-
　　49。
209.〔宋〕洪邁，《夷堅志》(北京：中華書局，1981)，三志辛，卷31，〈王樞密招
　　魂〉，頁1407-1408。
210.〔元〕脫脫等撰，《宋史》，卷369，〈列傳一百二十八‧王淵傳〉，頁11487。
211.〔清〕徐松纂輯，《中興禮書》，卷297，〈凶禮六十二〉，「紹興十五年正月
　　二十七日」條，頁457。

選無妨礙地，申所屬差官檢定，估價買充。地內有屋半林木不願賣者，聽自拆伐，仍除其稅，即官賜地而標占民田者，准此。」[212]王淵與王倫兩家均未依照敕葬的葬地規定來辦。王倫其子與王倫從兄潛入金境，找到王倫遺骨以歸，官給葬事。[213]有可能是因為王倫家人找尋其遺骨，致葬事拖延。有司處理兩造糾紛，卻因王淵家勢力大而難公平解決。好的墓地相爭不下，或許因為不好的葬地導致破家，所謂「姚麟勒葬乃絕絕地，故其家遂衰。」[214]反映了葬地風水的迷信，也是喪家對敕葬裹足不前的一項原因。

六、小結

　　本文利用禮書、法典和文集等文獻資料為基礎，分析詔葬者的官品條件，並逐項討論詔葬儀式。宋代詔葬充分且必要的禮儀，包含監護喪(葬)事、賜殮葬物品及送葬鹵簿、都門贈祭及相關儀式等，釐清《宋史》禮志有關詔葬的錯誤記載。然詔葬衍生的問題也不少，包含詔葬費用高、詔葬不合禮法、擾民等。

　　宋代亡故官員，朝廷視其官品給賻贈，辦理喪事；如得到詔葬恩典，慰問助葬金額更高。亡官沒資格得到賻贈、詔葬，喪家也可能有喪葬補助金。亡官不論是否得賜詔葬，都有機會得到輟朝、賻贈、監護喪(葬)事及官給喪葬等慰問措施；一品二品亡故高官之詔葬，朝廷賜龍腦、水銀、冠服入殮，出殯日提供與亡者官品相符的鹵簿隊伍送葬，並在都門外舉行贈祭及相關祭儀。

　　詔葬是宋廷對亡故皇親大臣喪葬的恩典，宋代詔(敕)葬延續隋唐禮制，但隨著皇帝權力與社會環境而有轉變。再從《天聖令》中，《喪葬令》被放棄的唐令部分，也可看出唐、宋對禮制的態度不同，

212.〔宋〕謝深甫，《慶元條法事類》，卷77，〈服制門‧喪葬〉，「服制令」，頁835。
213.〔元〕脫脫等撰，《宋史》，卷371，〈列傳一百三十‧王倫傳〉，頁11526。
214.〔宋〕陸游，《老學庵筆記》，卷9，頁116-117。

詔葬內涵也有調整。兩宋皇帝經常在制度外施恩，史料亦未詳錄個案，制度與實務的差距不易呈現，又如現存南宋史料詳細記載了喪葬制度，不可直接推論是兩宋通行不變的制度，方可避免前輩學者誤讀史料情形。

由於文獻用語不一，記載失察，增加判讀研究的困擾，如詔葬與輟朝的官品相近，易混淆；官員死亡多能得到朝廷賻贈，如贈賜豐厚，易與詔葬相類；都門贈祭、都門輟祭因地點相同而致前人誤記，事實上，兩者儀式內容與意義大相逕庭。如能在此基礎上，分析個案史料，並考察宋代禮學的傳承，更能清楚看出兩宋詔葬制度的演變的軌跡，與唐宋之際禮制變化的時代意義。

從唐朝對外商的管理看華夷名分秩序

廖敏淑

國立政治大學歷史學系副教授

一、前言

　　莊子曰：「其在於詩書禮樂者，鄒魯之士搢紳先生多能明之。詩以道志，書以道事，禮以道行，樂以道和，易以道陰陽，春秋以道名分。其數散於天下而設於中國者，百家之學時或稱而道之。」[1]亦即認為孔子《春秋》是詮釋「名分」的論述。孔子的思想受到先秦中國局勢及百家諸子論述激盪而成，其思想又成為後世諸儒溯源的主要典範，因此可以說正是先秦諸子對於「名分」的種種解釋，奠下此後中國歷朝歷代的「名分」概念。如商鞅以法家立場來闡述：

　　　　法令者，民之命也，為治之本也，所以備民也。為治而去法
　　　　令，猶欲無饑而去食也，欲無寒而去衣也，欲東西行也，其不
　　　　幾亦明矣。一兔走，百人逐之，非以兔也。夫賣者滿市，而盜
　　　　不敢取，由名分已定也。故名分未定，堯舜禹湯且皆如鶩焉而
　　　　逐之；名分已定，貪盜不取。今法令不明，其名不定，天下之
　　　　人得議之，其議人異而無定。人主為法於上，下民議之於下，
　　　　是法令不定，以下為上也。此所謂名分之不定也。夫名分不
　　　　定，堯舜猶將皆折而姦之，而況眾人乎？……名分定，則大詐
　　　　貞信，民皆愿愨，而各自治也。故夫名分定，勢治之道也；名

分不定，勢亂之道也。[2]

某物(如無主之兔)若名分未定，則任何人皆可將之據為己有，而明訂法令，為治之本，因此人主定法於上以治下民，則上下秩序分明、分定而爭止。

又如孔子最注重「禮」：「民之所由生，禮為大。非禮無以節事天地之神明也，非禮無以辨君臣、上下、長幼之位也，非禮無以別男女、父子、兄弟之親，昏姻、疏數之交也。」[3]以禮來定國家、社會、家庭之秩序，認為「禮達而分定」，[4]亦即以禮來定名分秩序。正因為孔子所身處的春秋時期禮崩樂壞，各諸侯不守為臣之名分，僭越天子之禮，所以孔子特別強調以禮來定名分秩序的作用，將統治的合法性與名分相結合，以名分來確立統治的合法性。

在先秦時代「禮」與「法」雖各擅勝場，但漢代獨尊儒術之後，「禮」不僅是統治者安邦治國的工具，也成為華夏族的精神支柱，是華夏文明的核心內容，「禮」的地位遂超越了「法」，但對國家的治理而言，「禮」與「法」又是緊密結合在一起的，清朝最後一任浙江巡撫增韞(1869-1946，蒙古鑲黃旗人，1907-1911年任浙江巡撫)謂：「化民之道，禮教為先，禮教所不能化者，則施刑罰以濟其窮，此法律所由設也。」[5]亦即治民即化民，教化人民必須先禮而後法，禮教所不能化者，方施以法律刑罰。換句話說，「禮」不僅先於「法」，而「法」係濟「禮」之窮，則「法」必依「禮」之原則來制定，如此的「禮」「法」秩序可說是中華王朝的立國原理，政治制度、社會倫

---

2. 《商君書》，〈定分第二十六〉。
3. 《大戴禮記》，第41篇，〈哀公問於孔子〉。
4. 〔魏〕王肅注，《孔子家語》，卷第7，〈禮運第三十二〉。
5. 〈浙江巡撫增韞奏摺〉，收入故宮博物院明清檔案部編，《清末籌備立憲檔案史料》(北京：中華書局，1979)，頁856。作為蒙古出身的旗人，增韞能如此掌握中華文化的精隨，又何嘗不是「以夷入夏」的典範，可見清朝各族華化之深。

理、法律規範等思想概念幾乎不脫此一「禮」「法」原理。

　　以這樣的「禮」「法」秩序推而向外，則形成了華夏與周邊政權或華人與外人之間的名分秩序，如周穆王(976-922B.C. or 1001-947B.C.在位)時的祭公謀父所說：「夫先王之制：邦內甸服，邦外侯服，侯、衛賓服，夷、蠻要服，戎、狄荒服。甸服者祭，侯服者祀，賓服者享，要服者貢，荒服者王。日祭、月祀、時享、歲貢、終王，先王之訓也。」[6]依彼此之間的身分和親疏遠近，以祭禮和歲貢等政治儀禮規範了周天子與內外諸侯的權益、義務關係，以周王和中原為華，四周的諸侯或王國則是夷、蠻、戎、狄，於是形成了華夷分際、華夷秩序。

　　華夷之說緣起於中國上古華夏族體的形成時期，它所界定的，主要是黃河流域、特別是黃河中下游地區的華夏族體同今日中國境內的其他族體之間的文化、風俗差異，以及這種差異所帶來的一切問題。孔子所謂：「裔不謀夏、夷不亂華」[7]這時期華夷觀念所反映的，是中國境內華夏族體與其他族體之間的對立與交流關係，[8]體現了華夷之間的名分秩序。

　　秦始皇統一中國，為華夷秩序建立了一個前提框架。至漢代，中華與「蠻夷」之間，逐步發展起一種古代類型的國際關係，發軔於上古時代的華夷觀念，在漢帝國時期開始引伸到中華帝國的對外關係。漢朝的使節前往南亞、東南亞，要不斷換乘「蠻夷賈船」，而這些「蠻夷」之國，又都遣使來華「獻見」。中華與「蠻夷」之間，逐步發展起一種古代類型的國際關係體系，即所謂「華夷」秩序。但由於納入這一秩序的國家還很少，且這一秩序尚未成形、格局尚不穩定，故此時的華夷秩序尚處於雛形階段。盛唐雄強一時，對周邊及遠方的

6.　《國語》，卷第1，〈周語上・祭公諫穆王征犬戎〉。
7.　〔魏〕王肅注，《孔子家語》，卷第1，〈相魯第七〉。
8.　何芳川，〈「華夷秩序」論〉，《北京大學學報(哲學社會科學版)》，1998年期6，頁30、31。

國家和民族有著強大的影響與吸引力，比較完整地形成了華夷秩序。
唐帝國建都長安時，蔥嶺以西的中亞乃至南亞諸國欣羨大唐文明，紛
紛向「華夷」秩序靠攏。[9]正當大唐帝國全盛、並將「華夷」秩序圈
向中亞以至南亞地區推進之時，繼羅馬、波斯帝國之後，崛起了一個
新的大帝國和一種新的文明──阿拉伯帝國與穆斯林文明。伴隨著穆
斯林秩序的東擴，它與西向推進的「華夷」秩序之間，不可避免地會
有一場碰撞與摩擦。另外，從唐代營建「華夷」秩序時開始，緊鄰中
國的朝鮮，就是「華夷」秩序中的基本成員；日本也藉著派遣「遣唐
使」而加入了「華夷」秩序圈。[10]

　　在這樣的「華夷」秩序圈下，唐朝對於外國、外人的態度，即是
華夷秩序、也是名分秩序的體現，如中書省的職掌中，即包含了「凡
四方通表，華夷納貢，皆受而進之。」[11]從官制職掌上表現出了華夷之
分，以及唐朝對於華夷的態度。許多既有研究已經對唐朝的對外關係
多所闡述，[12]其中也不乏關注唐代外來商人的研究，[13]但就筆者所見，

9.　何芳川，〈「華夷秩序」論〉，頁32。
10.　何芳川，〈「華夷秩序」論〉，頁33、34。
11.　〔後晉〕劉昫等撰，《舊唐書》，卷43，〈職官二‧中書省〉。
12.　如王吉林，《唐代南詔與李唐關係之研究》(臺北：東吳大學中國學術著作獎助委
　　　員會，1976)；姚嶂劍，《遣唐使》(西安：陝西人民出版社，1984)；王小甫，《唐
　　　吐蕃大食政治關係史》(北京：北京大學出版社，1992)；李大龍，《唐朝和邊疆民
　　　族使者往來研究》(哈爾濱：黑龍江教育出版社，2001)；張日銘著，姚繼德、沙德
　　　珍譯，《唐代中國與大食穆斯林》(銀川：寧夏人民出版社，2002)；張雲，《唐代
　　　吐蕃史與西北民族史研究》(北京：中國藏學出版社，2004)；拜根興，《唐朝與新
　　　羅關係史論》(北京：中國社會科學出版社，2009)；石見清裕，《唐代の国際関
　　　係》(東京：山川出版社，2009)；朱振宏，《隋唐政治：制度與對外關係》(臺北：
　　　文津出版社，2010)；林冠群，《唐代吐蕃史研究》(臺北：聯經出版事業公司，
　　　2011)等等。
13.　如謝海平，《唐代留華外國人生活考述》(臺北：臺灣商務印書館，1978)；范邦
　　　瑾，〈唐代蕃坊考略〉，《歷史研究》，1990年期4；程喜霖，〈唐代過所與胡漢
　　　商人貿易〉，《西域研究》，1995年期1；馬建春，〈唐朝與大食的海上交通〉，
　　　《寧夏大學學報(社會科學版)》，1997年期3；尚衍斌，〈唐代入華「興生胡」的
　　　社會權益評析〉，《西域研究》，2001年期1；榮新江，《中古中國與外來文明》
　　　(北京：三聯書店，2001)；李瑞哲，〈試論胡商在絲綢之路上的活動以及中原王朝
　　　對待胡商的政策〉，《敦煌學輯刊》，2009年期2等等。

將之與華夷名分秩序結合起來的研究，似乎尚屬少見，本文試圖以唐朝對於外來商人的管理作為視角，來觀察唐代中國華夷名分秩序的一個側面。

二、唐朝對於外人的法律規範原則

法律規範涉及唐朝對在唐外人的所有管理層面，故在此先做簡單的整理說明。

由於史料缺漏不全，即使加上目前出土的斷簡殘篇，亦尚不足以重構秦、漢時期的法律體系，而殘存的《唐律》則被學者公認自成體系，是中華法系[14]的代表。據學者研究，中華法系被認為萌芽於秦朝，到隋、唐時期成熟，唐高宗時期制定的《唐律疏議》，全面而且完美地將儒家思想法律化，將法律制度儒家化，法律制度與儒家思想水乳交融般地合二為一，「一準乎禮」，從而使中國古代法律制度自成一統。其主要特徵正是：禮法結合、一準乎禮。[15]此結論證明了《唐律》沿革於自秦、漢以來的中華法學哲學。

筆者認為，中華法系的特色既然是禮法結合、「一準乎禮」，實質上就是以「禮」(名分)、依「禮」(名分)制「法」了。而中華法系既是以名分秩序的基礎原理構成的，隸屬中華法系的《唐律》本身即是名分秩序的體現，其涉外法律則是華夷名分秩序的體現了。

---

14. 中華法系的概念是日本學者穗積陳重在劃分世界法系時首先提出的。他用「中華(中國)法族」作為中華法系的同義語。中國學者首先接受並引進這一概念運用於學術研究的是19世紀末20世紀初旅居日本的梁啟超。1931年丁元普發表〈中華法系成立之經過及其將來〉，使用了西方法學的方法對中華法系進行了研究；1934年程樹德發表的〈論中華法系〉、1937年楊鴻烈發表的〈中國法律在東亞諸國之影響〉均為研究中華法系的經典著作；1936至1937年，陳顧遠連續發表〈儒家法學與中國固有法系之關係——關於中國固有法系回顧之一〉、〈家族制度與中國固有法系之關係——關於中國固有法系回顧之二〉、〈天道觀念與中國固有法系之關係——關於中國固有法系回顧之三〉三篇文章，強調中國固有法系與儒家思想、家族制度和天道關係的緊密聯繫。參見何平，〈中華法系與唐律關係探究〉，《法制與社會》，2014年期2，頁7。

15. 何平，〈中華法系與唐律關係探究〉，頁7。

　　唐代中國強盛，國家對外開放，如太宗(598-649，626-649年在位)貞觀二十年(646)十二月戊寅對鐵勒迴紇俟利發等言：「我今為天下主，無問中國及四夷皆養活之，不安者，我必令安，不樂者，我必令樂。」[16]中國皇帝具有如此善待四夷的胸襟，加上當時中國的產業、文明高於周邊地區，自然容易吸引外人前來。當時來唐的人員主要有：來唐使臣、入質或入充侍衛的外國蕃王或酋長子弟、慕中華之風而歸附或留寓者(如日本遣唐使成員朝臣仲滿(即阿倍仲麻呂〔698-770〕、新羅人崔致遠〔857-951〕等)、戰敗國之歸化者(如昭武九姓等)、來唐傳教僧侶、來唐貿易的商胡[17]等等。這些外人不免在唐發生糾紛，為了因應處理糾紛的現實需要，唐朝勢必得制定一套規範外人的法令。對唐朝中國而言，中國是華夏，外國和外族是四夷，由於「分」屬華夷，因此《唐律》對外人的規範自是體現了華夷名分秩序。

　　關於外人在唐朝的法律規範，也存在許多既有研究，[18]毋庸筆者贅言。而既有研究基本上均以《唐律疏議》的「化外人相犯」條作為研究的基礎，其規定如下：

　　　　諸化外人，同類自相犯者，各依本俗法；異類相犯者，以法律論。

---

16. 〔宋〕王欽若等編纂，《冊府元龜》，卷170，〈帝王部・來遠〉，「貞觀二十年十二月戊寅」條。

17. 田廷柱，〈唐代外國人來華與留居述略〉，《社會科學戰線》，1993年期1，頁190-192。

18. 如中田薰，〈唐代法律中外國人的地位〉，《法制史論集》，3卷下(東京：岩波書店，1985)；仁井田陞，〈中華思想與屬人法主義、屬地法主義〉，《法制史研究》，1952年期3；張中秋，〈唐代對外貿易的法律調整述論〉，《江海學刊》，1996年期1；蘇欽，〈唐明律「化外人」條辨析——兼論中國古代各民族法律文化的沖突和融合〉，《法學研究》，1996年期5；陳惠馨〈唐律「化外人相犯」條及化內人與化外人間的法律關係〉，收入高明士主編，《唐代身分法制研究——以唐律名例律為中心》(臺北：五南圖書公司，2003)，頁1-30；姜歆，〈唐代「化外人」法律地位探析——兼論伊斯蘭教在唐時傳佈的法律隱私〉，《寧夏社會科學》，2006年期2；鄭顯文，〈唐代法律關於外國人人身權和財產權的規定〉，《法律史學研究》，2006年期2；嚴茹蕙，〈試論「化外人」與文化認同——以八世紀的渡唐日本人為例〉，《興大歷史學報》，期25(2012年6月)等等。

【疏】議曰：「化外人」，謂蕃夷之國，別立君長者，各有風
俗，制法不同。其有同類自相犯者，須問本國之制，依其俗法
斷之。異類相犯者，若高麗之與百濟相犯之類，皆以國家法
律，論定刑名。[19]

《唐律疏議》的「化外人相犯」條，是唐朝審理涉外案件的法令原
則，「化外人」在唐發生糾紛，若涉事雙方為同國或同部族，則適用
該國或該部族的法令或習俗論斷；若涉事雙方分屬不同國或不同部
族，則根據唐朝的法律論斷。

　　何謂「化外人」？有些學者認為即是「外國人」，[20]也有學者從中
國文化著眼，認為「化外人」是「教化」之外的人：「教化」為「政
教風化」，也指「教育感化」，漢代經學家鄭玄(127-200)注：「教謂
禮義，政謂刑禁」，因此中國統治者所宣導的禮義、制定的法令未能
貫徹實施的地方就被視之為「化外」，居住在「化外」地方的人即為
「化外人」。[21]

　　筆者傾向於後者的解釋，除了認同唐朝立法是依據中華政權的固
有特色，以「禮」(名分、禮教)制「法」之外，首先更因為《唐律疏
議》已經為「化外人」作出：「聲教之外，四夷之人」的解釋；而且
在提到「化外人」的律文本文之中，還同時存在著「化內人」的法律
名詞：

　　諸密有征討，而告賊消息者，斬；妻、子流二千里。其非征
　　討，而作間諜；若化外人來為間諜；或傳書信與化內人，并受

19. 〔唐〕長孫無忌等撰，《唐律疏議》，卷第6，〈名例六〉，「化外人相犯」條。
20. 如仁井田陞，〈中華思想與屬人法主義、屬地法主義〉，《法制史研究》，1952
　　年期3；張晉藩主編，《中國法制史》(北京：群眾出版社，1982)，頁215。陳惠馨
　　〈唐律「化外人相犯」條及化內人與化外人間的法律關係〉等。主張是「外國人」
　　的學者多半是具有近代西方式教育、特別是法學教育背景者。
21. 蘇欽，〈唐明律「化外人」條辨析——兼論中國古代各民族法律文化的衝突和融
　　合〉，《法學研究》，1996年期5，頁142。

及知情容止者：並絞。

【疏】議曰：或伺賊間隙，密期征討，乃有姦人告賊消息者，斬；妻、子流二千里。其非征討，而作間諜者，間謂往來，諜謂覘候，傳通國家消息以報賊徒；化外人來為間諜者，謂聲教之外，四夷之人，私入國內，往來覘候者；或傳書信與化內人，并受化外書信，知情容止停藏者：並絞。[22]

可見《唐律》不用「外國人」，而採用「化外人」，是基於一套確定的法學哲學思想體系，「化外人」既是「聲教之外，四夷之人」，那麼「化內人」則應該是已經接受聲教的原屬四夷之人，也就是「用夏變夷」的歸化夷人。更何況至遲在漢代時，中國已經使用「外國人」詞彙，[23]唐朝亦不乏使用「中國人」、「外國人」之詞，[24]因此，「化外」、「化內」的分界並非以「國」來區分，而是指中華德教、聲教的教化之有無來區分，亦即以華化分內外之意。

再者，唐代時期尚未有今日以西方民族國家(Nation state)概念為基礎的「國家」，來唐的外人可能是來自立有君長之國，可能來自唐朝版圖外的民族部落，也可能是在唐朝治下尚未華化的民族部落或外國人，唐代立法已經考慮到存在多元的差異，加上唐朝繼承中華文明，以文化來區別華夷，於是在法令規範中對於來唐外人不寫作「外國人」而稱之為「化外人」。

此後中華歷代王朝法令也大多繼承了「化外人」的概念，如宋神宗(1048-1085，1067-1085年在位)元豐元年(1078)四月詔：「諸権場除

---

22. 〔唐〕長孫無忌等撰，《唐律疏議》，卷第16，〈擅興〉，「征討告賊消息」條。
23. 如漢孝武帝「疾篤。侍中光祿大夫霍光問嗣焉。上曰，君未喻前畫意邪，立少子，君行周公之事矣。先是上畫周公輔成王朝諸侯圖以賜光，光頓首讓曰：臣不如日磾。日磾曰：臣外國人，將令匈奴輕漢。」參見〔東漢〕荀悅，《前漢紀》，卷第15，〈孝武皇帝紀六〉，「後元二年二月」條。
24. 如唐文宗「開成元年(836)六月，……又准令式中國人不合私與外國人交通、買賣、婚娶、來往，又舉取蕃客錢，以產業奴婢為質者，重請禁之。」參見〔宋〕王欽若等編纂，《冊府元龜》，卷999，〈外臣部四十四·互市〉。

九經疏外，若賣餘書與北客，及諸人私賣與化外人書者，並徒三年，引致者減一等，皆配鄰州本城，情重者配千里。許人告捕給賞。著為令。」；[25]《大明會典》「化外人有犯」條規定：「凡化外人犯罪者、並依律擬斷」；[26]《大清律例》也有「化外人有犯」條，沈家本(1840-1913)認為：「此條本《唐律》，唯唐有同類、異類之分，明刪之，則同類相犯亦以法律論矣。今蒙古人自相犯，有專用蒙古例者，頗合《唐律》各依本俗法之意。」[27]因此，除了明朝規定化外人以中國法律論斷之外，宋、清兩朝對於化外人的法律規範之原則，是與唐朝相類似的，都是尊重各國、各部族的法令或習俗，但在化外人非屬同國或同部族，或是某些特別案例下，則採用中國法律。

　　據學者研究，此「化外人相犯」條可能是從《貞觀律》開始出現，而完成於《永徽律》，[28]可見《唐律》對待外人的基本原則，是奠基於唐初以來對外開放的國家性格，國家開放，來華外人眾多、多元，為因應實際需要，原本就必須處理來源多元的外人之間的紛爭，將對於外人的管理與刑罰納入《唐律》，顯現唐朝中國擁有規範、管束外人的法律與政治權力。而其特色在於國家既然強大，也能以開放、寬容的心態對待外人，以同理心來尊重外人的文化、風俗以及法律；外人文化、風俗與法律既不同於中國，則是明白的「華夷之分」；在不適宜採用外人法律之時，以中國法律論斷，則不僅彰顯中國法律對於所有在唐外人的最高與最終適用性，也顯示出在法律上的華夷名分秩序。

　　以下進入本文主題，試圖通過唐朝對於來唐貿易外商的具體管理事例，來考察唐朝的華夷名分秩序。

---

25. 〔宋〕李燾，《續資治通鑑長編》，卷289，〈神宗八十・元豐元年三〉，「四月二十一」條。
26. 〔明〕李東陽、申時行等撰，《大明會典》，卷161，〈刑部・律例二・名例下〉，「化外人有犯」條。
27. 〔清〕沈家本，《歷代刑法考》(北京：中華書局，1985)，頁1806。
28. 劉俊文，《唐律疏議箋解》(北京：中華書局，1996)，頁480。

三、唐朝對於外商的管理

　　涉外貿易在中國一般稱為互市，互市的歷史淵遠流長，不僅是由
於經濟層面上進行中外貿易可以獲致的實質利益，更在於華夏羈縻四
夷的政治效用：

> 夫王者之牧四夷也，有懷柔之道焉，有羈縻之義焉，蓋所以底
> 寧邊鄙、休息中夏者也。則互市之設，其懷柔羈縻之旨，與爰
> 自漢初始建斯議，繇是擇走集之地，行關市之法，通彼貨賄，
> 敦其信義，歷代遵守，斯亦和戎之一術也。[29]

因此，涉外互市貿易，是華夏羈縻四夷、懷柔和戎的政治手段，自然
也是華夷秩序的一種體現。而互市須「擇走集之地，行關市之法」，
亦即須由政府選立互市市場，訂立中外商人往來市場、以及管理互市
的官員監管市場之法令，因此，外商前來中國互市，均適用中國政府
對於互市的管理機制。

　　唐代有專門監管互市的官員，如隸屬少府監的互市監，「掌諸蕃
交易馬馳驢牛之事」、[30]「掌蕃國交易之事(原注：隋以監隸四方館。
唐隸少府。貞觀六年(633)，改交市監曰互市監，副監曰丞)」。[31]關於
互市監的職掌，《唐六典》的說明如下：

> 諸互市監，監各一人，從六品下；(原注：漢、魏已降，緣邊郡
> 國皆有互市，與夷狄交易，致其物產也。並郡縣主之，而不別
> 置官吏。至隋，諸緣邊州置交市監，視從第八品；副監，視正
> 第九品。皇朝因置之，各隸所皆州、府。監加至從六品下；改
> 副監為丞，品第八下。光宅〔684年〕中改為通市監，後復舊
> 為互市監。丞一人，正八品下。(原注：隋置交市副監，皇朝改

---

29. 〔宋〕王欽若等編纂，《冊府元龜》，卷999，〈外臣部四十四‧互市〉。
30. 〔後晉〕劉昫等撰，《舊唐書》，卷44，〈職官三‧少府監〉。
31. 〔宋〕歐陽修等撰，《新唐書》，卷48，〈百官志三‧少府‧互市監〉。

為互市監丞。)諸互市監各掌諸蕃交易之事；丞為之貳。凡互市
所得馬、駝、騾、牛等，各別其色，具齒歲、膚第，以言于所
隸州、府，州、府為申聞。太僕差官吏相與受領，印記。上馬
送京師，餘量其眾寡，并遣使送之，任其在路放牧焉。每馬十
匹，牛十頭，駝、騾、驢六頭，羊七十口，各給一牧人(原注：
若非理喪失，其部使及遞人，改酬其直。)其營州管內蕃馬出
貨，選其少壯者，官為市之。[32]

可知，漢、魏以來中國緣邊地方均有與夷狄交易的互市存在，皆由地
方官主持，而未設專管互市的官吏，直到隋朝才在邊境地方設置專管
互市的交市監：「緣邊交市監及諸屯監，每監置監、副監各一人。畿
內者隸司農，自外隸諸州焉。」[33]

　　除了邊境的交市監外，隋朝在都城也設有互市監：「鴻臚寺改典
客署為典蕃署。初煬帝置四方館於建國門外，以待四方使者，後罷
之，有事則置，名隸鴻臚寺，量事繁簡，臨時損益。東方曰東夷使
者，南方曰南蠻使者，西方曰西戎使者，北方曰北狄使者，各一人，
掌其方國及互市事。每使者署，典護錄事、職、儀、監府、監置、互
市監及副、參軍各一人。」[34]亦即由隸屬於鴻臚寺下四方使者的互市監
來管理互市事宜。

　　唐朝延續隋朝的制度，從《唐六典》提到互市監的職掌內容看
來，應該是負責官方互市的機構，文中提到「諸互市監」「各隸所管
州、府」、「上馬送京師」等等，加上互市監隸屬中央的少府，少府
之執掌主要是「凡天子之服御，百官之儀制，展采備物，率其屬以供
焉」，[35]因此可以推知，除了都城的互市監負責為天子管理「諸蕃交易

32.　〔唐〕李隆基撰、李林甫注，《唐六典》，卷22，〈少府軍器監〉。
33.　〔唐〕魏徵等撰，《隋書》，卷28，〈百官志下〉。
34.　〔唐〕魏徵等撰，《隋書》，卷28，〈百官志下〉。
35.　〔唐〕李隆基撰、李林甫注，《唐六典》，卷22，〈少府軍器監〉。

馬馳驢牛之事」、「蕃國交易之事」外，地方上也有互市監，而地方
的互市監就是承襲隋朝邊境交市監而來的。也就是說，在隋朝邊境地
方負責互市的專門官員和機構是「交市監」、在都城負責和四夷互市
的官員和機構是「互市監」，到了唐朝，則無論邊境地方還是都城，
負責互市的專門官員和機構都叫「互市監」了。

又，隸屬尚書戶部的金部郎中，「掌天下庫藏出納、權衡度量之
數，兩京市、互市、和市、宮市交易之事，百官、軍鎮、蕃客之賜，
及給宮人、王妃、官奴婢衣服」，[36]「凡有互市，皆為之節制(原注：
諸官私互市唯得用帛練 、蕃綵，自外並不得交易。其官市者，兩分帛
練，一分蕃綵。若蕃人須糴糧食者，監司斟酌須數，與州司相知，聽
百姓將物就互市所交易)。」[37]金部郎中亦具有節制互市、官私互市、
民蕃互市之職掌。

由上述官名及其職掌可知，唐朝的互市分有官方互市和民間互市
兩種型態，如隸屬少府的互市監主要負責「天子之服御，百官之儀
制，展采備物，率其屬以供焉」，因而為天子管理「諸蕃交易馬馳驢
牛之事」、「蕃國交易之事」，監管官方以及皇室的絹馬、中外互
市。而隸屬尚書戶部的金部郎中，由於「掌判天下庫藏錢帛出納之
事，頒其節制，而司其簿領」，[38]兩京市、互市、和市、宮市交易之
事以及百官、軍鎮、蕃客之賜，均與其出納、節制權衡度量等職掌相
關，故金部郎中亦須關涉官市、民市，並節制官私互市、民蕃互市等
事宜。

除了上述管理、關涉互市的官員外，還需要互市的經紀人，互市
才能順利進行。在中國傳統貿易中，一直存在著介於買賣雙方之間的
所謂「牙人」之商業專業經紀人、仲介人，牙人又被稱為「駔」、

---

36. 〔宋〕歐陽修等撰，《新唐書》，卷46，〈百官志一·戶部·金部郎中〉。
37. 〔唐〕李隆基撰、李林甫注，《唐六典》，卷3，〈尚書戶部〉，「金部郎中」
　　條。
38. 〔後晉〕劉昫等撰，《舊唐書》，卷43，〈職官志二·戶部·金部郎中〉。

「駔儈」、「牙儈」等，是中國古代買賣活動中充當交易中介的人員。他們的活動在先秦文獻中就有記載。[39]特別是在涉外貿易中，由於買賣雙方分屬不同國家或民族，更需要能夠溝通雙方的牙人。例如，「安祿山(703-757)，營州柳城雜種胡人也。……及長，解六蕃語，為互市牙郎。」[40]古來，涉外貿易亦被稱為互市，因此解六蕃語的安祿山可以勝任為「互市牙郎」。

　　牙人不僅是使買賣成立的不可或缺之環節，還是政府管理商人的幫手，特別是安史之亂(755-763)後，唐朝面臨巨大的財政困難，農業稅收上的缺口亟需填補，其重要財源之一就是商稅的徵收，牙人也被引入官府的市場管理活動中，成為政府徵收商稅的工具。[41]例如唐德宗(742-805，779-805年在位)的「禁欠陌錢敕」：「陌內欠錢，法當禁斷，慮因捉搦，或亦生姦，使人易從，切於不擾，自今以後，有因交關用欠陌錢者，宜但令本行頭及居停主人、牙人等檢察送官，如有容隱，兼許賣物領錢人糾告，其行頭、主人、牙人重加科罪，府縣所由祗承人等，並不須干擾。若非因買賣，自將錢於街衢行者，一切勿問。」[42]可知，在管理惡錢、假錢問題上，唐朝政府即利用了行頭、主人、牙人等從事商業相關人士來進行貨幣秩序管理。而在涉外貿易上，一旦發生糾紛，嚴重的話甚至可能引來外患，因此能夠起到維護貿易秩序作用的牙人，不僅是政府所倚重的管理助手，也是防範外患、維護國家安全的尖兵。

　　介紹唐朝管理互市的主要人員和機構之後，以下分別依據貿易發生的地點來討論唐朝對於外商的管理。依交易地點來看，互市一般發生在首都以及國界地帶的城鎮市場，國界地帶又可分為陸路與海路市

39. 馮莎莎，〈略論唐宋之際商業牙人的演變與政府管理〉，《宋代文化研究》(成都：四川大學出版社，2011)，輯19，頁170。
40. 〔後晉〕劉昫等撰，《舊唐書》，卷200上，〈安祿山列傳〉。
41. 馮莎莎，〈略論唐宋之際商業牙人的演變與政府管理〉，頁179。
42. 〔清〕董誥等撰，《全唐文》，卷54，〈德宗五‧禁欠陌錢敕〉。

場，因此可以都城互市、陸路互市、市舶互市來概括唐朝的涉外貿易。

（一）都城互市

唐代有兩京，長安與洛陽，均為全國性的大都市，除了國內商人與貨物匯集之外，也常有不少胡商停留，[43]但由於唐代的開放性格，中國國內各大都市均存在外國商人居留、貿易的情形，唐兩京中的中外商人商貿活動，係屬城市中商業區的一般商業行為，並非在特定地點、在官方監督下所進行的中外互市。

就史料來看，唐代的都城互市，通常是由中國周邊的國家或民族政權的官員、酋長等人攜帶馬、駞、驢、牛等牲畜前來，要求中國換給絹帛，這樣的貿易形式也被通稱為「絹馬貿易」。

包含金部郎中監管下的官市，必須以「兩分帛練，一分蕃綵」的標準進行交易。而少府監屬於皇室官員，其下屬諸互市監負責為天子管理「諸蕃交易馬駞驢牛之事」、「掌蕃國交易之事」，也屬於官方互市。

宋朝王欽若(962-1025)等人編纂的《冊府元龜》，卷999，外臣部44，互市項下：「肅宗乾元年(758-760)中，廻鶻仍歲來市，以馬一匹易絹四十疋，動至數萬馬」、「代宗大曆八年(773)廻鶻遣赤心領馬一萬疋來求市，帝以馬價出於租賦，不欲重困於民，命有司量入，計許市六千疋」、德宗貞元「八年(792)七月，給廻紇市馬絹七萬疋」、「憲宗元和十年(815)八月，以絹十萬疋償廻紇之馬直。十一月，吐蕃使欸隴州塞請互市，許之」、「穆宗長慶二年(822)二月，以絹五萬疋賜廻紇充馬價」、「文宗大和元年(827)三月，內出絹二十六萬疋，賜廻紇充馬價、六月命中使以絹二十萬疋付鴻臚寺，宣賜廻紇充馬價」等等事例，均是唐朝與外國或外族絹馬互市之情形，幾乎集中於安史

---

43. 張澤咸，《唐代工商業》(北京：中國社會科學出版社，1995)，頁220。

之亂後的時期。

　　從上述史料可知，除了吐蕃等外國或外族之外，絹馬貿易大多是集中於唐朝與迴鶻(迴紇)之間，這是由於「至德元年(756)七月，肅宗即位於靈武，二載五月朔，……乃遣中官竇議使於迴紇，令發其兵。九月，迴紇遂遣太子葉護領蕃兵四千餘人來助討賊，……討安慶緒，既戰，大敗逆賊，遂收東京」，[44]唐朝除了報答迴鶻幫忙平亂、收復都城之外，也為了牽制吐蕃、羈縻迴鶻，遂長期維持與迴鶻之間的絹馬貿易，即使必須付出相當大的經濟代價。[45]迴鶻屢屢攜帶大量馬匹前來，皇帝「不欲重困於民」，只好由「有司量入」，甚至「內出絹」、「中使以絹二十萬疋付鴻臚寺」，由中央機構或皇室買下馬匹。而與迴鶻互市未必有一定的絹馬易價標準，且越到唐朝後期，越是幾乎由皇室提供布疋，令中使直接交給接待外賓的鴻臚寺，換下迴鶻帶來的馬匹。以上以唐朝與迴鶻之間絹馬互市為例，說明唐代中國與外國、外族官方之間在都城互市的大概。

　　文宗(809-840，827-840年在位)大和五年(831)六月「自今以後，應諸色人宜除准勅互市外，並不得輒與蕃客錢物交關。」[46]又，文宗「開成元年(836)六月，淄青節度使奏，新羅、渤海將到熟銅，請不禁斷。是月京兆府奏准，建中元年(780)十月六日勅，諸錦、罽綾、羅、縠繡、織成、細紬、絲布、犛牛尾、真珠、銀、銅、鐵、奴婢等，並不得與諸蕃互市。又准令式，中國人不合私與外國人交通、買賣、婚娶、來往，又舉取蕃客錢，以產業奴婢為質者，重請禁之。」[47]從上述史料可知，在京城的中國人可與蕃客互市，除互市外不得私下交易、交通、買賣、婚娶來往。即使是互市交易，也禁止與蕃客交易「諸

44. 〔宋〕王溥，《唐會要》，卷98，「迴紇」條。
45. 參見劉正江，〈回鶻與唐的馬絹貿易及其實質〉，《黑龍江民族叢刊》，2011年期2。
46. 〔宋〕王欽若等編纂，《冊府元龜》，卷999，〈外臣部四十四．互市〉。
47. 〔宋〕王欽若等編纂，《冊府元龜》，卷999，〈外臣部四十四．互市〉。

錦、闕綾、羅、穀繡、織成、細紬、絲布、氂牛尾、真珠、銀、銅、鐵、奴婢等」項目，且不得與蕃客有金錢借貸。此為在都城的中外民間互市之大概。而在都城管理民間互市的機構則是具有節制互市、官私互市、民蕃互市等職掌的金部郎中。

　　既然中唐以後與迴鶻之間的互市是以經濟代價換取對迴鶻的羈縻，那麼就算唐朝制定了對於都城互市的規範、對來互市外人的管束法令，卻往往因為必須羈縻外人而使法令失去功用。例如，唐代宗(726-779，762-779年在位)大曆十年(775)九月，戊申，回紇白晝剌市人，腸出，有司執之，繫萬年獄；其酋長赤心馳入縣獄，斫傷獄吏，劫囚而去。代宗亦不過問。[48]類似的胡人橫行霸道、目無王法之例所在多有，使得唐人在中唐以後對於外夷產生戒心與厭惡感，華夷之間形成猜忌，太宗時所謂「王化無外」、「華夷一家」的氛圍變調，於是中唐以後的士人也改變了唐人對於胡人及胡化的體驗與書寫，強化了唐人的族群區隔意識。[49]

(二)陸路互市

　　唐代與周邊陸鄰國家間普遍存在陸路邊境互市的情況。中唐以前主要互市的對象是突厥，如唐玄宗(685-762，712-756年在位)開元「十五年(727)吐蕃與突厥小殺書，將計議同時入寇，小殺并獻其書，帝嘉其誠，引梅錄啜宴於紫宸殿，厚加賞賚，仍許於朔方軍西受降城為互市之所。」[50]唐每年以縑帛幾十萬匹買突厥戎馬。[51]這是在邊境互市市場的絹馬貿易。突厥衰亡後，唐朝主要與迴紇進行絹馬貿易，直至唐末，除了京城互市外，迴紇也在邊境互市：「時時以玉、馬與邊

---

48. 〔宋〕司馬光，《資治通鑑》，卷225，〈唐紀四十一·代宗睿文孝武皇帝中之下，大曆十年〉。

49. 劉順，〈重建區隔與自我認同：中唐時期的「華夷」書寫與思考〉，《中南民族大學學報(人文社會科學版)》，2014年期1，頁163。

50. 〔宋〕王欽若等編纂，《冊府元龜》，卷999，〈外臣部四十四·互市〉。

51. 張澤咸，《唐代工商業》，頁429。

州相市。」[52]

在西面，則主要與吐谷渾、吐蕃等互市。唐高祖(566-635，618-626年在位)武德初，李安遠(?-633)「奉使吐谷渾，安遠與約和，吐谷渾乃請為互市，邊場利之。」[53]吐谷渾隨後為吐蕃所滅。

唐代吐蕃雖然乍叛乍服，但自唐初以來雙方往來頻繁，整個唐代吐蕃來使125次，唐使入蕃66次，吐蕃企圖與唐在益州等地通市，但唐朝不許。直到唐玄宗開元十九年(731)，吐蕃宰相來唐，「請於赤嶺為互市，許之」，其後，憲宗(778-820，805-820年在位)元和十年(815)十一月，「吐蕃款隴州寨，請互市，許之。」絲織品與茶自此大量傳入吐蕃。[54]

另外，唐也與羌及党項羌，與西南方的南詔，與東北的奚和契丹、渤海等國互市。除陸路互市外，契丹、渤海也以船舶來唐互市。[55]

在官方史料所見的陸路互市，幾乎都是因外國或外族官長與唐代中國政府之間的約定而成立的，主要目的自然是為了官方互市，但是當互市市場設置之後，中外商人亦可前往互市市場貿易。

而隨著陸路互市的發展，中外商人頻繁出入邊境貿易，唐朝設有司門郎中以管理出入關門的中外商人：

> 司門郎中一員，從五品上。龍朔日司門大夫。員外郎一員，從六品上。主事二人，從九品上。令史六人，書令史十三人，掌固四人。郎中、員外郎之職，掌天下諸門及關出入往來之籍賦，而審其政。凡關二十有六，為上中下之差。京城四面關有驛道者，為上關。餘關有驛道及四面無驛道者，為中關。他皆為下關。關所以限中外，隔華夷，設險作固，閑邪正禁者也。

52. ﹝宋﹞歐陽修等撰，《新唐書》，卷217，〈回鶻列傳下〉。
53. ﹝宋﹞歐陽修等撰，《新唐書》，卷80，〈李安遠列傳〉。
54. 張澤咸，《唐代工商業》，頁436-438。
55. 參見張澤咸，《唐代工商業》，頁438-445。

> 凡關呵而不征，司貨賄之出入，其犯禁者，舉其貨，罰其人。
> 凡度關者，先經本部本司請過所，在京則省給之，在外則州給
> 之。而雖非所部，有來文者，所在亦給。[56]

中外商人必須申請「過所」，才能出入「限中外、隔華夷」的關門，
而往來於中原與邊疆。唐朝規定行人必須經由關津出行，出入關津時
須攜帶政府開具的公文，各級官員有各自的公文，而一般商民則須有
「過所」，亦即度關津的通行證，[57]以供駐守關津的官員審查，如不遵
守規定，沒有申請公文或過所而「私度」關津者，或沒有經由關津繞
道而行的「越度者」，均須受法律懲處：

> 諸私度關者，徒一年。越度者，加一等。

> 【疏】議曰：水陸等關，兩處各有門禁，行人來往皆有公文，
> 謂驛使驗符券，傳送據遞牒，軍防、丁夫有總曆，自餘各請過
> 所而度。若無公文，私從關門過，合徒一年。「越度者」，謂
> 關不由門，津不由濟而度者，徒一年半。[58]

出入關津的過所制度適用於往來中國的中外商人。唐代的公驗、過所
制度由漢代的傳節之制發展而來，過所是公驗的一種，公驗包括過
所，兩者可以通稱。[59]以唐代絲綢之路要衝的西州為例，從《吐魯番
出土文書》中可以看到東西行客多在此轉換過所，使得西州成為唐朝
西疆最大的商品集散地。如吐魯番阿斯塔那221號墓出土的一件文書：

---

56. 〔後晉〕劉昫等撰，《舊唐書》，卷43，〈職官二‧尚書刑部‧司門郎中〉。

57. 關於「過所」，參見程喜霖，〈漢唐過所與中日過所比較〉，《敦煌研究》，1998
　　年期1；程喜霖，〈唐代過所與胡漢商人貿易〉，《西域研究》，1995年期1；程喜
　　霖，《唐代過所研究》(北京：中華書局，2000)等相關研究。

58. 〔唐〕長孫無忌等撰，《唐律疏議》，卷第8，〈衛禁二〉，「私度及越度關」
　　條。

59. 劉玉峰，〈試論唐代的公驗、過所制度與商品流通的管理〉，《敦煌研究》，2000
　　年期3，頁160。

「唐貞觀二十二年(648)庭州人米巡職辭為請給公驗事」，即庭州商人米巡職為了到西州貿易，向官府具牒申請公驗；[60]又如唐開元二十一年(733)二月十一日，興胡[61]史計思等人向西州都督府功曹宋九思、都督王斛斯申請「從北庭由白水路(白水澗)途經岸頭府到西州市易」的過所文書：「岸頭府界都遊弈所勘興胡史計思過所狀」；[62]在申請過所的文書中，也屢見胡漢聯合商隊共請過所，或漢人請胡人、或胡人請漢人在申請過所時作保人[63]等等。由吐魯番出土文書的十餘件唐代公驗、過所文書年代可知，至少從唐初到唐中葉為止，通過西州往來中國貿易的胡商，都是遵守中國法令規範的。

　　依據《唐六典》規定，中外商民須依據其出行時的所在地，向當局申請過所：「司門郎中、員外郎掌天下諸門及關出入往來之籍賦，而審其政。……凡度關者，先經本部本司請過所，在京，則省給之；在外，州給之。雖非所部，有來文者，所在給之。」[64]亦即在京城時，行商須向尚書省刑部司門司申請，在地方向州府司戶或都督府、都護府戶曹[65]等申請。過所由商民往來地點的地方官審查、發行，這一點符合中國自古以迄唐代歷朝政府以涉外地方官管理中外商人的固有制度。

　　「諸外蕃與緣邊互市，皆令互官司檢校，其市四面穿塹，及立籬

---

60. 國家文物局古文獻研究室、新疆維吾爾自治區博物館、武漢大學歷史系編，《吐魯番出土文書》(北京：文物出版社，1986)，冊7，頁7-8。

61. 興胡乃「興治生產、經商求利」的商胡，在唐朝已成為法律身分的專名。參見程喜霖，〈唐代過所與胡漢商人貿易〉，《西域研究》，1995年期1，頁102。

62. 國家文物局古文獻研究室、新疆維吾爾自治區博物館、武漢大學歷史系編，《吐魯番出土文書》(北京：文物出版社，1990)，冊9，頁68-69。

63. 程喜霖，〈論唐代關津與過所的關系及其國防治安功能〉，《湖北大學學報(哲學社會科學版)》，1999年期2，頁74。

64. 〔唐〕李隆基撰、李林甫注，《唐六典》，卷6，〈尚書刑部〉，「司門郎中」條。

65. 「戶曹、司戶參軍掌戶籍、計帳，道路、逆旅，田疇、六畜、過所、蠲符之事，而剖斷人之訴競。」參見〔唐〕李隆基撰、李林甫注，《唐六典》，卷30，〈三府督護州縣官吏〉，「戶曹、司戶參軍」條。

院，遣人守門。市易之日卯後，各將貨物畜產，俱赴市所。官司先與蕃人對定物價，然後交易。」[66]可見唐朝互市場所都是全封閉的，由專人負責把守，從當日淩晨開始進行交易，交易之前先要接受官方對貨物的定價。互市時間大概每年一次。[67]

　　唐朝非常重視西北邊疆絲路上的商稅，「開元七年(719)……詔焉耆、龜茲、疏勒、于闐征西域賈，各食其征，由北道者輪臺征之。」[68]「開元盛時，稅西域商胡以供四鎮，出北道者納賦輪臺。」[69]甚至對於胡商的貨物徵收了市稅。[70]唐朝中國商人本有課稅制度，如關稅、市稅[71]、商稅[72]等等，對外商也課稅，說明在關稅、市稅、商稅等稅收的課徵上，中外商人是一體適用的。

　　唐朝雖允許外商來中原進行貿易，但對於國內商人越境(特別是西北邊境)貿易進行嚴格限制，據敦煌文書S1344號「唐戶部格殘卷」規定：「諸蕃商胡，若有馳逐，任於內地興易，不得入蕃，仍令邊州關津鎮戍，嚴加捉搦，其貫屬西、庭、伊等州府者，驗有公文，聽於本貫已東來往。」對於外商與西北商販的活動範圍作了限制，[73]准許其與中國內地自由貿易，但不許入外蕃交易。但因中外交通，仍有風險，於是「天寶二年(743)十月勅，如聞關已西諸國，興販往來不絕，雖託以求利，終交通外蕃，因循頗久，殊非穩便，自今已後，一切禁斷，

66.　仁井田陞原著，栗勁等編譯，《唐令拾遺》(長春：長春出版社，1989)，〈關市令第二十六·外蕃與緣邊互市〉。

67.　李葉宏、惠建利，〈唐代「互市」法律制度探析〉，《海南大學學報(人文社會科學版)》，卷28期1，頁52。

68.　〔宋〕歐陽修等撰，《新唐書》，卷221上，〈西域列傳上·焉耆國〉。

69.　〔宋〕歐陽修等撰，《新唐書》，卷221下，〈西域列傳下·贊曰〉。

70.　程喜霖，〈唐代過所與胡漢商人貿易〉，《西域研究》，1995年期1，頁102。

71.　「夫關市之稅者，謂市及國門、關門者也，唯斂出入之商賈，不稅來往之行人。」參見〔後晉〕劉昫等撰，《舊唐書》，卷150，〈崔融列傳〉。

72.　如鹽稅、礦稅、茶稅、酒稅以及商船貿易的舶腳等。張澤咸，《唐五代賦役史草》(北京：中華書局，1986)，頁202-214。

73.　李葉宏、惠建利，〈唐代「互市」法律制度探析〉，頁53。

仍委四鎮節度使及路次所由郡縣，嚴加捉搦，不得更有往來。」[74]由此亦可知，邊境地方官對於陸路互市擁有監管權，無論管束外商互市貿易，或是禁止商人前往外蕃，均由邊境地方官負責。

唐代中後期於北方和內陸邊境地區的方鎮均設置押蕃使，或稱押蕃落使。邊鎮節度使同時兼任押蕃使，以負責對外交與外貿進行全面管理。如盧龍節度使兼押奚、契丹兩蕃使，平盧節度使兼押渤海、新羅兩蕃使等。押蕃使與押蕃舶使的性質是相同的。[75]

(三)市舶互市

唐代初期似乎對海上貿易尚未設置專官監管，但從秦、漢以來的海上貿易並不曾中斷，如唐高宗(628-683，649-683年在位)「顯慶六年(661)二月十六日勅：南中有諸國舶，宜令所司，每年四月以前，預支應須市物，委本道長史，舶到十日內，依數交付價值。市了，任百姓交易。其官市物，送少府監，簡擇進內。」[76]可知當時市舶貿易亦分官市與民市，官市完畢，方才任百姓交易。官市主要供給皇室所需物資，故由所司預先將提供交換的物品在每年四月以前交給市舶貿易所在道的長史，令其於市舶到岸十日內先完成官方交易，再將從市舶交易來的舶來品送少府監。至於民間交易的情形則不甚清楚，應該還是在市舶貿易所在道的地方官監管下完成的，前期是掌握在軍區長官都督、總管手中，中後期則掌握在節度使手中。[77]

由廣州地方當局掌管市舶，是南北朝以來的傳統。梁天監年間(502-519)王僧孺(465-522)出為南海太守，「海舶每歲數至，外國賈人以通貨易，舊時州郡以半價就市，又買而即賣，其利數倍，歷政以為

---

74. 〔宋〕王溥，《唐會要》，卷86，「關市」條。
75. 黎虎，〈唐代的市舶使與市舶管理〉，《歷史研究》，1998年期3，頁36。
76. 〔宋〕王溥，《唐會要》，卷66，「少府監」條。
77. 黎虎，〈唐代的市舶使與市舶管理〉，頁29。

常。」蕃舶抵達之後，由地方政府負責及時向朝廷上報。[78]如唐代的羅越國之例：「羅越者，北距海五千里，西南哥谷羅，商賈往來所湊集，俗與墮羅勃鈢底同。歲乘舶至廣州，州必以聞。」[79]又如唐文宗「太和八年(834)疾愈德音」所稱「舶腳、收市、進奉」三者，乃蕃舶管理之核心內容，廣州地方長官對此三者均負有責任並參與其事。所謂「舶腳」，即徵收關稅，這種關稅又稱「下碇稅」，「蕃舶之至舶步，有下碇之稅。」[80]

玄宗開元二年(714)十二月「時右威衛中郎將周慶立為安南市舶使，與波斯僧廣造奇巧，將以進內。監選使、殿中侍御史柳澤上書諫，上嘉納之。」[81]出現了專門替皇室進獻珍寶的市舶使，稱為市舶「使」，表示不是常任官，而只是一時的差遣。唐代海外貿易繁盛的港口主要有安南、廣州、泉州、揚州等，以廣州、安南最為繁盛、重要。魏晉以來即常將海上貿易兩大中心「交、廣」連稱，唐代仍然如此。唐代市舶使即是派往安南和廣州的，尤以廣州為主。而揚州、泉州均不見派遣。[82]市舶使初置時，屬臨時差遣，曾短暫地以地方豪酋(周慶立)充當，開元十年(722)內府局丞韋光閏充市舶使，在廣州舊王館基礎上創置市舶使院，市舶使有了固定的辦公場所，開始長期設置，並且一直由皇帝直接選派宦官充使。此現象顯示唐朝對市舶互市的態度，注重於市易、管理宮廷所需海外珍寶等皇室之需求。[83]韋光閏「進嶺南王館市舶使院圖表」[84]一文：「伏以承前雖有命使之名，而

---

78. 黎虎，〈唐代的市舶使與市舶管理〉，頁30。
79. 〔宋〕歐陽修等撰，《新唐書》，卷222下，〈南蠻傳下〉。
80. 黎虎，〈唐代的市舶使與市舶管理〉，頁31。
81. 〔後晉〕劉昫等撰，《舊唐書》，卷8，〈玄宗本紀・開元二年〉。
82. 黎虎，〈唐代的市舶使與市舶管理〉，頁23-26。
83. 黃樓，〈《進嶺南王館市舶使院圖表》撰者及制作年代考——兼論唐代市舶使職掌及其演變等相關問題〉，《中山大學學報(社會科學版)》，2009年期2，頁107、104。
84. 據黃樓，〈《進嶺南王館市舶使院圖表》撰者及制作年代考——兼論唐代市舶使職掌及其演變等相關問題〉一文研究，由韋光閏神道碑及墓志等史志資料可知，奏表為開元中後期市舶使宦官韋光閏所撰。

無責成之實，但拱手監臨大略而已，素無簿書，不恒其所。自臣親承
聖旨，革前弊，御府珍貢，歸臣有司，則郡國之外，職臣所理。」從表
文可知在其之前市舶使一無固定之辦公場所，二無有關之文書檔案資
料，反映了市舶使為臨時差遣之特點，未有常設機構。市舶使院建造
後，市舶使始有固定的辦公地點，同時也就有了相關的文書資料。[85]
市舶使「奉宣皇化，臨而存之」，除供進備物之外，並任蕃商列肆而
市，意即首先將珍寶統一存放在市舶使院中，除去要收買的進奉之物
後，餘下商品再任蕃商自由市賣。皇宮優先市易蕃貨的做法，在初唐
時已是如此。[86]市舶使僅負責收市進貢部分的市舶事務，對民間貿易則
沒有涉足，全面負責市舶事務的是兼帶押蕃舶使之銜的嶺南節度使。
市舶使和押蕃舶使都與市舶有關，一個專門負責收市宮廷所需珠玉珍
寶，一個押領廣州華夷市舶事務，二者在職權上有著較為明確的分
工。唐代市舶使例由宦官充使，宦官居內為皇帝家奴，出外則代表皇
權，因此在進奉事務上，市舶使對嶺南節度使又存有監察之權，這是
兩使的重要區別之一。唐代市舶使主要負責市買、管理宮廷所需海外
珍寶，沒有徵稅、禁榷等職掌，亦非華夷市舶事務的主體，宋代市舶
使司征榷之職應溯源於嶺南節度使，與唐代市舶使沒有直接關係。[87]

　　節度使兼押蕃舶使，是以押蕃舶使身分，而不是以市舶使身分管
理市舶事宜的，外貿只是其職權範圍之一，押蕃舶使的職權比市舶使
廣泛得多，是全面負責邊境的外交與外貿職責的。[88]

　　另外，隨著海路市舶互市的發達，外商經常停留於互市海港，於
是互市海港出現外商居住區亦屬自然，此即蕃坊。蕃坊是古代外來僑

85.　黎虎，〈唐代的市舶使與市舶管理〉，頁28。黎虎認為「進嶺南王館市舶使院圖
　　　表」為王虔休(737-799，唐德宗時任潞州長史、昭義軍節度使、澤潞磁邢觀察使等
　　　官職)所上。

86.　黃樓，〈《進嶺南王館市舶使院圖表》撰者及制作年代考──兼論唐代市舶使職掌
　　　及其演變等相關問題〉，頁104。

87.　黃樓，〈《進嶺南王館市舶使院圖表》撰者及制作年代考──兼論唐代市舶使職掌
　　　及其演變等相關問題〉，頁106-107。

88.　黎虎，〈唐代的市舶使與市舶管理〉，頁34。

民在華的聚集區和居留地，主要分布在沿海重要外貿口岸，如廣州、泉州等地。蕃坊的發展，始於唐代，盛於宋、元，至明清以後漸趨衰落，近代則以租界取代之。[89]廣州、泉州等地的蕃坊居住的大多是經由南洋前來中國貿易的阿拉伯人和波斯人。[90]蕃坊是外商在唐的居留地，主要為照顧外僑的生活風俗習慣和商業上的便利而設。在總體上，唐朝政府對蕃坊擁有完整的主權，而在具體事務中，外國僑民在自己的首領「蕃長」領導下，在蕃坊內有一定的外僑自治權。唐朝對蕃坊的主權，主要表現在法律制度上，如前述的《唐律》「化外人相犯」條之規定。[91]因大食等伊斯蘭教徒的風俗、文化與中國不同，在《唐律》的規範下，蕃長可行使職權，做出同屬伊斯蘭化外人之間的判決。通常蕃長的判決不會引起大食商人的任何異議，因為他的判決是合乎真主經典，是符合伊斯蘭法度的。對唐朝在法律上尊重民族習慣的政策，蘇萊曼(Sulaymān，唐大中五年〔851〕來中國旅行的大食商人)讚揚道：「故伊拉克(大食)商人來此方者，皆頌聲載道也。」[92]

　　而隨著蕃坊的發展，越來越多的外國人長期定居，唐朝政府又制定了遺產繼承法，如唐大和八年(834)八月二十三日敕節文：「死波斯及諸蕃人資財貨物等，伏請依諸商客例，如有父母、嫡妻、男女、親女、親兄弟元相隨，並請給還。如無上件至親，所有錢物等並請官收，更不牒本貫追勘親族。」[93]可知，基本上依照「諸商客例」，由伴隨的親人承繼，如無伴隨親人，則沒收入官，不再追查、交還給其本籍親族。當時一般規定：「海商死者，官管其貨，滿三月，無妻子詣府，則沒入。」唐末嶺南節度使孔戣(753-825)「以海道歲一往復，苟

89. 范邦瑾，〈唐代蕃坊考略〉，《歷史研究》，1990年期4，頁149。
90. 參見賈賀敏，〈試論唐代的蕃客及蕃坊的建立〉，《黑龍江史志》，2011年期19。
91. 范邦瑾，〈唐代蕃坊考略〉，頁151。
92. 穆根來等譯，《中國印度見聞錄》(北京：中華書局，1983)，頁7。
93. 〔宋〕竇儀等編，薛梅卿點校，《宋刑統》(北京：法律出版社，1999)，卷12，頁224。

有驗者不為限，悉推與。」[94]亦即該亡故外商如在本國有親族，無論遠近，均應交給遺產。

這些法律的制定，不僅維護了唐朝的主權和利益，也有效地保證了蕃坊內部的治安和外僑個人的正當權益。唐朝政府對外僑的法律還有一個特點，即在不損害國家主權的前提下，盡可能給予他們自治權。在行政管理上，唐朝對蕃坊的內部事務一般不直接插手，主要是由地方官員通過蕃長來管理，實行僑民自治原則。唐代直接與蕃長有聯繫的地方官主要有節度使、經略使、採訪使和市舶使等。[95]

除了市舶貿易最為興盛的廣州之外，唐、新羅、日本三國也在山東、江浙一帶的沿海港口進行互市，主要在唐朝淄青平盧節度使、新羅清海鎮和日本大宰府三地地方官監管下，進行官民市舶貿易。[96]如登州、密州、楚州、揚州、海州、泗州都是唐代對新羅、日本的交通口岸，新羅人在此往來居住甚多，從而形成新羅僑民聚居的街區，如新羅坊。[97]唐朝地方政府也通過新羅坊的「總管」或「坊長」來管理新羅人居住地，新羅坊內雖有自治權，卻是在唐朝地方官署的嚴格統制下，僅局限於坊(村)內部事務處理範圍內的許可權。[98]

由此可見，蕃坊、新羅坊等外人居留地，皆是在唐朝地方官掌控下，通過坊中的外人、外商首領來行使唐朝法律秩序下的外人居留地之行政自治或法律論斷。

與經由陸路出入中國的外商、外人一樣，從海路來的外商、外人，如果要進入中國內地，也必須取得節度使及市舶使的通行證明

---

94. 〔宋〕歐陽修等撰，《新唐書》，卷163，〈孔戣傳〉。

95. 范邦瑾，〈唐代蕃坊考略〉，頁151。

96. 關於8世紀至9世紀唐、新羅、日本三國商人形成的東亞貿易圈，參考車垠和，〈8-9世紀唐羅日地方涉外權力的增強與東亞貿易圈的形成〉(濟南：山東大學歷史學博士論文，2009)。

97. 〔日〕圓仁，《入唐求法巡禮行記》，卷4。

98. 朴文一，〈試談在唐新羅坊的特點及其性質〉，《延邊大學學報(社會科學版)》，2000年期3，頁83。

書(=公驗、過所)。[99]如來華的日本僧人最澄(767-822)於貞元二十一年
(805)向台州官廳申請由台州前往明州的公驗、圓珍(814-891)於大中九
年(855)從越州前往兩京時,也向越州都督府申請過所等等。[100]

　　總之,無論是都城互市還是陸路互市、市舶互市,唐朝和邊境諸
國(族)在進行互市時,均有若干基本原則,不是無限制地聽任人們自
由經商,對於交換的商品種類、貿易時間和貿易場地等都分別作出明
文規定,朝廷且設有專門機構管理互市事宜;[101]在陸路邊境、海路口
岸則由節度使等地方官負責管理,如中外商人要出入內地與邊境,亦
須由節度使等地方官發給過所等通行證;在商人的管理上,如利用牙
人徵稅、管理交易秩序,利用商人首領(蕃坊中的蕃長、新羅坊中的總
管或坊長)管理商人等等,都是唐朝互市的特色,在在顯示出唐朝對於
互市秩序的掌控,能以此長期羈縻周邊諸國(族)以及外來商人。

四、結語

　　本文敘述了唐朝在涉外法律、互市貿易中對於外商的規範與具體
管理措施,在結語中,筆者試圖從上述事例來探討唐朝的華夷名分秩
序。

　　唐朝在中國歷史的長河之中具有承先啟後的地位,其典章制度既
沿革秦、漢以來的固有建制,又依據本朝的內外現實局勢需要而加以
創新,也為後世歷代中華政權留下眾多的遺產。

　　在法律上,《唐律》繼承了秦、漢以來中華法系的特色,以
「禮」(名分)制「法」,由於外人來華經商、居留者眾多,《唐律》
又依據實際需要制定了「化外人」法律專有名詞,貼切地包容了當時

---

99. 黎虎,〈唐代的市舶使與市舶管理〉,頁35。
100. 程喜霖,〈唐代過所與胡漢商人貿易〉,頁100。
101. 張澤咸,《唐代工商業》,頁445。都城、陸路互市時間大致是每年一次,不過對
　　於時間和貨物數量的限制,實際上很難認真執行,參見張澤咸,《唐代工商業》,
　　頁445-446。

出身、來源多元的外來人群。如前所述,「化外人」的名詞為後世的宋、明、清各朝所繼承,亦即在中華法系獨擅勝場於中國及周邊區域的時代,「化外人」一詞一直是中國法律的專有名詞。若以今日的語彙來解釋「化外人」,其定義應該至少有三種,其一是外國人,其二是中國版圖內的少數民族(如今日具有中國國籍、卻仍卻保有自己的文化、宗教信仰的維吾爾人、哈薩克人等等),其三是歸化中國籍的外國或外族人,卻仍保有自己的文化、宗教信仰者。此三類人的共同特色是,在中國居留或定居的、尚未「華化」之人,而無論其「國籍」是否為中國。今日以西方民族國家概念為基礎而建構起來的現代法學,原本就難以理解中華帝國多元、多民族的國家社會體制,若要以現代法學語彙創造出一個詞,來指稱「化外人」所包含的眾多涵義,應該是十分困難的。但由於中國至今仍是一個由多元、多民族所組成的國家,因此現代西方政治、法律制度無法完全取代中華法系,這也是今日仍須研究中華法系的現實所在。

筆者以為「化外人」不僅體現了中華從古迄今尊重文化殊異(華夷之分),卻又善待外人、一視同仁(華夷一家)的對外關係準則,表現出了華夷名分秩序,還是今日中國少數民族政策及其治理的參照原則。

在中外互市上,中國固有互市制度大致有以下幾個特色:必須約定固定的市場,於一定期限中,在官方的監管下交易,互市有官市、民市之分,地方上的互市事務由該當地區的地方官管理等等。互市雖是中國古來的涉外貿易制度,但由於唐代國力強盛、工商業發達,加上對外開放的態度,吸引許多外商前來貿易,使得唐代外商的多元性與絡繹不絕卻是遠超前代,為因應實際需要而對於中國固有互市制度加以沿革、創新也是勢所必至。因此除了繼承上述互市制度之外,唐朝承繼隋朝,於邊境互市市場上設置了互市監的專門官吏;唐朝規定頻繁穿梭於中國的外商必須和中國行商一樣適用唐朝的公驗、過所通行制度,並一體課稅;唐朝對於長期定居於互市港口的外商,允許他

們於港口居留，並考量到華夷文化、風俗、信仰不同，而劃出蕃坊、新羅坊等外人居留地，通過地方官任命蕃長或總管，在《唐律》規範下給予外人一定的自治權和審判權，藉以管理外人居留地。由此可知，唐朝以中華文化區分了化(華)內、化(華)外(=華夷之分)，卻又尊重化(華)外人的文化、風俗與信仰，在中國禮法的範圍中給予化(華)外人行政、審判上的自治權，此舉符合前言中提到商鞅定分的「名分定，則大軸貞信，民皆願愨，而各自治也」之名分原理。而在無關文化、風俗與信仰的領域，則必須依照中國行政與法律的規定，一體適用公驗和過所通行制度、一體課稅。因此，在涉外貿易上，唐朝對於外商的態度仍然符合尊重文化殊異(華夷之分)，卻又善待外人、一視同仁(華夷一家)的華夷名分秩序。

而唐代的公驗制度、互市專官、外人居留地等制度也為宋、元、清等歷朝所沿革，說明在中國歷史中，唐代互市的制度及其華夷名分秩序也是承先啟後的。

雖然由於安史之亂、胡人跋扈於中原的現象，導致唐代中葉以後某些士人對於唐中葉以前華夷一家的對外開放態度有所保留，而加深了華夷之間的隔閡。但即使到了唐末，唐朝的士大夫仍然堅信著以中華文化區分化(華)內、化(華)外的固有「華夷之分」理念：

> 四夷之民長有重譯而至，慕中華之仁義忠信，雖身出異域，能馳心於華，吾不謂之夷矣。中國之民長有倔強王化，忘棄仁義忠信，雖身出於華，反竄心於夷，吾不謂之華矣。[102]

亦即「夷」若擁有中華的禮義道德，則是「華」，而無須提及其出身、血緣。

或許中唐以後，因為國力衰微以致於某些律令無法切實執行，但

102.〔清〕董誥等編，《全唐文》，卷821，〈程晏・內夷檄〉。

《唐律》並未更改，基本的涉外互市制度也少有變動，顯示唐朝作為中華帝國依然堅持著華夷名分秩序，這是中華帝國立國的原理與正統所在，一旦拋棄則不能稱為中華。

從隋唐到宋元時期的胡漢互動兼及名分問題

張廣達

國立政治大學歷史學系講座教授

前言

　　19世紀40年代初，陳寅恪先生相繼刊出《隋唐制度淵源略論稿》(完稿年分為1940年)和《唐代政治史述論稿》(作序於1942年)兩部名著。在兩部書中，陳先生一再強調，「種族」與「文化」兩個問題乃「研究李唐一代史事關鍵之所在」，兩書也緊扣著「漢化」、「胡化」兩個主旨而展開論述。陳先生表達的意見非常明確，李唐繼承的是西魏、北周以及隋朝的世業，初唐統治階級的變遷升降，也就是宇文泰以「關中本位政策」鳩合起來的「關隴集團」的興衰及其分化過程。七十多年來，陳先生的這一論述一直引導著唐史學界人士的思考，雖然中外學界對於陳先生的「關中本位」說和「關隴集團」說的一些具體表述不乏異議。七十多年後的今天，繼陳寅恪先生二書，我們非常喜悅地讀到了啟發我們進一步認真思考的著作，這就是許倬雲先生和葛兆光先生接連刊出的論述華夏概念的一系列新著。特別是倬雲先生的最新著作《華夏論述：一個複雜共同體的變化》，[1]運用系統論的方法分析歷史現象，從政治、經濟、社會、文化四方面，論證了華夏共同體是一個以「人」為中心的複合體系，對華夏這一多元文化的通體建構做了條理分明的闡述。書後附有葛兆光先生對本書的《解

1.　許倬雲，《華夏論述：一個複雜共同體的變化》(臺北：遠見天下文化，2015)。

說》，葛先生幫助我們通過歷史記憶，理解「華夏」的形成與流變的繁複過程。在許、葛兩位先生的精審論述的啟示下，本文試圖僅就由唐入宋階段南北多族群政權互動下的政治秩序及其統治者的身分演變略述淺見，作為國立政治大學人文中心主持的五年「現代中國的形塑」研究計畫課題的子目「唐宋變革」的報告之一。

　　在華夏／中國的分分合合的歷史上，居住在不同地區的族群，因應生態環境的區域性差異，各自形成各自的生活方式，分別在適當時機發揮作用，作出各自的正面貢獻。聚集於中原農耕地區和內陸綠洲地區的族群建立王朝較早，分布於草原、以遊牧為主或從事半牧半農的北方族群或建國稍晚，或建國不晚但見於記載稍遲。起家於朔漠、松漠、西域的遊牧族群或半耕半牧族群，先由各級酋帥經過激烈乃至殘酷競爭統合內部，建成部落聯盟(ethnic confederation)，再經過兼併鄰部和對外擴張，建立多族群草原遊牧帝國(multi-ethnic nomad / steppe empire)。與農耕定居社會的編戶齊民相比，遊牧族群的放牧畜群、追逐水草的生活方式，使之嫻熟於騎射，尚武習戰，展現著更充沛的活力。在人類使用冷武器時代，相繼馳騁於草原的遊牧帝國之向外擴張，所藉助的正是富於機動性能的騎卒勁旅。它們進取的主要方向有二：一是沿草原路線和綠洲路線西進，啟動內陸亞洲民族的連鎖性遷徙，帶動相關地區的歷史演進和文化交流；一是南下，特別是侵襲陰山山脈以南、西起「河曲」、東到遼河流域的農牧接壤地區，促進漠北漠南的多族群互動與歷史發展。在這一東西、南北互動過程中，軍事拮抗和政治交涉並沒有長期遮斷相互的經濟往來和文化交流，實際上，正是在農牧接壤地區起家、成長壯大的南北諸多政權的多種方式的互動，促進了族群渾融和多元文化混同體(a multicultural conglomerate)發育成型。

　　華夏／中國歷史上的例證之一是五胡十六國(304-439)和魏晉南北朝(220-589)時期的族群對抗與融合。誠然，這一時期的族群對抗造成

政局的分崩離析,一些地區備遭蹂躪,但也正是由於「五胡亂華」,
促使匈奴、鮮卑、羯、氐、羌等無數族群從血緣到經濟生活方式、從
習俗到文化無不由於混雜而交互影響,消融著胡漢之間以及胡族內部
彼此之間的生態隔閡。與此同時,在長達三百年的混亂擾攘中,中原
地區的世族門第社會孕育著山東與關中的「郡姓」、南下中原的北
方胡族部落大人構成的貴族集團孕育著代北的「虜姓」。所謂「虜
姓」,指的是495年隨魏孝文帝從平城遷到洛陽的鮮卑貴族集團,計
「有八氏十姓,三十六族九十二姓」。「八氏十姓,出於帝宗屬,或
諸國從魏者;三十六族九十二姓,世為部落大人。」所有這些「虜
姓」中的氏姓和族姓,從移居洛陽之後,在華夏/中國歷史上同樣
「並號河南洛陽人。」[2]其後不到30年,北魏孝明帝正光五年(524),外
禦柔然、內制高車與山胡的邊防戍卒——六鎮鎮民——因種種不滿的
積累而聚眾暴亂,導致沃野鎮的破六韓拔陵、柔玄鎮的杜洛周、懷朔
鎮的鮮于修禮及葛榮、北秀容的酋豪爾朱榮相繼反叛,揭開魏分東西
和北齊、北周相繼登場的序幕。這一華夷互動過程以隋之篡周(581)滅
陳(589)而告一段落,天下重歸一統。

　　殷實的隋朝(581-617)、輝煌的唐朝(618-907)相繼登場,兩者因為
先後揭開中國歷史上一個氣象恢弘、文化昌盛的時代而經常被相提並
論。史學研究的進展使人們越來越清楚地看到,楊隋和李唐兩朝開基
建業者不僅在族群上同源,兩者的上代出身於代北集團,近世祖、父
輩出自北周八柱國;即便在典章文物制度方面,兩者對前代的因襲也
同出一轍。這令人聯想,隋唐時期當政的菁英人物身上是否融匯著前
一時期(北魏北齊、江左梁陳、西魏北周)諸多族群的文化基因。顯而
易見,大唐帝國的創業規模已然與宇文周朝不可同日而語,唐代前期

2.　以上引文,併見〔宋〕歐陽修等撰,《新唐書》(北京:中華書局,1975),卷199,
〈列傳一百二十四〉,頁5678。參見姚薇元,《北朝胡姓考》,修訂本(武漢:武漢
大學出版社,2013)。此修訂本計收《魏書·官氏志》內外諸胡姓一百九十三姓。

統治者的開闊視野和政治舉措已經超脫關中本位的侷限。多元因素的匯聚與折衷(eclecticism)造就了大唐帝國在經濟和文化上空前的繁榮，展現了「華夷一統」、「寰宇一家」的恢弘氣象(cosmopolitanism)。[3] 唐代是靠完備的律令體系、健全的官制、繁榮的經濟、發達的文化贏得內外交口贊譽、激發了鄰邦效法的意願。唐代長安的建制與規模，至今令人讚歎，唐代長安的絢麗可以說是這個多族群帝國的縮影。

就唐朝前期而言，亦即就其開國(618)到安史之亂(755-763)之前的140年而言，唐廷建立了名符其實的華夷一統秩序。安史之亂是唐代史上的一個轉捩點。經此大亂，大唐王朝由盛轉衰。中央政權越來越無法整治地方強藩的僭越勢力，根本沒有實力扼制異族割據傾向，唐廷從強盛的巔峰繼承下來的正統名分，日益乖離其實質。李唐被內外尊為共主的時代漸次結束，由於頻頻面臨諸多災難，中央不得不時時乞求強藩與異族的支助。到了晚唐，在大唐帝國境內蜂起林立的地方割據勢力，特別是在農牧接壤地區興起的契丹、沙陀、党項等諸多族群，已經具備了建國意識，只是等待適當時機宣告各自皇朝的建立。907年，契丹與朱溫同年分別建國，殆非偶然。

經過五代十國(907-960)、下迄遼、宋、金、元，中原政局迥然有別於六世紀末到八世紀中期的大唐帝國時代。1005年初，大契丹／遼(907-1125)與北宋(960-1127)締結了澶淵誓約，共同建構了史無前例的國與國的對等關係，並且由於雙方實力相當，得以將這種對等關係維持百年有餘。1127年，金劫徽、欽二帝及后妃三千人北上，史稱靖康之難，南宋(1127-1279)與金(1115-1234)時戰時和的關係又與北宋與遼的相對平和的關係不同。而後是南宋受制於異族政權大元(1260-1368)。簡言之，從907年契丹與後梁同時立國起，到1276年(是年年初，宋朝末代太皇太后向忽必烈交出國璽)和1279年(是年，南宋末代

3.　D. Twitchett and A. F. Wright (杜希德、芮沃壽)合編, *Perspectives on the Tang*, (《展望唐代》) (New Haven: Yale University Press, 1973)，導言，頁1。

小皇帝夭折)大元皇朝統一天下，華夏／中國經歷了275年的列國制時期。處在多國併立體系中的幾個當政皇朝，皆視各自實力的消長而在彼此之間不斷切換著主從地位。正是在這一時期，列國體系促進了一系列制度的形成，同時併立的皇朝通過反復折衝以確定彼此的名分、而後按各自的名分締結種種「誓約」，遣使往來，交換誓書、國信、劃定雙方交界區域、強制對方歲輸銀絹等貢賦。主從地位的交替既直接影響著各自國家的政治秩序，也影響著不同地區不同狀態下的人們的名分意識。

一、北朝以來的漢化胡族後裔
——陳寅恪劉盼遂師生的研究

隋、唐兩朝的統治者，系出鮮卑的拓跋氏，但皆在不同程度上自託於漢族。對這一點，為司馬光(1019-1086)的《資治通鑑》做音注的胡三省(1230-1302)早有敏銳的觀察，他說：「嗚呼！自隋以後，名稱揚於時者，代北之子孫十居八九矣。」[4]

關於這一點，陳寅恪(1890-1969)先生的高足劉盼遂(1896-1966)先生也有同樣的覺察，他寫道：「李唐蕃姓之說，唐人蓋深知之。然率自為尊者諱莫如深，如終唐之世率無人訟言攻之。至宋代始有敢論其事者，如光、寧間松陽項安世即其人也。」參見劉盼遂先生所引用的《永樂大典》采輯本項安世(1129-1208)《項氏家說》卷八〈說事篇〉〈王氏李氏〉條：

> 柳芳《唐曆》言：「王珪曾祖神念在魏為烏桓氏，仕梁為將。祖梁太尉王僧辯遂為王氏。至珪始為儒。」按，此則《文中子》謂其上世世皆有著述者，妄也。又，《唐曆》高祖卷首

---

4. 〔宋〕司馬光，《資治通鑑》(北京：中華書局，1956)，卷108，〈晉紀三十‧烈宗孝武皇帝下〉，頁3429。

言：「唐之祖為後魏金門鎮將，鎮武州(當作武川)，遂為武州(當作武川)人。至虎為西魏柱國，賜姓太野氏。隋文帝作相時，始復本姓，為隴西李氏。」則唐之本系蓋可知矣。按《姓氏書》載，虎之兄曰起頭，弟曰乞豆。起頭之子曰達摩。其名皆與太野相稱。《唐六典》宗正寺猶有定州刺史乞頭一房，則其祖涼武昭王，是亦珪之祖王僧辯也。史臣於珪直書本姓，於唐則先曰賜姓，後曰復姓，蓋微而顯云。[5]

關於隋朝建立者楊堅，鐵函《心史》的作者鄭思肖(1241-1318)於宋末元初寫道：「普六茹堅，小字那羅延，僭稱隋，普六茹譯姓曰楊，奪偽周宇文闡之土，而並僭陳之天下，本夷狄也。」[6]

至於李唐系出夷狄，今天已為人所熟知，顯然，這是由於陳寅恪先生闡發的緣故。陳先生引用朱熹的話已經成為人們的常識：「唐源流出於夷狄，故閨門失禮之事不以為異。」[7]

關於李唐的氏族認同問題，在上個世紀30年代初，陳寅恪、劉盼遂師徒接連發表文章，力主「李唐為蕃姓」之說。陳先生從1932年起，三次為文加以討論，三文分別見於《中央研究院歷史語言研究所集刊》第三本第一分(〈李唐氏族之推測〉)、第三本第四分(〈李唐氏族之推測後記〉)、第五本第二分(〈三論李唐氏族問題〉)，[8]三文發表的時間遠在陳先生1942年發表其名作《唐代政治史述論稿》之前。劉盼遂先生比老師略早，於1930年在《女師大學術季刊》上刊出《李唐為蕃姓考》、《李唐為蕃姓續考》二文， 1934年再發《李唐為蕃姓

5. 轟石樵輯校，《劉盼遂文集》(北京：北京師範大學出版社，2002)，頁658-659。
6. 鄭思肖，〈古今正統大論〉，轉引自饒宗頤，《國史上之正統論》，參見饒宗頤，《饒宗頤二十世紀學術文集》(臺北：新文豐出版公司，2003)，卷6之1，頁163。
7. 〔宋〕黎靖德編，《朱子語類》，卷136，〈歷代三〉，參見陳寅恪，《唐代政治史述論稿》(臺北：臺灣商務印書館，1994)，頁1。
8. 〈李唐氏族之推測〉、〈李唐氏族之推測後記〉、〈三論李唐氏族問題〉三文，分別再刊於陳寅恪，《金明館叢稿二編》(臺北：里仁書局，1981)，頁281-294、295-303、304-309。

三考》。三文根據老師提示的唐代釋彥悰《唐護法沙門法琳別傳》記載，外加個人搜集的新舊《唐書》、《資治通鑑》、《酉陽雜俎》、《太平廣記》等眾多文獻中的有關史料，前後列舉了17條立論的依據，證成「李唐為蕃姓」之說。[9]今天再讀陳、劉師徒二人於1930-1934五年之內反復討論這一問題的文章，不得不為他們所下的堅實的史料功夫擊節稱歎。寅恪先生看到唐太宗本人所具有的北方民族血緣、北方民族文化背景，不免感歎「太宗雖為中國人，亦同時為突厥人矣。」[10]與陳寅恪、劉盼遂師徒同時，王桐齡(1878-1953)先生也曾考證這一問題。下面略舉陳、劉師徒引證材料的若干條，略窺所引用的依據之一斑。

其一、文獻中保留「國語」一詞，此「國語」當指胡語，即鮮卑語，例如，稱父親為「哥哥」。案，後魏初定中原，軍容號令，皆本國語。後染華俗，多不能通，故錄其本言，相傳教習，謂之國語。《隋書》卷三十二《經籍志》中提到的《國語孝經》、《國語物名》、《國語雜物名》皆指鮮卑語。

其二、容貌方面，唐劉餗《隋唐嘉話》稱，單雄信曾呼李世民之弟李元吉為「胡兒」，李元吉小字亦叫三胡；《舊唐書》也說，李淵曾孫滕王李涉「狀貌類胡」。

其三、按《新唐書‧宗室世系表》、《宋書‧柳元景傳》等記載，唐代宗室有人有北族名字。李氏在北魏時的先祖叫李初古拔。[11]李淵的祖父李虎有個兄長名叫「起頭」，有個弟弟名叫「乞豆」，「起

9. 諸文收在轟石樵輯校，《劉盼遂文集》，頁645-664。北京師範大學轟石樵教授花了二十餘年心血，整理出版了《劉盼遂文集》。該文集搜羅到的文章涵蓋了劉盼遂先生一生最重要的文字，展示了他遍徵古代文獻，出入語言文字與文學、歷史諸多領域的研究成果。

10. 陳寅恪，〈論唐高祖稱臣於突厥事〉，《寒柳堂集》(上海：上海古籍出版社，1980)，頁108。

11. 參見〔元〕脫脫等撰，《宋書》，〈柳元景傳〉；〔北齊〕魏收，《魏書》，〈薛安都傳〉。

頭」的兒子名叫「達摩」。唐高宗幼名叫雉奴。

　　其四、有些皇室成員保留濃厚的北方遊牧民習俗。最典型的例證是643年被廢為庶人的太子承乾(618-645，恒山潛王)，承乾平日愛好突厥人的生活方式，想跟從阿史那(李)思摩到草原上建立部落，[12]做個酋長。在這方面，加拿大學者陳三平(Sanping Chen)先生的研究做了補充，唐廷賜給好多蕃族人以李姓，並編之入屬籍；更嫁出好多公主給草原遊牧部落的汗和酋長。

　　其五、李氏皇族中出現收繼婚(levirate marriage)等在朱熹看來閨門失禮之事。李世民殺死弟弟元吉後納其妃楊氏為妃，兒子李治以太宗才人武則天為昭儀、為皇后，這與鮮卑、突厥諸族的習俗相合。

　　其六、唐太宗本人並不堅持李唐一定「出自柱下(老聃)、起自隴西」的說法。唐釋彥琮撰《唐護法沙門法琳別傳》卷下記載，釋法琳直陳李唐既非出自柱下(老聃)、也非起自隴西。唐太宗親臨現場審問法琳，法琳當面直陳：「琳聞，拓跋達闍(dache)，唐言李氏，陛下之李，斯即其苗，非柱下、隴西之流也。」[13]太宗聞言大怒，橫眉立目，但在憲司呈上審訊法琳記錄和法琳陳辭，太宗閱後，再次召見法琳，經過交談，釋放了法琳。憲司堅持法琳罪當大辟，太宗坦承：「法琳雖毀朕祖宗，非無典據，特可赦其極犯。」[14]

　　實際上，唐代的族群認同是一個異常複雜的課題。近年來，美國學者班茂森(Marc S. Abramson)刊出《唐代中國的族群認同》[15]一書，對「中國語境中的族群」(Ethnicity in the Chinese context)做了全面探

---

12. 李思摩(583-647)是較早歸順太宗的突厥部落首領，其墓於1992年在陝西禮泉縣昭陵鄉莊河村西北的阿史那思摩墓穴中被發現，誌文可補歷史文獻之闕。參見尚民傑，〈唐李承乾碑文相關問題探討〉，收入杜文玉主編，《唐史論叢》(西安：陝西師範大學出版社，2013)，輯15。
13. 大正新修，《大藏經》，卷50，No.2051，頁210，a15-16行。
14. 大正新修，《大藏經》，卷50，No.2051，頁211，c19-20行。
15. Marc S. Abramson, *Ethnic Identity in Tang China* (Philadelphia, PA: University of Pennsylvania Press, 2008).

討。這是西方在這一領域首開風氣的著作。唐代存在將近三百年，這個龐大帝國由多族群構成，因而常被人們認為，這是在中國的過去歷史上最具有普世性、環宇性(cosmopolitanism)的體制之一，因而胡化、漢化、華夷、內外、核心與邊緣等分析範疇被班氏時時運用於分析這一時期的諸多族群的演變。班茂森主要依據漢文史籍、政書、宗教文獻、出土文物等描繪了唐代這個多族群複合體，從世系、體貌特徵、姻親關係、習俗、文化等多元視角出發，深入探討唐帝國時期的蕃胡在族群認同、族群概念上起作用的種種因素，揭示族群認同的複雜性和變異性。在唐代，從儒家菁英士子、釋教僧團到蕃兵蕃將等諸多群體，出於各種原因和理由，無不盡力為各自的族群劃定界域(ethnic boundaries)，但是，在對有些「非漢族」的族群認同上，史文記載往往又不得不用些模稜兩可、曖昧的話語或語義含混不明的詞彙加以描述(班書第二章的標題即作「非漢族的身分含糊性」)，藉以擺脫說不清道不明真相的窘境。與此同時，唐廷極力吸收一些外來移民，招徠有特殊技巧的人群，既要讓他們保持其族群的明確性，又無礙於煌煌帝國的大一統。班茂森的著作指出，在給華夏／中國人下定義上，唐代標志著一個關鍵性的切換(The Tang era marked a key shift in definitions of China and the Chinese people)。這一點值得人們注意，唐代各族人群既保有本族群意識，又跳脫各自的本族群意識而泛泛以唐人自居，大概始自中唐以後。

　　對唐代的族群認同這一問題，加拿大學者陳三平做了進一步的認真研究。[16]三平先生認為，若要為引導中國近代以前文化臻於鼎盛的李唐皇室確定其族群屬性(ethnic identity)，那麼，李唐皇室很大程度上源出於夷狄(barbaric)，三平先生這一見解與以上已經舉出過的胡三

---

16. Sanping Chen, *Multicultural China in the Early Middle Ages* (Philadelphia: University of Pennsylvania Press, 2012).詳見此書的第1章，"The Legacy of the Tuoba Xianbei: The Tang Dynasty," (〈拓跋鮮卑的遺產──唐朝〉)，pp. 4-38.

省等人的見解一致。三平先生的論文題目明確標出，唐代是鮮卑拓跋氏留下的一筆遺產(legacy)。在唐前期，即在755年唐玄宗退位之前的一個半世紀，唐朝更適合於被稱為一個「鮮卑—華夏體制」(a Särbo-Chinese regime)。[17]現在看來，北周的宇文氏、建立隋唐兩朝的楊氏、李氏均出身於北魏六鎮的武川鎮集團，[18]與北魏時期屢屢被稱為「代人」的胡族有關。經過諸多學者如此辛勤認真的論證，看來不僅李唐源於胡族之說今天可以定論，而且，採用「鮮卑—華夏體制」一詞形容隋與初唐的政治沿革，可能比使用「關隴集團」一詞更為妥貼。

從倬雲先生的新著《華夏論述：一個複雜共同體的變化》提供給我們的啟示著眼，五胡十六國(304-439)和魏晉南北朝(220-589)的諸多族群經歷長達三百餘年的對抗與融合是華夏共同體發育過程的一個階段，而今輪到了楊隋、李唐的子孫登上政治舞臺，與以武力逞強的突厥、薛延陀、鐵勒、回紇等諸多北方部族交手，應是這一複雜共同體發育過程中的又一回合。

二、隋唐前期的胡漢互動

西元524年，六鎮叛亂導致北魏政權的分裂。552年，突厥崛起，不僅威服塞外諸部，而且凌駕東魏、北齊與西魏、北周。人們熟知，突厥的佗鉢可汗「控弦數十萬，中國憚之，北周、北齊爭結姻好，傾府藏以事之。」佗鉢益驕，「每謂其下曰：『我在南兩兒常孝順，何患貧也！』」[19]在這裡，人們看到，鮮卑後裔的「北周、北齊向突厥爭結姻好，傾府藏以事之」的「厚利和親，以約結之」的實例。就西魏、北周而言，宇文泰當政，曾將長樂公主嫁予土門可汗，朝廷歲出繒絮錦綵達十萬疋，給予突厥。實質上，這是在中原地區建政的鮮

---

17. Sanping Chen, *Multicultural China in the Early Middle Ages*, p. 24.
18. 吉岡真，〈北朝‧隋唐支配層の推移〉，《岩波講座 世界歷史》，卷9，《中華の分裂と再生——3-13世紀》(東京：岩波書店，1997)，頁255-286。
19. 〔唐〕魏徵等撰，《隋書》，卷84，《北狄傳》，「突厥」條，頁1865。

卑後裔向突厥的納貢，也可以說是楊聯陞先生所謂的「反向朝貢」
(tribute in reverse)。[20]

　　到了隋朝，文帝581年即位，面臨與強鄰突厥交手的形勢。但文
帝頗有運氣，他正碰上突厥內部因為沙缽略等五汗互爭大汗位而導致
583年突厥分裂為東、西汗國。史載，文帝本來與沙缽略互稱翁婿，互
稱天子，其後沙缽略迫於形勢而向文帝求和，退而稱臣。在此後的突
厥汗位爭奪中，文帝支持東突厥啟民可汗。開皇十九年(599)，啟民上
表，陳謝文帝發兵給予援助，曰：「大隋聖人莫緣可汗憐養百姓，如
天無不覆也，如地無不載也，諸姓蒙威恩，赤心歸服，並將部落歸投
聖人可汗來也。」[21]隋唐時代，皇帝常被稱為聖人。在這裡，啟民既尊
文帝為大隋聖人，[22]又稱其為可汗，而且汗號之上再加尊號「莫緣」。
其後，煬帝大業八年(612)，元會，西突厥處羅可汗為煬帝上壽，曰：
「自天以下，地以上，日月所照，唯有聖人可汗。今是大日，願聖人
可汗千歲萬歲常如今日也。」[23]在這裡，值得特別注意的是「聖人·可
汗」名銜的並列，加給煬帝。在此之前，五胡十六國時期的匈奴屠各
部劉淵可能先稱大單于，後稱王與帝，以示其權力的二元：既管轄牧
區部眾，又統治中原地區的編戶齊民。其後到東、西突厥汗國與中原
政權間發生複雜多變的戰和關係的時期，奉誰為皇帝，授誰以汗號，
則是用來表現君臣的尊卑身分。而今，突厥啟民可汗在表文中尊稱中
原王朝的皇帝為可汗，所表達的意思是率部眾做皇帝的臣民。中國皇

---

20. Yang Lian-sheng, "Historical Notes on the Chinese World Order," in Fairbank, J. K., ed., *The Chinese World Order* (Cambridge, Mass.: Harvard University Press, 1968), p. 21.
21. 〔唐〕魏徵等撰，《隋書》，卷84，〈北狄傳〉，「突厥」條，頁1873。煬帝即位，大業三年(607)巡幸榆林，啟民上表提到文帝，仍用同樣的稱謂：「已前聖人先帝莫緣可汗存在之日。」全上，《隋書》，卷84，〈北狄傳〉，「突厥」條，頁1874。
22. 隋唐時代稱皇帝為聖人，參見胡三省《資治通鑑》注：「當時臣子謂其君父為聖人」，〔宋〕司馬光，《資治通鑑》，卷222，〈唐紀三十八·肅宗文明武德大聖大宣孝皇帝下之上〉，頁7107。
23. 〔唐〕魏徵等撰，《隋書》，卷84，〈北狄傳〉，「西突厥」條，頁1879。

帝之被北族尊稱為可汗，多半是以隋文帝為開端，也是630年唐太宗進一步被尊為「天可汗」的張本。

隋末亂離，形勢丕變，中國人多往歸突厥避難。東突厥汗國的啓民可汗之子始畢可汗乘亂而起，控弦百萬，「東自契丹、室韋，西盡吐谷渾、高昌諸國，皆臣之。」避亂的「中國人歸之者甚眾，又更強盛，勢陵中夏。」[24]隋煬帝617年被殺，始畢可汗迎接了隋煬帝的蕭皇后北上，安頓蕭后在定襄。中原群雄並起期間，竇建德、劉武周、梁師都、李軌、高開道雖僭尊號，但皆向始畢稱臣，接受始畢分別授予的可汗稱號。使者往來，相望於道。在這些向始畢可汗稱臣，並從始畢可汗那裡接受可汗號的人物裡面，就有籌謀太原起事、建立未來大唐皇朝的高祖李淵。在李淵向突厥稱臣求援的關鍵決策中，未來的唐太宗李世民從一開始就是輔佐李淵起事的核心人物、不可能置身於這一頭等大事之外，但是李世民在這一策劃中扮演何等腳色，起何具體作用，可惜，後人諱飾，史無明文。

這一情況告訴人們，誰向誰稱臣，誰授予誰以可汗的稱號，皆靠實力為後盾。在多族群互動過程中，各自的身分取決於「用武克伐」的結局而不時變換。

至於上文提到的突厥可汗之迎接和安頓煬帝蕭皇后、接納中原群雄稱臣，透露了南北實力消長的更多消息。蕭皇后是西梁明帝蕭巋的女兒，才色出眾，開皇二年(582)，被選為晉王楊廣妃。仁壽四年(604)，隋文帝駕崩，楊廣即位，蕭氏被冊立為皇后。大業三年(607)蕭皇后隨煬帝北巡，八月，車駕從榆林啓程，到達秦漢時代的雲中郡。時值隋代鼎盛時段，天下承平，物阜民豐，此次出巡，隨行的甲士

---

24. 杜佑《通典》載：「中國人歸之者甚眾，又更強盛，勢陵中夏。迎蕭皇后，置於定襄。薛舉、竇建德、王世充、劉武周、梁師都、李軌、高開道之徒，雖僭尊號，俱北面稱臣，受其可汗之號。東自契丹，西盡吐谷渾、高昌諸國，皆臣之。控弦百萬，戎狄之盛，近代未之有也。」參見〔唐〕杜佑，《通典》，校點本 (北京：中華書局，1988)，卷197，頁5407。〔唐〕魏徵等撰，《隋書》，卷84，〈北狄傳〉，「突厥」條，頁1876。

五十餘萬，馬十萬匹，旌旗輜重，千里不絕。在秦漢時代的雲中郡，煬帝向突厥啟民可汗展示了隋代新都——大興城——的營造師宇文愷等人製造的「觀風行殿」和「行城」，「觀風行殿」容納數百人，下面安裝輪軸、可以推動；「行城」以板為幹，周圍二千步、樓櫓悉備、衣之以布、飾以丹青。這些展品使胡人驚以為神。[25]面對煬帝的實力展現，啟民可汗飾廬清道，以候乘輿，帝幸其帳，啟民奉觴上壽。與煬帝與啟民可汗相會之同時，蕭皇后也親臨義成公主帳與公主相見。史書記載，義成公主「以帝女遠嫁外夷」，義成公主先嫁的是啟民可汗，啟民死後，依照突厥習俗，陸續嫁給了啟民的三個兒子始畢可汗、處羅可汗、頡利可汗。大業十一年(615)八月，煬帝再巡北塞，始畢可汗率騎數十萬，謀襲乘輿，義成公主得知，緊急通報消息，遣使告變。大業十四年(618)，宇文化及殺煬帝，蕭皇后隨宇文化及軍到聊城，化及敗，陷沒於竇建德所轄境。唐高祖武德三年(620)，突厥處羅可汗遣使迎煬帝孫楊政道，政道祖母蕭皇后隨之前往突厥。政道被突厥立為隋王，居於定襄，流亡突厥的百姓萬人奉之為主。[26]唐太宗貞觀四年(630)，唐擊潰東突厥可汗頡利，頡利的親信、昭武九姓胡康蘇密陪同蕭皇后和楊政道降唐，歸於京師。[27]蕭皇后之居留突厥，長達十二年。這些記載讓人們看到隋唐之際南北互動，上層人員各以不斷變動中的名分相互往來的一些具體情節。

三、既稱皇帝、又稱天可汗的唐太宗
——名副其實的華戎共主

　　西元618年，唐繼隋之後開國。在唐高祖李淵即位之前一年

---

25. 〔宋〕司馬光，《資治通鑑》，卷180，〈隋紀四‧高祖文皇帝下〉，頁5633-5634。
26. 〔宋〕司馬光，《資治通鑑》，卷188，〈唐紀四‧高祖神堯大聖孝皇帝中之上〉，頁5878。
27. 〔宋〕司馬光，《資治通鑑》，卷193，〈唐紀九‧太宗文武大聖大廣孝皇帝上之中〉，頁6071。

(617)，為了與群雄爭奪天下，李淵曾北面向突厥稱臣；[28]為時不久，李唐開國之後13年，天下復歸一統，太宗貞觀四年(630)，草原諸遊牧族群汗國的君長詣闕稽顙，群奉太宗為共主——「天可汗」。[29]太宗既是中原農耕地區諸多族群的「皇帝」，又是北方和西域遊牧民族的「天可汗」。大漠南北形勢為之徹底改觀。

　　唐太宗貞觀三年(629)，唐軍分六路對勢力強大的頡利可汗發動總攻。同年十二月，突厥的突利可汗迫於形勢首先入朝，太宗對侍臣說：「往者太上皇以百姓之故，稱臣於突厥，朕常痛心，今單于稽首，庶幾可雪前恥。」[30]是歲，戶部奏報，自塞外歸來的中國人和突厥降附前後開四夷為州縣者，男女共達一百二十餘萬口。[31]轉年，貞觀四年(630)正月，李靖自馬邑、李世勣自雲中出征；二月，大破頡利可汗於陰山，斥地至大漠，頡利被俘，部下紛紛率部眾投降，東突厥第一汗國亡。三月，「西北諸蕃」君長詣闕頓顙，籲請太宗上尊號為天可汗。太宗制曰：「我為大唐天子，又下行可汗事乎？」群臣及四夷君長咸稱萬歲，表示對唐廷的政治認同，於是太宗欣然接受「天可汗」的稱號，一身二任，是後以璽書賜西域、北荒君長，皆稱「皇帝天可汗」。[32]諸蕃渠帥死亡者，也必由太宗詔冊立其後嗣。臨統四夷，自此

---

28. 〔宋〕司馬光，《資治通鑑》，卷184，〈隋紀八・恭皇帝下〉，頁5737-5738頁；卷193，〈唐紀九・太宗文武大聖大廣孝皇帝上之中〉，頁6067。

29. 討論「天可汗」這一主題的最晚近文章，當是張哲僥，〈天可汗體制＝盛唐？——「天可汗」研究的討論與省思〉一文，2015年4月24日發表於《史原論壇》：http://shi-yuan.blog.ntu.edu.tw。

30. 〔宋〕司馬光，《資治通鑑》，卷193，〈唐紀九・太宗文武大聖大廣孝皇帝上之中〉，頁6067。

31. 〔宋〕司馬光，《資治通鑑》，卷193，〈唐紀九・太宗文武大聖大廣孝皇帝上之中〉，頁6069。

32. 〔宋〕司馬光，《資治通鑑》，卷193，〈唐紀九・太宗文武大聖大廣孝皇帝上之中〉，頁6073；〔後晉〕劉昫等撰，《舊唐書》(北京：中華書局，2002)，卷3，〈太宗本紀下〉，頁39。關於唐太宗之接受天可汗稱號及其時間，詳見朱振宏，〈唐代「皇帝・天可汗」釋義〉，收入朱振宏，《隋唐政治、制度與對外關係》(臺北：文津出版社，2010)，第5章，頁183-208。

始也。太宗為此深感自豪，認為這是洗雪李淵617年對突厥始畢可汗稱臣之恥。[33]更為重要的是，太宗之稱天可汗，不僅僅標誌著唐王朝與突厥之間政治上的主從名分，而且以璽書冊立西域、北荒君長，體現唐與磧北蕃族的全新的政治關係：天子不僅是唐朝的皇帝，也是磧北蕃族的最高統治者。貞觀二十年六月，唐平薛延陀，太宗遣李世勣及敕勒九姓酋長席勝餘威，共圖薛延陀未降餘部，同時決定乘機親往靈州招撫。九月，太宗到達靈州，「敕勒諸部俟斤遣使相繼詣靈州者數千人」一致請求：「願得天至尊為奴等天可汗，子子孫孫常為天至尊奴，死無所恨。」[34]可以說，「天至尊—天可汗」這一華戎雙元體制，到此終於定型。

講到這裡，須對華戎雙元這一體制做些必要的補充。(1)在唐代，以天可汗見稱的並不是唐太宗一人。唐高宗以下，武則天、玄宗時期仍然維持著大一統的局面。大唐前期的君主在「降璽書賜西域北荒君長」，皆自稱「皇帝·天可汗」。[35]唐玄宗、乃至代宗在與「西域北荒君長」往來的記載中，既被呼為天可汗，也自稱天可汗。[36]玄宗之稱天可汗，今見於史籍中者多達七次。(2)「天可汗」的稱號並非唐朝皇帝所獨有，草原遊牧帝國的君長一直保留著同樣的稱號，例如，後來的回紇諸部，同樣有登里可汗。登里，義為天，登里可汗者，當是漢語的天可汗也。及至契丹立國，耶律阿保機於907年焚柴祭天即位，「國人呼之『天皇王』。」[37]這裡的國人當指契丹人，呼之為『天皇王』，

33. 陳寅恪，〈論唐高祖稱臣於突厥事〉，《寒柳堂集》，頁97-108。「唐高祖所受突厥封號究為何名，史家久已隱諱不傳」，但比較當時李仲文被突厥封為「南面可汗」，劉武周被封為定楊可汗，梁師都被封為大度毗伽可汗，李子和被封為平楊可汗，則「高祖所受封號亦當相與類似，可無疑也。」
34. 〔宋〕司馬光，《資治通鑑》，卷198，〈唐紀十四·太宗文武大聖大廣孝皇帝下之上〉，頁6240。
35. 〔宋〕王溥，《唐會要》(北京：中華書局，1955)，卷73，頁1312。
36. 參見朱振宏，〈唐代「皇帝·天可汗」釋義〉，收入朱振宏，《隋唐政治、制度與對外關係》，頁208，唐朝皇帝稱為「天可汗」一覽表。
37. 〔宋〕葉隆禮，《契丹國志》(上海：上海古籍出版社，1985)，卷1，頁2。

意思當是遊牧民族的天可汗的漢文對譯。 阿保機的兒子耶律德光稱
帝前，也先自「立為天皇王。」[38]基於華戎雙元體制，916年，阿保機
還得再一次踐登皇帝位，亦即按照漢地皇帝的儀禮踐祚。凡此種種，
唐太宗之稱天可汗並非孤立現象。回顧現代中國的形塑過程，始於唐
太宗的這一華戎雙元體制，其特徵在於體現了唐前期的實效統治——
道、府、州、縣地方行政體制和軍、鎮、守捉、城軍事指揮體系歸中
原的唐廷直接發號施令，羈縻府州制展示皇帝以天可汗的名分授權外
緣的蕃長進行治理。這一華戎雙元體制幾經形變，中經遼、金，傳遞
到元、清兩代。

　　唐太宗不是僅僅採納天可汗這一稱號而已，他隨即循名責實，著
手推行相應的實際措施，使天可汗這一稱號不再徒具虛名。東突厥第
一汗國既亡，太宗立即與群臣討論了投降部眾的「區處之宜」，亦即
如何在邊境或內地妥善安插表示效忠的突厥、鐵勒、薛延陀等部眾。
楊聯陞先生曾經指出：「安置降胡一直是帝制時期的一個嚴重問題，
當安置過程涉及改變他們的生產方式時，尤其如此。」[39]楊先生還指
出：「幾乎沒有學者注意到，賈誼也曾提出過一項積極政策，即把降
胡分置於邊界之外，每千家為一國，各有封地，按中國模式建立邊境
地區的封建體系。」[40]今天看來，這一方案在歷史上見諸實施，當自唐
太宗始。

　　在唐太宗的要求下，朝士紛紛進言：「北狄自古為中國患，今幸
而破之，宜悉徙之河南兗、豫之間，分其種落，散居州縣，教之耕

---

38. 〔宋〕葉隆禮，《契丹國志》，卷2，頁11。
39. Yang, Lien-sheng, "Historical Notes on the Chinese World Order," in Fairbank, ed., *The
Chinese World Order*, p. 29。譯文：杜繼東，〈從歷史看中國的世界秩序〉，收入費
正清編，《中國的世界秩序》(北京：中國社會科學出版社，2010)，頁25。
40. Yang, Lien-sheng, "Historical Notes on the Chinese World Order," in Fairbank, ed., *The
Chinese World Order*, p. 29。譯文：杜繼東，〈從歷史看中國的世界秩序〉，收入費
正清編，《中國的世界秩序》，頁25。

織，可以化胡虜為農民，永空塞北之地。」[41]禮部侍郎李百藥以為安邊
之長策是，今宜趁突厥離散，於定襄置都護府，並即署各部蕃長為其
節度，使其各部不相統屬。中書令溫彥博以為「徙於兗、豫之間，是
乖違物性，而非存養之道。欲救其死亡，授以生業，教之禮儀，數年
之後，悉為吾民。選其酋長，使入宿衛，畏威懷德，何後患之有？」
太宗卒用彥博之策，劃出東自幽州，西至靈州的北方邊塞之地安置突
厥降眾。突利原來所統之地分置順、祐、化、長四州都督府；頡利之
地分為六州，左置定襄都督府，右置雲中都督府。[42]羈縻府州的轄境
以部落的原來範圍為准，所以也就以原來部落酋長為都督、刺史，由
朝廷頒發印信，並且世襲。太宗鑒於降隋的啟民可汗之子始畢可汗前
恭後倨、終為隋患的教訓，決定不像隋煬帝那樣，再立任何突厥部落
的酋長為可汗，[43]而是改而任命之為都督、刺史。這一系列措施，當是
唐代大規模設置羈縻府州的緣起。這個時期，被納入唐朝版圖的北方
和中亞草原民族，為數實在不少。無數族群在政治歸屬上認同大唐之
後，特別是內徙之後，大多被安置在漠南農牧接壤地帶混雜而居。

　　高宗永徽元年(650)，唐擒車鼻可汗於金山，安置餘眾於鬱督軍
山，設狼山都督府，至此，東突厥完全從屬於唐。同年，唐設單于、
瀚海二都護府，分領都督府和府州。這樣一來，從太宗貞觀四年(630)
到高宗永徽元年(650)，20年間，唐在四夷設置了一種不同於內地普
通州縣的特殊行政區劃，《新唐書》地理志有專卷記載羈縻州，序言
說：

---

41. 〔宋〕司馬光，《資治通鑑》，卷193，〈唐紀九‧太宗文武大聖大廣孝皇帝上之
　　中〉，頁6075-6076。
42. 〔宋〕司馬光，《資治通鑑》，卷193，〈唐紀九‧太宗文武大聖大廣孝皇帝上之
　　中〉，頁6075-6076。
43. 〔宋〕司馬光，《資治通鑑》，卷193，〈唐紀九‧太宗文武大聖大廣孝皇帝上之
　　中〉，頁6077。唐太宗明確地對始畢之子突利說：「我所以不立爾為可汗者，懲啟
　　民前事故也。今命爾為都督，爾宜善守中國法，勿相侵掠！非徒欲中國久安，亦使
　　爾宗族永全也！」

唐興，初未暇於四夷。自太宗平突厥，西北諸蕃及蠻夷稍稍內屬，即其部落列置州縣。其大者為都督府，以其首領為都督、刺史，皆得世襲。雖貢賦版籍多不上戶部，然聲教所暨，皆邊州都督、都護所領，著於令、式。……突厥、回紇、党項、吐谷渾隸關內道者，為府二十九，州九十。突厥之別部及奚、契丹、靺鞨、降胡、高麗隸河北者，為府十四，州四十六。突厥、回紇、党項、吐谷渾之別部及龜茲、于闐、焉者、疏勒、河西內屬諸胡、西域十六國隸隴右者，為府五十一，州百九十八。羌、蠻隸劍南者，為州二百六十一。蠻隸江南者，為州五十一，隸嶺南者，為州九十二。又有党項州二十四，不知其隸屬。大凡府州八百五十六，號為羈縻云。[44]

引文中稱「著於令、式」，從太宗開始，唐代的律令文獻內出現了「化內」、「化外」的區分，度支抄奏中對內附者所承擔的賦役也有了相應的規定。[45]

太宗還聽從累官至中書令的溫彥博的建議，拜突厥歸降的酋長為將軍中郎將，布列朝廷，五品以上百餘人，殆與朝士相半。是時，每見一人初降，賜物五匹，袍一領；酋長悉授大官，祿厚位尊。入居長安的突厥人將近萬戶。[46]

史書記載，貞觀後期，突厥俟利苾可汗有部眾十萬，勝兵四萬，俟利苾不能撫御，眾悉棄俟利苾，南渡黃河，請居處在勝州、夏州之間，太宗許之。群臣認為，置突厥於黃河之南，距京師不遠，不能不

---

44. 〔宋〕歐陽修等撰，《新唐書》，卷43下，地理7下，頁1119。

45. 齋藤勝，〈唐代內附異民族への賦役規定と邊境社會〉，《史學雜誌》，卷117期3(2008年3月)，頁1-36；甘懷真，〈從《唐律》化外人規定看唐代國籍制度〉，《早期中國史研究》，卷3期2(2011年12月)，頁1-30；王義康，〈唐代的化外與化內〉，《歷史研究》，2014年期5(2014年12月)，頁43-60。

46. 〔宋〕司馬光，《資治通鑑》，卷193，〈唐紀九．太宗文武大聖大廣孝皇帝上之中〉，頁6078；〔唐〕吳兢，《貞觀政要》(臺北：河洛圖書出版社，1975)，卷9，〈安邊第三十六〉，頁430。

做後慮。太宗的回答是：「夷狄亦人耳，其情與中夏不殊。人主患德澤不加，不必猜忌異類。蓋德澤恰，則四夷可使如一家。」[47]人們看到，太宗對歸順者極盡籠絡之能事，並為自己具有厚待夷狄的胸襟非常自豪，他詢問侍臣「自古帝王雖平定中夏，不能服戎狄，朕才不逮古人而成功過之」的緣故，隨即自我總結說：「自古皆貴中華，賤夷狄，朕獨愛之如一，故其種落皆依朕如父母。」[48]這一心態，很可能，與他有先世出自北族的意識不無關係。至於唐廷處遇蕃官時有哪些外族要素的考慮，專任外族武官和技術官有哪些散、職、勳、爵的具體安排，不在此處論列。[49]

　　需要特別一提的是，唐太宗貞觀時期，隨東突厥降伏而一起南下，先後居住在河朔和鄂爾多斯(Ordos)一帶的靈、鹽、勝、夏地區的昭武九姓胡(粟特人)當亦不在少數。安胇汗所率部眾即達五千餘人。據洛陽出土《唐故陸胡州大首領安君(菩)墓誌》，安菩曾任六胡州大首領，管理唐廷安置在六胡州的突厥和粟特牧民。六胡州的粟特胡與有唐一代的歷史密切相關。在唐代突厥文毗伽可汗碑大銘文第24行中，六胡州有專門名稱，作altï čub soγdaq。東突厥第二汗國(682-745)復興，默啜即向唐廷索取六胡州。玄宗開元九年(721)，蘭池州胡康待賓誘諸降戶造反，有眾七萬，進逼夏州。[50]安祿山作亂，六州胡也是他依靠的基本兵源之一。六胡州的粟特人從事畜牧業，保留放牧、騎射的聚落生活。同一地區一些進入農耕地段的粟特人可能鄉里化，有些粟特的鄉團聚落可能還沒有完全擺脫本族首領、大首領、薩寶的管

47. 〔宋〕司馬光，《資治通鑑》，卷197，〈唐紀十三‧太宗文武大聖大廣孝皇帝中之下〉，頁6215-6216。

48. 〔宋〕司馬光，《資治通鑑》，卷198，〈唐紀十四‧太宗文武大聖大廣孝皇帝下之上〉，頁6247。

49. 詳見池田溫，〈唐朝処遇外族官制略考〉，收入唐代史研究会編，《隋唐帝國と東アジア世界》(東京：汲古書院，1979)，頁251-278。

50. 〔宋〕司馬光，《資治通鑑》，卷212，〈唐紀二十八‧玄宗至道大聖大明孝皇帝上之下〉，頁6745。

轄。以六胡州為例，可以瞭解粟特人的多側面活動。直到814年，宰相李吉甫仍在請求憲宗恢復六胡州，「以備回鶻，撫党項。」[51]

　　唐在周邊地區設立羈縻府州，這是此前歷代沒有充分實施過的制度。隨着歸附族群被允許入居內地，唐朝對寄治在內地州縣境內的歸附族群的控制也更嚴密。對距離較遠的，例如漠北和蔥嶺以東的羈縻州則立原來首領或國王為刺史或都督，使各族群首領處理各自的民政。與此同時，在邊境地區，唐廷則建立一套由軍、鎮、守捉、城組成的軍政體系，以保衛邊境和內地的安全。自則天武后長壽(692-693)以來，在天山南北、蔥嶺東西各羈縻州府所在地又設統率漢軍兵馬的鎮守使。這就在設有當地民族的都督或刺史的地方，又有節度使派來的節度副使、鎮守使的存在。這樣，一些地方就出現了一種胡漢結合的軍政體制。例如，則天武后長安二年(702)，沙陀部落進入金滿州，玄宗先天元年(712)，沙陀部落為躲避吐蕃而遷到北庭，朱邪部落遷到西州。《舊唐書‧地理志三》載：「金滿州都督府……已上十六番州，雜戎胡部落，寄於北庭府界內，無州縣戶口，隨地治畜牧。」吐魯番出土的一件文書《開元十六年朱邪部落請紙牒》(大谷文書5840)，[52]顯示朱邪部落轉到西州後產生的變化，要請紙筆，說明其部落內部已起碼不單純是「隨地治畜牧」，而是也按唐制規定或是造籍計帳，或是記錄馬羊互市等等。

　　正是由於華戎雙元體制日益定型，唐代隨之大規模起用蕃將。《新唐書‧諸夷蕃將傳》為出身於突厥、鐵勒、百濟、高麗、靺鞨、吐蕃、于闐、疏勒等蕃部名將二十一人列有專傳，另外，出身於哥舒部、僕固部、契苾部、渾部、奚、契丹、沙陀、昭武九姓雜胡、羌、党項等的入朝蕃將和在地、在蕃的蕃將附見於他人列傳和史文者無法

51.　〔宋〕司馬光，《資治通鑑》，卷239，〈唐紀五十五‧憲宗昭文章武大聖至神孝皇帝中之上〉，頁7704。
52.　〈開元十六年朱邪部落請紙牒〉，參看李方，《唐西州行政體制考論》，第5章第1節，轉引自樊文禮，《李克用評傳》(濟南：山東大學出版社，2005)，頁5-6。

計數。可以說，從李唐的創業開國到皇朝末期平叛、定難，唐廷政權存續所依賴的武裝主力無一不是蕃將。關於唐代的蕃將，前期蕃將與後期蕃將也大有區別，太宗朝的蕃將乃部落酋長，玄宗朝的蕃將多是寒族胡人，詳見陳寅恪〈論唐代之蕃將與府兵〉一文。到了晚期，與後期更有分別。對蕃將群體作通體性的考察之外，若再對不同時期的代表人物，例如，對契苾何力、安祿山、哥舒翰、僕固懷恩等人做個案研究，當更可以理解，唐代華戎雙元體制下不同族屬的蕃將在華夷既對立、又融合過程中如何各自分別定位，在怎樣的政治局勢和社會情景中各自做出不同的反應和抉擇。

　　唐朝前期，為了衛護關中，唐廷竭盡全力防範突厥與吐蕃二蕃的聯合。在高宗、武后、玄宗時期，唐朝被迫把防守重點放在河西、隴右，嚴防突厥和吐蕃這兩大勢力聯手，威脅唐朝的腹心地區—關隴一帶。靠著崔融、郭元振、唐休璟等內外能臣武將，特別是借助於一大批蕃將的效力，大唐以設置安西都護府，下轄四鎮，穩住了對大西北的統治。同樣，大唐設置安北都護府，作為唐朝漠北地域的最高軍政管理機構。因應形勢的變化，安北都護府在其存在期間曾經三更其名、八遷其治。起初，安北都護府稱「燕然都護府」，創建於貞觀二十一年(647)四月，統管磧北地區的六府七州。治所在「故單于台」(今烏拉特中旗駐地西南、狼山北麓)，據《元和郡縣圖志》，地址在張仁愿於景龍二年所築西受降城東北40里處。唐高宗龍朔三年(663)二月，燕然都護府自「故單于台」遷往磧北的回紇部居地「瀚海都督府」，其地當在今蒙古共和國哈爾和林西北、鄂爾渾河西側。燕然都護府改稱：「瀚海都護府」。這是第一次更名。總章二年(669)八月，瀚海都護府再度更名為「安北都護府」。安北之名此年起用，治所仍在瀚海都督府，此乃第二次更名。唐肅宗至德二載(757)，安北府改名「鎮北都護府」，這是它的第三次改名。安史亂後，都護府、都督府建制隨同羈縻制度逐步消失。

　　長期的交往，必然帶來長期的相互的影響。據學者考證，基於對突厥可汗號體制的瞭解，唐高宗所賜蕃長的可汗號的前面都加尊號，例如，西突厥阿史那彌射的尊號為興昔亡可汗、阿史那步真為繼往絕可汗。[53]武后先是令步真之子斛瑟羅襲封繼往絕可汗、尋改封竭忠事主可汗；[54]另對突厥默啜則賜為遷善可汗、立功報國可汗。[55]對突騎施別種蘇祿，唐玄宗冊立之為忠順可汗，[56]如此等等。中唐之後，唐廷賜予回紇等部族可汗號，皆援引這些先例。由於華夷長期交往，北方蕃部的這一慣例，亦即可汗稱號之前都加系列尊號的做法，也影響了漢地。[57]唐高宗時發端的皇帝尊號制度，當是突厥等北方民族政治文化影響下的產物。唐中宗由群臣上皇帝尊號為應天皇帝。[58]唐玄宗在位期間，五次「上尊號」、「加尊號」，在開元皇帝或開元天寶皇帝稱號之上逐次再加「聖文」、「神武」、「孝德」、「證道」等形容修飾詞作為尊號。[59]

　　日益定型的華戎雙元體制，還反映在唐朝皇陵的陵制上面。唐建國伊始，即著手追改祖先四世的墳墓為帝陵，陵前設置石像。十有八九，這一前所未有的制度是高祖、太宗時代從外引入的，模仿突厥可汗墓的大型陵園中所立的balbal(kurgan stelae，陪葬石像，此詞可能

---

53. 〔唐〕杜佑，《通典》，卷199，頁5460。
54. 〔唐〕杜佑，《通典》，卷199，頁5461。
55. 〔唐〕杜佑，《通典》，卷198，頁5435。
56. 〔唐〕杜佑，《通典》，卷199，頁5463。
57. 李淵被封可汗的尊號為史臣所遮掩，已無從考知。隋唐之際，李仲文、劉武周等臣服突厥，突厥封爲可汗，可汗名銜之前有南面、定楊、大度毗伽等字樣，當是可汗的尊號。李淵的可汗號之前的尊號雖已無從考知，想來與南面、定楊、大度毗伽(解事)等大致相仿，體現始畢為君、李淵為臣的性質。參見Sanping Chen, *Multicultural China in the Early Middle Ages*, pp. 4-38。
58. 〔宋〕司馬光，《資治通鑑》，卷208，〈唐紀二十四·中宗大和大聖大昭孝皇帝中〉，頁6596。
59. 詳見羅新，〈從可汗號到皇帝尊號〉，收入榮新江主編，《唐研究》(北京：北京大學出版社，2004)，卷10，頁283-295；再收於羅新，《中古北族名號研究》(北京：北京大學出版社，2009)，頁225-237。

來自突厥語,義為祖先或祖父)。[60]史載,太宗葬於昭陵,唐高宗一即位,為了「闡揚先帝徽烈」,即將太宗擒服的蠻夷君長頡利等14人,「琢石為其像,刻名,列於(昭陵的)北司馬門內。」[61]705年,武后駕崩,武后生前自己決定與高宗合葬於乾陵,乾陵前也樹立了蕃臣石像。乾陵蕃臣像多達64尊,今存61尊,所有石像均有銜名。[62]看來,中國帝陵前設置蕃臣石像當始於昭陵,據說,唐代泰陵、崇陵、莊陵、簡陵前也有類似遺跡。唐代歷朝皇帝21位,皇陵20座,至少有10座立置蕃人石像。[63]又,兩《唐書》中留下了不少文武重臣陪葬帝陵的記錄,陪葬帝陵是一種寵遇。入葬於唐太宗的昭陵陪葬區的皇親國戚與華夷重臣184位,重臣以中書令溫彥博為首,蕃長以右武衛將軍阿史那(李)思摩領先。

　　唐代前期的皇帝既是皇帝,又是天可汗,當然,陪葬帝陵這一寵遇可以同時既施與內地重臣,也施與四裔蕃長、蕃臣。

四、唐太宗之修貞觀《氏族志》

　　李唐血統既然源自邊塞六鎮胡族,唐太宗終不免對山東及關中人

60. 詳見沈睿文,〈陵園佈局的分類及演變〉,《唐陵的佈局——空間與秩序》(北京:北京大學出版社,2009),第4章,頁191-226;陳凌,〈突厥與唐帝陵的相互影響〉,收入陳凌,《突厥汗國與歐亞文化交流的考古學研究》(上海:上海古籍出版社,2013),第3章第1節,頁69-87。
61. 〔宋〕司馬光,《資治通鑑》,卷199,〈唐紀十五·太宗文武大聖大廣孝皇帝下之上〉,頁6269。據記載,昭陵北司馬門內的十四國蕃王石像為:1.突厥頡利可汗、右衛大將軍阿史那咄苾;2.突厥突利可汗、右衛大將軍阿史那什缽苾;3.突厥乙彌泥熟俟利苾可汗、右武衛大將軍阿史那思摩;4.突厥答布可汗、右衛大將軍阿史那社爾;5.薛延陀真珠毗伽可汗;6.吐蕃贊府松贊幹布;7.于闐樂浪郡王金真德;8.吐谷渾烏地也拔勤豆可汗;9.龜茲王訶黎布失畢;10.於闐王伏帝信;11.焉耆王龍突騎支;12.高昌王麴智勇;13.林邑王范頭利;14.婆羅門帝那伏帝國阿羅那順。
62. 陳國燦,〈唐乾陵石人像及其銜名的研究〉,《文物集刊》,1980年集2,頁189-203;再收入林幹編,《突厥與迴紇歷史論文選集》(北京:中華書局,1987),上冊,頁375-407。同可參見陳凌,《突厥汗國與歐亞文化交流的考古學研究》,頁69-77。
63. 陳凌,《突厥汗國與歐亞文化交流的考古學研究》,頁70。

有某些看法，他曾在一次筵席上論及山東及關中人，「意有同異」。殿中侍御史張行成進諫：「天子四海為家，不容以東西為限，是示人以隘矣。」[64]很遺憾，有關推斷唐太宗這方面心態的史料存世太少。

　　貞觀六年(632)，唐太宗著手改造社會上層的身分結構。他看到，入唐之後，各地士族集團的政治地位已經無從與執政的李唐皇室相比，但是，由於習慣勢力根深蒂固，四個地域集團依然各自有所矜尚：山東士族尚婚姻，江左士族尚人物，關中士族尚冠冕，代北士族尚貴戚。其中山東郡姓以崔、盧、李、鄭、王為大，關中亦號郡姓，以韋、裴、柳、薛、楊、杜為大，代北則有虜姓，以元、長孫、宇文、于、陸、源、竇(紇豆陵)為大，過江僑姓以王、謝、袁、蕭為大，東南吳姓以朱、張、顧、陸為大。各氏族之所以依然各以名族相標榜，目的在於保持他們固有的社會地位。但令唐太宗不能容忍的是，身邊的大臣房玄齡、魏徵、李勣等人爭相與山東士族聯姻，這等於表明山東士族的社會地位或社會聲望仍然淩駕於皇室李氏之上。而且即便是衰落的門第，他族若想與之聯姻，也要被高高討價，多付財幣。這表明，從魏晉南北朝以來，社會看重的是士族，士族勢力牢固，山東士族依然憑藉昔日崇尚一婚一宦的習俗，維護著他們的社會地位。而一婚一宦，也就是做官和成婚，都以簿狀和譜牒為依據。面對這樣的現實情況，唐太宗提出舊日譜牒「既輕重失宜，理須改革。」[65]他命令吏部尚書高士廉、御史大夫韋挺、中書侍郎岑文本、禮部侍郎令狐德棻遍責天下譜牒，與史籍核對驗證，考其真偽，第其甲乙，「刊正姓氏」，褒進忠賢，貶退姦逆。根據《冊府元龜》的〈帝王部·帝系門〉、《新唐書》卷七十上〈宗室世系表〉等典籍的記載，李唐應當自有譜牒，太宗現在面對的問題是必須重修譜牒，以確

64.　〔後晉〕劉昫等撰，《舊唐書》，卷78，〈列傳第二十八〉，〔宋〕歐陽修，《新唐書》，卷140，〈列傳第二十九〉，張行成傳。陳寅恪，《唐代政治史述論稿》，頁18。
65.　〔唐〕吳兢，《貞觀政要》，卷7，〈禮樂第二十九〉，頁352。

定李唐與其他氏族的相對次第，李唐上代所屬的外來胡族姓氏必須被置於最高等第，無論如何，皇室不能處於相對受到輕視的位置。

貞觀十二年(638)，《氏族志》修成並呈上。看來高士廉等人並沒有領會皇帝的意圖，仍然將山東士族崔民幹列為第一等。唐太宗看後，大為不滿，做出如下的指責：

> ……(北齊)高氏偏據山東，梁、陳僻在江南，雖有人物，蓋何足言！況其子孫才行衰薄，官爵陵替，而猶印然以門地自負，販鬻松檟，依託富貴，棄廉忘恥，不知世人何為貴之！今三品以上，或以德行，或以勳勞，或以文學，致位貴顯，彼衰世舊門，誠何足慕！而求與為昏，雖多輸金帛，猶為彼所僵蹇，我不知其解何也！今欲釐正訛謬，捨名取實，而卿曹猶以崔民幹為第一。是輕我官爵而徇流俗之情也。[66]

太宗接二連三地發問：對山東江南人物及其子孫，「不知世人何為貴之」；對「彼衰世舊門，誠何足慕」；對多輸金帛以求婚姻而仍遭蔑視，「我不知其解何也」。他命高士廉等重新刊定，並指示「不須論數世以前」，「專以今朝品秩為高下」，頒行天下。此外，太宗明確規定，皇室的諸王、公主皆取勳臣家，不議山東之族。

新修訂的《氏族志》貫徹了唐太宗的指示，收錄「凡二百九十三姓，一千六百五十一家」，「不須論數世以前，止取今日官爵高下作等級。」分為九等，以皇族為首，外戚第二等，崔民幹被降為第三等。

唐太宗修《氏族志》，表面上的理由是原來的氏族分等「輕重失宜，理須改革」，實際上這並不是理由的全部。在魏晉南北朝時，譜籍是選官的根據，根據歷代做官的情況劃分門第，列為門閥的，皆累

---

66. 〔宋〕司馬光，《資治通鑑》，卷195，〈唐紀十一‧太宗文武大聖大廣孝皇帝中之上〉，頁6136。

世冠冕之家。貞觀《氏族志》打破傳統，劃分門第等級不再考慮過去做官經歷，只以當朝(唐朝)的職、散、勳、爵的品秩為高下的憑據。這就是，在肯定氏族高卑、士庶有別的前提下，專據今朝的品秩，變更以往的門第等級。實質上這是建立以李唐皇室為首，以今朝新貴為主體的新的身分秩序。

　　高宗永徽六年(655)立武則天為后。顯慶四年(659)六月，高宗根據武則天心腹許敬宗、李義府等人的建議，詔改《氏族志》為《姓氏錄》，命令禮部侍郎孔志約、著作郎楊仁卿、太子洗馬元道、太常卿呂才等十二人重修譜牒彙編，比類升降，以后族為第一等，其餘悉以仕唐官品高下為准，凡九等。高宗親自撰寫書序，說明類例。新譜共收二百四十五姓、二千二百八十七家。[67]當時，五品以上職事官得以錄入，而舊士族未在當朝任五品以上官者均被摒棄於外。於是兵卒中以軍功致位五品者得預士流，譜中赫然有名，因遭時人非議，貶稱之為「勳格」。實際上，修訂《姓氏錄》，關鍵仍在壓抑山東舊家的等第，抬高皇室的聲望與地位，而不是通過《姓氏錄》提升應舉成功的明經、進士等新貴的身分。隋代創始科舉考試，經過唐代，這一憑才錄用，選拔新菁英階層的制度漸趨完善。晚唐的牛李黨爭，在一定程度上反映傳統士族與靠科舉發跡的人物之間的矛盾，但以科舉充實文官體系，取代魏晉以來北方氏族的門第世襲制度，需待北宋方才大功告成。

　　貞觀《氏族志》和高宗《姓氏錄》遠遠未能破除魏晉以來延續多年的門第觀念。山東崔、盧、李、鄭等大族仍然堅持傳統的家門風教，在婚姻上自矜高貴。魏徵、房玄齡、李勣家仍然盛與為婚，因而舊望不減，終不能禁。受到重視的是他們的社會地位，就連建議修訂《姓氏錄》的李義府也自稱出於趙郡李氏來抬高自己。薛元超謂所親

67.　〔宋〕司馬光，《資治通鑑》，卷200，〈唐紀十六‧高宗天皇大聖大弘孝皇帝上之下〉，頁6315-6316。

曰：「吾不才，富貴過人。平生有三恨：恨始不以進士擢第，不娶五
姓女，不得修國史。」[68]所謂五姓女，指的是清河或博陵崔氏，范陽盧
氏、趙郡或隴西李氏、榮陽鄭氏、太原王氏。據《新唐書》〈宰相世
系表〉，出任宰臣的九十八族三百六十九人中，崔、盧、李、鄭四姓
即占66位，五分之一弱；異族者有十一姓二十三人。

　　從貞觀六年(632)到宣宗大中六年(852)二百多年間，唐人撰修氏
族譜牒的的工作一直沒有間斷。[69]其中最重要的當然是玄宗開元二年
(714)柳沖等人重修的《姓氏系錄》。代宗上元年間完成《唐歷》四十
卷的柳芳留下綜述氏族門第的論著，可惜今天只能夠在《新唐書》卷
199柳沖傳中略見其被引用的殘文。值得注意的是，有唐一代，一方
面，皇家與氏族聯姻情況所在多有，另一方面，儘管皇家自視甚高，
李唐上代所屬的外來胡族姓氏被安置在《氏族志》中的最高等第，但
是，在社會實際生活中，高門甲第不願於皇室聯姻的事例屢見不鮮。
這實際上反映了不同族群在習俗上的融合仍然存在問題，李唐帝室殘
留著祖輩的一定習俗，使之與士族的衣冠風教之間存在隔閡。例如，
唐文宗為莊恪太子選妃，朝臣家子女悉令進名，中外為之不安。上知
之，謂宰臣曰：「朕欲為太子求汝、鄭間衣冠子女為新婦」，「朕是
數百年衣冠」，「如聞朝臣皆不願與朕作親情，何也？」[70]最典型的
是鄭顥的事例。鄭顥，祖籍河南榮陽，出身崔、盧、李、鄭、王的山
東舊族，首冠進士及第。唐宣宗有愛女萬壽公主，特選鄭顥尚之。嫁
前，宣宗特地叮囑執婦禮當如臣庶，不得輕視夫族，不得干預時事。

68.　〔宋〕王讜撰，周勛初校證，《唐語林》(北京：中華書局，1997)，卷4，頁384。
69.　詳見〔宋〕王溥，《唐會要》(臺北：世界書局，1963)，中冊，卷36，「氏族」
　　條，頁663-666；又見〔宋〕王溥撰，牛繼清校證，《唐會要》(西安：三秦出版
　　社，2012)，卷36，「氏族」條，頁570-573。
70.　〔宋〕王讜撰，周勛初校證，《唐語林》，卷4，頁368-369。原文作「文宗為莊恪
　　太子選妃，朝臣家子女悉令進名，中外為之不安。上知之，謂宰臣曰：『朕欲為太
　　子求汝鄭間衣冠子女為新婦，扶出來田舍翁嫗地，如聞朝臣皆不願與朕作親情，何
　　也？朕是數百年衣冠，無何神堯打朕家事羅訶去。』遂罷其選。」

鄭顥的弟弟鄭顗曾得危疾，帝遣使視之。還，問：「公主何在？」
曰：「在慈恩寺觀戲場。」帝怒，歎曰：「我怪士大夫家不欲與我家
為婚，良有以也！」亟召公主，責之曰：「豈有小郎病不往省視乃觀
戲乎？」由是貴戚皆守禮法如衣冠之族。[71]

　　到了殘唐五代，經唐太宗著手改造的魏晉南北朝以來華夷雙元社
會的上層人士的身分結構，由於持續不斷的劇烈的社會動盪而終於臨
近它的徹底變革時期。874年之後幾次全國性的盜匪團夥流竄之亂，
880年黃巢攻入長安，世家大族備受摧殘，門第勢力加速淪落。但真正
標誌閥閱制度之覆滅的，當是905年的白馬驛事件。朱溫於902年領兵
入關，打敗李茂貞，控制了唐朝政權。朱溫脅迫昭宗，遷都洛陽。隨
後在904年，殺昭宗，立昭宣帝。朱溫為了篡位，依靠他的心腹和親信
柳璨、李振，清除了朝內老臣、舊日貴族等妨礙他篡位的社會勢力。
昭宣帝天佑二年(905)六月，會有星變，柳璨建議宜以聚徒橫議、怨
望腹非之輩塞災異。唐潞州節度使李抱真的曾孫李振，在咸通、乾符
年間屢舉進士不第，憤懣情緒壓抑已久，也對朱溫說：「朝廷所以不
振，良由衣冠浮薄之徒紊亂綱紀。」「此輩自謂清流，宜投於黃河，
永為濁流。」朱溫笑而從之。左僕射裴樞、清海軍節度使獨孤損、
右僕射崔遠以下朝中官員「衣冠清流」三十餘人被集中在滑州白馬
驛，假敕賜自盡，傍晚將他們全部處死，投屍於黃河。史稱「白馬之
禍」。[72]「白馬之禍」不僅是朱溫篡位之前對唐朝舊臣的一次大掃除，
更重要的是標誌中國歷史上門閥貴族時代的終結。

---

71. ［宋］司馬光，《資治通鑑》，卷248，〈唐紀六十四‧武宗至道昭肅孝皇帝
　　下〉，頁8036。
72. ［宋］司馬光，《資治通鑑》，卷265，《唐紀八十一‧昭宗聖穆景文孝皇帝下之
　　下》，頁8642-8643。

五、安史之亂(755-763)唐代後期貴族制的漸次沒落和邊塞族群的漸次建國

　　上文敘及，唐朝開國，立國之本首先是捍衛關中，以保障京城長安的安全。唐高祖在位時期的武德兵制，力求回復隋文帝開皇之舊，府兵制下的折衝府集中布置於關中，天下十道，置折衝府六百三十四，而關內有其二百六十一。太宗、高宗時期，大局未變。武則天臨朝，長壽元年(692)，武威軍總管王孝傑等大破吐蕃，復取龜茲、于闐等四鎮，恢復安西都護府，設之在龜茲，用漢兵三萬人加以鎮守。這一戰略性的成就遮斷西北「二蕃」——吐蕃與突厥第二汗國之間的聯繫，鞏固了唐在西北疆的地位，進而保衛京城所在的關中。

　　然而，也正是武后當政時期，繼西北「二蕃」而崛起的是東北「二虜」——庫莫奚(簡稱奚〔Tatabï / Qay〕與契丹〔Qitay / Khitay / Khitan〕)。奚與契丹趁高句麗的衰落而興起於松漠之間，成為北方一支強大勢力。奚、契丹人作戰勇敢，戰術多變，善於誘敵深入，進行伏擊。為了防禦奚、契丹，唐廷不得不將防禦重點從西域逐步向代北和東北轉移。自武后當政時期起，大唐主要邊患漸漸從西北轉到了東北。

　　睿宗景雲(710-711)時，唐廷因邊疆形勢的演變而授予西域、松漠地區的軍事重鎮的軍事長官以節度使的稱號。

　　712年，唐玄宗即位，時距開國將近百年。玄宗在位前期，海內承平，朝廷處理日常政務，有隋唐不斷修訂和頒布的律令格式以及從演變而來的一整套典章制度作為依據，又有一批治事的能臣輔弼，公共權力的運作備受贊美。但是，玄宗「開元」年間，邊境上已然開始不時發生變亂。開元九年(721)，上文提到的靈、夏地區的六胡州(黃河河套內外的魯、麗、含、塞、依、契六州)爆發以從事畜牧業為主的昭

武九姓 (粟特) 胡的叛亂。此次叛亂,靠王畯、張說平定。[73]

　　陳寅恪先生曾說:「凡居東北與河朔有關之胡族如高麗、東突厥、迴紇、奚、契丹之類移居於與其部落鄰近之地,如河朔區域,自有可能,而於事理亦易可通者也。獨中國東北隅河朔之地而有多數之中亞胡人,甚為難解。」[74]關於這一點,由於近年人們得到有關敦煌、六胡州、固原、營州的昭武九姓胡人的文物資料日益增多,人們越來越瞭解聚居於「東北與河朔」的中亞胡人的情況。

　　據阿拉伯編年史家塔巴里(Aṭ-Ṭabarī)記述,在5至7世紀,在錫爾河(Syr-Darya)與阿姆河(Amu-Darya)之間的粟特本土,大量湧現城鎮。在6世紀60年代,西突厥聯合薩珊波斯的力量,從嚈噠人(Ephthalites)手裡奪取了撒馬爾罕(Samarkand),導致傳說中的Abrui統治粟特時期出現一次新的移民潮,[75]粟特移民沿著今天的七河流域(Semirechie)地區東進,沿途建設移民城鎮,最知名的當屬熱海以南的碎葉城。此後,再經過塔里木盆地或準葛爾盆地的沿邊通道或進入河西走廊,或進入漠北,源源不斷地東向遷移。粟特人特別是以經營轉販貿易的興胡或商胡、賈胡而知名,並以工匠、歌舞雜技藝人身分在不同空間扮演不同角色。唐代早期,除長安和洛陽兩京之外,粟特人喜歡居住的城鎮還有高昌(吐魯番的首府)、哈密、敦煌、肅州(酒泉)、甘州(張掖)、涼州(粟特語Kc'n,漢文轉寫為姑臧,今武威)、金城(今蘭州)、原州(今固原), 一直東到營州。關於粟特胡的東西往來的交通路線,可以部分參照《新唐書‧地理志》撮記唐德宗貞元時期宰相賈耽(730-805)所撰《皇華四達記》中留給我們的唐代通向四夷的交通要道。吐魯番和敦

73. 有關唐高宗調露初年於關內道北部、靈州夏州之間,設立六胡州及其與突厥化粟特人聚落的關係,詳見李丹婕,〈唐代六胡州研究述評〉,《新疆師範大學學報(哲學‧社會科學版)》,2004年期4(2004年10月),頁102-107。
74. 陳寅恪,《唐代政治史述論稿》,頁50。
75. J. Marquart, *Êrânsahr nach der Geographie des Ps. Xorenac'i* (Berlin, 1901), p. 309; B. I. Marshak, "Sogdiana," chapter X in *History of Civilizations of Central Asia*, vol. III, (Paris: UNESCO Publishing, 1996), p. 236.

煌出土的各種文獻中大量粟特人名也證實了這一點。吐魯番文書中的一份707年的名籍，列出住在西州的崇化鄉的粟特居民。[76]敦煌的城東一里有座安城，安城中粟特人口更為密集。藏於巴黎的三份差科簿文書(伯希和收藏品編號P.3018，P.2657和P.3559)，列出8世紀中葉敦煌東廂「從化鄉」的成人差科勞役和為地方官府服役的工作。[77]

712年，在撒馬爾罕，康國城主在大食大軍壓境下被迫簽訂「城下之盟」，712年條約標誌粟特人在本土失國的開端。755年舉起叛旗的安祿山、史思明等，是失去故土的粟特人與突厥等東方族群人混生的營州雜胡，這一點不同於魏晉南北朝時代東來的粟特社群的移民。

商胡網絡之外，粟特人也大量進入靈州、鹽州境內的半遊牧地區，在遊牧族群中結成精於騎射的武裝部落，以為唐廷畜養馬匹為營生。他們又有經商經驗和書寫能力，成為遊牧部落酋長的得力助手，與遊牧部落魁首建立一種互謀利益的共棲共生(symbiosis)關係。此外，遼河流域也多處有粟特人與漢人、突厥、回鶻、契丹、沙陀形成一種混居的多族群混居聚落。唐廷還在與不同文化區毗連的區域，特別是在邊境上的某些交通要衝，招輯商胡，為立店肆。例如，玄宗開元五年(717)，奚、契丹款塞歸附，玄宗思復舊宇，詔宋慶禮營建柳城(今遼寧朝陽)的營州，進而經營營州，詳見2007年春發現的《唐工部尚書宋慶禮墓誌銘》中的記載。[78]又，營州有粟特胡，還見於唐顏真卿

---

76. 《吐魯番出土文書》(北京：文物出版社，1986)，冊7，頁468-485。池田溫，〈8世紀中葉における敦煌のソグド人聚落〉，原刊於《ユーラシア文化研究》，1965年号1，再收入池田溫，《唐史論考——氏族制と均田制》(東京：汲古書院，2014)，第1部第5章，頁192-254。
77. 鄭炳林，《唐五代敦煌粟特人與歸義軍政權》，《敦煌研究》，1996年期4(1996年11月)，頁80-96。
78. 喬登雲，〈唐工部尚書宋慶禮墓誌銘考辨〉，收入杜文玉主編，《唐史論叢》(西安：陝西師範大學出版社，2013)，輯16，頁134-161。2007年，邯鄲修建高速公路的施工期間發現唐工部尚書宋慶禮墓誌，墓誌的內容補充了正史有關宋慶禮經略營州和治理營州的記載。

撰康阿義屈達干碑。[79]碑主康阿義屈達干可能原籍康國(今烏茲別克撒馬爾罕)，先祖遷居漠北，四代皆任突厥顯官。其高祖任東突厥國頡利可汗的部落都督，祖父為突厥可汗的駙馬、帶兵為設，父親官為頡利發，是墨啜可汗(默啜可汗)的衙官。康阿義達干先後曾任頡跌利施可汗、默啜可汗的屈達干(宰相)。東突厥汗國滅亡時，天寶元年(742)降唐，康阿義率部眾來營州居住。安祿山、史思明等通六蕃語的營州雜胡，就是在這樣生態環境中成長的粟特與突厥人的混血兒。

開元二十年(732)，唐玄宗以幽州節度使兼河北採訪處置使，並使之增領衛、相等十六州及安東都護府。[80]唐朝由此在東北地區建立了以幽州節度為中心的軍事體制，其主要防禦對象就是契丹、奚二虜。開元末年，安祿山接幽州節度使任，作為唐玄宗信賴的節度使，安祿山以與奚、契丹等松漠部落打交道起家。安祿山與契丹人作戰，也有多次敗仗的紀錄，甚至一度幾乎喪命。但是，越來越頻繁的戰事給安祿山的崛起提供了機會。到玄宗天寶初，唐代陸續建立的節度使達到十個，即平盧、范陽、河東、朔方、河西、隴右、北庭、安西、劍南、嶺南。這些節度使又稱方鎮、藩鎮、節鎮，下轄數州，乃至十數州不等。而其甲兵，從將領到士卒都是胡漢多族的混合，所有節鎮的指揮權都交到了胡人武將手中。唐代軍政制度上的這一巨大變化，被司馬光僅僅解讀為李林甫的個人專寵固位之謀。

> 自唐興以來，邊帥皆用忠厚名臣，不久任，不遙領，不兼統，功名著者往往入為宰相。其四夷之將，雖才略如阿史那社爾、契苾何力猶不專大將之任，皆以大臣為使以制之。及開元中，天子有吞四夷之志，為邊將者十餘年不易，始久任矣；皇子則

---

79. 全稱為《特進行左金吾大將軍，上柱國，清河郡開國公，贈開府儀同三司，兼夏州都督，康公神道碑》，《顏魯公集》錄其文，總計164字。

80. 〔宋〕司馬光，《資治通鑑》，卷213，〈唐紀二十九‧玄宗至道大聖大明孝皇帝中之上〉，「玄宗開元二十年」條，頁6799。

慶、忠諸王，宰相則蕭嵩、牛仙客，始遙領矣；蓋嘉運、王忠嗣專制數道，始兼統矣。李林甫欲杜邊帥入相之路，以胡人不知書，乃奏言：「文臣為將，怯當矢石，不若用寒畯胡人；胡人則勇決習戰，寒族則孤立無黨，陛下誠以恩洽其心，彼必能為朝廷盡死。」上悅其言，始用安祿山。至是，諸道節度使盡用胡人，精兵咸戍北邊，天下之勢偏重，卒使祿山傾覆天下，皆出於林甫專寵固位之謀也。[81]

　　天寶二載(743)，安祿山初入長安，交好於當時得寵的外戚楊氏全家，並同楊國忠一起誣告李林甫同阿布思謀反，[82]於是，楊國忠取李林甫而代之，安祿山則掌控了阿布思的部落兵。天寶十載(751)，安西四鎮節度使高仙芝與黑衣大食戰於怛邏斯(Talas)，敗績；同年，安祿山兼領雲中太守及河東節度使。[83]這也就是說，天寶十載，與唐朝在中亞的形勢逆轉之同時，安祿山身在幽州，被唐朝政府任命為范陽、平盧、河東三鎮節度使，專制三道。隨著安祿山兼署三節度使，他以中亞故土流行的親兵——柘羯(chakir)、從松漠地區收編的精銳兵團曳落河、從六胡州招募來的粟特胡、新掌控的阿布思部落兵等多種類型武裝集團組成他的核心部隊。天寶十三載，安祿山兼任閑廄、隴右群牧等使。[84]這些職務在開元初本由唐玄宗本人所領，後一度由禁軍將領擔任，安祿山此時兼任此職，他的勢力在兼併河東的基礎上又擴展到隴右。為了抵禦北方民族的南下，唐朝政府只能依靠安祿山麾下的胡人士兵的強大戰鬥力。終於，唐玄宗天寶十四載(755)十一月，安祿山動

81. 〔宋〕司馬光，《資治通鑑》，卷216，〈唐紀三十二·玄宗至道大聖大明孝皇帝下之上〉，頁6888-6889。
82. 〔宋〕司馬光，《資治通鑑》，卷216，〈唐紀二十九·玄宗至道大聖大明孝皇帝下之上〉，「玄宗天寶十二載」條，頁6917-6918。
83. 〔宋〕司馬光，《資治通鑑》，卷216，〈唐紀二十九·玄宗至道大聖大明孝皇帝下之上〉，「玄宗天寶十載」條，頁6904。
84. 〔宋〕司馬光，《資治通鑑》，卷217，〈唐紀三十三·玄宗至道大聖大明孝皇帝下之下〉「玄宗天寶十三載」條，頁6923。

員部下親兵及同羅、奚、契丹、室韋凡十五萬眾，號稱二十萬，反於
范陽，安史之亂(755-763)爆發。這是以粟特雜胡為首領的多族軍事群
體謀求奪取中原地區政權的初次嘗試。

　　安祿山在反叛的次年正月初一，自稱大燕皇帝，改元聖武。肅宗
至德二載(757)春正月，安祿山為其子安慶緒和親信閹宦李豬兒所殺。
肅宗乾元二年(759)，史思明殺安慶緒，自稱大燕皇帝，改元順天。肅
宗上元二年(761)，史思明又為其子史朝義所害。安史之亂持續時間長
達7年又3個月。[85]

　　唐肅宗在安祿山反叛後的次年(756)即位，時唐朝的東西二京已
經陷落敵手。肅宗急於收回東西兩京，因實力不足而不得不向回紇汗
國借兵平叛。當時回紇在位的是第二任可汗「葛勒可汗」(?-759)。看
來，回紇當時並不謀求趁機占領唐朝治下的領域，而只是在物質方面
取得最大好處。回紇派遣騎兵來援。唐肅宗對回紇軍統帥葉護所做的
約許是：「克城之日，土地、士庶歸唐，金帛、子女皆歸回紇。」757
年，唐大軍和回紇精騎四千餘人收復西京，回紇將如約行事，唐元帥
李俶拜求移至東都，西京倖免於俘掠。唐軍和回紇軍進克洛陽，回紇
在兵力所及之處縱兵大掠，洛陽人斂集羅錦一萬匹送回紇，俘掠才告
停止。唐肅宗封葉護為忠義王，約定每年送給回紇絹二萬匹，又為收
買回紇馬而立馬市。自肅宗乾元(758-759)以來，每年與回紇和市，一
馬四十縑，交易的馬動至數萬匹。錢穆先生對此有透徹的分析，認為
這無異於對回紇的行賄。[86]

　　為酬謝兩次協助唐廷討伐安史之功，肅宗封其幼女為寧國公主嫁
給葛勒可汗，當寧國公主至回紇牙帳，殿中監漢中王李瑀作為冊禮使

85.　參見森部豊，《ソグド人の東方活動と東ユーラシア世界の歷史的展開》(大阪：
　　關西大學出版部，2010)；森部豊，《安祿山》(東京：山川出版社，2013)；森部豊
　　編，《ソグド人と東ユーラシアの文化交涉》(東京：勉誠出版，2014)。
86.　錢穆，《國史大綱》修訂本(臺北：臺灣商務印書館，1995)，上冊，頁454。

見葛勒不拜而立，葛勒可汗曰：「我與天可汗兩國之君，君臣有禮，何得不拜？」[87]顯而易見，時代不同了，唐朝已從巔峰跌落，葛勒當政的回紇正值國勢強盛，葛勒認為自己是可與唐天可汗比肩的國君。

葛勒死後，其子移地健立，自號登里可汗(Tängri Qaghan)，《通鑑》記曰：「初，回紇風俗樸厚，君臣之等不甚異，故眾志專一，勁健無敵。及有功於唐，唐賜遺甚厚，登里可汗始自尊大……中國為之虛耗。」移地健雖仍執行其父出兵助唐之政策，然其人倔強驕傲，又仗回紇國勢強盛，故嘗有語辱太子(未來的唐德宗，779-805)之舉。

聯姻當然伴隨著物質利益。此後，唐廷不得不一再許嫁真、假公主予回紇可汗，伴以豐盛的物質好處。回紇因此而屢屢請婚，「朝廷以公主出降，其費甚廣，故未之許。」[88]唐憲宗元和九年(814)，禮部尚書李絳鑒於回紇凶強，仍然建議朝廷以許婚為宜。

回紇受唐朝影響，建造城郭，從遊牧向半定居轉化。回紇進而不時對唐朝邊境進行侵擾和掠奪。在回紇汗國轄境，則通過在各族群中安插回紇監使，監督臣服於己的契丹、韃靼等草原遊牧族群，並藉此斂稅。在勢力最強盛的時期，回紇幾乎控制了所有草原民族。

788年，回紇更名回鶻。840年(或曰848)，回鶻汗國解體。其後，回鶻族群陸續遷離漠北，分成數支散落各地；留在當地的一部分回鶻部眾則融入了契丹族群。回鶻人的失散，給契丹進一步騰出了空間。840年後，契丹逐漸向大漠地區延伸勢力。與此同時，原被回鶻統治、後被契丹控制的操蒙古語的韃靼部落也逐漸恢復了在漠北地區的活動，標誌著蒙古高原原來操突厥語的族群和遊牧汗國，漸次被操蒙古語的族群和汗國所取代。正因為這一原因，今天的漠北在西方得名Mongolia。這是一個歷史性的名稱誕生。

87.　〔宋〕司馬光，《資治通鑑》，卷220，〈唐紀三十六‧肅宗文明武德大聖大宣孝皇帝中之下〉，頁7059。

88.　〔宋〕司馬光，《資治通鑑》，卷239，〈唐紀五十五‧憲宗昭文章武大聖至神孝皇帝中之上〉，頁7704。

　　唐朝借助回紇平定安史之亂，並不意味著唐朝鏟除了河北地區的強藩勢力，而只是達成一種妥協。叛軍投降朝廷，降將換得保有原來的軍兵，而其軍兵，從將領到士卒都是胡漢多族群的混合。從此河北三鎮及相鄰地區各自為政，不聽朝廷的號令，亦即不再歸唐朝直接統治。不僅如此，安史亂後，直到殘唐五代，藩鎮延展的地區日趨擴大。強藩全面掌控轄境之內的軍政財賦大權，對抗中央，既有其土地，又有其人民，又有其甲兵，又有其財富。代宗大曆八年(773)，「魏博節度使田承嗣為安、史父子立祠堂，謂之『四聖』。」[89]胡人文化，在北方長期地延續，或曰北方進一步胡化。可以說，唐代後半朝藩鎮割據的後果是，河朔藩鎮在強藩控制下，直到唐亡，迄不為王土。只是由於各個強藩的力量都不足以兼併對方，因而名義上還寧願留在唐廷的框架之內。

　　與藩鎮割據的局面形成的同時，奚、契丹等族群，粟特系武人紛紛強化他們在河朔三鎮中地位。許多冠有漢姓的武人並非漢人，例如，盧龍的李懷仙為柳城胡；成德的李寶臣部下康日知、曹潤國、石神福，當是粟特；魏博的史憲誠為奚，何進滔為粟特。又如，孫孝哲是契丹人，李寶臣是范陽內屬奚。王武俊本出契丹怒皆部，名「沒諾幹」，張孝忠，本奚種，世為乙失活酋長，始名阿勞，燕趙間人們共推張阿勞、王沒諾幹悍勇，二人齊名，這是契丹、奚人首領打入河北藩鎮的顯例。這一現象或許可以稱之為地方武裝的胡化。

　　順便一提，唐代後期的地方武裝胡化並不限於河北三鎮，人們看到，浙西李錡之叛所依靠的「挽硬隨身」和以胡、奚雜類虯須者組成的「蕃落健兒」[90]也是同類性質的武裝，這種性質的武裝人員的推廣，

---

89. 〔宋〕司馬光，《資治通鑑》，卷224，〈唐紀四十·代宗睿文孝武皇帝中之上〉，頁7222；陳尚君編纂，《舊五代史新輯會證》(上海：復旦大學出版社，2005)，冊7，頁2271-2272。「上令內侍孫知古因奉使諷令毀之。冬十月甲辰，加承嗣同平章事以褒之。」即褒獎田承嗣之毀除四聖祠堂。
90. 〔宋〕歐陽修等撰，《新唐書》，卷224上，頁6382。

值得專文論述。

　　為時不久，德宗又因783年的涇原兵變和朱泚之亂而向吐蕃借兵，唐朝的權威進一步削弱。經過4年折衝，德宗建中四年(784)，唐朝終於與吐蕃分別在唐京長安、蕃京邏些、兩國國界之間三處舉行盟誓，是為「建中會盟」，唐放棄諸多利益，引誘吐蕃發兵助討朱泚。但吐蕃隨即部署了平原劫盟，日益加緊寇略唐土，德宗不得不於貞元三年(787)許以咸安公主妻回紇可汗，重定聯合回紇對抗吐蕃的政策。此前為了對付安史之亂，唐廷不得不藉助於回紇，而今為了扭轉應付吐蕃的劣勢，唐廷再次乞援於回紇。

　　人所共知，唐憲宗(805-820)即位，試圖矯正德宗晚年姑息藩鎮之弊，在平定劍南西川、夏綏、浙西鎮海叛亂，鎮壓跋扈不臣數十年的強藩淮西、淄青，迫使河朔三鎮表面「歸命」等方面做了一番努力，取得一定成就。但之後穆宗(820-824)全然不瞭解客觀形勢，妄圖「消兵」，反而激起兵變。皇權式微，中央控制的領域急劇萎縮。白居易在寫於809年的〈西涼伎〉中慨歎：「涼州陷來四十年，河隴侵將七千里。平時安西萬里疆，今日邊防在鳳翔。」早在751年高仙芝敗於怛邏斯之戰，大食勢力即開始東漸，盛唐時期的漢語文化圈迅速從中亞地區「退卻」，殘留在當地的漢語文化也隨之日益萎縮。隨著涼州於唐代宗廣德二年(764)失陷於吐蕃之手，唐朝前期戍守河西走廊和西域的殘餘軍隊逐步退入關中。

　　中唐以後，文人常常以投身藩鎮幕府，自願效力於武夫悍將為晉身要途，所謂「大凡才能之士，名位未達，多在方鎮。」[91]到了五代十國，大小帝王大都出身藩鎮。五代十國者，實際上是藩鎮割據的另一種形式的延續。所以後晉軍閥安重榮敢於發出「天子，兵強馬壯者當

---

91. 〔後晉〕劉昫等撰，《舊唐書》(北京：中華書局，1975)，卷138，〈趙憬傳〉，頁3778。

為之，寧有種耶！」[92]的「豪言壯語」。[93]

以上僅略舉安史亂後的幾樁事變，說明安史之亂被認作是劃分唐代前、後期的標誌，或是判定唐朝由盛轉衰的標誌有其充足的理由。

從長時段(la longue durée)著眼，繼唐代之後而相繼登場的北方民族，均育成於唐代後期。首先兩股強勁的政治勢力浮現，這就是突厥系的代北沙陀部和蒙古系的契丹相繼登場。正是這兩個外族，揭開了由五代十國到大元統一的華夏多國並存的歷史階段的序幕。元末明初的學者葉子奇(約1327-約1390)，論述沙陀和契丹在這一變化大勢中所起的作用說：「北方自朱邪赤心起於唐季，至李克用遂有太原之地。至阿保機起於木葉山，其勢遂盛，其子耶律德光受晉石敬塘關南燕門幽燕十六州之獻，遂據之而建國，曰大遼，其勢與大宋並矣。其後金興，遂亡遼而逐宋，據有天下大半而都汴矣。及元朝又亡金而平南宋，自混一六合百有餘年，而後江南得國。蓋自朱邪赤心始盛，至於元亡，首尾將五百餘年，此天運興衰之一終。」[94]下面對此略作申述。

從874年唐僖宗即位起始的9世紀最後25年，唐廷已經氣息奄奄，到906年終於滅亡。僖宗在位15年(874-888)，期間盜匪活動日益猖獗，無以為生的農民越來越多地加入社會中的盜匪團夥。盜匪團夥的最有名的首領，是人所熟知的濮州王仙芝和曹州黃巢。874到880年，軍事化的盜匪集團攻城掠地，流竄、蹂躪唐朝賦稅來源的主要經濟區。當黃巢劫掠嶺南時，多人死於瘴疾，於是率餘部北返。黃巢北上渡過淮河之後，採用了「天補大將軍」的稱號，流露他即將建立新王朝的野

92. 〔宋〕薛居正等撰，《舊五代史》(北京：中華書局，1976)，卷98，〈安重榮傳〉，頁1302。
93. 關於文人地位和門第的演變，詳見孫國棟，〈唐宋之際社會門第之消融〉，收入孫國棟，《唐宋史論叢》(上海：上海古籍出版社，2010)，頁271-352。關於唐代貴族制的沒落，參見池田溫，〈貴族制の沒落〉，收入池田溫，《唐史論考——氏族制と均田制》，第1部第6章，頁255-311。
94. 〔明〕葉子奇，《草木子》(北京：中華書局，1959)，元明史料筆記叢刊之一，卷之4下，〈雜俎篇〉，頁83。

心。僖宗廣明元年十二月(實際上已是881年初)，黃巢攻陷長安，自稱皇帝，國號「大齊」。

失掉長安的唐僖宗，出奔四川成都，號召藩鎮勤王。一些藩鎮出於各自的盤算，陸續結集在長安周圍，但都按兵不動，保存實力。正是各地動亂日益加劇的形勢，為當時陷於困境的代北沙陀勢力提供了展現它存在價值的機會。

沙陀，本號朱邪，出自西突厥別部處月種。唐太宗時期，處月內屬。高宗時期，唐在處月地區置金滿州，又一說是置金滿、沙陀二羈縻州。[95]高宗龍朔二年(662)，處月首領沙陀金山因功被授予墨離軍討擊使。唐玄宗時期，「朱邪」和「沙陀」作為族稱，開始分別見於吐魯番文書和張九齡為玄宗起草的開元晚期詔敕中。[96]安史之亂後，吐蕃佔據河西。德宗貞元年(785-804)間，沙陀人七千帳臣服於吐蕃。沙陀人驍勇善戰甚遭吐蕃疑忌。790年，吐蕃先將沙陀人遷到甘州，擬再遷之於「河外」。憲宗元和三年(808)，首領朱邪盡忠與子朱邪執宜率領三萬餘眾東進，沿途與吐蕃人交戰，傷亡慘重，由朱邪執宜率領餘眾到達靈州塞，靈鹽節度使范希朝安置沙陀部住在鹽州，設陰山府，以朱邪執宜為陰山府兵馬使。范希朝移鎮太原，朝廷令沙陀「舉軍從之」。范希朝揀選其驍勇一千二百騎組成「沙陀軍」，居之於神武川的黃花堆，號稱「陘北沙陀」。文宗開成年間(836-840)，沙陀人在史籍中開始以「沙陀三部落」(沙陀部、薩葛部、安慶部)見稱，其中薩葛部、安慶部當與粟特人有關。憲宗時對付強藩成德王承宗，淮西吳元濟，文宗討伐党項，武宗對付澤潞劉稹，宣宗對抗吐蕃、党項、回鶻，皆得沙陀之助。懿宗時，朱邪執宜子朱邪赤心率騎兵助唐鎮壓龐勳，以功授大同軍節度使，賜姓李，名國昌。

---

95. 黃英士，〈史載沙陀三事辨析〉，《德明學報》，卷37期1(2013年6月)，頁109-128。
96. 〔清〕董誥等撰，《全唐文》，影印本(北京：中華書局，1983)，卷284，張九齡〈敕伊吾軍使張楚賓書〉。

　　李國昌有子名克用，856年出生於晉北朔州新城。唐懿宗咸通九年 (868)，李克用十三歲，少年從軍，隨父李國昌平定龐勛之變，衝鋒陷陣，軍中號為飛虎。僖宗乾符三年(876)，國昌、克用父子作亂，殺害雲中防禦使段文楚，震動朝野。880年，唐朝借助於吐谷渾酋長赫連鐸等，重兵襲擊國昌、克用父子，國昌、克用父子一度被迫走投韃靼部。881年，因黃巢攻陷長安，唐廷赦免李克用，克用奉「敕」統兵南下勤王。[97]這就是上文所說的陷於困境的代北沙陀勢力得到了展現它的存在價值的機會。

　　882年，李克用率軍三萬赴河中，所部穿黑衣，號「鴉軍」。翌年，在梁田坡大敗黃巢軍，再戰再捷，迫使黃巢軍退出長安。唐廷任命李克用為河東節度使，不久又封之為晉王。從此李克用割據一方，以突厥、回鶻、吐谷渾、契苾、韃靼等所謂五部眾以及代北漢族作為他依賴的社會基礎，以太原作為活動基地，開始插手中原事務，並與結下深仇的汴州(開封)朱溫展開將近40年的爭鬥。

　　沙陀的壯大代表了唐末內蕃建構政權的一種形式。李克用從沙陀三部落中選拔武藝超強的將領，收為義兒／假子，「寵遇如真子」，[98]使之統領勁卒四出征戰。李克用左右有一支史上聞名的「義兒軍」，由李存孝等「十大猛將」組成，是為李克用兵團的基幹指揮力量。在五代十國時期，李克用生前組建的武裝集團建立了後唐、後晉、後漢三個王朝，這是華夷互動下由外族建立的一系列短暫皇朝，甚至後周與北宋也都與這一集團有著一脈相承的關係。

　　這一過程是這樣開始的：908年初，李克用死，遺命將晉王之位傳

---

97. 僖宗中和元年(881)「二月代州北面行營都監押陳景思率沙陀薩葛安慶等三部落與吐渾之眾三萬赴援關中，次絳州。沙陀首領翟稽停掠絳州，叛還。景思知不可用，遣使詣行在請赦李國昌父子，令討賊以贖罪，從之。」參見〔後晉〕劉昫等撰，《舊唐書》，卷19下，〈僖宗紀〉。

98. 〔宋〕司馬光：《資治通鑑》，卷266，〈後梁紀一·太祖神武元聖孝武皇帝上〉，頁8690。

子李存勖，沒過五個月，李存勖就奇襲潞州，在篡唐建立後梁的朱溫親臨前線的情況下，奪取了潞州夾寨，致使朱溫發出「生子當如李亞子(亞子為李存勖小名)，克用為不亡矣」的驚歎。923年，李存勖滅梁建立後唐，是為莊宗(923-926)。這是突厥族在華夏地區建立的第一個皇朝。後唐存在14年，四主三姓，其中接續莊宗的是明宗李嗣源(926-933)。從明宗在沙陀人中一再自稱蕃人等跡象看，他並非出自沙陀，而是出自粟特。[99]這是繼安祿山、史思明之後在華夏地區即位的又一位粟特族皇帝。時代的推移帶來最重要的變化是，「內蕃」沙陀人建立的後唐、後晉、後漢都被後續皇朝納入了正統。近年，根據敦煌吐魯番文書、接連新出土的墓誌銘，特別是北周到唐末五代一些重要的粟特歷史角色的墓誌銘，人們進一步瞭解了歷史上沙陀人與粟特人等諸多族群相互融合實相。

另一方面，在今長城線以北，潢水及其支流今老哈河形成的優良草原上，出現了契丹族英豪阿保機。唐初，在羈縻制度下，契丹大賀氏八部聯盟的盟長被唐廷封為松漠都督，賜姓李氏。契丹與奚日趨強盛，被合稱二虜或二蕃。實際上，當時奚比契丹勢力更大。唐廷重用粟特(昭武九姓)血統的營州雜胡安祿山，就是為了應付奚與契丹，終於導致安史之亂。到了唐末，《遼史》記載，原來契丹大賀氏、遙輦氏「八部大人，法常三歲代，迭剌部耶律阿保機建旗鼓，自為一部，不肯受代，自號為王。」[100]這指的是契丹迭剌部的阿保機906年

---

99. 李嗣源老於戰陳，即位之歲，年已六旬。「每夕宮中焚香，仰天禱祝：『某蕃人也，遇世亂，為眾推戴，事不獲已。願上天早生聖人，與百姓為主。』故天成、長興間，比歲豐登，中原無事，言於五代，粗為小康。」參看：〔宋〕王禹偁，《五代史闕文》，「明宗」條，《舊五代史》，卷44，〈明宗紀十〉，收入陳尚君編纂，《舊五代史新輯會證》，冊4，頁1487；《新五代史》，卷6，〈唐本紀六〉，頁66略同。又，明宗天成二年十一月己酉「帝祭蕃神於郊外。」參見《舊五代史》，卷38，〈明宗紀四〉，收入陳尚君編纂，《舊五代史新輯會證》，冊4，頁1148。

100. 〔元〕脫脫等撰，《遼史》，卷63，〈世表〉，頁956。

斷然廢除傳統的「世選」制度。阿保機以「可汗制」取代「世選制」之後，他的施政措施建立在北族南族二元分治原則上，他的統治可以分為前、後兩個時期：前期凡九年(907-916)，907年正月，阿保機「燔柴告天」，按北族傳統自立為可汗，成立契丹國家。後期於916年依照中原王朝方式即位，上尊號曰大聖大明天皇帝，建元神冊，在位10年(916-926)。阿保機經歷一系列征戰，周邊民族奚、霤、女真、党項、室韋相繼臣服。特別是926年他攻下號稱「海東盛國」的靺鞨政權渤海國，而後兼顧南下，打敗占據河北的盧龍軍節度使劉仁恭。據有河東地區的沙陀人李克用，正是目睹「契丹阿保機始盛」，才主動示好，邀請阿保機至雲州，「結為兄弟」。[101]阿保機的次子耶律德光(遼太宗)利用五代十國中原混亂局勢，幫助後晉石敬瑭攻打河東地區的沙陀人李氏，938年，後晉石敬瑭向契丹交出幽薊十六州土地圖籍，契丹取得燕雲十六州。經過幾代經營，甘州回鶻、西州回鶻、喀喇汗國(Qarakhanids)、西亞的波斯與大食相繼遣使與契丹通好，契丹／大遼的勢力範圍漸次涵蓋漠南、漠北與西域之地。自從契丹取得燕雲十六州，北方越來越大片的土地沒有再回歸中原的皇朝。華夏／中國的這種格局，被當時西亞、中的國家，特別是穆斯林世界所認可，在穆斯林文獻中留下了大量的證據。例如馬哈穆德‧喀什噶里(Maḥmūd al-Kāshghārī)的《突厥語詞典》，就把中國分為三大部分：Čin, Mačin, Catai / Kitai。直到今日，在俄羅斯民族的語言和文字中，依舊以源於契丹之名來稱呼中國。

北方民族相繼興起，華夏／中國形成南、北對壘，直到蒙古登場，有待蒙元予以混一的部族政權達到五個之多：女真、西夏、大理、吐蕃、南宋。與此同步，河北地區自8世紀中葉固定在陳寅恪先

---

101. 《舊五代史》，卷26，〈武皇紀下〉，收入陳尚君編纂，《舊五代史新輯會證》，冊3，頁706。

生所說的「胡化」範圍以後，范陽／幽州地帶因北族政權的相繼興起而逐步演變成為政治和軍事中心。當年，鮮卑是由平城南下洛陽，而今，北族是將政治、軍事重心由中原的汴梁北遷燕京。未來華夏／中國的經濟、文化重心在南，政治、軍事重心在北的大趨勢，追溯其源頭，顯然，也當從唐代後期起始。此後再經明、清兩朝，政治重心在北，經濟文化重心南移的大趨勢更加彰顯。[102]

六、宋初收復失土(irredentism)的努力——
1004/5年宋遼澶淵之盟列國制度 南宋與金、元

960年，趙匡胤發動陳橋兵變，奪取後周幼主的皇位，定都開封，建國號為宋。太祖得國的途徑不同於漢唐，因而君主與主要謀臣探討的是長期動亂的癥結：為什麼自唐季以來，數十年間，帝王凡易八姓，戰鬥不息，生民塗地。君臣取得的共識是「方鎮太重，君弱臣強」。趙匡胤的自身經歷使之對此有切身體會，深知要結束動亂、重建中央集權的皇權統治，首先必須收奪高階武將的兵權，於是通過著名的「杯酒釋兵權」之舉，以經濟贖買的辦法，剝奪一批開國功臣統帥禁軍的權力。與此同時，宋太祖竭力恢復並強化儒家的綱常倫理觀念，在此基礎上矯正以往風氣，在社會意識中消弭重武輕文的觀念。宋太祖朝的一系列崇儒舉動，旨在向天下傳遞尊儒重文的訊息。可以說，「崇文抑武」、「強幹弱枝」的治國思想、方略就此初步萌發。經過宋太祖朝治國思想方略的啟動，一系列制度建設和舉措的推行，武人不僅遠離了朝政的中心，而且軍功集團也趨於瓦解，逐漸退出了中央和地方行政機構。

宋太祖對於收復北方失地問題也有考慮。乾德元年(963)滅荊南、乾德三年(965)滅後蜀之後，朝廷供賦大增。宋太祖顧左右曰：「軍

---

102. 詳見許倬雲，《華夏論述：一個複雜共體的變化》，第15章最後一節〈族群移動與「唐宋轉換」〉，特別是頁266-267。

旅饑饉，當豫為之備，不可臨事厚斂於民。」於是在講武殿後別為內
庫以貯金帛，號曰封樁庫，凡歲終用度贏餘之數皆入焉。又嘗密謂近
臣，立「封樁庫」的真正目的在於：「石晉苟利於已，割幽薊以賂契
丹。使一方之人，獨限外境，朕甚憫之。欲俟斯庫所蓄滿三、五十
萬，即遣使與契丹約。苟能歸我土地民庶，則當盡此金帛，充其贖
直；如曰不可，朕將散滯財，募勇士，俾圖攻取耳。」宋太祖在世時
曾兩次攻打北漢，皆因遼軍及時增援，無功而返，特別是開寶二年
(969)的親征太原，是太祖一生軍事生涯中的唯一的一次敗仗。後來他
的去世突然，終於使他的贖買不成則輔之以戰的方式收復燕雲十六州
的抱負未得實現。[103]

　　宋太宗即位後，於太平興國三年(978)親臨左藏庫，視其儲積，語
宰相曰：「此金帛如山，用何能盡？先帝每焦心勞慮，以經費為念，
何其過也？」[104]翌年，太平興國四年(979)，宋太宗親征北漢，築長
圍以困太原，同時別遣軍阻擊遼援，終使北漢力竭而降，結束了延續
七十三年的五代十國時代。太宗欲乘勢收復燕雲十六州，率軍攻遼，
直抵幽州，兵敗於高梁河，負箭傷而歸。雍熙三年(986)，宋太宗擬乘
遼幼主即位，二度北伐，再敗於岐溝關(河北涿縣)，損失慘重。史稱
此役為「雍熙北征」。

　　宋太宗二次北伐失敗後，宋統治集團將注意力轉向內部，採取
「守內虛外」之策，[105]從此徹底放棄武力收復燕雲的打算，也停止了
開疆拓土的活動，軍事思想轉趨保守，積極防禦的戰略被消極防禦的
戰略所取代。據記載，當第二次北伐失敗後，以重臣趙普為首的執政

---

103. 〔宋〕李燾，《續資治通鑑長編》，卷19，〈太宗・太平興國三年冬十月癸丑
　　　朔〉。
104. 〔宋〕李燾，《續資治通鑑長編》，卷19，〈太宗・太平興國三年冬十月癸丑
　　　朔〉。
105. 參見漆俠，〈宋太宗與守內虛外〉，《宋史研究論叢》(保定：河北大學出版社，
　　　1999)，輯3，頁1-17。

群體便激烈批評北伐行動。趙普還告誡道：小人(指武將)好戰，「事成則獲利於身，不成則貽憂於國」；又從維護皇帝個人利益出發，特別提出「兵久則生變」的勸誡，宋太宗加劇了對武將的猜忌心，「崇文抑武」的治國方略遂得到確立。[106]

與宋朝相比，北方的契丹建國於907年，歷史比宋朝早了半個世紀；其版圖東臨大海，西抵中亞，北到大漠，是一個容納了胡、漢多族群的大國。宋真宗景德元年、遼聖宗統和二十二年(1004)，柄政掌政的遼蕭太后(承天太后)，與遼聖宗(982-1031)一起，統率二十萬大軍攻宋。宋廷君臣震驚。在宰相寇准力排眾議下，真宗御駕親征。雙方對峙於澶州。經由宋真宗、寇準與遼承天太后、韓德讓之間的折衝談判，雙方於次年(1005)年初訂立澶淵盟書。雙方約為兄弟之國，宋為兄，遼為弟；沿邊不得構築城堡、改易河道；各守疆界，互不招降納附；宋朝每年向遼輸送絹二十萬匹，銀十萬兩。澶淵之盟取消了雙方的敵對行動，中止了契丹的南下，帶來百年的和平。澶淵之盟取得了唐代唐蕃會盟類型的外交對等(diplomatical parity)。在唐代，唐蕃會盟為例外，在宋代，澶淵之盟成為定式。在訂立「澶淵之盟」時，遼與北宋之間存在著多種力量的綜合對比。但在雙方的觀念中，無疑逐漸形成對等意識。即便放在今天，澶淵之盟也符合科斯定理(Coase Theorem)的非效率的外部性通過當事人的談判而達到相依相賴的狀態(from Externality to Interdependence)。可以說，澶淵之盟為當時樹立了另一款式的南、北朝關係。

到了遼代後期，由於染習華風的加深，遼人自稱「中國」、自居「正統」。可惜，遼道宗(1056-1100)作的〈君臣同志華夷同風詩〉沒有保存下來。今天能夠見到的有懿德皇后所作應制詩：「虞廷開盛

---

106. 趙普的議論，參見〔元〕脫脫等撰，《宋史》，卷256，〈趙普傳〉，頁8934-8936、《長編》，卷27，雍熙三年五月丙子，頁614-617。第一次北伐期間，曾發生了部分將領試圖擁戴宋太祖之子稱帝的事件，宋太宗對此一直耿耿於懷。此事參見〔宋〕司馬光，《涑水記聞》(北京：中華書局，1989)，卷2，頁36。

軌，王會合奇琛。到處承天意，皆同捧日心。文章通鹿蠡(一作穀蠡或蠡穀)，聲教薄雞林。大寓看交泰，應知無古今。」[107]據《遼史》〈劉輝傳〉記載，遼道宗壽隆二年(1096，錢大昕指出《遼史》壽隆當是壽昌之誤)劉輝再次上書，對歐陽修之《新五代史》將遼朝附於四夷、「妄加貶訾」的做法的抗議。「宋人賴我朝寬大，許通和好，得盡兄弟之禮。今反令臣下妄意作史，恬不經意。臣請以趙氏初起事蹟，詳附國史。」[108]

宋神宗元豐四年(1081)八月，宋代大學者、華夏歷史上少見的博物學家、科學家蘇頌(1020-1101)，奉詔編纂一部「北界國信文字」彙編，收錄宋遼澶淵結盟(1005)後七十餘年來雙方交往的文獻。元豐六年(1083)六月，蘇頌先將目錄進呈，蒙神宗賜書名作《華夷魯衛信錄》。在《華夷魯衛信錄》總序中，蘇頌對載籍中記錄的「前世制禦朔漠之道」做了簡明扼要的評述：「厚利和親，以約結之；用武克伐，以驅除之。或俾辭遜禮，以誘其衷，或入朝質子，以制其命。漢、唐之事，若可信也，然約結一解，則陵暴隨之。」[109]今天看來，蘇頌所做的歸納符合隋代和唐代前期胡漢互動中「約結」與「陵暴」頻頻交替的實際情況，所有這些無非都是各自在三方面運作權力的展現：(1)武力強制(coercive)、(2)啖以重利(remunerative或utilitarian)、(3)規範名分(正名，normative)以論證自身的統治合法性。

《華夷魯衛信錄》成書未久，北方形勢向金、遼、宋、西夏列國制過渡。1115年(宋徽宗政和五年，遼天祚帝天慶五年)，位於遼國東北勢力範圍內的女真族完顏阿骨打稱帝建國，國號金。遼天祚帝(1101-

---

107. 〔遼〕王鼎，《焚椒錄》，涵芬樓《說郛》本。

108. 〔元〕脫脫等撰，《遼史》，校點本(北京：中華書局，1974)，卷104，〈文學下·劉輝傳〉，頁1455-1456。

109. 〔宋〕蘇頌，《華夷魯衛信錄總序》，參見王同策、管成學、顏中其點校，《蘇魏公文集》(北京：中華書局，1988)，卷66，上冊，頁1003-1006。上引文參見頁1005；又，蘇頌與宋仁宗、宋神宗交換意見的個別詞句散見於蘇象先《魏公譚訓》，參見《蘇魏公文集》，附錄。

1125)大驚，親率大軍，號稱七十萬，討伐女真，潰敗於混同江畔。在女真建國和宋遼金三方交涉過程中，楊樸(?-1132，《三朝北盟會編》樸字作璞)作為女真依賴的渤海國人，起了很重要的作用。楊樸是遼代遼東鐵州(今遼寧營口縣東南)人，屬「海東盛國」渤海大族，早年進士及第，累官校書郎。楊樸之歸降於金，是在金建國的次年(1116)。楊樸足智多謀，金建國之初，庶事草創，朝儀制度皆出其手。楊樸游說阿骨打：「匠者，與人規矩，不能使人必巧；師者，人之模範，不能使人必行。大王創興師旅，當變家為國，圖霸天下，謀為萬乘之國，非千乘所能比也。諸部兵眾皆歸大王，今可力拔山填海，而不能革故鼎新。願大王冊帝號、封諸蕃，傳檄回應，千里而定。東接海隅，南連大宋，西通西夏，北安遠國之民，建萬世之鎡基，興帝王之社稷。行之有疑，則禍如發矢。大王何如？」[110]阿骨打大悅。這一事實表明，金國統治者立國伊始，就因楊樸的引導，有著萬乘之國的帝王圖霸天下的鮮明意識，準備征服遠國之民。

　　楊樸又向阿骨打陳說：「自古英雄開國，或受禪，必先求大國封冊。」[111]當時阿骨打剛戰勝天祚帝，遂遣使對遼議和，求封冊。具體內容有十項，包括承認阿骨打為兄長、徽號大聖大明皇帝、國號大金等等。金太祖天輔元年(1117，宋徽宗政和七年，遼天祚帝天慶七年)，遼多次遣耶律奴哥等使金，議及封冊事。次年(1118)正月，金遣烏林答贊謨持書到遼廷迎冊。三月，遼遣知右夷離畢事蕭習泥烈持冊來使，當時楊樸任職知樞密院內相，楊樸當面指出遼的冊文唯冊立阿骨打為東懷國至聖至明皇帝，並無冊為兄之文，亦未以「大金」來稱，所持儀物亦不全用天子之制。阿骨打為此而大怒，欲斬遼使，幸賴諸將勸解，收來使，各笞百餘下。阿骨打乃使宗翰、宗雄、宗幹、希尹商定

110.〔宋〕徐夢莘，《三朝北盟會編》，影印本(上海：上海古籍出版社，2008)，卷3，十三葉上、下，上冊，頁22上欄。
111.〔宋〕徐夢莘，《三朝北盟會編》，影印本，卷3，十三葉上、下，上冊，頁22上欄。

冊文義指，由楊樸潤色，胡十答、阿撒、高慶裔譯契丹字，使贊謨與習泥烈偕行出使於遼進行交涉。這一事實表明，楊樸向阿骨打陳說的或許是當時流行的一種觀念：英雄開國或受禪，先求大國封冊。

正當此時此刻，北宋君主宋徽宗與大臣蔡京、童貫等認為遼國亡國在即，金國將取而代之，密謀聯金攻遼，既向金示好，又可以乘機收復已失百年的燕雲十六州之地。1122年(宋徽宗宣和四年、金太祖天輔六年、遼天祚帝保大二年)，宋金訂立聯合滅遼的「海上之盟」。此前2年，使者數次往復，宋、金雙方已經在商討聯合滅遼，滅遼之後，燕雲十六州之地歸宋，宋原給遼的歲幣轉納金國。在這一與金交涉過程中，宋在登州向金移牒，而不是交換國書，曾引起金國的極大不滿。徽宗君臣既然只想乘機漁利，當然不會認真備戰。1123年，(宋徽宗宣和五年、金太祖天輔七年、遼天祚帝保大三年)金軍已攻陷遼中京，宋軍卻慘敗於進攻燕京，燕京是由金軍代為攻下。四月，根據金、宋之間締結的海上盟誓，楊樸被派出使於宋，攜帶誓書，如約歸還與交割燕京、涿、易、檀、順、景、薊六州，向宋索米二十萬石。

1125年(宋徽宗宣和七年、金太宗天會三年、遼天祚帝保大五年)二月，金俘獲遼主天祚帝，遼亡。金自阿骨打稱帝到滅遼，不過11年。

遼亡，金氣勢更盛，趁宋金兩國還未達成充分協議之機，分東、西兩路大舉南下伐宋。東路由完顏斡離不(宗望)領軍攻燕京，破燕京後南下黃河，直逼汴京；西路由粘罕(宗翰)領軍直撲太原。宋徽宗見勢危殆，禪位於太子趙桓，趙桓在啼哭中登上皇位，是為欽宗。1126年(宋欽宗靖康元年)正月，完顏宗翰率金兵東路軍進至汴京城下，逼宋議和，割讓中山、河間、太原三鎮，賠款五百萬兩黃金及五千萬兩銀幣，而後金軍北撤。未逾數月，金軍又兩路攻宋；閏十一月，金兩路軍會師，兵臨汴京。宋欽宗親自至金人軍營議和，被金人拘禁。1127年(宋欽宗靖康二年)四月，金俘虜徽、欽二帝及后妃宗室三千人，洗劫大批文物財富北上，史稱靖康之難。中原地區被金佔據，北

宋滅亡。金自滅遼到滅宋，前後不出兩年。總之，14年內，金滅掉了
遼、宋兩個皇朝。

　　宋皇室以徽宗第九子康王趙構為首，率衣冠南渡，靖康二年(1127)
五月即位於南京(今河南商丘)，改元建炎，是為南宋高宗。高宗懾於
南下金軍的兵威，隨即渡江逃竄，而後遁入東海。金軍北撤後，雙方
沿淮河對峙。高宗繼而遷都臨安(杭州)，建立南宋偏安政權。金朝一
時無力消滅南宋，曾冊封降臣劉豫為齊帝，作為傀儡，治理河南、陝
西。宋高宗紹興七年(1137)，金黜廢偽齊，直接誘降南宋。高宗貶去
大號，對大金元帥自稱宋康王趙構，派遣祈請使乞和。高宗擢用秦檜
為相，主持和議。君臣沆瀣一氣，紹興九年初，和局遂定。

　　及至1140年(宋高宗紹興十年，金熙宗天眷三年)，劉錡、吳璘、岳
飛相繼戰勝金兀朮南侵的金兵，金人主戰派銳氣受挫，於是南宋得以
重伸和議。1141年(宋高宗紹興十一年，金熙宗皇統元年)，宋派魏良
臣赴金議和。次月，金使隨魏良臣入宋，經過反覆爭論，最後達成盟
約：宋向金稱臣；劃定疆界；宋每年向金納「歲貢」銀、絹各二十五
萬兩、匹。次年(1142)，宋主高宗趙構遣端明殿學士何鑄等向金朝進
誓表，表示履行和議，表曰：「臣構言，今來畫疆，合以淮水中流為
界。西有唐、鄧州，割屬上國。自鄧州西四十里並南四十里為界，屬
鄧州。其四十里外並西南盡屬光化軍，為敝邑沿邊州城。既蒙恩造，
許備藩方，世世子孫，謹守臣節。每年皇帝生辰並正旦，遣使稱賀不
絕。歲貢銀、絹二十五萬兩、匹，自壬戌年為首，每春季差人般送至
泗州交納。有渝此盟，神明是殛，墜命亡氏，蹭其國家。臣今既進誓
表，伏望上國早降誓詔，庶使敝邑永有憑焉。」[112]金朝遣左宣徽使劉
筈使宋，以袞冕、圭寶、珮璲、玉冊，冊康王為宋帝。其冊文曰「皇
帝若曰：諮爾宋康王趙構⋯⋯」云云。[113]無須多言，紹興十一年和議

---

112. 〔元〕脫脫等撰，《金史》，卷77，〈宗弼傳〉，頁1755-1776。
113. 〔元〕脫脫等撰，《金史》，卷77，〈宗弼傳〉，頁1755-1776。

是雖然戰勝卻依然割地納貢、不惜名分自居臣下的和議，這樣的和議已與宋遼時代相去甚遠了。

金人取得紹興十一年和議，中經二十年得以從容經營新獲淮水中流土地，在中原配兵屯田。1153年金海陵王完顏亮再擴建燕京為金中都，定為首都。1161年(宋高宗紹興三十一年，金世宗大定元年)十一月，金海陵王破棄和議，率六十萬大軍分四路南侵，但兵敗於采石磯，海陵王遭部將殺害。1162年(宋高宗紹興三十二年，金世宗大定二年)，宋高宗目睹對金屈服仍然不免及身再見戰禍，決定傳位於孝宗。孝宗即位，起用主戰派張浚督軍北伐，次年(1163)符離之戰敗績，1164年(宋孝宗隆興二年，金世宗大定四年)，孝宗不得不與金人重新議和，是為紹興和議之後的隆興和議。1165年(宋孝宗乾道元年，金世宗大定五年)和議達成，故隆興和議也有時被稱為乾道和議。和議內容大體如下：雙方仍然遵守紹興和議；但宋主對金主不再稱臣，而改稱叔父，金宋為「叔侄之國」；「歲貢」改稱「歲幣」，由銀、絹各二十五萬兩、匹減為各二十萬兩、匹；宋割讓商州、秦州予金；金朝不再追還以前由金逃到南宋的人員。這是在宋、金對峙新形勢下訂立的條約，對以前不平等的關係有所調整，換來其後40年的和平。

陶晉生先生指出，遼宋對等，「澶淵模式」維繫著兩國的長期和平，這是東亞史上特別重要的一頁。到了南宋高宗在位時期，南宋的地位實際上是已經降為金朝的臣屬，到孝宗與金訂立隆興和議，在實質方面作出必要的讓步，無非是用以換取稱謂上的皇帝名分而已。詳見陶晉生先生的《對等：遼宋金時期外交的問題》一書。[114]

宋寧宗開禧二年(1206)，獲得寧宗的信任的韓侂冑無謀浪戰，策劃了宋軍又一次北伐，是為開禧北伐。韓侂冑出師無功，繼而被史彌遠陷害。韓侂冑兵敗議和之年，也正是蒙古的鐵木真稱大汗於斡難河

---

114. 陶晉生，《對等：遼宋金時期外交的問題》(臺北，中央研究院歷史語言研究所，2013)，中央研究院歷史語言研究所傅斯年講座2010。

畔之歲(1206)。鐵木真統一了蒙古諸部,經忽里台大會(Khuruldai)被選為成吉思汗。此後宋、金日益就衰,坐待蒙古鐵騎的來臨。1213年,蒙古大軍南下,占領燕雲十六州,橫掃河北。兩年後,蒙古佔領中都。金朝南遷開封,疆土僅剩黃河南北之地,1234年蒙古滅金。

七、忽必烈之先稱大汗、再稱皇帝
——元代權力結構下的四等人制

　　1260年4月,忽必烈在他的王府所在地開平(元上都,今內蒙古錫林郭勒盟正藍旗境內)即大汗位,是為元世祖(1260-1294)。1271年11月,取《易經》「大哉乾元」之義,定國號為「大元」。

　　與唐太宗先稱帝再稱天可汗的次序相反,忽必烈是先稱汗,再稱皇帝。在蒙古汗室之中,忽必烈應屬具有漢化傾向的人物。他早年與漢族士大夫有較多接觸,舉例而言,蒙古定宗(貴由)二年(1247),時為藩王的忽必烈召見金朝遺老張德輝(1195-1275),向他提出了這樣一個問題:「或云:『遼以釋廢,金以儒亡』,有諸?」[115]張德輝對「金以儒亡」的說法斷然否認,但忽必烈的這句話反映了當時一派人的見解,認為金朝因漢化而喪失了尚武的精神,傳到關心前朝的治亂興旺的忽必烈耳中,對這一看法相當在意。1251年,蒙古憲宗(蒙哥)即位,忽必烈受命統領漠南漢地軍務,採納漢人幕僚建議推行漢法。1260年,忽必烈即位,將大蒙古國的統治中心由漠北移到中原,1272年,在金朝京城的基礎上重建燕京,燕京被正式立為元朝首都,改稱大都,以開平為陪都,改名上都。忽必烈入主中原,大元既具有大蒙古國(yeke monghol ulus)型的草原汗國的特徵,又是採用中原大一統王朝型的典章制度、推行「漢法」的皇朝。陳得芝先生對忽必烈一生頒佈的詔令和各類政令、在各種場合對臣下所做的聖訓、對中原制度與

---

115. 蘇天爵,《元朝名臣事略》(北京:中華書局,1985),卷10,頁169。

文化的態度、在民族、重農、慎刑、節用等諸多方面所持觀念都有深入、仔細的研究，他得出的結論是：忽必烈不僅將自己定位為大蒙古國大汗，而且以承襲中原帝王正統自居。[116]

　　德國的漢學家兼金元史學家傅海波(Herbert Franke, 1914-2011)為元代史歸納了幾個特點：與在華夏／中國土地上其他外族建立的皇朝不同，元朝只是成吉思汗建立的大蒙古帝國中的四汗國(ulus)之一，但已經是華夏／中國史上疆域最遼闊的朝代；蒙古人為了建立這個皇朝，從成吉思汗起，經歷了幾個階段，前後用了長達將近四分之三世紀(1215-1276)的漫長時間；蒙古人之建國，遠離中國體制影響所及之化外(outside the Chinese system)；蒙古沒有受過任何其他政權的禪讓或封冊；蒙古也沒有受漢地官方或正統思潮的影響，他們自有本族的傳統觀念，或來自喇嘛教的思想；曾經統治過中國的非漢族，如契丹失國以後往往族群消失，而蒙古作為民族依然存在；蒙古靠武力起家，不怎麼注意意識形態或思想方面的說教，蒙古人沒有像朱元璋當權後頒佈「大誥」那樣的行為。[117]

　　中外學者這些研究大大有助於我們深入思考蒙元時代在華夏共同體型塑過程中所起的作用。

　　13世紀初，蒙古遊牧社會還保持著自身的習俗和禁忌，社會沒有明顯的階層分化。及至蒙古人繼女真之後南下，掠奪戰爭迅速改變著蒙古自身和佔領地區的社會結構。大汗之下，迅速形成各級權貴階層，這些屬於「國族」、「自家骨肉」的蒙古人，也許在習慣上還保留著很多遊牧生活方式，例如，在最初跨入大都(Khan-baligh)的時

116. 陳得芝，〈元世祖詔令、聖訓叢談〉，收入中國元史研究會編，《元史論叢》(臺北：中國廣播電視出版社，2005)，輯10；後再收錄於陳得芝，《蒙元史與中華多元文化論集》(上海：上海古籍出版社，2013)，頁10-36。
117. Herbert Franke(傅海波), *From Tribal Chieftain to Universal Emperor and God: The Legitimation of the Yüan Dynasty* (München: Verlag der Baerischen Akademie der Wissenschaften, 1978), pp. 7-14.

候，他們雖然過上了宮廷生活，但還習慣於搭住帳篷。為時不久，在接管和統治中國的最初幾十年內，蒙古人探索出來維護他們的權力優勢之方式方法，從中央到地方建構起來實權操在蒙古人手中的行政管理體系，例如，中書省的丞相必用蒙古勳臣，不以漢人為相；次於丞相的平章政事也多由蒙古人出任，各行省的丞相、平章以及行省以下各級地方政府的首席長官達魯花赤概同此例。為了限制漢人進入最高統治階層，1265年(至元二年)元廷規定：「以蒙古人充各路達魯花赤，漢人充總管，回回人充同知，永為定制。」[118]這樣的措施是為了使蒙古人掌權，以色目人、漢人互相牽制，彼此監督，以免漢人勢力坐大。1268年(至元五年)，「罷諸路女直、契丹、漢人為達魯花赤者，回回、畏兀、乃蠻、唐兀人仍舊。」[119]1291年(至元二十八年)，「詔路、府、州、縣，除達魯花赤外……遴選色目、漢人參用。」[120]

　　元末明初的葉子奇(約1327-1390年前後在世)，在他記錄元朝掌故的筆記《草木子》中論述元代的滅亡，其中提及：

> 元朝自混一以來，大抵皆內北國而外中國，內北人而外南人，以至深閉固拒，曲為防護，自以為得親疏之道。是以王澤之施，少及於南；滲漉之恩，悉歸於北。故貧極江南，富稱塞北，見於偽詔之所云也。[121]

至於蒙人長官的水準，葉氏說：

> 北人不識字，使之為長官。或缺正官。要題判署事及寫日子，七字鈎不從右七而從左才轉，見者為笑。立怯里馬赤，蓋譯史也，以通華夷言語文字。昔世祖嘗問孔子何如人。或應之曰。

---

118. 〔明〕宋濂等撰，《元史》(北京：中華書局，1976)，卷6，〈本紀第六‧世祖三〉，頁106。

119. 〔明〕宋濂等撰，《元史》，卷6，〈本紀第六‧世祖三〉，頁118。

120. 〔明〕宋濂等撰，《元史》，卷82，〈志第三十二‧選舉二‧銓法上〉，頁2038。

121. 〔明〕葉子奇，《草木子》(北京：中華書局，1969)，卷之3上，〈克謹篇〉，頁55。

是天的怯里馬赤。世祖深善之。蓋由其所曉以通之。深得納約
自牖之義。[122]

　　至於意識形態或思想方面的說教，實際上，蒙古人也不是不予注
意。蒙古人有他們自己宗奉的奉天承運的信念。元代在中原建立的白
話碑無不以「長生天的氣力裡皇帝的大福蔭護助裡」起始。例如，忽
必烈表彰和獎勵臣下重修黃河流經山西河津縣、陝西韓城縣交界處的
龍門的禹廟，廟內有元代建極宮，內藏元代聖旨碑，碑陽刻八思巴字
及漢字聖旨，碑陰刻八思巴字蒙語令旨。[123]

　　與此同時，蒙古人從治下被稱為色目人的諸多族群中，物色、吸
收自願協助蒙古人實現其統治的人物出任副職。色目人大多數來自西
域，他們的身分和社會地位僅次於蒙古統治階層。蒙古人屬於第一
等，他們屬於第二等。在被歸入色目人的二十多個族群中，以畏兀兒
人為最重要，原因是，一、他們歸順成吉思汗最早，1209年，他們就
成為蒙古汗國屬部；二、他們有從過去昭武九姓(粟特人)那裡學來文
字書寫技能，善於理財和經商，富有履行政府文職的知識和經驗，是
協助蒙古人統治中國的得力助手。蒙古人的名分是統治者，色目人扮
演輔佐統治者的角色。

　　隨著蒙古人向金朝原來佔有的地區推進，新被征服的屬民被稱作
「漢人」。據陶宗儀《南村輟耕錄》，漢人有八種，據錢大昕考證，「按
遼金元三史，唯見契丹、女直、高麗、渤海四國，餘未詳。」[124]1275-
1279年，蒙古人征服了南宋，新被征服的五千萬南宋遺民被納入「南
人」的範疇。

　　一百五十餘年來，金元相繼對南宋用兵，促成四等人(蒙古、色

122.〔明〕葉子奇《草木子》，卷之4下，〈雜俎篇〉，頁82-83。

123.《1275年龍門神禹廟聖旨碑》和《1276年龍門神禹廟蒙漢文令旨碑》。1907年沙畹
　　(Edouard Chavannes)在韓城訪得此碑，次年刊載於《通報》(T'oung-Pao)。

124. 錢大昕，《十駕齋養新錄》(臺北：世界書局，1963)，讀書箚記叢刊本，上冊，卷
　　9，頁209。

目、漢人、南人)制的形成。以上蒙古人、色目人、漢人、南人四種
人的不同身分待遇通常被稱為元代「四等人制」。根據《元典章》、
《通制條格》中所載敕旨、條令，可以看到蒙古、色目、漢人、南人
隨著身分不同而入仕途徑、法律地位和權利待遇等確實不同。但是，
人們迄今找不到「四等人制」這一不同等級順序的法律條文或文獻根
據。人們推測，元代「四等人制」一詞可能是南宋人所做的歸納。

八、遼、南宋、金、元時期一些學者、士人論名分與名位

在唐代，與唐室一些君主竭力掩飾出身夷狄的時代風氣相反，某
些士人對於自身是否出身夷狄，形成了另外一種敏感。陳寅恪先生在
〈劉復愚遺文中年月及其不祀祖問題〉[125]一文中說：「唐人習以西華
為西北蕃胡之雅號，而與東華為對文。」[126]陳先生進一步考證，從不
主張祀祖等情況看，唐宣宗大中四年(850)「破天荒」考中進士的劉復
愚(亦即劉蛻)的「氏族非出自華夏」。劉蛻在其《文泉子》自序中的
開篇的一句話就有「西華主」一詞出現，這裡的「西華主」當指回鶻
汗國剛剛降唐的烏介可汗而言。陳寅恪先生更進一步根據《蜀王府隊
正安師墓誌》和《上騎都尉康達墓誌》中的資料判斷，出身於西域之
民自當稱其故土的國主「西華主」、「西華國君」。臺大中文系葉
國良教授肯定陳寅恪先生認為劉蛻「氏族非出自華夏」的考證甚確。
《蜀王府隊正安師墓誌》和《上騎都尉康達墓誌》的誌主乃西域人，
對比東土有華夏之稱，因而「氏族非出自華夏」的西蕃人循例而稱其
故土西華、西夏。[127]今天看來，葉國良教授的判斷使陳寅恪先生當年
的考證得到進一步肯定。這一情況表明，時代的演變和個人不同的社

125. 陳寅恪，《金明館叢稿初編》(臺北：里仁書局，1981)，頁308。
126. 陳寅恪，《金明館叢稿初編》，頁312。
127. 葉國良，〈唐代墓誌攷釋八則〉，《臺大中文學報》，期7(1995年4月)，頁51-75，所引在頁53-54。

會地位左右著人們的意識。唐代的外蕃終不能完全不計較自己如何定位以及如何自稱。

大約與「破天荒」考中進士的劉復愚以「西華主」、「西華國君」稱呼其故土國主同時,進士陳黯寫了一篇文章,篇名〈華心〉。陳黯籍出潁川,在今泉州度過大半生,因而可能與蕃客有所接觸。〈華心〉一文內稱:唐宣宗大中(847-959)初,號稱「碩賢」的玄武節度使范陽公盧鈞向宣宗推薦了一位大食國人李彥昇。天子詔春司考其才,李彥昇於大中二年以進士及第,聲名大噪。這引發了時人的議論乃至責難。針對對盧鈞的如下指責:「受命於華君,仰祿於華民,其薦人也則求於夷,豈華不足稱也耶?夷人獨可用也耶?」陳黯在〈華心〉一文中申述說:「苟以地言之,則有華夷也,以教言之,有華夷乎?夫華夷者,辯乎在心,辯心在察其趣向。有生於中州而行戾乎禮義,是形華而心夷也;生於夷域而行合乎禮義,是形夷而心華也!」[128]

過了大約半個世紀,唐昭宗乾寧(894-897)進士程晏又有感而發,寫了一篇〈內夷檄〉。和陳黯相同,程晏提出禮義為區分華夷的準則:「四夷之民,長有重譯而至,慕中華之仁義忠信,雖身出異域,能馳心于華,吾不謂之夷矣。中國之民,長有倔強王化,忘棄仁義忠信,雖身出於華,反竄心於夷,吾不謂之華矣。」[129]

經過五代十國而入宋,人們看到,由於族群對抗的加劇,宋人更加依據儒家的說教而強調「華夷有別」、「華夷界限」。例如,北宋的石介(1005-1045)生在澶淵之盟締結之年。他在他的〈中國論〉提出:「四夷外也,中國內也」,要中國恢復固有文化,華夷互不相亂,與佛道兩教劃清界限。「各人其人,各俗其俗,各教其教,各禮

---

128. 陳黯,〈華心〉,參見〔宋〕李昉等編,《文苑英華》(北京:中華書局,1966),卷364,冊3,頁1867-1868;亦見《全唐文》,卷767,冊8,頁7986。

129. 程晏,〈內夷檄〉,參見《全唐文》,卷767,冊9,頁8650。關於〈華心〉與〈內夷檄〉二文,班茂森(Abramson, Marc S.), *Ethnic Identity in Tang China*的結束語章有詳細的發揮,詳見該書頁179-189。

其禮，各衣服其衣服，各居廬其居廬。四夷處四夷，中國處中國，各不相亂，如斯而已矣，則中國中國也，四夷四夷也。」這樣的提議，為轉而成為「尊華夏賤夷狄」、「尊夏攘夷」埋下了伏筆。[130]

在長期存在北方民族威脅而產生「華夷有別」論的情況下，宋朝朝廷內一直存在主戰、主和兩派，「以銀、絹換和平」的主和派在絕大部分時間內占上風。由於這種民族關係的現實，就規定了兩宋的政治主題。[131]與北方民族的「戰」與「和」，成為宋朝的重大「國是」，影響着宋朝士大夫的正統觀。但是，在現實生活中，兩宋面臨的是北方新興起的民族正以強大的活力，隨時伺機南侵的局面。面對勍敵，一方面就是要做軍事準備，這就是兩宋時期朝臣不斷提出的「強兵」之論，以王安石為代表。

另一方面，一些士大夫則是強調正統——「天無二日，民無二主」、「一女不踐二庭」，作為抵禦北方民族隨時隨地可能入侵的思想武器。例如南宋滅亡時，陸秀夫背負幼帝蹈海；還有一大批士大夫寧死不屈，如文天祥等；更有多少婦女，以死捍衛「貞操」，都是這種教育的結果。而在唐、五代，臣與君、妻與夫的關係，不像宋朝那樣明確，所以有馮道一生「事四朝，相六帝」，晚年腆然自稱「長樂老」、仍作《長樂老自敘》，認為此生唯一的不足是：「不足者何？不能為大君致一統，定八方，誠有愧於歷職歷官。」[132]所以有敬翔之妻劉氏那種先後委身尚讓、時溥、朱溫，依舊對身為宰相的第四任丈夫敬

---

130. 鄧小南，〈試談五代宋初「胡／漢」語境的消解〉，收入張希清主編，《10-13世紀中國文化的碰撞與融和》(上海：上海人民出版社，2006)，頁114-137。原名〈論五代宋初「胡／漢」語境的消解〉，《文史哲》，2005年期5(2005年9月)，頁57-64。此為作者定稿，與發表稿略有不同。

131. 參見陶晉生，《宋遼關係史研究》(臺北：聯經出版事業公司，1984)；陶晉生，《宋遼金史論叢》(臺北：中央研究院、聯經出版事業公司，2013)；陶晉生，《對等：遼宋金時期外交的問題》(臺北：中央研究院歷史語言研究所，2013)。

132. 《舊五代史》，卷126，《馮道傳》，收入陳尚君編纂，《舊五代史新輯會證》，頁3876。

翔盛氣凌人、連敬翔都要退讓三分的女性。安史之亂，雖然有張巡、許遠的殊死抵抗，但不是如南宋陸秀夫蹈海那樣的性質。上述種種在宋人看來極端「失序」的行為，在唐末五代時期被認為是正常的。

范浚(1102-1150)生在兩宋交替時代，基於時代背景，他在《五代論》總結：「大抵五代之所以取天下者，皆以兵。兵權所在，則隨以興；兵權所去，則隨以亡。」[133]此時此刻的文士形成的群體，逐漸提出與時代相應的共同關懷、共同識見，有了「化人成俗，安危存亡」的群體意識，願見天下一統。

朱熹(1130-1200)推崇范仲淹(989-1052)在「大厲名節，振作士氣」方面所起的作用，認為「本朝惟范文正公振作士大夫之功為多。」[134]就南宋來說，程朱理學竟然將「忠君」觀念提升到「天理」的高度，對予皇權的鞏固起了至為重大的作用。

值得人們注意的是，在多族群長期對立過程中，既有族群衝突，也有文化融合。陶晉生先生在研究遼宋金戰和過程的同時也指出，女真民族崛起，以少數民族入主中原，建立金朝，而正是金朝，在糅合唐宋文化與遼金文化上，擔任了承先啟後的角色。[135]

從未經歷過異族的統治的南人，心理上本來鄙視蒙古文化的落後，加上元滅宋涉及到「夷夏之辯」，所以宋元之初，江南遺民如謝枋德等的反抗意識強烈，然而，到了元末明初，遺民反抗意識反而不甚強烈。明代的國初有楊維楨、沈夢麟、滕克恭三遺老。不同朝代的遺民的蕃漢意識或華夷心態之演變或差異，是非常值得進一步細緻研究的課題。

---

133. 〔宋〕范浚，《范香溪先生文集》(收入《四部叢刊續編》，冊124)(臺北：臺灣商務印書館，1966)，卷之4，〈五代論〉，頁10。

134. 〔宋〕黎靖德編，《朱子語類》，卷129，收入《景印文淵閣四庫全書》(臺北：臺灣商務印書館，1983)，冊702，頁606。

135. 陶晉生，〈金朝在中國歷史上的地位〉，收入《宋遼金史論叢》，頁417-438。

中國規範傳統國際關係的「五倫國際關係論」理論論述——五代宋遼五倫國際關係的倫理解析[*]

張啟雄[**]

中央研究院近代史研究所研究員

緒論

宋朝上承五代，因此論述傳統中國的五倫國際關係，必須上溯五代的國際關係；五代，就時間而言，時期雖較短，但其國際關係卻五彩繽紛，呈現出中國五倫國際關係的多樣性與流動性。對內為「大一統」的朝代更迭，對外則為五代各朝的對遼「國際關係」。趙匡胤於陳橋兵變黃袍加身後，逐一終結五代紛爭擾攘的局面，進而征服南方十國，統一天下，兼領南北，乃建國號為宋，年號為建隆。為結束分裂割據的局面，趙匡胤以「杯酒釋兵權」的政治智慧強幹弱枝，以結束地方割據局面，鞏固中央政權，同時也在外交上繼承了五代各朝的對遼外交。

後梁至後周的五代，因地處華北，屬於內圈中國，故在文化價值上，只有「大一統論」，而無「國際關係論」。至於五代對遼的聘交關係，先因「文化差異」而有「國際關係論」的國家並立情況，後因

[*] 本文原為國科會專題研究計畫項下之個別型研究計畫，其後應國立政治大學頂尖大學研究計畫之邀，參與以張廣達院士為中心之唐宋變革研究團隊，承蒙惠賜意見良多。其中，張廣達院士對本文聯結唐宋變革之意見，尤為精闢，敬表謝忱。

[**] 本文承助理中國文化大學碩士劉怡真女士和銘傳大學助理教授張桂綸先生代為繪製圖表等種種協助，由衷敬致謝忱。

「文化融合」而有受「正統論」規範的「正統、閏統」之爭。宋朝建政後，雖有「大一統論」的文化價值召喚與歷史使命的承擔，然終因宋遼旗鼓相當，國勢相若，限於國力，不得已遂走向〈五倫國際關係論〉的「兄弟倫」一途。直到元朝興起後，天下始由分裂邁向統一，最後朝向「朝代繼承」(＝政府繼承)的「大一統」時代之途邁進，完成〈五倫國際關係論〉中的「君臣倫」＋「父子倫」的歷史文化價值。

　　契丹，源於中國東北，《遼史》自稱「炎帝之後」，契丹遺裔族譜稱：「遼之先祖始炎帝，審吉契丹大遼皇」，[1]為日後「華夷之爭」奠下基礎。自北魏開始，契丹族就開始在遼河上游一帶活動。唐朝肇建之初，國勢未穩，625年(武德八年四月)時，高祖以突厥為患，故遣使與西突厥連合，以備北狄，於是葉護請婚。從此，和親成為唐朝外交政策的選項。唐玄宗開元五年(717)以永樂公主，出降(嫁)契丹松漠郡王李失活，契丹內附為內臣。[2]契丹自叩關稱臣內附後，因受中華文化影響既深，唐朝容易以《中華世界秩序原理》〈五倫國際關係論〉之「夫婦倫」的「倫理」加以規範，因此寵錫有加，並將「宗室外甥女」封為公主，實施唐契和親，拉近了宗藩、邦國或民族間的距離。此時，唐契宗藩關係因和親體制而完成了〈五倫國際關係論〉中的「君臣倫」＋「夫婦倫」的歷史文化價值，更重要的是促進了「天可汗體制」下的天下太平。

　　唐玄宗改元天寶後，因承平日久，耽於享樂，寵信楊貴妃，因愛屋及烏，致國事日非。745年(天寶四載三月)，玄宗封外孫女獨孤氏為

1.　〔元〕脫脫等撰，《遼史》，〈太祖紀贊〉和〈世表序〉，主張契丹為炎帝之後。在雲南發現契丹遺裔曾保存一部修於明代的《施甸長官司族譜》，也載契丹為炎帝之後。轉引自〈契丹〉，《百度百科》：http://baike.baidu.com/view/14750.htm (2013.8.1檢索)。

2.　〔宋〕王欽若等編纂，周勛初等校訂，《冊府元龜》(北京：鳳凰出版社，2006)，卷978，〈外臣部二十三‧和親〉，頁11332。

靜樂公主，降松漠都督崇順王李懷節。封外甥女楊氏為宜芳公主，出降饒樂郡都督懷信王李延寵。九月，奚及契丹酋長各殺公主，舉部落以叛。[3]此時，契丹已經壯大，成為強大的地方勢力。當國政紊亂，國勢衰頹之際，和親的公主，常挾於夫家、娘家之間，而不能「舉案齊眉」，尤其是夫婦一失恩義，公主於瞬間無家可歸。和親公主，在番代表王權，卻於半年間，慘遭毒手，成為政治婚姻的犧牲品。由此可知，缺乏國力為後盾的「夫婦倫」，並非〈五倫國際關係論〉中穩定的國際秩序類型。總而言之，玄宗以降，契丹開始強大，已不能滿足於有名無實之「君臣倫」下，唐契「夫婦倫」的五倫國際關係。

907年唐朝滅亡後，契丹更於是年建政，成為統一中國北方的強大政權。916年，契丹族首領耶律阿保機創建契丹國。947年，太宗耶律德光統一中國北方，改國號為遼。契丹建國後，至為強盛，其疆域東起東海，西至西域流沙，南則越長城而有燕晉，北絕大漠，自克魯倫河流域迤邐色楞格河流域以迄外興安嶺。[4]

不過，遼朝因國力日益膨脹，在宋朝出現之前，早已介入中原國際關係，與五代各朝建立君臣、夫婦、父子、兄弟、朋友等倫理性之五倫國際關係，創建以遼朝為中心的「夷狄國際體系」，冊封來自分裂中國的割據政權與位於中國周邊的王國，透過〈封貢體制論〉，構建以遼朝為中心的傳統五倫國際關係。

宋朝建國後，統一中原，結束中國紛亂割據之局，並繼承大唐王朝的國際秩序，建構以宋朝為中心之「中華國際體系」，並對周邊展開「封貢體制」，因堅持〈大一統論〉，主張一統天下，於是北伐契丹。從此，宋遼開始踏上〈爭天下〉之戰與長期的正統之爭。然而宋遼均限於國力，雖戰於澶州，因不分軒輊，既不能勝，然師老則衰，雙方遂訂澶淵盟約，成為「兄弟之邦」。澶淵之盟後，雙方在形式

3.　〔宋〕王欽若等編纂，周勛初等校訂，《冊府元龜》，頁11335。
4.　〈契丹〉，《百度百科》：http://baike.baidu.com/view/14750.htm (2013.8.1檢索)。

上，雖維持了一百餘年的和平，但在實質上宋遼都透過〈正統論〉、
〈名分秩序論〉，展開名分秩序之爭。

　　由於從後梁至後周的五代政權、統轄燕晉以北的遼朝以及統一中
原以南的宋朝，均屬地處中華或地跨中華之域，在歷史文化上都擁
有相近的價值觀，因此只有中華「大一統論」而無西方「國際關係
論」。但在五代十國時代與宋遼南北抗衡時代，先因「文化差異」而
肇造「五倫國際關係論」，後因「文化融合」而有「大一統論」、
「正統論」等「一統天下」與「正統」之爭，直到最後宋遼的正統之
爭，也不得不走向透過中華歷史文化價值之「爭天下論」＝「王朝更
替」的「朝代繼承」＝「政府繼承」的「大一統」時代，於是有元朝
取代「宋vs.遼金」朝的天下大一統之局。

　　本文，除以〈五倫國際關係論〉中之五倫考察五代對契丹＋遼朝
之國際關係外，也擬以中國傳統之〈五倫國際關係論〉的「兄弟倫」
≠「朋友倫」之聘交關係來考察宋遼間「兄弟之邦」的倫理關係，用
以詮釋傳統中國之《中華世界秩序原理》下，〈五倫國際關係論〉
的「兄弟倫」，區分「兄弟之邦」與「朋友倫」之「朋友之邦」(中
式)或「友邦」(西式)的差異，進而重新建構〈五倫國際關係論〉的內
涵，以開創「倫理性」國際秩序原理，進而依「倫理秩序」的精神與
原則，賦與它新的時代生命，重新詮釋東方國際關係的倫理原則與倫
理精神，進而用以建構新時代之〈五倫國際關係論〉的理論與國際秩
序論述。

　　因此，本文採傳統中國之〈五倫國際關係論〉的「五倫」＝「君
臣倫」、「父子倫」、「夫婦倫」、「兄弟倫」、「朋友倫」來觀察
五代對遼的倫理性」邦交關係，以「兄弟倫」來考察宋遼「兄弟之
邦」的「倫理性」邦交關係，用以詮釋傳統中國之《中華世界秩序原
理》下的〈五倫國際關係論〉，藉此開創傳統中國之國際關係，藉以
闡揚〈五倫國際關係論〉的倫理精神與秩序原則，進謀透過其「倫

理」所建立之國際規則，以為後世開太平。

一、〈五倫國際關係論〉的理論論述

《尚書》〈洪範〉，曰：「天子，作民父母，以為天下王」，就是現實世界期待代替「天帝」統治「天下」的「天子」(周王)，必須視民如「赤子」，養之育之。相對的，「赤子」亦須視「天子」如「父母」，愛之戴之。故在「天命論」的基礎下，天子成為父母，天下成為家族，開始形成「天下一家」的觀念，以中國為中心的天下≒中華世界，將家族性的倫理關係擴展到國際性的邦交關係。

《論語》，首先指出：「君君、臣臣，父父、子子」，[5]乃「君父vs.臣子」的名分秩序。《孟子》，亦稱：「父子有親，君臣有義，夫婦有別，長幼有敘，朋友有信」，進一步明白指出：「君臣、父子、夫婦、兄弟、朋友」[6]為規範天下秩序的「五倫」，其中「親、義、別、敘、信」就是規範「五倫」秩序的「典範」，而規範「五倫秩序」的「典範」就是根據周朝以「宗法組織」和「封建組織」所融合、建立的政治體系，並加以闡揚的倫理精神。[7]換句話說，傳統中國之國際視域下的天下秩序，其實就是建立在「五倫國際關係論」下，體現天下的名分與秩序。

在封建制度下，作為最高統治者的王＝天子，冊封同宗子弟、異姓功臣等為諸侯，盡皆用以藩屏王朝。為「天下」長治久安之計，王朝又構建宗法制度，對同姓諸侯以嫡長子(王室稱太子，諸侯稱世子)為大宗來繼承爵位，「天子」遂成「天下」大宗的總宗主，既是君主又是族長。至於，王室宗親與諸侯藩臣，皆為封建制度下的臣屬，也

5.　《論語》(十三經注疏)，〈顏淵第十二〉。《論語》，〈八佾第三〉，亦稱：「君使臣以禮，臣事君以忠。」

6.　《孟子》(十三經注疏)，〈滕文公上〉。

7.　張啟雄，〈論清朝中國重建琉球王國的興滅繼絕觀〉，收入琉中歷史関係国際学術会議実行委員会編，《琉中歷史関係論文集：琉中歷史関係国際学術会議報告 第2回》(那霸：琉中歷史関係国際学術会議実行委員会，1989)，頁512-513。

是宗法制度下的小宗。對異姓功臣、土豪則以聯姻為手段,來加以籠絡。使同姓諸侯皆為「伯叔、兄弟」等血親連繫,成為「兄弟之邦」的起源;又,將異姓諸侯皆歸於「舅甥、表兄弟」等姻親連繫,此即所謂的「夫婦之邦」的起源。因此,當「宗法制度」與「封建制度」兩相結合之際,就是形成「天下一家」、「四海皆兄弟」的天下共同體之時。

又,當「中華思想」與「華夷思想」一相結合,以中華為主體結合四夷之「華夷世界」=「中華世界」的主從思想和宗藩關係,就隨之擴大不已。降及後世,中國與四夷=華夷的民族接觸日益頻繁,加以中國國勢時強時弱,強則外撫,弱則偏安。至於屬藩對屬藩間的關係則介於「兄vs.弟」的序列先後或準「朋vs.友」的對等關係。惟考諸中國與四夷之邦交關係,在「天下一家」的觀念下,遂將規範「一家」的「家族倫理」,加以擴大轉換為規範「天下」的「外交倫理」。要之,兩者都以「五倫」做為規範體系成員的倫理。因此,隨著華夷之間因國勢強弱不同,天下與邦國間的「階層」邦際秩序,亦隨之變動不已。因此,「五倫國際關係」的名分與「事大交鄰」的聘交(外交)禮儀,也隨之產生變化。尤其是,當天下中心崩解,周邊紛紛崛起之時,如春秋戰國或唐宋五代,其內涵更是豐富,景像千變萬化。

在正常的情況下,中國與周邊民族皆建立「君臣」關係,因「事君猶事父」,[8]故「君臣倫」關係,同時也是「父子倫」關係,於是建構出「君父vs.臣子」等上下、主從、尊卑等「縱軸」(＝正階層關係)。惟一衰則淪為「兄弟」、「叔侄」、「叔祖侄孫」等序列先後的「兄弟倫」關係,再衰則只能改建為類似「朋友倫」關係等「橫軸」(＝對等)關係;既衰且弱,則只好建立因和親而產生的「翁婿」、

8.　《春秋公羊傳》(十三經注疏),〈定公四年〉,「冬十有一月」條。

「表兄弟」、「舅甥」、「外公外孫」等具安撫性或屈辱性的「夫婦
倫」的「斜軸」(＝半階層關係)；[9]更有甚者，甚至為勢所迫，而建立
具屈辱性之「兒皇帝」、「孫皇帝」等關係逆轉的階層性國家間倫
理關係；或等而下之，於國破家亡後，在政治倫理上淪為關係至為
屈辱、地位完全逆轉的「君臣倫」、「父子倫」等縱軸(＝負階層關
係)。後三者，若非屬座標斜軸，則是縱軸的華夷逆轉性階層關係。
(參見圖一，頁210)此時，乃中華淪為夷狄，夷狄進於中華，甚至是入
主中國＝「中華世界帝國」的時候。換句話說，雖然天下大亂，但是
在《中華世界秩序原理》的〈爭天下論〉規範下，「中華世界帝國」
會爆發「朝代更迭」，無論是「華華革命」或是「華夷變態」的「王
朝交替」，天下還是會回歸大一統，獲得天命的革命者，既已統一天
下，復能以德服天下，則無論華夷，都將成為中華正統王朝。

　　最後，無論是華華間或華夷間的朝代變革，它在〈大一統論〉的
號召下，天下因振衰起蔽，民族因注入新血，華夷因文化融合，而形
成了「一體多元」性民族血緣融合與華夷文化融和的新興中華，新生
中國。因之，新正統王朝誕生，創建新正統，天下又回歸大一統，宗
藩關係也重新回歸「君父vs.臣子」的名分秩序，天下再次開拓出新的
時代和平，建構出大一統的新國際秩序。此等〈五倫國際關係論〉的
五倫邦交關係，史上皆不乏其例，尤其是在朝代更迭之時，天下分崩
離析之際，惟率皆以君父臣子倫理關係為常態，並且持久而穩定。考
諸歷代宗藩關係，誠如描述春秋時代之邦交關係的《春秋公羊傳》所
言：「事君猶事父也」，故屬藩於朝貢中國時，所以經常提及「以小
事大，如子事父」、「義為君臣，情為父子」，其根據即在於此。茲
就其〈五倫國際關係論〉的倫理概念架構，析論如次。

9.　惟強大如大唐盛世，亦曾實施戰勝方許降嫁公主的安撫性和親，建構〈夫婦倫〉的
　　「舅甥之邦」。

(一)〈五倫國際關係論〉的倫理概念架構

　　《禮記‧昏義》稱:「禮之大體,而所以成男女之別,而立夫婦之義也。男女有別,而後夫婦有義;夫婦有義,而後父子有親;父子有親,而後君臣有正。」由此可知,夫婦關係乃五倫關係之始。其中,夫婦、父子、兄弟等三倫,源於夫婦婚配而成一家,於是有父子血緣,兄弟血親等親情,是為天倫。因此,天倫的親情,遂經常為亂世豪傑所借用,即使無血緣關係,亦可透過結義、義父子、賜姓等人倫觀念,來建立兄弟、父子以及君臣等倫理關係,成為爭天下或安定天下的利器,「倫理」乃與政治、外交結上不解之緣,而形成「五倫國際關係論」。

　　根據《孟子‧滕文公上》所稱,五倫乃:「父子有親,君臣有義,夫婦有別,長幼有序,朋友有信」,「親、義、別、序、信」為其典範,也是社會上所以形成家族倫理的關鍵概念。其規範對象,原由夫婦、父子、兄弟的家族倫理綱常,而擴及社會,形成夫婦、父子、兄弟、君臣、朋友等社會倫理關係,推而廣之,而及於天下邦國,經借用過程而形成規範天下秩序的倫理。於是,社會倫理的典範又轉變成為規範天下秩序的倫理典範,因而形成「君臣之邦,有義」、「父子之邦,有親」、「夫婦之邦,有別」、「兄弟之邦,有序」、「朋友之邦,有信」等倫理關係。更可貴的是,君臣、父子、夫婦、兄弟、朋友等五倫關係,並非單向的倫理規範,而是雙邊負有權利、義務的相對關係。孟子稱:「君之視臣如手足,則臣視君如腹心;君之視臣如犬馬,則臣視君如國人;君之視臣如土芥,則臣視君如寇讎」(《孟子‧離婁下》)。荀子則更進一步詮釋,表示:「從道不從君,從義不從父,人之大行也」(《荀子‧子道》),由此可知,「道」高於君,「義」優於父,因此規範邦際關係的「倫理」＝歷史文化價值就逐漸成為安定天下所追求的「道」。

　　孟子說:「人之異於禽獸者幾希」(《孟子‧離婁下》)。家國天

下乃人之組合，動物園則是禽獸的聚合處。前者有倫理規範，後者為生存競爭。是故，「人獸之辨」在於「倫理」。因家國天下皆人之組合，故將家族之「人倫」推而及於國家、天下。因倫理之規範行否，而有「君子之國」與「禽獸之邦」之別。據此，規範人倫的「五倫」，遂同時成為規範「人、家、國、天下」的倫理。因此，〈五倫國際關係論〉的典範，遂成為規範「中華世界帝國」之天下邦際關係的「倫理」。其理想，則在於建立承平之時與亂世之際的倫理規範，同時也成為日常之修身、齊家、治國、平天下的利器。茲就其倫理之概念與典範，扼要詮釋如次：

1、君臣之邦

基於「君臣有義」，臣事君以忠，君使臣以禮，「君君」然後「臣臣」，各有權利義務，恪守名分，遵行秩序，故「君禮臣忠」，為其典範，漢唐明清等盛世，尤其是因備受華夷愛戴，而獲「天可汗」尊崇的唐太宗，為其典型史例，是為「君臣倫」。

2、父子之邦

基於「父子有親」，故「父慈子孝」為其典範，漢唐明清等盛世，特別是清雍正帝憐惜屬藩，惟恐琉球因年年納貢致財政匱乏的慈愛，為其典型史例；反其道而行的，則有契丹與後晉間，石敬塘自稱兒皇帝，石重貴但稱孫而不稱臣，雖是「父子倫」，但因祖不慈孫不孝而動干戈，終遭契丹所滅。

3、夫婦之邦

基於「男有分，女有歸」，故「夫婦有別」。夫婦因職分內外，各守本分，相親相愛，夫唱婦隨，夫主婦從，因愛屋及烏，而兼及家人，故姻親相安，相敬如賓，此為典範。夫婦之邦，及其後世，基於「齊家」，而擴及雙方之家與國(皇室與王朝)，遂演為「天下一家」

的「夫婦之邦」。以「敬」為典範的舅甥，在倫理上，無論家族倫理，或是政治倫理，因均以「敬」為本，故以「翁、表兄、母舅、外公」為「主」，以「婿、表弟、外甥、外孫」為「從」，因此「翁婿」等因和親而建構的倫理關係遂演變成為「主從關係」，最後甚至轉變成為君臣的宗藩關係。

有唐一代，共有20位公主與10個不同民族和親。[10]其中，唐太宗曾以宗女宏化公主嫁吐谷渾王，文成公主嫁吐蕃贊普，唐肅宗以後，唐天子也曾三次以親生公主甯國公主、咸安公主、太和公主先後出嫁回紇(回鶻)可汗和親，助唐平定內亂外患，較諸唐蕃因「舅甥之盟」，而留下「舅甥碑」，更為膾炙人口，而成為華夷因和親而締結「夫婦之邦」的典型史例，是為「夫婦倫」。

4、兄弟之邦

基於「長幼有序」，故兄友弟恭，先後有序，為其典範。兄弟鬩牆，而外禦其侮。鬩牆兄弟，何以團結一氣，外禦其侮，蓋親疏有別，血濃於水之故使然。是故，人有桃園結義，江湖有梁山歃血，國有兄弟之邦，雖異姓兄弟，亦親如一家，有甚於兄弟者。因此，宋遼締盟於澶淵，結為兄弟之邦，為其典型史例，是為「兄弟倫」。

5、朋友之邦

基於「朋友有信」，「信守承諾」，為其典範。然益者三友，損者亦三友。子曰：「友直，友諒，友多聞，益矣；友便辟，友善柔，友便佞，損矣。」[11]推而廣之，結交具有正義感、誠信、知識廣博等益友之邦，則可以提高國家品行，但結交具有邪門左道、諂媚奉迎與巧言令色等損友之邦，則於國家有害。

---

10. 劉美崧，〈唐代真公主與回紇的和親〉，《江西師院學報(哲學社會科學版)》，1981年期4，頁42。
11. 《論語》(十三經注疏)，〈季氏第十六〉。

戰國時代，梁惠王對孟子曰：「叟不遠千里而來，亦將有以利吾國乎」，孟子對曰：「王何必曰利，亦有仁義而已矣。王曰：何以利吾國，大夫曰：何以利吾家，士庶人曰：何以利吾身，上下交征利而國危矣。」[12]相對的，美國歷任總統或西方政界領袖，皆曰：「這符合美國的利益」或「符合我國的利益」。鑑於「上下交征利而國危矣」，故「義利之辨」，為其典範，也是東西方最大的差別所在。所以，「義利之辨」，乃中國之特有歷史文化價值，而「倫理」則是東西方最大的差別所在。利益衝突之際，就是惡友之始。

概括而論，益友守信，損友謀利，遇有利害衝突，棄友背信，唯利是圖，甚至進而訴諸武力，乃國際關係不穩定的根源。戰國七雄晝夜征戰，遭後世批判，為其典型史例，是為「朋友倫」之「損友」象徵。近代以來，中國與西方列強之間，雖美其名為「友邦」、「主權對等」，卻經常受船堅炮利之苦，屢訂城下之盟，割地賠款，國破家亡，幾乎淪為歐美國家之殖民地。至於其他亞非拉美等國家，西方近代國際法或國際關係，雖有「友邦」或「主權對等」的法理，但它們幾乎盡皆慘遭歐美「近代國家」夷為「殖民地」，以致連做為「國家」的地位、資格以及機會都被歐美國家剝奪殆盡，此事當然屬於反其道而行的惡例。又明治時代，日本野心勃起，福澤諭吉發表《脫亞論》，宣稱清廷、朝鮮乃日本之東亞惡友，以列強之道待之可也。由此可見，利益與野心，乃「朋友之邦」，特別是西式「友邦」之大敵，是〈五倫國際關係論〉中最不穩定的類型。

總而言之，五倫，乃君臣、父子、夫婦、兄弟、朋友之倫理，是所以明上下、主從、尊卑、長幼、內外、敬愛、親疏、遠近、誠信之禮儀也。原本為規範「一家」的齊家之學，用諸國際關係，始轉為規範「天下」的治國、平天下之學，於是有〈五倫國際關係論〉的君臣

12.　《孟子》(十三經注疏)，〈梁惠王章句上〉。

之邦、父子之邦、夫婦之邦、兄弟之邦、朋友之邦。在「中華世界帝
國」之中，違反〈五倫國際關係論〉的「倫理」者，將受到懲罰；恪
守「倫理」者，將受到保護。因為〈五倫國際關係論〉的「倫理」具
有規範力。因之，「中華世界帝國」得以長治久安，其國際秩序也得
以長久維續。

　　由上可知，五倫國際關係在文化價值上有其典範，在歷史上也多
有其典型善例傳世，惟亦偶有反其道而行的典型惡例警世。惟當〈五
倫國際關係論〉慘遭惡用之時，狼煙四起，國破家亡，家園殘破，社
會動盪，人心不安，互信蕩然，萬里或為之一空。反之，善用〈五倫
國際關係論〉之際，則國際可化暴戾為祥和，社會上因之安和好禮，
而為「中華世界帝國」開太平盛世亦屬耳熟能詳之事。此不外存乎一
心，善用倫理而已。文化價值發揚典範與否，國際社會走向典範與
否，全視其是否心存善念，益心則有善例，損心有惡例，全視其國際
秩序原理是否具有「義利之辨」之文化價值的「倫理」規範而已。因
此，若唯利是圖則國際關係詭譎多變，恃強淩弱，以眾暴寡，明知以
鄰為壑卻仍恬不知恥；反之，講求「義利之辨」則國際社會好禮行
義，富於倫理規範，[13]秩序井然之盛世可期。何者適於人類生存，有益
於國際社會運轉，不言自明。

　　在「中華世界帝國」的天下中，中華文化積深累厚，因宗藩歷史
悠久，再透過漢字傳播，「五倫」的「倫理文化價值」普及東方，向
來寓「政治生活」於「家族生活」之中，雖不教而能行，於宗藩間、
藩藩間，其歷史文化價值相近，國情大略相同，生活習俗相似，透過
中華外交禮儀，二千年來邦國摩擦較諸西方而言，可謂微乎其微。何
況，規範「中華世界帝國」的《中華世界秩序原理》中，因有「事大
交鄰」的禮儀規範，君不侵略臣，父不必侵犯子，其外交一向圓潤，

13.　關於倫理規範，參見王景海等編，《中華禮儀全書》(長春：長春出版社，1992)。

何況有〈以不治治之論〉的國際秩序原理，上國從不干涉屬藩內政，宗藩也絕少摩擦；另有〈興滅繼絕論〉，上國對屬藩負有存國存祀的義務，鋤強扶弱，濟弱扶傾，故周邊諸小國歷經二千餘年，直到西力東漸之際，宗藩仍行禮如儀，家國雖傳諸萬世而未輟，迄今長存。

(二)〈五倫國際關係論〉的概念圖示

　　「中華世界帝國」之宗藩秩序體制，乃起源於規範家族倫理或社會倫理之「君臣、父子、夫婦、兄弟、朋友」的五倫精神，又推而廣之轉換成政治倫理的「君臣之國、父子之國、夫婦之國、兄弟之國、朋友之國」，因而形成五倫邦交體制的〈五倫國際關係論〉。在治世，規範「中華世界帝國」之《中華世界秩序原理》的〈五倫國際關係論〉中，僅僅使用「君臣之邦」、「父子之邦」等二倫。雖間亦雜有「夫婦之邦」史例，然多意在安撫。此時，〈五倫國際關係論〉的「君父、臣子」精神，反而更加有力的規範著「中華世界帝國」的天下秩序。然而，處亂世之際，尤以國力衰頹之時，群雄崛起，五倫國際關係則輪番上陣，為紛擾不安的國際社會扮演安定的角色與作用。總之，〈五倫國際關係論〉之要，乃在於以五倫之「倫理」論述做為規範宗藩間與藩藩間之「國際名分」秩序，而形成東方運作逾二千年之「事大交鄰體制」的五倫國際關係。至於，《中華世界秩序原理》〈五倫國際關係論〉下之倫理概念與倫理規範的座標圖，請參見圖一、圖二、圖三。

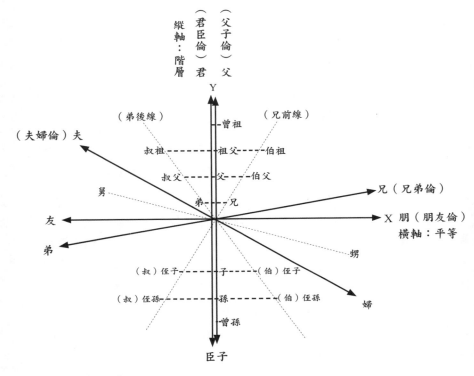

圖一：〈五倫國際關係論〉「兄弟倫」倫理座標圖

出處：作者依自創之〈五倫國際關係論〉建構「兄弟倫」之兄前弟後倫理秩序。
說明：
1. 依五倫之倫理建構(1)君臣倫、(2)父子倫、(3)兄弟倫、(4)夫婦倫、(5)朋友倫。
2. 橫軸(X)代表平等，軸上為尊，軸下為卑，具上下尊卑之意涵。
3. 縱軸(Y)代表階層，軸右為前，軸左為後，前後左右在位階上具有優先與否的次序差異。
4. X軸上下與Y軸左右，各有虛線交叉之兄前線與弟後線，再依Y軸區分祖、父、子、孫等三階層構成平行虛線，雖含有前後對等之意，但在倫理秩序上卻有孰先孰後之優先順位。

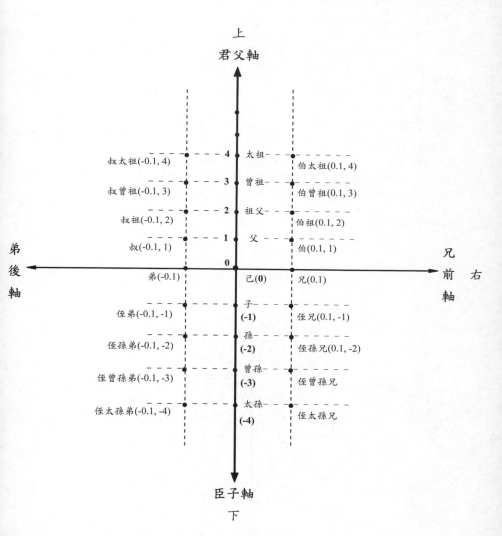

圖二：〈五倫國際關係論〉「兄弟倫」皇室倫理座標圖

出處：依本文〈五倫國際關係論〉「兄弟倫」之論述，對皇室間之上下左右的倫理尊卑
　　　定位。

說明：

1. 縱軸＝君臣父子軸＝君上臣下＋父上子下，代表階層；橫軸＝兄前弟後軸，代表
　　平等。

2. (x, y) 符號，代表不同輩分之上下尊卑與兄前弟後的倫理，在座標之定位。

3. 「‧」的小數點，代表同輩在 X 軸之前後左右的倫理小差距。
4. 「＋」或「－」=「正負符號」，代表親等輩分在 Y 軸上下的倫理大差距。
5. 「0」符號，代表親等輩分之倫理，定位於 X 軸與 Y 軸的座標基準點。
6. 「－」=「負符號」。落在 X 軸上，代表弟輩居後；落在 Y 軸上，代表臣子在下。
　　又無負符號(-)者為正，落在 X 軸上，代表兄輩居前；落在 Y 軸上，代表君父在上。
7. (0.1) 符號，代表 X 軸兄前；(-0.1) 符號，代表 X 軸弟後；數字高低正好呈現兄前
　　弟後道理。
8. 「1」符號，代表 Y 軸長輩；(-1) 符號，代表 Y 軸晚輩。依此類推，1,2,3,4 代表
　　親等正（尊輩）的倫理階層體系，(-1),(-2),(-3),(-4) 代表親等負（卑輩）的倫理階層
　　體系。
9. 本圖之主要目的，在於釐清 Y 軸上不同親等間之上下尊卑倫理關係，X 軸則用於
　　釐清同輩分同親等間的前後左右關係。X 軸與 Y 軸交叉後，可以清楚呈現出宋遼
　　皇室間，「兄弟倫」之親等與輩分夾雜上下與前後的複雜關係。

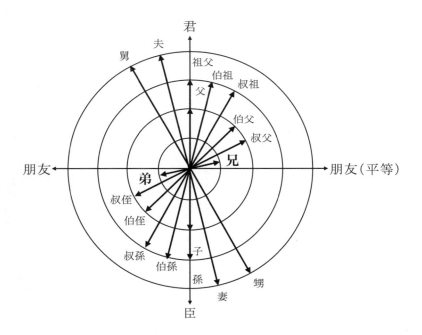

圖三：〈五倫國際關係論〉下兄弟倫理圖

出處：〈五倫國際關係論〉倫理圖，乃作者，於2007年，依獨創之《中華世界秩序原理》〈五倫國際關係論〉的理論架構筆繪而成初稿。當時本人任教於日本東京大學，講授《中華世界秩序原理》，受業生中村惇二經本人授課後半途改變研究題目，請求本人給予實質指導，並於2007年冬借閱尚未出版之〈中華世界秩序原理の起源〉一文草稿，復於翌年9月1日來臺，翌日又以〈五倫國際關係論〉「兄弟倫」倫理座標圖之筆繪原稿(類圖一)授之。承蒙製成電子圖檔，敬表謝意。惟其於繪圖鍵入時，於刪「兄弟倫」之倫理座標圖之部分內容後，另加圓圈而成此圖，亦有可取之處。此圖雖尚有未盡周延之處，惟仍具參考價值，謹錄存以供參考。[14]

　　由於「中華世界帝國」的國際關係體制具有五倫精神，而五倫的邦國倫理關係又來自封建制度與宗法制度的融合運用。邦國的「政統」來自於封建制度，具有受天子冊封的合法性；諸侯的「王統」源自於宗法制度，具有血親連繫與姻親連繫的倫理連帶關係。平時，諸侯的功用在於藩屏王室；有事，則邦國存續與宗廟存續，均因受王(皇)室保護而傳之不絕。「義為君臣，情為父子」的五倫精神，正是維繫「中華世界帝國」之宗藩秩序體制的精髓，既洋溢著封建性的政治連帶關係，也充滿著宗族性的倫理連帶關係。承平之時，天子作為「君、父」的權利，諸侯作為「臣、子」的義務，即「忠君愛國」的觀念，經常受到強調。非常之際，天子作為「君、父」的義務，諸侯作為「臣、子」的權利，即「興滅繼絕」的觀念，反而受到強調。因此，在中華世界的宗藩關係上，諸如：「以小事大，如子事父」、「臣之事君，遵君之敕可也，……子之事父，奉父之命可也」等表文、詔敕，經常可見。[15]此乃《論語》所以稱：「興滅國，繼絕世，……天下之民，歸心焉」的道理，就在於此。[16]

---

14. 中村惇二，〈宋遼外交交涉—中華世界秩序原理的觀点からの考察—〉(東京：東京大学人文社会系研究科修士論文，2008)，頁57。中村惇二，〈宋遼外交交涉の思想史的考察〉(東京：東京大学大学院人文社会系研究科博士学位論文，2012)，頁139。另，同博論，頁143附表，情形略同。又，因中村博士論文出版於前，拙稿出版在後，圖表更延遲迄今。因恐後世誤解，乃特此申明論文撰著之經緯與繪圖製表之原委。
15. 《明實錄・憲宗實錄》，「成化十八年四月癸丑」條。
16. 《論語》(十三經注疏)，〈堯曰第二十〉。

因之，太平時期的「冊封朝貢」關係，非常時期的「興滅繼絕」義務，於焉發生。天子要護持天下的倫理秩序，對於諸侯或屬藩的邦國存亡，在封建制度上基於宗藩的政治倫理，「存國主義」產生作用；在宗法制度上基於宗藩的家族倫理，「存祀主義」也爆發力量。此即，《禮記》所稱：「繼絕世，舉廢國，治亂持危」之義。[17]於是乎，「興滅繼絕」的思想論述，因之應運而生；「興滅國、繼絕祀」的義務踐履，也就伴隨興師救援的行動而付諸實現。[18]

二、五代的五倫國際關係

唐朝繼漢之後，再現「中華世界帝國」，文治武功震動天下，要荒夷狄尊之為天可汗。然安史之亂後，藩鎮割據地方，中央鞭長莫及，契丹則趁機興起於遼河流域，至遼太祖耶律阿保機時，國力漸強。916年(後梁太祖貞明二年，遼太祖神冊元年)，耶律阿保機稱帝建國，國號為契丹，帝號稱大聖大明天皇帝，旋定都於內蒙臨潢府(赤峰)。雖蟠踞關外，但以長城為界鄰接五代諸朝，故時謀逾越長城，南下窺伺中原。相對的，五代諸朝則以黃河流域為根據地，雖據長城以抗契丹，但時思假借契丹之力，以逐鹿中原，遂予契丹可乘之機。

926年，耶律阿保機先滅渤海國，繼攻燕國(幽州)，進窺後梁、後唐，取平、灤、營諸州等戰略要地，於是進謀南下，擬趁唐末中原紛亂，五代之王朝更迭，乍起乍滅之局，統一天下。因此，雙方形成錯綜複雜的東方型國際關係，成為今日考察昔日〈五倫國際關係〉的至佳題材。

相對於契丹企圖南下兼併天下之舉，唐朝則在859、875年相繼爆

17. 《禮記》(十三經注疏)，〈中庸第三十一〉。
18. 張啟雄撰、伊東貴之譯，〈中華世界秩序原理の起源—先秦古典の文化的価値—〉，《中國—社會と文化》，号24(2009.7)，頁76-80；張啟雄，〈中華世界秩序原理の源起：近代中國外交紛爭中的古典文化價值〉，收入吳志攀等編，《東亞的價值》(北京：北京大學出版社，2010)，頁114-116。

發裘甫、王仙芝與黃巢之亂，席捲大江南北12行省，歷時25年，從此國勢衰落，回紇、吐蕃、南詔等外患乘機而起。為了平息內亂外患，乃重用藩鎮，卻形成割據政局，907年唐亡。此時，正是中原因藩鎮割據，陷入分崩離析，形成五代迭興之局。其中，後梁乃首開中國五代十國朝代更迭亂局之始的王朝，最後統一於宋太祖建隆元年(960年，遼穆宗應曆十年)，計易姓共八氏，歷時54載。

(一) 後梁

　　唐僖宗時，中原爆發黃巢之亂，黃巢部屬朱溫降唐，賜名全忠，受封為梁王，任宣武軍節度使，據汴州(開封)，為唐末藩鎮勢力之最。904年(天祐元年)，朱全忠在長安劫持唐昭宗至洛陽，加害後另立李祝為帝，即唐哀帝。907年，唐哀帝禪位於朱全忠。朱全忠篡唐後，改國號為梁，為梁太祖，建元開平，都汴京(開封)，史稱後梁。

　　又，在朱全忠篡唐前，李克用因功受封為晉王時，曾慷慨表示：「誓於此生，靡敢失節。」[19]因此，他在朱溫篡唐後，曾經企圖運用《中華世界秩序原理》之〈奉正朔論〉與〈五倫國際關係論〉之「君臣倫」，繼續奉唐朝正朔，使用天祐年號，揭舉「反梁復唐」旗幟，並以河東為根據地，據山西，進謀河北。當時，梁與晉各自遣使爭取契丹援兵，並擬於殲滅對方後，以冊封契丹為酬。

　　據《新五代史》所載：梁將篡唐，晉王李克用使人聘於契丹，阿保機以兵三十萬會克用於雲州東城。置酒。酒酣，握手「約為兄弟」。克用贈以金帛甚厚，期共舉兵擊梁。阿保機遣晉馬千匹，既歸而背約，遣使者袍笏梅老聘梁。梁遣太府卿高頎、軍將郎公遠等報聘。逾年，高頎還，阿保機遣使者解里隨頎，以良馬、貂裘、朝霞錦聘梁，「奉表稱臣，以求封冊」。梁復遣公遠及司農卿渾特以「詔

---

19. 〔宋〕司馬光，《資治通鑑》(臺北：中華書局，1965)，卷266，〈後梁紀一‧太祖神武元聖孝皇帝上〉，頁7。

書」報勞，別以記事「賜」之，約共舉兵滅晉，然後「封冊，為甥舅之國」，又使以子弟三百騎入衛京師。克用聞之，大恨。是歲克用病，臨卒，以一箭屬莊宗，期必滅契丹。渾特等至契丹，阿保機不能如約，「梁亦未嘗封冊」。[20]

　　「奉表稱臣，以求冊封」，就是「君臣之邦」。「中華世界帝國」成員的正常「國際關係」是「事大交鄰」，既是「君臣之邦」，也是「父子之國」，此即「君父、臣子」之來源。契丹對後梁「奉表稱臣，以求冊封」，雙方就成為「君臣之邦」；可是，又載：約共舉兵滅晉後，冊封為「甥舅之國」，顯然後梁之實力與權威尚不足於服萬國，何況尚未「統一天下」，故尚不具備「正統論」之「君父臣子」的正統帝位，只能退而求其次，擬以「甥舅之國」的「夫婦倫」結好梁遼雙邊關係。故「舅甥之國」乃五代宋遼繼唐朝與中亞諸藩邦或吐蕃締結「舅甥之邦」盟約後，於雙邊約定上，再次出現於「中華世界帝國」所進行之「甥舅關係」的國際承諾。在〈五倫國際關係論〉上，當翁婿之盟或舅甥之盟的兩造都是稱帝的帝國時，在雙邊或多邊會盟之際，就〈名分秩序論〉而言，其國際地位，因基於「翁＞婿」，所以「岳父之邦大於女婿之邦」，自不待言。及其後代，雙方關係遂演為舅甥關係，以圖式分析如次。∵舅＝帝，甥＝帝，∴舅帝＞甥帝。這是將家族倫理秩序推廣為國際倫理秩序的典型案例。姑不論契丹領袖阿保機如約與否，或是梁太祖朱溫冊封阿保機與否，此種形諸國際文書的承諾，都是當時中國的傳統文化價值，也是當時「中華世界帝國」的國際秩序原理及其所創建的國際秩序，但在不同文化價值所建構的國際秩序原理下，二個完全不同的國際體系裡，其約束力在「夷狄國際體系」當然不及「中華國際體系」來得強韌有力，是為憾事。

20.　〔宋〕歐陽修，《新五代史》(臺北：中華書局，1965)，卷72，〈四夷附錄第一〉，頁2。

(二) 後唐

唐朝末年，李克用助唐平黃巢之亂，受封為晉王，任河東節度使，駐守太原。唐天祐二年(905)冬十月，耶律阿保機以劉仁恭據幽州，扼住契丹南下中原與西進河東之要道，李克用則不滿劉仁恭騎牆於梁晉之間，乃約契丹會盟共擊之。會盟時，李克用為聯契丹以制朱梁，曾經提出會兵擊梁的要求，也獲阿保機同意。於是，「太祖以騎兵七萬會克用於雲州，宴酣，克用借兵以報(唐乾寧四年，897年)劉仁恭木瓜澗之役，太祖許之，易袍馬，約為兄弟。及進兵擊仁恭，拔數州，盡徙其民以歸。」[21]「約為兄弟」之邦，此乃契丹與晉王，首開五代國際關係之先例。〈五倫國際關係論〉，尤其是「兄弟倫」，開始成為五代諸朝利用「倫理」＝「歷史文化價值」規範「對手」的縱橫捭闔手段，也是五代時期規範「五代國際體系」之國際秩序的「國際秩序原理」。

晉遼既聯手破梁，拔數州。於是梁決定結好契丹以破晉遼盟約。天祐三年(906)二月，「汴州朱全忠遣人浮海奉書幣、衣帶、珍玩來聘」，[22]遂破晉聯遼攻梁之謀。因此，契丹的態度為之丕變，「(李克用)期共舉兵擊梁。阿保機遺晉馬千匹，既歸而背約」，[23]契丹遂由承諾晉遼會兵共擊梁於半渡，轉為背約。[24]此時契丹之戰略考量，根據王船山的分析，「當是時，朱溫彊而克用弱，助溫以夾攻克用，滅之也易；助克用以遠攻溫，勝之也難。」[25]由此觀之，當時之國際情勢，朱溫(梁)獨強，李克用(晉)較弱，此時契丹雖仍非朱溫敵手，卻可成為國

---

21. 〔元〕脫脫等撰，《遼史》(臺北：中華書局，1965)，卷1，〈本紀第一·太祖上〉，頁1。邢義田，〈契丹與五代政權更迭之關係〉，《食貨月刊》，復刊卷1期6(1971年9月)，頁10。

22. 〔元〕脫脫等撰，《遼史》，卷1，〈本紀第一·太祖上〉，頁1。邢義田，〈契丹與五代政權更迭之關係〉，頁10。

23. 〔宋〕歐陽修，《新五代史》，卷72，〈四夷附錄第一〉，頁2。

24. 邢義田，〈契丹與五代政權更迭之關係〉，頁11。

25. 〔明〕王夫之，《讀通鑑論》(臺北：中華書局，1965)，卷28，〈五代〉，頁3。

際政治上的勢力均衡者或利用國際情勢的謀利者。907年，朱溫篡唐稱帝，同年阿保機也建國稱帝。於是，阿保機趁機遣使聘梁，「奉表稱臣，以求封冊」，朱溫則乘機約共舉兵滅晉，然後封冊，為「甥舅之國」。

李克用在契丹背盟後，憂憤而死，子李存勗襲封為晉王。916年(後梁太祖貞明二年)十二月，據司馬光《資治通鑑》稱：「晉王(李存勗)方經營河北，欲結契丹為援，常以叔父事阿保機，以叔母事述律后。」[26]晉王因以姪事叔，晉遼遂成為〈五倫國際關係論〉之「兄弟倫」的「叔姪關係」。又，據《舊五代史》載：「莊宗(晉王)初嗣世，亦遣使告哀，賂以金繒，求騎兵以救潞州。(契丹)答其使曰：『我與先王為兄弟，兒即吾兒也，寧有父不助子耶』，許出師，會潞，平而止。」[27]遼皇室以「叔姪」身分，甚至略帶「父子」意味的身分，承認後晉莊宗為姪兒，仍是《中華世界秩序原理》〈五倫國際關係論〉之「兄弟倫」或「父子倫」的叔姪兒關係。

923年(後唐莊宗同光元年)，李存勗稱帝於魏州(河北大名)，建國號唐，史稱後唐，旋進軍汴京，滅後梁，因以繼承唐朝皇室自居，遂定都洛陽。926年(天成元年)，李嗣源叛莊宗，發動政變，即位為後唐明宗。秋七月壬申，李嗣源遣供奉官姚坤告哀於契丹，契丹主聞莊宗為亂兵所害，慟哭曰：「我朝定(＝契丹語，朋友之意)兒也。吾方欲救之，以渤海未下，不果往，致吾兒及此。……又聞吾兒專好聲色遊畋，不恤軍民，宜其及此。」[28]由此可知，遼皇室可能認為「叔姪」身分，帶有「父子」意味，也可能依據〈五倫國際關係論〉「兄弟倫」之「叔姪」關係，對「兒輩」擴大推論，成為「父子倫」的「叔姪

26. 〔宋〕司馬光，《資治通鑑》，卷269，〈後梁紀·均王上下〉，頁22。
27. 〔宋〕薛居正，《舊五代史》(臺北：中華書局，1965)，卷137，〈外國列傳第一〉，頁1。
28. 〔宋〕司馬光，《資治通鑑》，卷275，〈後唐紀四·明宗聖德和武欽孝皇帝上之下〉，頁10-11。

兒」關係。

明宗死後，子李從厚於933年即位，是為閔帝。934年，明宗養子李從珂發動兵變，推翻閔帝，並自立為帝。自即位以來，契丹雖強，但李從珂因恥於「以天子之尊，屈身奉夷狄」，[29]故不願為壓制心腹之患而承歡於契丹。相對的，其權臣石敬瑭因懷抱異志，故勤於對遼屈膝結納。

至於契丹，926年阿保機於滅渤海國後不久，死於夫餘城。次子德光，在述律后的支持下，繼位為天皇帝，他志在獲取南下中原的燕雲十六州，並入主中原。934年，後唐李從珂繼位(史稱廢帝)，為了對抗契丹，任石敬瑭為河東節度使，但君臣相互猜忌，石敬瑭因懼而舉兵叛變。936年(廢帝清泰三年)，後唐派兵討伐。石敬瑭被圍，乃先後派遣趙瑩、桑維翰赴契丹，在耶律德光帳前，涕泣哀求援兵。契丹以獻幽薊(燕雲)十六州，年納歲絹三十萬匹為條件，晉許割幽薊十六州等為酬，耶律德光始率軍南下，擊敗後唐軍，進軍洛陽，亡後唐。

(三) 後晉

936年(清泰三年、天福元年)十月甲子，石敬瑭受契丹耶律德光冊封為晉王，11月丁酉石敬瑭再受封為大晉皇帝，約為父子。石敬瑭終於在契丹扶持下，正式取代後唐，建國號為晉，立年號為天福，定都汴京(開封)，史稱後晉高祖。遼太宗會同元年(938)秋七月，遼太宗又遣中台省右相耶律蘇呼，特爾格使晉，「冊晉帝(石敬瑭)為英武明義皇帝。」[30]是年冬十月，「晉遣使來謝冊禮」，[31]石敬瑭於稱帝後，為了依約遣使納絹獻地於契丹，於是「遣趙瑩來賀，以幽、薊、瀛、

---

29. 〔宋〕司馬光，《資治通鑑》，卷280，〈後晉紀一・高祖聖文章武明德孝皇帝上之上〉，頁2。

30. 〔元〕脫脫等撰，《遼史》，卷4，〈本紀第四・太宗下〉，頁1。盧逯曾，〈五代十國對遼的外交〉，《學術季刊》，卷3期1(1954年9月)，頁30-34。

31. 〔元〕脫脫等撰，《遼史》，卷4，〈本紀第四・太宗下〉，頁1。

莫、涿、檀、順、媯、儒、新、武、雲、應、朔、寰、蔚十六州，並圖籍來獻。」[32]從此中原喪失燕雲十六州的地略屏障，禍延後世的宋朝經常陷入來自北方的威脅，在欲振乏力之下，中華上國的尊嚴逐漸受到考驗，使原本具超越性的天可汗的國際地位開始接受嚴峻挑戰，同時也讓華夷開始共享大唐泱泱大國之餘蔭。

另，在唐晉交替之際，中原因國力大不如前，「夷夏之防」日強，「華夷之辨」漸嚴，石敬瑭因契丹之力而得以建國稱帝，非但不能「用夏變夷」，反而以遼為君，受遼冊封為晉皇帝，以致淪為臣下；更有甚者，又以中華「天子」之至尊，竟認夷狄耶律德光為父，尊稱遼太宗為「父皇帝」，而卑辭自稱為「兒皇帝」。尤其是，「歲輸金帛之外，吉凶慶弔，歲時遺贈，玩好珍異，相繼於道」，何況，契丹若稍有不如意，「帝常卑辭謝之」。[33]其中，尤以天福七年(942)「契丹以晉招納吐谷渾，遣使來讓，帝憂悒不知為計。」[34]據統計，晉遼自936年通使，至944年晉使張暉遭扣未歸為止，計8年，「問遺往返無虛月」，事無大小，必先請命而後敢行，行後又須專使謝恩，金帛珍玩貢奉無數，服事無微不至，歲幣以時，買歡以金，沿邊租賦，按時送納，雖畢生小心奉待，仍不免因斥讓而不知所措，擁皇帝之尊，卻甘於矮化，淪為兒臣，終於引發知恥之士，寧死不屈，捨生取義。[35]誠所謂：知恥近乎勇，是可忍孰不能忍，願捨生取義，寧亡國以救天下。正因為石敬瑭對契丹曲意奉承，凡事皆卑辭以對，奉事唯謹，令朝臣引以為恥，反思正名變革之道，而不計後果，於是有景延廣挺身而出。

石敬瑭死後，石重貴繼立，是為出帝。為了決定對遼方針，朝臣

---

32. 〔元〕脫脫等撰，《遼史》，卷4，〈本紀第四·太宗下〉，頁1。
33. 〔元〕脫脫等撰，《遼史》，卷4，〈本紀第四·太宗下〉，頁1。
34. 〔宋〕司馬光，《資治通鑑》，卷283，〈後晉紀四·高祖聖文章武明德孝皇帝下〉，頁3。
35. 盧逮曾，〈五代十國對遼的外交〉，頁35。

旋即分為二派。(1)現實派：以桑維翰、李崧為首，認為：「屈身以為
社稷，何恥之有」，[36]主張繼續維持晉遼君臣關係；(2)知恥派：以景
延廣為代表，主張「可以為孫，而不可為臣」。[37]於是乎，當高祖駕
崩，出帝初立，朝廷議決國家大政方針之際，現實派後晉大臣決定沿
襲舊制，「議告契丹，致表稱臣」，惟知恥派宰相景延廣獨排眾議，
堅稱：「但致書稱孫而已」。就現實而言，「大臣皆知其不可而不能
奪」。契丹果怒，數以責晉，延廣謂契丹使者喬瑩曰：「先皇帝北朝
所立，今天子中國自冊，可以為孫，而不可為臣。且晉有橫磨大劍十
萬口，翁要戰，則來，佗日不禁孫子，取笑天下。」於是，晉出帝乃
決定改變對契丹外交政策，表示：「但稱孫不稱臣，以告高祖喪」。
契丹責其違反舊例，後晉宰相景延廣因以稱臣為恥，稱：「可戰而不
可屈」。[38]根據《遼史》太宗會同五年(942)秋七月庚寅條所載：

> 晉遣金吾衛大將軍梁言，判四方館事朱崇節來謝(弔祭)，書稱
> 孫，不稱臣。遣客省使喬榮讓之，景延廣答曰：先帝則聖朝所
> 立，今主則我國自冊，為鄰為孫則可，奉表稱臣則不可。榮
> 還，具奏之，上始有南伐之意。[39]

於是耶律德光乃興師問罪，在946年率軍南下，攻陷汴京(開封)，
947年一月(會同十年元旦)耶律德光採用中原皇帝儀仗進入汴梁，「御
崇元殿受百官賀」。[40]遂滅晉，改「大契丹國」國號為「大遼」，改會
同十年為大同元年，又改「汴京」為「東京」。

---

36. 〔宋〕司馬光，《資治通鑑》，卷283，頁9242。邢義田，〈契丹與五代政權更迭之關係〉，頁14。
37. 〔宋〕歐陽修，《新五代史》，卷29，〈晉臣傳第十七·景延廣傳〉。
38. 〔宋〕歐陽修，《新五代史》，卷29，〈晉臣傳第十七·景延廣傳〉。〔宋〕司馬光，《資治通鑑》，卷283，頁9253，記載亦類同。
39. 〔元〕脫脫等撰，《遼史》，卷4，〈本紀第四·太宗下〉，「會同五年秋七月庚寅」條。
40. 〔元〕脫脫等撰，《遼史》，卷4，〈本紀第四·太宗下〉，頁8。

　　總之，皇帝就是天子，天子代表天下，皇帝代表國家，皇帝對外稱兒稱孫，雖是「一家之事」，亦屬國恥，然以天下至尊，依託外力受冊封，固屬天下共恥。石敬瑭因「受契丹冊封為大晉皇帝，並尊遼太宗為父而卑稱兒皇帝」一事，而造成「中華世界帝國」＝「中國＋周邊」之「宗藩關係」的傳統名分秩序爆發國際關係的倫理逆轉，導致原本「華居中而夷居外」之「內華夏而外夷狄」的歷史文化價值及其宗藩秩序為之崩解，因之其宗藩關係也由「君父vs.臣子」的「君臣倫＋父子倫」而走向流動不定的「五倫國際關係」。此一「倫理性」的國際政治變化，乃因代表天下之中華國力衰敗，而無力尊華攘夷，遂開「華為臣、夷為君」＋「華為子、夷為父」＝「華為臣子，夷為君父」的逆轉式「五倫國際關係」之首例。

（四）後漢

　　耶律德光滅晉後，因「打草穀」四處劫掠物資，導致中原不斷爆發反抗，耶律德光因無法鞏固統治，乃捨東京汴梁，於大同元年(947)四月引軍北返，然病死途中。河東節度使劉知遠因素掌兵權，乃乘機收拾殘局，迅即掩有中原，遂於947年即位於晉陽，建國號為漢，史稱後漢，是為高祖，仍都汴京。

　　事實上，劉知遠在輔佐石敬瑭取得政權後，出鎮河東，就曾違反《禮記》〈郊特牲〉：「為人臣者無外交，不敢貳君也」的古訓，不但交好契丹，而且在遼太宗天顯十二年(937)時朝貢契丹。根據《遼史》所載，稱：「太原(節度使)劉知遠，……遣使來貢。」[41]可見，劉知遠在河東時即對石敬瑭早有貳心。及聞耶律德光入汴，並不率軍馳援，但派兵嚴守四境，以防遼，並遣安陽王峻奉表詣耶律德光，以賀入汴，並朝獻貢物，以謀結遼。對此，耶律德光曾賜詔褒美，及進

---

41. 〔元〕脫脫等撰，《遼史》，卷3，〈本紀第三・太宗上〉，頁7。

書親加「兒」字於劉知遠姓名之上，意圖以待石敬瑭為「兒皇帝」之故智，對待劉知遠，以謀建立「父子之邦」。劉知遠又遣北都副留守太原白文珂入獻奇繒名馬，以討好遼朝。契丹主知劉知遠觀望不至，及文珂還，使謂知遠曰：「汝不事南朝，又不事北朝，意欲何所俟耶？」[42]由此可知，此時，劉知遠雖不事北朝，但交好北朝，知其意在交好遼朝，以圖代晉而有天下。947年，耶律德光於滅晉後，在東京(汴京)建國號大遼，踐祚稱帝改元為大同元年，不久引軍北返，劉知遠知時機不再來，遂不再觀望，旋即稱帝於晉陽。

948年劉知遠卒，子承祐立，建元乾祐，是為隱帝。於是，契丹聯南唐議攻漢，次年下貝州。[43]950年十二月，承祐命郭威率軍北征，至澶州(濮陽)擊敗南下的遼軍。郭威將士「裂黃袍以被威體」，[44]高呼萬歲，擁為天子，即日回軍，南下開封。翌951年正月，郭威弒承祐，自立為帝，建國號為周，史稱後周，是為後周太祖。

相對於後周，後漢高祖劉知遠之弟劉崇見郭威篡位自立，亦於951年在晉陽即位，建國號為北漢。後周旋攻劉崇，劉崇則謀聯遼以抗後周。951年四月，劉崇乃遣使遼朝，自稱「侄皇帝致書於叔天授皇帝」，請求冊立。因「以侄事叔」，故漢遼國家關係成為〈五倫國際關係論〉之「兄弟倫」的叔侄關係。六月，遼朝派遣燕王述軋和樞密使高勳，冊立劉崇為大漢神武皇帝，[45]並率軍南下，惟遼師未出，旋即遭弒而罷。[46]

劉崇雖建北漢，因與五代之王朝更迭無關，並非亂世正統，故不記入五代王朝史。但其向契丹稱侄求援，並請求叔皇帝冊封一事，乃

---

42. 〔宋〕司馬光，《資治通鑑》，卷286，〈後漢紀一・高祖睿文聖武昭肅孝皇帝上〉。

43. 〔元〕脫脫等撰，《遼史》，卷5，〈本紀第五・世宗〉，頁1。

44. 〔宋〕司馬光，《資治通鑑》，卷289，頁9447。

45. 〔宋〕司馬光，《資治通鑑》，卷290，頁9460、9462。

46. 陶晉生，《宋遼關係史研究》(臺北：聯經出版事業公司，1984)，頁16。

繼後唐李存勗之後，又一件欲以結好契丹做為奧援，自稱侄以叔父事契丹，並接受遼朝冊立為大漢神武皇帝，再開「華為侄、夷為叔」、「華為臣、夷為君」之逆轉式〈五倫國際關係〉的「兄弟倫」＋「君臣倫」之例。

(五) 後周

951年(周太祖廣順元年，遼世宗天祿五年)正月，郭威篡後漢，自立為帝，建國號為周，是為太祖，史稱後周。同年，郭威遣朱憲伴送遼使歸蕃，兼致書敘革命之由。[47]春二月，郭威遣姚漢英、華昭允使契丹，以「書辭抗禮」，留漢英等。[48]後周僅以「書辭抗禮」＝雙方地位對等的國書致契丹皇帝，使節即遭契丹扣留，顯然可知，契丹對中原五代諸朝，常以上國自居，故「書辭抗禮」對契丹而言，就是以下犯上的大不敬侵犯。換句話說，契丹仍以後唐、後晉、北漢之例對待後周。同年夏四月丁未，周遣田敏使遼，「約歲輸錢十萬緡」。[49]後周雖願以歲幣金帛輸遼，但堅持「書辭抗禮」，不願降格以對，顯然亟欲打破不對等的邦交關係。同年九月遼世宗遇弒，穆宗繼立，改元應曆元年，冬十一月，周遣使來弔。[50]此乃傳統睦鄰關係之要務。及959年，後周世宗為規復燕雲十六州，對遼開戰，並奪回瀛、莫二州。此時，國際局勢開始改變，後周世宗經過不斷的整軍經武，終於擊敗契丹，中原與北朝又開始產生新時代變革的契機。不久，世宗病歿，恭帝繼立。960年，後周禁軍領袖趙匡胤於陳橋因受部將擁立而黃袍加身，即帝位，建國號為宋，是為宋太祖。

---

47. 〔元〕脫脫等撰，《遼史》，卷5，〈本紀第五·世宗〉，頁2。
48. 〔元〕脫脫等撰，《遼史》，卷5，〈本紀第五·世宗〉，頁2。陶晉生，《宋遼關係史研究》，頁16。
49. 〔宋〕司馬光，《資治通鑑》，卷290，〈後周紀一·太祖聖神恭肅文孝皇帝上〉，頁8。
50. 〔元〕脫脫等撰，《遼史》，卷6，〈本紀第六·穆宗一〉，頁1。

表一：五代與遼朝之五倫國際關係略表

國號 五代	稱號	國號 遼	稱號	五倫關係
1. 後梁	帝			稱臣：阿保機對梁，奉表稱臣。 　　　後，又約為甥舅之國，然 　　　未如約 倫理：梁遼乃君臣倫，為君臣之 　　　邦
2. 後唐	帝			稱兄：唐遼先約為兄弟，後以侄 　　　事叔 倫理：兄弟倫，為兄弟之邦
3. 後晉	子 臣 帝	遼	帝	稱臣：晉受遼冊封為大晉皇帝 稱子：石敬瑭以遼為父，晉為子 倫理：晉遼為君臣倫＋父子倫 君 　　　父之邦vs.臣子之邦
	孫 帝			稱孫：出帝對遼稱孫、不稱臣 倫理：父子倫，約為父子之邦
4. 後漢	帝			邦交：敵體抗禮，兄弟之邦或友 　　　邦 倫理：朋友倫＋遼方片面父子倫 　　　友邦＋遼自稱父子之邦
（北漢）	侄 臣 帝			稱侄：劉崇對遼稱侄求援請封 稱臣：封劉崇為大漢神武皇帝 倫理：晉遼為君臣倫＋兄弟倫 君 　　　叔之邦vs.臣侄之邦
5. 後周	帝			邦交：因堅守書辭抗禮，為敵體 　　　抗禮 倫理：朋友倫，為朋友之邦
宋太祖 宋太宗	帝			邦交：敵體抗禮，兄弟之邦或友 　　　邦 倫理：朋友倫→兄弟倫

出處：依五代與契丹(遼)的五倫國際關係論述與理論架構作成，並請參考圖一。

三、宋遼兄弟之邦的體制建立

　　宋太祖受傳統文化價值〈大一統論〉的影響，乃謀統一中國，對抗遼國，亟圖規復燕雲十六州。於是，在971年滅南漢、975年降江南(南唐)。宋太祖崩後，弟宋太宗立，繼承遺志，也於978年滅吳越、

979年降北漢，除燕雲十六州外，大致統一中國。979年，太宗北伐契
丹，企圖光復燕雲十六州。相對的，遼國也於980年入侵瓦橋關，988
年遼軍再攻陷涿州、祁州。從此，雙方陷入征戰，互有勝負，宋因國
力所限，僅能與遼抗衡而已。

　　宋真宗景德元年(1004)，遼聖宗率軍南下，遼軍直撲澶州(濮陽)，
威脅汴京，朝野震動。宋真宗欲遷都以避，宰相寇準力主真宗親征，
行抵澶州登城督戰，宋軍氣勢為之大振，遼軍主帥巡守陣營，單騎意
外陣亡，雙方於次年(1005年)一月達成停戰協議，宋廷遣曹利用與蕭
太后談判，締結《澶淵誓書》(澶淵盟約)，史稱「澶淵之盟」。雙方
議定，關於宋輸遼歲幣：「每歲以絹二十萬匹，銀一十萬兩。」[51]又
在雙方議定宋輸遼歲幣之後，契丹遣王繼忠見曹利用，言：「南北通
和，實為美事。國主年少，願兄帝南朝。」[52]《遼史》亦載遼聖宗統和
二十二年(宋真宗景德元年，1005年)，「(十二月)戊子，宋遣李繼昌請
和，以太后為叔母。」[53]因遼聖宗年齒稍幼，宋真宗較長，故遼聖宗
稱宋真宗為兄，宋真宗稱遼聖宗為弟，稱蕭太后為叔母，約為兄弟之
國。

　　盟約締結後，第二年，宋朝派人去遼國賀蕭太后生辰，宋真宗致
書時「自稱南朝，以契丹為北朝」。宋、遼百餘年間不再有大規模戰
事，禮尚往來，通使殷勤，雙方互使共達三百八十次之多，遼朝邊地
發生飢荒，宋朝也會派人在邊境賑濟，宋真宗崩逝消息傳來，遼聖宗
「集蕃漢大臣舉哀，后妃以下皆為沾涕」，遂開《中華世界秩序原
理》〈五倫國際關係論〉之「兄弟倫」的先例。

　　由於宋遼君主，壽命長短不一，生歿年月，各有不同，除依年齒
長幼，決定「孰兄孰弟」之稱謂。兄弟名分既告確定，則以此名分為

51.　〔宋〕李燾，《續資治通鑑長篇》，卷58，〈真宗‧景德元年十二月辛丑〉。
52.　〔宋〕李燾，《續資治通鑑長篇》，卷58，〈真宗‧景德元年十二月癸未〉。
53.　〔元〕脫脫等撰，《遼史》，卷14，〈本紀第十四‧聖宗五〉，頁3。陶晉生，
　　《宋遼關係史研究》，頁25。

基準，形諸秩序，並傳諸後世而不變。又，因祖、父、子之「輩分序列」不同，造成「輩分差序」有別，導致「兄弟倫」之親等昇降，稱謂隨著帝王之駕崩、繼位而上下調整。茲表列如次：

表二：澶淵之盟後宋遼兄弟之邦輩分序列表

輩分傳承	宋帝	生卒年月(在位期間)	稱謂	輩分序列	稱謂	生卒年月(在位期間)	遼帝	輩分差序
第1代	真宗	968年12月-1022年3月(997-1022)	兄	祖父子／祖父子	弟	972年1月-1031年6月(982-1031)	聖宗	判定基點：年紀決定長幼 宋真宗長遼聖宗三歲，宋為兄、遼為弟
第2代	仁宗		姪	祖父子／祖父子	叔		聖宗	判定基點：輩分優於長幼 宋真宗先駕崩，遼聖宗高宋仁宗一輩，宋為姪、遼為叔(因聖宗為弟故稱叔)
	仁宗	1010年5月-1063年4月(1022-1063)	兄	祖父子／祖父子	弟	1016年4月-1055年8月(1031-1055)	興宗	遼聖宗駕崩後，興宗繼位，遼興宗年齒晚宋仁宗六年，宋長遼幼，宋為兄、遼為弟
	仁宗		伯	祖父子／祖父子	姪		道宗	仁宗壽長、興宗壽短(歿)，仁宗高道宗一輩，宋為伯、遼為姪(因興宗為弟故稱伯)
第3代	英宗	1032年2月-1067年1月(1063-1067)	兄	祖父子／祖父子	弟	1032年9月-1101年2月(1055-1101)	道宗	宋仁宗駕崩，英宗繼位，宋遼皇帝同年出生，月份宋長遼幼，宋為兄、遼為弟
第4代	神宗	1048年5月-1085年4月(1067-1085)	姪	祖父子／祖父子	叔		道宗	道宗壽長、英宗壽短(歿)，遼道宗高宋神宗一輩，宋為姪、遼為叔(因道宗為弟故稱叔)
第5代	哲宗	1077年1月-1100年2月(1085-1100)	姪孫	祖父子／祖父子	叔祖		道宗	道宗壽長、神宗壽短(歿)，哲宗繼位，遼道宗高宋哲宗二輩，宋為姪孫、遼為叔祖
	哲宗		兄	祖父子／祖父子	弟	1085年6月-1128年(1101-1128)	天祚帝	遼道宗駕崩，天祚帝繼位，宋哲宗長遼天祚帝八歲，宋長遼幼，宋為兄、遼為弟
第6代	徽宗	1082年11月-1135年6月(1100-1125)	兄	祖父子／祖父子	弟		天祚帝	哲宗駕崩，徽宗繼位，宋徽宗較遼天祚帝早生三年，宋為兄、遼為弟
締約兩造：宋遼		國際關係：兄弟之邦		適用倫理：兄弟倫		締約成果：和平共存122年[54]		

54. 根據統計，宋遼在165年中，和平時期長達122年之久，而失和時期則僅43年。聶崇

出處：本表依陶晉生《宋遼關係史研究》，頁26-27、《維基百科》，「宋真宗、仁
　　　宗、英宗、神宗、哲宗、徽宗」條(2013.8.1檢索)、以及方詩銘等編著《中國史
　　　曆日和中西曆日對照表》等之資料比對後作成。此外，圖二亦有參考價值。

　　分析言之，在澶淵之戰後，宋遼為結束戰爭而締結澶淵之盟，雙
方約為兄弟之邦。基於生卒年月之先後、壽命之長短、輩分之高下，
以定「祖、父、子」之親等昇降，然後有「兄弟」、「伯侄、叔侄」
或「伯孫、叔孫」等之長幼、輩分區隔。依家族倫理而論，雙方之親
等級距，相差愈多則尊卑愈顯著，尊卑愈顯著則禮儀之榮寵愈加複
雜。是故，「依名定分、因分定序、循序運作」之名分秩序愈加嚴
格。茲分析如次：

　　1、宋真宗生於968年，相對的，遼聖宗則生於972年，宋真宗較聖
宗長三歲，故於兄弟之盟時，宋真宗為兄、遼聖宗為弟。就〈名分秩
序論〉而言，其輩分序列之定位，係基於「年齒差序」而定其長幼尊
卑之名分秩序。

　　2、宋仁宗生於1010年，遼聖宗生於972年：聖宗因與真宗同輩，
真宗駕崩後，仁宗繼位，故聖宗高仁宗一輩。據此輩份消長，宋仁宗
須尊稱遼聖宗為叔，而自稱為侄。

　　3、宋仁宗生於1010年，遼興宗則生於1016年。宋仁宗駕崩後，興
宗繼位，宋遼皇帝之父輩俱逝，宋遼國交關係，再由叔侄關係回歸兄
弟關係。遼興宗年齒較宋仁宗晚6年，故宋長遼幼，宋為兄、遼為弟。

　　4、宋仁宗生於1010年，遼道宗生於1032年，為遼興宗之皇位繼承
人。因仁宗壽長而興宗壽短，故仁宗與興宗同輩，而高遼道宗一輩，
故宋為伯、遼為侄。宋遼國交關係，所以由兄弟輩轉為伯侄輩，關鍵
在於「遼興宗駕崩」。

　　5、宋仁宗駕崩後，宋英宗繼位，英宗生於1032年與遼道宗同年出

　　岐，〈宋遼交聘考〉，《燕京學報》，期27(1940年6月)，頁4。陶晉生，《宋遼關
　　係史研究》，頁23。

生，屬於同輩。惟因宋英宗生於二月，較生於同年九月的遼道宗約年長半歲有餘，故宋英宗為兄，遼道宗為弟。宋遼國交關係，所以由伯侄輩轉為兄弟輩，關鍵在於「宋仁宗駕崩」。

6、宋神宗生於1048年，遼道宗不但早生於宋神宗，而且還是其父執輩的叔父，故宋遼皇室聘交關係，宋神宗須降格一等為侄，遼道宗則升格為叔，成為叔侄關係。宋遼國交關係，所以由兄弟輩轉為叔侄輩，關鍵在於「宋英宗駕崩」。

7、宋哲宗生於1077年，因其父神宗與遼道宗之輩分為叔侄關係，故宋哲宗對遼道宗之輩分，共需降格二等，成為侄孫對叔祖的關係。宋遼國交關係，所以由叔侄輩轉為叔祖輩，關鍵在於「宋神宗駕崩」。

8、宋哲宗生於1077年，遼天祚帝生於1085年，計哲宗較天祚帝長8歲。宋遼輩分序列突然又由侄孫對叔祖關係，回歸到宋長遼幼，宋為兄、遼為弟的同輩，但有長幼先後的輩分差序關係。宋遼國交關係，所以由侄孫對叔祖輩回歸兄弟輩，關鍵在於「遼道宗駕崩」。

9、宋徽宗生於1082年，遼天祚帝生於1085年，計徽宗較天祚帝長3歲。徽宗雖是哲宗的皇位繼承人，但二人為兄弟平輩關係，故宋徽宗與遼天祚帝仍是宋長遼幼，宋為兄、遼為弟的同輩關係，但有長幼先後的輩分差序。宋遼國交關係，所以仍停留於兄對弟的兄弟輩，關鍵在於「宋哲宗駕崩」。因宋哲宗駕崩，而宋徽宗繼位，乃兄終弟及的帝位傳承所致。

此外，我們也可以依據圖二：〈五倫國際關係論〉「兄弟倫」皇室倫理座標圖，來觀察宋遼兄弟之邦，其皇室間所遵行的「兄前弟後」倫理關係。就理論而言，從「X軸」之座標(0.1)與(-0.1)的正負數據，可以判斷出宋遼兩造間的兄弟之邦，「雖平等，但有兄前弟後」的倫理階層關係；又從Y軸之座標(1)(-1)正負數據與代表尊卑「＞」符號，可以判斷出上下尊卑的倫理關係。所以(0.1, 1)＞(-0.1, 1)；(-0.1,

1）＞(0.1, -1)；(0.1, -1)＞(-0.1, -1)。(0.1, 2)＞(-0.1, 2)；(-0.1, 2)＞(0.1, -2)；(0.1, -2)＞(-0.1, -2)。其他，亦可依此邏輯加以類推。從而，判斷出其君臣父子間之上下尊卑倫理關係與兄弟間之前後左右的宋遼皇室間倫理關係。

結論

考諸「君臣、父子、夫婦、兄弟、朋友」[55]之邦的〈五倫國際關係論〉思想淵源，正如前述，乃始於周朝，以倫理為基礎，以宗法組織和封建組織為制度，再經歷朝歷代之融合演進而建立的政治體系。[56]證諸唐宋史實，唐代曾廣泛利用「賜姓」，盛唐之時因契丹叩關內附為內臣，玄宗曾屢次「降嫁公主」，晚唐五代時軍閥則大肆收養「義兒」，在在都是利用〈五倫國際關係論〉之〈君臣倫〉＋〈父子倫〉、〈君臣倫〉＋〈夫婦倫〉的文化價值，來建立非血親間之「臣對君」、「子對父」、「婿對翁」的忠誠。其中，包括五代石晉之為契丹的「兒皇帝」、「孫皇帝」，也是基於周朝以來，經歷代而至唐朝與五代基於〈五倫國際關係論〉所變通設計的「君臣倫、父子倫、夫婦倫」的倫理模型，甚至是逆式倫理模型，再從「五倫國際關係」的政治外交實務中，獲取喘息生機或生聚教訓之機，等待另一波時機的到來。

其後，北宋統一大江南北，本應遵循《中華世界秩序原理》的〈大一統論〉，趁機北伐，統一天下。惟於澶淵之戰時，發現宋遼旗鼓相當，以零和對決則兩敗俱傷，乃放棄臥薪嘗膽，改採雙贏策略。因此，宋遼關係遂由「君臣之邦」演變成為「兄弟之邦」。兄弟之邦，也源於〈五倫國際關係論〉，但是屬於「兄弟倫」的倫理模型。

55.　《孟子》(十三經注疏)，〈滕文公上〉。
56.　張啟雄，〈論清朝中國重建琉球王國的興滅繼絕觀〉，收入琉中歷史關係國際學術会議実行委員会編，《琉中歷史關係論文集：琉中歷史関係国際学術会議報告第2回》，頁512-513。

同樣的，「兄弟倫」的倫理模型，也淵源於周朝所設計之宗法制度和封建制度下，因周武王冊封姬姓兄弟為諸侯而建國立邦，是為「君臣倫」＋「兄弟倫」下的「兄弟之邦」。不過，宋朝的「兄弟之邦」，因宋遼勢均力敵，故只有「兄弟倫」，而無「君臣倫」，故非「君臣倫」下，所轄「兄弟倫」的「兄弟之邦」。因此，不論「君臣倫」、「父子倫」、「兄弟倫」「夫婦倫」所建構的「君臣之邦」、「父子之邦」、「兄弟之邦」，甚至於「夫婦之邦」的模型，不但都來自於〈五倫國際關係論〉，而且最後也都歸結於《中華世界秩序原理》。

　　總之，就「唐宋變革」而言，放棄〈大一統論〉的「君臣倫」而就〈五倫國際關係論〉的「兄弟倫」，是唐宋變革中最大的變革。不過，再就《中華世界秩序原理》而言，不論「君臣倫」、「父子倫」、「兄弟倫」、「夫婦倫」所建構的「君臣之邦」、「父子之邦」、「兄弟之邦」，甚至於「夫婦之邦」的模型，皆來自於〈五倫國際關係論〉。又，為何在〈五倫國際關係論〉中，選擇締結「兄弟倫」所建構的「兄弟之邦」的盟約？其實，宋朝在建國之初，仍然堅持〈大一統論〉，勉力實行北伐政策，奈何力不從心，宋契關係遂由「君臣倫」急轉直下，轉變成為「兄弟倫」之五倫國際關係的「兄弟之邦」。

　　惟就理論剖析史實而言，「五倫」的倫理，對家族確具規範作用，史有明證。同樣的，〈五倫國際關係論〉的倫理，對天下≒「中華世界帝國」當然也具規範力量。就後晉與契丹之關係而論，後晉既對遼稱臣稱子，且受遼冊封為大晉皇帝，石敬塘更以遼為父、晉為子事遼，在〈五倫國際關係論〉的倫理上，晉遼為「君臣倫＋父子倫」，成為「君父之邦vs.臣子之邦」的聘交關係。其後，石重貴繼位後，以稱臣為恥遂毀約，「但稱孫不稱臣」，遂授遼出師名分，遼乃以晉違反臣下職貢為名，興兵滅之。相對的，在〈五倫國際關係論〉下，君父對臣子亦須承擔義務，屬藩一旦遭受外力入侵，則宗主國必須負

起〈興滅繼絕論〉的「存國存祀」責任。遠者有，萬曆十五年(1587)
四月，豐臣秀吉因統一日本，而志得意滿，致輕忽中華宗藩體制之強
韌，雖名為「假道入唐」，實圖侵鮮，謀犯中國。「以前世〔倭〕舟
犯江、浙、終不得意，欲先據朝鮮，從陸進兵，以窺遼、薊。」[57]朝鮮
幾乎為日所滅。朝鮮遂求救於明廷，明朝乃為朝鮮出兵，擊敗日本，
再造朝鮮，秀吉則受挫，猝死。1879年，明治日本懷抱領土野心，謀
趁清末列強環攻，滅亡前夕，強行對琉「廢藩置縣」，清廷為拯救琉
球於既滅，擬以「片面最惠國待遇」授日，乃提出「琉球三分案」，
擬犧牲國家利權以換取琉球「王國、王室」之「存國、存祀」，足見
中國〈興滅繼絕論〉之堅韌。[58]近者也有，1950年10月中國為保護從
前屬藩北韓之存亡，以「抗美援朝」為口號，派遣中國人民志願軍赴
朝鮮作戰，直到1953年7月，簽訂《朝鮮停戰協定》始結束抗美援朝，
惟延至1958年北韓政權鞏固後，始撤軍返國。此即，中國表現現代版
「興滅繼絕」之始。總而言之，「中華世界帝國」以〈五倫國際關係
論〉的「倫理」規範天下秩序。

　　再就史實發展而言，後梁承大唐之後，藉其餘威，以臨天下。
朱溫稱帝後，契丹對五代的第一代王朝後梁，「奉表稱臣，以求冊
封」，因此雙方成為「君臣之邦」。據此，梁約契丹共舉兵滅晉，然
後冊封遼，梁允遼和親為舅甥之國，即「夫婦之邦」，實現與否，另
當別論。惟「夫婦之邦」較諸「君臣之邦」、「父子之邦」，顯然梁
之國際地位已漸趨低下。後梁之實力與權威，確實仍不足以與大唐並
駕齊驅，據〈大一統論〉以「統一天下」，而且也尚不具備〈正統
論〉中「君父、臣子」之帝位的正統原則，故只能退而求其次，而以
「夫婦之邦」的〈夫婦倫〉，結好梁遼雙邊關係。

　　其後，梁唐相爭，李克用聯契丹以制朱梁，並「約為兄弟」，擊

57.　吳晗，《朝鮮李朝實錄中的中國史料》(北京：中華書局，1980)，頁1523。
58.　張啟雄，〈論清朝中國重建琉球王國的興滅繼絕觀〉，頁495-520。

幽州，破之。唐遼約為「兄弟之邦」，首開五代國際關係之〈兄弟倫〉的先例。自此，〈五倫國際關係論〉開始成為五代諸朝與契丹利用「倫理」＝「歷史文化價值」規範「對手」的縱橫捭闔手段，也是五代時期規範「五代國際體系」之國際秩序的「國際秩序原理」。其中，「夫婦之邦」乃五代梁遼繼唐朝與吐蕃締結「舅甥之邦」盟約之後，再次出現於「中華世界帝國」之「甥舅關係」的國際承諾。姑不論契丹阿保機如約與否，或梁太祖朱溫確實冊封阿保機與否，這些無非都是當時傳統中國的文化價值，也是當時規範中國之國際秩序的國際秩序原理。

　　及後晉石敬瑭舉兵叛唐時，請求契丹援兵，耶律德光遂率軍南下，敗後唐，進軍洛陽，後唐遂亡。於是，耶律德光冊封石敬瑭為晉王，旋再封之為大晉皇帝，並約為父子。石敬瑭因引外力介入政爭，遂受外力控制，受冊封為「兒皇帝」，遂開歷史之先例，成為「華夷變態型」之〈君臣倫〉的「君臣之邦」＋〈父子倫〉之「父子之邦」的「君父vs.臣子」關係，這是華夷逆轉型〈五倫國際關係論〉。此外，石敬瑭許割燕雲十六州予契丹，導致中原喪失地略屏障而積弱不振，禍延後世，成為「中華世界帝國」長期陷入華夷逆轉型〈五倫國際關係〉的時代。其後，石重貴繼位，以中國皇帝之尊，恥於稱臣，表示：「但稱孫不稱臣」，在「可戰而不可屈」的情況下，終為遼所滅。從〈五倫國際關係論〉的「父子倫」來看，無論「父子輩」或是「祖孫輩」，其實都屬於「父子倫」的一環。

　　後晉亡後，劉知遠建立後漢王朝。此前，耶律德光曾賜詔河東節度使劉知遠，予以褒美，更進書親加「兒」字於劉知遠姓名之上，意圖以待石敬瑭為「兒皇帝」之故智，對待劉知遠，以謀重建「父子之邦」。惟劉知遠雖討好遼朝，但不事遼，推其意圖當止於交好遼朝，以代晉而有天下。後漢自947年稱帝於晉陽，翌年劉知遠卒，子承祐立，迄951年正月，郭威篡位稱帝，後漢建國四年而亡。

　　劉知遠之弟劉崇見郭威篡位自立，也於951年在晉陽即位，建國號為北漢。四月，劉崇遣使遼朝，自稱「侄皇帝致書於叔天授皇帝」，請求冊立。六月，遼朝遣使冊立劉崇為大漢神武皇帝。因「以侄事叔」，故漢遼國家關係成為〈五倫國際關係論〉之「兄弟倫」的叔侄關係。此乃繼後唐李存勖之後，自稱以侄事叔，並接受遼朝冊立為大漢神武皇帝，再開「華為侄、夷為叔」、「華為臣、夷為君」之逆轉式〈五倫國際關係〉的「兄弟倫」＋「君臣倫」之例。

　　951年郭威篡漢後稱帝，建國號為北周，旋遣使致書遼朝，以告革命，然以「書辭抗禮」＝「地位對等」的國書致契丹皇帝，其使節即遭契丹扣留。後周雖願以歲幣金帛輸遼，但堅持「書辭抗禮」，不願降格以對，顯然亟欲打破不對等的邦交關係。959年，後周世宗甚至為規復燕雲十六州而對遼開戰，並奪回瀛、莫二州。此時，國際局勢開始改變，中原的後周終於擊敗北朝的契丹，遂孕育出新時代的變革契機。

　　總之，五代計建構：〈君臣倫〉的「君臣之邦」，〈父子倫〉的「父子之國」，〈夫婦倫〉的「夫婦之邦」，〈兄弟倫〉的「兄弟之邦」，〈朋友倫〉的「朋友之邦」等五種類型。〈朋友倫〉的「朋友之邦」，與近代西力東侵之後，始頻繁見諸於西方近代《國際關係》之「友邦」史書之中。東方的「朋友之邦」，在階層化觀念下，雖非終極且穩定的國際關係，但仍以「有信」為規範。可是西方的「友邦」則以國家利益的「利」為規範，大不同於東方的「義利之辨」。反之，若從〈五倫國際關係論〉來看，〈君臣倫〉、〈父子倫〉、〈夫婦倫〉、〈兄弟倫〉、〈朋友倫〉，所建構的外交倫理合稱「五倫」，然從更深一層的「父子輩」或「祖孫輩」，其實都是〈父子倫〉的一環；再從〈兄弟倫〉來看，無論「兄弟輩」、「叔侄輩」或者「叔祖侄孫輩」，仍都是〈兄弟倫〉的一環。這些都是源流於先秦《十三經》的固有歷史文化價值，而且是歷經二千年歷史的沿襲、適

用、考驗，早已成為規範「中華世界帝國」之《中華世界秩序原理》〈五倫國際關係論〉的國際秩序原理。特別是在隋唐，經五代，以迄宋元，它發出多元化，色彩獨具，規範有力，歷久彌新的「倫理」規範力量。

〈五倫國際關係論〉，由唐經五代而至宋代，開始由多元走向單元。此時，〈兄弟倫〉獨撐時代大局。就《中華世界秩序原理》〈五倫國際關係論〉而言，國家因實力懸殊，於我強敵弱而勝負立見之時，其國際關係必然是「君臣之邦」，其倫理就是〈君臣倫〉。可是，當兩國實力相當，不分軒輊之際，其國際關係更特別需要「倫理」的規範，國際秩序才不會淪為零和競賽，造成兩敗俱傷的慘況。

基本上，傳統中國的國際視域，就是「五倫國際關係」。西方式「列國體制」的「國際社會」格局，因歷史土壤不同，文化價值有別，因此造就宋遼國際關係成為「兄弟之邦」。基本上，看似「兄弟平等」，其實「長幼有序」。在〈正統論〉與〈大一統論〉的國際秩序原理下，「君臣倫」＋「父子倫」才是〈五倫國際關係論〉的最後依歸，雖然它因缺乏國家實力做為後盾，只是一時轉為隱性而潛藏不見罷了。就此而論，宋遼「兄弟之邦」只是因應一時國力不足的權宜之計而已。越是處於分裂的時代，「天下，合久必分，分久必合」的〈大一統論〉，基於望治心切，必然越加強烈。因此，最後的國際政局，仍然會走向〈大一統論〉安排下的天下秩序，這就是宋—遼金間的南北對立局面，最後仍由元朝出來收拾殘局，一統天下的道理所在。

「中華世界帝國」的正常外交關係是「事大交鄰」，宗藩之間既是「君臣之邦」，也是「父子之國」，此即所謂的「君父、臣子」之邦。其中，最值得一提的就是〈五倫國際關係論〉中的〈兄弟倫〉，宋遼兄弟之邦，就是典型的範例，茲歸納其成形的不可或缺要素，如次。

　　「兄弟之邦」的倫理典範是：「兄友弟恭」與「兄前弟後」。長幼的判定基點：以年紀決定長幼。尊卑的判定基點：輩分優於長幼。宋遼國交關係，歸納言之，就「皇室」倫理而言，不外下列幾種方式。(1)∵宋≧遼，∴宋＝兄，遼＝弟。(2)∵宋≧遼，∴宋＝伯，遼＝侄。(3)∵宋≦遼，∴宋＝侄，遼＝叔。(4)∵宋≦遼，∴宋＝侄孫，遼＝叔祖。換句話說，雙方即位帝王基於年齒長幼、輩分高低，稱謂因時而變。然就「邦國」之倫理而言，代表「華」或「正統」之邦國為長，「夷」或「閏統」之邦國為幼。邦國之長幼，不以武力為憑，而以倫理名分為尊，故「宋永為兄邦，遼永為弟國」。因此，雙方邦國之名分秩序，永世不變。據此，「宋vs.遼」之邦國輩分為：「兄vs.弟」，故宋為兄國，遼為弟邦。

　　茲就上述表一內涵及其分析，加以歸納的話，可以得到如下結果。

　　1. 宋遼關係的起始點，定位為屬於〈兄弟倫〉的「兄弟輩」。以圖式呈現的話，∵宋→←遼，宋≧遼，∴宋＝兄，遼＝弟。(→←符號，表示敵體抗禮或對等。≧或≦的符號，表示：兩造雖「地位對等」，但有「兄前弟後」之別)

　　2. 宋遼國交關係，所以由兄弟輩轉為叔侄輩，關鍵在於「宋真宗駕崩」。宋遼關係屬於〈兄弟倫〉的「叔侄輩」。以圖式呈現宋降遼升的話，∵宋↓遼↑，∴宋≦遼，宋＝侄，遼＝叔。(↑↓符號，表示輩分升降)

　　3. 宋遼國交關係，所以由叔侄輩轉為兄弟輩，關鍵在於「遼聖宗駕崩」。宋遼關係屬於〈兄弟倫〉的「兄弟輩」。以圖式呈現宋升遼降的話，∵宋↑遼↓，∴宋≧遼，∴宋＝兄，遼＝弟。

　　4. 宋遼國交關係，所以由兄弟輩轉為伯侄輩，關鍵在於「遼興宗駕崩」。宋遼關係屬於〈兄弟倫〉的「伯侄輩」。以圖式呈現宋升遼降的話，∵宋↑遼↓，∴宋≧遼，宋＝伯，遼＝侄。

5. 宋遼國交關係，所以由伯姪輩轉為兄弟輩，關鍵在於「宋仁宗駕崩」。宋遼關係屬於〈兄弟倫〉的「兄弟輩」。以圖式呈現宋降遼升的話，$\because$宋↓遼↑，$\therefore$宋$\geq$遼，宋＝兄，遼＝弟。

6. 宋遼國交關係，所以由兄弟輩轉為叔姪輩，關鍵在於「宋英宗駕崩」。以圖式呈現宋降遼升的話，$\because$宋↓遼↑，$\therefore$宋$\leq$遼，宋＝姪，遼＝叔。

7. 宋遼國交關係，所以由叔姪輩轉為姪孫對叔祖輩，關鍵在於「宋神宗駕崩」。以圖式呈現宋降遼升的話，$\because$宋↓遼↑，$\therefore$宋$\leq$遼，宋＝姪孫，遼＝叔祖。

8. 宋遼國交關係，所以由姪孫對叔祖輩回歸兄弟輩，關鍵在於「遼道宗駕崩」。以圖式呈現宋升遼降的話，$\because$宋↑遼↓，$\therefore$宋$\geq$遼，宋＝兄，遼＝弟。

9. 宋遼國交關係，所以仍停留於兄對弟的兄弟輩，關鍵在於「宋哲宗駕崩」。因宋哲宗駕崩，而宋徽宗繼位，乃兄終弟及的帝位傳承所致。以圖式呈現宋遼關係的話，$\because$宋→←遼，$\therefore$宋$\geq$遼，宋＝兄，遼＝弟。

歸納言之，宋遼國交關係，不外下列幾種方式。(1)宋$\geq$遼，$\therefore$宋＝兄，遼＝弟。(2)宋$\geq$遼，宋＝伯，遼＝姪。(3)宋$\leq$遼，宋＝姪，遼＝叔。(4)宋$\leq$遼，宋＝姪孫，遼＝叔祖。

所以，不論宋$\geq$遼，或是宋$\leq$遼，都是兄弟之邦，屬於〈兄弟倫〉。不論「宋＝兄，遼＝弟」＝〈兄弟倫〉，或是「宋＝伯，遼＝姪」＝〈兄弟倫〉「伯姪輩」，仍是〈兄弟倫〉。甚至「宋＝姪，遼＝叔」＝〈兄弟倫〉「叔姪輩」，仍是〈兄弟倫〉。又，不論「宋＝姪孫，遼＝叔祖」＝〈兄弟倫〉「叔祖姪孫輩」，仍是〈兄弟倫〉。雖然有「祖、父、子」等三親等的不同，而產生「伯姪輩」、「叔姪輩」、「叔祖姪孫輩」，但是在家族倫理上，仍然屬於〈兄弟倫〉。雙方之所以推動倫理的目的，就在於遵守倫理，以規範雙方之名分秩

序。雙方透過「依名定分，依分定序，循序運作」的〈名分秩序論〉來規範國家行為，奉行〈兄弟倫〉之「兄友弟恭」、「兄前弟後」之「長幼有序」的「倫理典範」，來創造邦國友誼，又因邦誼友好而創造出邦交鞏固而和平的結果，最後雙方都獲得百餘年的太平，故「兄弟倫」的目的，就是為了國泰民安，獲取歷經長久而不墜的天下太平。

　　就上述〈兄弟倫〉而言，宋遼兩造基本上「對等」，[59]但也不是完全對等，因它仍有極微細的「倫理差距」＝「兄前弟後」、「長幼有序」的微妙不同。本文稱之為「不完全對等」。使用「≧」或「≦」的符號，正好可以顯現「兄前弟後」或「兄友弟恭」的「倫理差距」。基本上，傳統國際關係的兩造對等，但也不是完全對等，其中，「＝」號可顯現兩造對等，而「＜」或「＞」號能代表「兄前弟後」或「兄友弟恭」的微妙「倫理差距」。透過「≧」即「大於等於」或「≦」即「小於等於」之微妙差距，藉此極微小且極微妙之差距，而能贏得百年以上的泰平天下，毋寧是世上少有，錯過不再之美事，它正好可以凸顯「中華世界帝國」＝天下之國際關係乃受「倫理」制約所致。假如今天的西方《國際法》與《國際關係》也能傚效東方《中華世界秩序原理》與〈五倫國際關係〉，各自以些微的奉獻＝「兄前弟後」或「兄友弟恭」的「倫理差距」，而能獲取百年的友好與和平，毋寧也是世上少有，錯過不再有，況化「天下」為「一家」，將「一家」倫理行於「天下」的國際秩序原理，就是物超所值的國際秩序原理，此即《中華世界秩序原理》〈五倫國際關係論〉所奉獻之「倫理價值」的可貴之處。

　　這是基於「普天之下，莫非王臣，率土之濱，莫非王土」的「天下一家」思想，將家族倫理擴充到政治領域，讓政治關係受到倫理的規範，再進一步擴充到國際關係的外交交涉上，將國家間的武力衝

59.　陶晉生，《宋遼關係史研究》，頁39。

突，透過「倫理」的規範，而化「干戈為玉帛」，止戰於無形，或許這就是宋遼所以獲取百餘年和平的道理所在。不過，就東西相較而言，戰亂時代並非「中華世界帝國」的常態，〈五倫國際關係論〉的「兄弟倫」也不僅止於泰平時代的常規，回歸正統，邁向大一統，一如隋唐元般完成〈五倫國際關係論〉之「君臣倫」＋「父子倫」的「朝代繼承」(＝政府繼承)，成為「中華世界帝國」之「正統」的「大一統」朝代，才是中華歷史文化價值的最終歸宿。

相對於《中華世界秩序原理》的國際法理，歐美國家間的國際關係，雖有《國際法》為規範，但是動輒30年戰爭、100年戰爭，第一次世界大戰、第二次世界大戰等長期、超長期戰爭，大型、超大型戰爭，大規模、超大規模戰爭，戰死傷、超戰死傷等戰爭持續不斷。戰後迄今，在《國際法》規範下，仍然不斷發生韓戰、越戰、以埃戰爭、以阿戰爭、美伊戰爭、美阿戰爭、波斯灣戰爭、科所沃戰爭、敘利亞戰爭、利比亞戰爭，還有對伊斯蘭國(IS)轟炸等美歐對東亞、中東、南歐的戰爭。如今，以美國為主的西方國家，在東歐大者對俄，小者尚有烏克蘭，在中東一帶也有利比亞、埃及、敘利亞、伊朗，伊拉克以及阿富汗，甚至於東亞的北韓等國之危機，西方無時不伺機謀以優勢武力做為後盾介入干涉。扼要言之，西方國家雖然標榜有《國際法》以規範國際關係，但戰爭卻接二連三，持續不斷。相反地，東方史上，因有「倫理規範」，相對的，戰爭偏少、規模偏小、時間偏短，《中華世界秩序原理》〈五倫國際關係論〉的「倫理規範」，居功厥偉。東方的「倫理」勢將成為今後安定國際關係，為世界創造和平幸福與長治久安的重要規則與規範力量。

最後，在五代所實行的〈五倫國際關係論〉中，不但「敵體抗禮」的「朋友倫」或「類朋友倫」之外，「君臣倫」、「父子倫」、「夫婦倫」以及「兄弟倫」也都曾一一湧現，成為歷史事實。故無論「君臣倫」的「君臣之邦」，「父子倫」的「父子之邦」，「夫婦

倫」的「夫婦之邦」，或者「兄弟倫」的「兄弟之邦」，甚至是「朋友倫」的「朋友之邦」，都是源於先秦《十三經》的固有歷史文化價值，並將家族倫理推廣至國際社會，成為規範「中華世界帝國」之《中華世界秩序原理》之〈五倫國際關係論〉的國際秩序原理。由此可知，「五倫」國際關係都曾一一輪番出現的時代，正是國際關係流動不定的「大時代」，而不是《中華世界秩序原理》所規範下正常而穩定的太平時代。中國歷代王朝，在《中華世界秩序原理》的指導下，所真正建構的國際關係，仍是植基於〈君臣倫〉＋〈父子倫〉下之「君臣之邦」＋「父子之邦」＝「君父＋臣子」之邦的宗藩關係。

可是，歷史演變到了宋遼時期，卻只出現「兄弟倫」而已，這是為什麼？說穿了，所以出現宋遼「兄弟之邦」的道理，乃因宋遼兩造在澶淵打了一場勢均力敵，且不分勝負的關鍵性戰爭，因而訂立了澶淵之盟。換句話說，勝負難分的勢力均衡，才是締結〈兄弟倫〉的關鍵所在。正因為勝負難分，宋遼雙方乃決定運用〈兄弟倫〉之「兄友弟恭」、「兄前弟後」的倫理，做為「典範」，進而依照「年齒先後」的順序，訂定可供雙方君主依照「長幼有序」之名分，遵行親等輩分的排行秩序。於是，〈兄弟倫〉就成為規範雙邊國際秩序與外交行為的最佳途徑。因依循〈五倫國際關係論〉的「倫理」「典範」，而將西方國際關係導向行禮如儀的有禮國際社會，將是此後東方用歷史文化價值所形成之《中華世界秩序原理》＝《天下秩序原理》以補西方國際關係之不足時，以其經過數千年錘鍊的特色，以為今日生病的西方國際關係療傷治病時，所當積極扮演的世界醫師角色。

又，正因宋遼對「兄弟之邦」須遵循「兄友弟恭」、「兄前弟後」等「長幼有序」的「名分秩序」，故雙方均須具有「倫理」的共識，一如宋遼須隨時依照「倫理規範」行禮如儀，才能護持歷經百餘年之久的和平與安居樂業政局。因此，希冀和平共處五原則，仍需透過文化交流，先行普及代表「中華歷史文化價值」之《中華世界秩序

原理》的國際秩序原理，才是取得「國際共識」的先決條件，也是中華「歷史文化價值」展現「軟實力」，成為中國歷代華夷王朝得以發揮治國平天下之道，展現「超實力」＝「軟實力＋硬實力」的超凡力量之處。

同理可證，在強弱迥然有別之際，雙方所適用之〈五倫國際關係論〉的「倫理」，雖然不是〈兄弟倫〉或〈朋友倫〉，而是「君臣倫」＋「父子倫」＝「君義臣忠」＋「父慈子孝」的典範，才能形成穩定且持久的國際秩序原理與國際秩序。有朝一日就像聯合國的國際地位一樣，提昇為超國家實體與超主權的權威與力量，唯有如此，國際社會才不會為唯利是圖的少數國家所把持、利用。

另，因非「君臣倫」＋「父子倫」的國際關係，在東方或「中華世界帝國」中，並不穩定。之所以不穩定，乃因受「正統論」，特別是「大一統論」的影響所致。證諸中國歷代正統王朝，不論華夷或漢胡，幾乎在各領域、各層面都具有壓倒性之「獨強」、「獨大」、「獨上」、「獨尊」的實力與格局，對邦交關係也持有〈五倫國際關係論〉的諸倫理典範，尤其是因信仰「君臣倫＋父子倫」而要求君臣、父子必須依循倫理典範，以共享權利、共盡義務的「德治」倫理，始能建構出歷久不衰之華夷共遵的名分秩序，此即「中華世界帝國」所以能長久維持〈五倫國際關係論〉之國際秩序原理與國際秩序於不墜的奧祕所在。

總之，「中華世界帝國」或天下國際體系、國際秩序原理以及國際秩序，都是階層性的，且以〈五倫國際關係論〉的「階層典範」為「倫理」規範東方國際體系，並為其帶來西方史上罕見的和平、穩定、發展以及繁榮。相對的，西方國際體系自西伐利亞條約體制以來，特別是工業革命後，形式上雖確認《國際法》之主體俱主權對等，此為其優點，然限於歐洲，且俱可大欺小、強凌弱、眾暴寡等「弱肉強食」特色為其缺點。至於以鄰為壑或夷他國為殖民地，專供

剝削搾取，故戰爭不斷，甚至轉為頻仍化、大型化、國際化以及大量殺傷化，導致國際體系動盪不安，且持續不已，是其大缺憾。近代以來，「中華世界帝國」之所以輸給西方，並不是《中華世界秩序原理》劣於西方，也不是中華世界秩序較西方為差，而是東方或中國錯過了工業革命，導致喪失壯大自己實力的機會，以致既無力自衛、也無法為屬藩興滅繼絕，遑論造福天下，開萬世太平。

　　歸納言之，〈五倫國際關係論〉為呼應時代需要，隨著國家的大小，實力的強弱，在〈五倫國際關係論〉中，雖主張上下尊卑層級，但擇取與「五倫關係」相稱的邦交關係為選項，並配合當代情勢演變，依實力的消長變化而調整其〈五倫國際關係〉的「名分秩序」，因此五代時期的五倫國際關係不但變化多端，而且充分展現〈五倫國際關係論〉的多樣性與詮釋邦交關係的有效性。概括而論，在「中華世界帝國」史上，中國歷代王朝，不論華夷或者漢胡，都是當代「獨大」、「獨強」，所以只有「君臣倫」＋「父子倫」之「君臣之邦」＋「父子之邦」的五倫國際關係，然亦偶而雜有為安撫周邊藩邦而形成「夫婦倫」的「夫婦之邦」。此外，大概只有在「大一統」的王朝崩解之後與新王朝建立之前，始有行〈五倫國際關係論〉之「兄弟倫」與「朋友倫」的可能，理由是旗鼓相當，各無勝算，不得已乃實行「敵體抗禮」或「兄前弟後」的敵體抗禮聘交體制。當然，基於「實力不對稱」的因素，在壓倒性的優勢下，〈五倫國際關係論〉與「五倫國際關係」甚至可能爆發「君臣倫」＋「父子倫」的逆轉式五倫國際關係。對中國而言，此即，王朝交替的朝代更迭。

　　再就今日西方主導之國際秩序格局而言，雖然在形式上主張國家的主權平等，但是就其國際關係史記錄而言，就是大欺小、強凌弱、眾暴寡的外交或戰爭，是持續不斷，且從未停止其向外擴張或侵略，其道理就在於西方的《國際關係》或《國際法》都缺乏東方式的「倫理」規範與「德治」的普世價值，只論「何以利吾國乎」，而不談仁

義道德所致。由此可知，由歐美強權所主導之以西方價值為中心的國際社會，並不必然基於〈朋友倫〉，以「信守承諾」為「倫理」，以「朋友有信」為典範，來進行其國際關係，遑論適用以「長幼有序」為前提，以「兄友弟恭」為其「倫理典範」所成立的「兄弟之邦」。自近代迄今，歐美主導下的國際政局雖戰亂連年，但西方《國際法》與《國際關係》則早已全面取代《中華世界秩序原理》。據此而論，在展望未來國際社會發展的前提下，於今最能與形式上號稱主權平等的西方國際關係銜接，且有「倫理典範」做為規範準則，並有歷史事蹟為證，而得享百年太平幸福者，莫過於〈五倫國際關係論〉之「兄弟倫」。

　　西方的國際秩序與國際秩序原理，在東方歷史文化價值轉為強勢國際秩序原理之時，東風勢必壓倒西風，因而西方勢須開始尋求「轉型」，甚至或師法或融合東方的國際秩序原理，否則將遭未來東方國家所主導的國際秩序與國際秩序原理所淘汰。相對的，歷經東方歷史二千餘年考驗的〈五倫國際關係論〉「典範」，才是今後國際社會所急需的「倫理規範」與「法理價值」，而且它正邁向為改革西方之陳年舊痾以振聾啟瞶，棄西方假民主之名，行干涉內政之實，假國家利益之名，行經濟掠奪之實，並假主權平等之名，卻行強淩弱眾暴寡之實，而不斷奮發革新，進而蓄勢待發。在東方日漸崛起的國際形勢下，精益求精，不但其國際秩序原理將日益完善，其政治體制也將日漸完備，其「天下共同體」意識也日益恢復，從而肩負起維護國際社會秩序的重責大任，創造和平，造福天下蒼生，規劃中國夢，再現歷史榮光，當指日可待。

　　總結而論，西方國際關係強調主權對等乃人之渴望，但敗於急功而近利，凡事必曰「何以利吾國乎」，因此經常「見利忘義」，故戰亂多而規模大，太平少。相對的，東方國際關係，雖是階層關係，但強調「義利之辨」，凡事以「典範」為依歸，以「倫理」為規範，故

戰亂少而規模小，且太平長。東西二者之差別，在於「典範」設計之「有無」，「倫理」之規範「行否」而已。

吐蕃名分秩序的建立及其演變
——以唐宋時期為中心

林冠群
中國文化大學史學系教授兼文學院院長

一、前言

　　吐蕃是為位於李唐王朝西側青康藏高原上所建立的王朝，是否也有「名分秩序」的觀念與作法？這是否基於大漢沙文主義之下，硬套在吐蕃身上的產物？非也，吐蕃在崛起過程中，向外吸取經驗與學習外來文化，不遺餘力。至今最能代表西藏，且風靡全球的藏傳佛教，並非其所原有者，而是道道地地的「舶來品」。由此見得，唐代時期吐蕃由草莽初創，到建立咤吒全亞，威震東、西、中、北、南亞諸地的「大帝國」，有多少內涵為其所原有？有多少建樹是為其向外學習、模仿與移植得來？並進而吸納內化，形成有如原生的一部分。

　　中原的名分觀，按張啓雄氏的解釋，以為：就在於制爵位，立名號，以別君臣上下之義，讓君像君，臣像臣，父像父，子像子，各自按照自己的名分行事，天下才能回歸秩序，讓宗法制度結合封建制度所形成的等級名分，按身分差異而區分職務與名稱，以便據名求實，達成相應的責任和義務。[1]亦即，所謂「名分秩序」，為中國固有者，為建立王朝統治的正當性，以及型塑社會秩序的一整套意識型態與規

1.　張啓雄，〈中華世界秩序的原理：近代中國外交紛爭中的古典文化價值〉，收入吳志攀等編，《東亞的價值》(北京：北京大學出版社，2010)，頁129。

範。吾人觀現存吐蕃時期所遺留下來的文獻，諸如敦煌古藏文卷子、吐蕃碑銘等所記載的部分內容，確實與中原名分秩序的觀念與內涵，有若干相符之處。

二、吐蕃如何建立名分秩序

《敦煌古藏文卷子》P.T.1286〈小王家臣及贊普世系表〉記載：

> rGyal pran yul yul na / mkhar bu re re na gnaste /……de yan chad ya yogs ni / gdod byin rum gyi ni rkyen zhes bya ste/gnav yul yul na rgyal pran dang blon po vdi ltar bab ste // [2]

> 在各個小王境內，遍布一個個堡寨……在此之前，傳說古昔為分裂的局面。古昔在各地有著小王及其家臣應世而生。

上引文指出，吐蕃王室悉補野(sPu rgyal)氏未統一吐蕃以前，為各地方勢力分裂的局面。法籍藏學家拉露女士(M. Lalou)根據敦煌文獻，統計未統一以前吐蕃的地方勢力，多達38個，並一一列出其據地名稱、小王與家臣姓名及所崇拜的神祇名稱等。[3]以悉補野氏為首的雅礱河谷地區(Yar lung so kha)，就名列其中。由此即知悉補野氏所率之雅礱部，當時僅為諸多地方勢力之一。

根據《賢者喜宴》的記載：

> 其時有十二小邦(rgyal phran sil ma bcu gnyis)，然而，最後則有四十小邦(rgyal phran bzhi bcu)割據……上述諸小邦喜爭戰格殺。[4]

2. Ariane Spanien & Yoshiro Imaeda, *Fonds Pelliot Tibetain in Choix de Documents Tibetains conserves a la Bibliotheque Nationale* (Paris: bibliotheque national, 1978-1979), vol.2. P.T.1286. pl.554. 第6行，pl.555. 第25-26行。譯文部分則參考王堯、陳踐譯註《敦煌本吐蕃歷史文書》，增訂本(北京：民族出版社，1992)，頁173。
3. M. Lalou, "Catalogue des Principant' es du Tibet Ancien," (JA, 1965), pp. 189-204.
4. dPav bo gtsug lag vphreng ba, *Chos vbyung mkhas pavi dgav ston* (賢者喜宴) (New Delhi: International Academy of Indian Culture, 1962), part.4 .f.4b. 第6行-f.5a. 第3行。

《賢者喜宴》所載指出這些地方勢力，相互攻伐，戰爭頻仍，並逐漸相互兼併。至松贊干布(Srong btsan sgam po, ?-649)之祖父達布聶息(sTag bu snya gzigs)時期，雅魯藏布江流域已兼併成三個勢力圈。其一為居於雅魯藏布江以南為悉補野贊普所統領的雅礱部，城堡為秦瓦達則(Pying ba stag rtse)；其二為居於雅魯藏布江北岸拉薩河流域的東面區域，是為森波杰達甲吾(Zing po rje stag skya bo)，城堡為輾噶爾寧堡(Nyen kar rnying pa，在今堆龍德慶縣德慶區)；其三為居於拉薩河流域西面區域的森波杰棄邦孫(Zing po rje khri pang sum)，城堡為悉補爾瓦宇那(sPur bavi yu sna，在今彭波農場)。此三勢力隔江形成三足鼎立的態勢。[5]

此時，吐蕃眾氏族之間，分分合合，紛紛選擇彼等心目中的真主。《敦煌古藏文卷子》記載娘氏(Myang)與韋氏(dBavs)在未獲其統治者森波杰棄邦孫的公平處置，在回程途中，互道委屈，吐露心中所思，娘氏吟詠云：

> chab chab ni pha ro na // yar chab ni pha ro na / myi vi ni myi bu ste / lha vi ni sras po bzhugs // rje bden ni bkol / du dgav / sga bden gyis ni bstad du dgav [6]

> 在河的對岸，在雅魯藏布江對岸，住著人之子，是為神的兒子，唯有真正的主人(吾等)喜受其役使，唯有真正的皮鞍(吾等)方喜馱。[7]

另請參閱黃顥譯註，〈《賢者喜宴》摘譯〉，《西藏民族學院學報》，1980年期4，頁31。

5.　山口瑞鳳，《敦煌胡語文獻》(東京：大東出版社，1985)，頁466。

6.　Ariane Spanien & Yoshiro Imaeda, *Fonds Pelliot Tibetain in Choix de Documents Tibetains conserves a la Bibliotheque Nationale*, P.T.1287. pl.562. 第148-150行。

7.　譯文參酌黃布凡、馬德，《敦煌藏文吐蕃史文獻譯註》(蘭州：甘肅教育出版社，2000)，頁178-179。另見王堯、陳踐譯註，《敦煌本吐蕃歷史文書》，增訂本，頁161。

　　韋氏聞後頗有同感，二人立下重誓，決心背棄處事不公的森波杰，歸向悉補野贊普。上引娘氏與韋氏決心背棄森波杰，歸向悉補野贊普的理由，是悉補野贊普為「神的兒子」(Lhavi sras po)。

　　當韋氏、娘氏等成功地協助雅礱消滅森波杰後，彼等高歌慶祝云：

gzus ni lha bon to / sLon mtshan sLon kol / gzus ni lha bon to……rje bden gyi ni bkol to[8]

天神來到了，論贊論果爾，天神來到了，……由於是真正的王，所以願受差遣。

　　上引歌詞顯示，悉補野氏族被諸氏族認為是天神而受到擁戴。換句話說，雅礱的統治者悉補野氏似以「天神之子」作為政治號召，獲得了諸氏族的認同，進而達成爭奪霸主的目的。

　　另《通典》卷190‧邊防六‧吐蕃條記載：「或云始祖贊普，自言天神所生」，據此，有關雅礱統治者悉補野氏為天神之後的觀念與說法，在中原地區也有所耳聞。此意味著雅礱悉補野氏族成功地利用了青康藏高原上人群，對天神極為崇敬的心理，為達到其政治目的，藉著宣揚悉補野氏係天神所生，成功地統一了雅魯藏布江流域等適農地區，開創爾後吐蕃以雅礱悉補野氏族為核心的新局。

　　悉補野氏係天神所生的理念，理應由悉補野氏族及其支持者主導，向外宣傳，透過口耳相傳，試圖營造天下共主非雅礱悉補野氏莫屬的氛圍。《敦煌古藏文卷子》P.T.1286〈贊普世系表〉記載：

Lha gnam gyi steng nas gshegs pav // gnam lhab kyi bla na // yab lha bdag drug zhugs pa vi sras /gcen gsum gcung gsum na / khri vi bdun tshigs dang bdun / khri vi bdun tshigs kyi sras / khri nyag khri btsan

---

8.　Ariane Spanien & Yoshiro Imaeda, *Fonds Pelliot Tibetain in Choix de Documents Tibetains conserves a la Bibliotheque Nationale*, P.T.1287. pl.563. 第185-186行。

pov // sa dog la yul yab kyi rje / dog yab kyi char du gshegs sov // lha
ri gyang dor gshegs na /……// Bod ka g-yag drug gi rjer gshegs so /
thog ma sa la gshegs pa yang / gnam mthav vog gi rjer gshegs pas /
……gnam lhab kyi bla na yab bla bdag drug bzhugs pavi sras / gcen
gsum gcung gsum na / khri vi bdun tshigs dang bdun // khri vi bdun
tshigs gyi sras / lde nyag khri btsan po / sa dog la yul yab kyi rje dog
yab kyi char du gshegs nas / lha sras myi yul gyi rgyal mdzad cing
bzhugs pa las / mngon du thal byung dgung du gshegs pa // [9]

神自天國之上降世，在天國之上，有天父六君之子，三兄三
弟，連同墀宜頓祉七神，墀宜頓祉之子，墀聶墀贊普，大地上
有父王之土地，他降臨至父王的土地，當降至神山降多時……
來作吐蕃六氂牛部之王，當初降臨大地，來作天下之主……在
天國之上，有天父六君之子，三兄三弟，連同墀宜頓祉共七
神，墀宜頓祉之子德聶墀贊普，大地上有父王之土地，他降臨
父王之土地，神子住世且做人間之王，然後他顯現出愉悅神
情，返回天國。[10]

上引P.T.1286〈贊普世系表〉的行文與內容，係以肯定的口氣行
文，全文述說吐蕃王室的第一代贊普墀聶墀贊普(Khri nyag khri btsan
po)，係居住於天國的神天父六君(Yab lha bdag drug)最小兒子墀宜頓祉
(Khrivi bdun tshigs)之子，下降到人間，做了人間的統治者。

至信史時期的贊普墀德祖贊(Khri lde gtsug btsan, 704-754)，降服南
詔王閣邏鳳時，贊普君臣開懷高歌云：

dgung sngo ni bdun rim gyi // Lha yul ni gung dang nas // Lha sras

9. Ariane Spanien & Yoshiro Imaeda, *Fonds Pelliot Tibetain in Choix de Documents Tibetains conserves a la Bibliotheque Nationale*, P.T.1286. pl.555. 第30-44行。
10. 譯文參酌王堯、陳踐譯註，《敦煌本吐蕃歷史文書》，增訂本，頁173-174。筆者依己見將譯文作部分更動。

ni myivi mgon / myi yul ni thams chad dang / myi mtshungs ni myi
vdra ste // yul mtho ni sa gtsang bas // bod yul ni gshang(gsham) du
gshegs // myi yul ni yun kyi rgyal······ Lha sras ni btsan la btsal //
Lha sras ni gtsug che la //······myi srid ni Lhas mdzad kyis [11]

從七層蒼天的神域之中，神子作為整個人間，人的祜主，無以
比擬，無以倫比，高域淨土，降凡於吐蕃之地，永做人間之
王······(閤邏鳳)尋求神子之威靈，神子之道至廣······人眾之事由
神來主宰。

　　上引歌詞係讚誦吐蕃王室的祖源，與吐蕃史前所流傳者相同，均
為天神之子下凡，入主人間之內涵。值得注意的是，上引歌詞透露
了二個訊息，其一，提及吐蕃贊普的身分時，使用的藏文字為「Lha
sras」，就是前引娘曾古與韋義策不滿森波杰所吟唱「Lhavi ni sras
po」一詞的簡稱，「Lha sras」字義就是「神的兒子」，有將之譯成
「天子」者；[12]其二，在P.T.1286已明示吐蕃第一代的贊普，是天神墀
宜頓祉之子，天神之子本身自然也是神，因此歌詞中明白提到「人眾
之事由神來主宰」。由此可以瞭解，《敦煌古藏文卷子》所記載吐蕃
王室的祖源與贊普的身分形象，在官文書中均以肯定語氣，敘述王室
乃天神之子下凡，統治人間。[13]此確可由唐代吐蕃所遺留下來的碑刻，
佐證吐蕃官方的說法，例如墀德松贊時期(Khri lde srong btsan, 798-815
在位)所立的〈第穆薩摩崖刻石〉(又稱工布碑刻)記載：

11. Ariane Spanien & Yoshiro Imaeda, *Fonds Pelliot Tibetain in Choix de Documents
    Tibetains conserves a la Bibliotheque Nationale* , P.T.1287. pl.570. 第351-359行。
12. 王堯，《吐蕃文化》(長春：吉林教育出版社，1989)，頁15-16。林冠群，〈唐代吐
    蕃政治制度之研究〉，《國立政治大學學報》，期60(1989年12月)，頁1-56，所引
    在頁51-52。
13. 林冠群，〈漢藏文化關係新事例試析〉，《陝西師範大學學報(哲學社會科學
    版)》，2013年期3，頁29-36，所引在頁30。

thog ma phywa ya bla bdag drug gi sras las / nya khri btsan po myi

yul gyi rjer // Lha ri gyang dor gshegs pa tsung chad [14]

初，恰神天父六君之子，聶墀贊普降臨神山降多，做人間之王

以來……。

〈諧拉康刻石〉記載：

myivi mgon du sa la gshegs nas gnam du bzhud pa ni…… [15]

降臨大地作為人之祐主後，又返回天國……。

〈墀德松贊墓碑〉碑銘記載：

btsan po lha sras / vO lde spu rgyal // gnam gyi lha myivi rjer gshegs

pa // [16]

贊普神子，鶻提悉補野，天神下凡，來做人主。

〈唐蕃會盟碑〉碑銘記載：

vphrul gyi lha btsan po vO lde spu rgyal // yul byung sa dod tshun

cad vung nas myivi rjer // (gdung ma vgyur bar//) bod kyi rgyal po

chen po mdzad pa yang // gangs ri mthon povi ni dbus // chu bo chen

povi ni mgo // yul mtho sa gtsang (//zhes) ba la gnam gyi Lha las //

myivi rgyal por gshegs te // [17]

聖神贊普鶻提悉補野，自有國及大地渾成以來……來做吐蕃大

王，在高聳雪山之中，在大河之源流中，地高土淨……以天神

---

14. 王堯編著，《吐蕃金石錄》(北京：文物出版社，1982)，頁95，第3-4行。另請參
　　閱李方桂、柯蔚南合著，《古代西藏碑文研究》(臺北：中央研究院歷史語言研究
　　所，1987)，頁198。

15. 王堯編著，《吐蕃金石錄》，頁131，第2-3行。

16. 王堯編著，《吐蕃金石錄》，頁137，第1-2行。

17. 王堯編著，《吐蕃金石錄》，頁30，第5-8行。另請參閱李方桂、柯蔚南合
　　著，《古代西藏碑文研究》，頁47。H. E. Richardson, *A Corpus of Early Tibetan
　　Inscriptions* (Hertford: Royal Asiatic Society, 1985), p. 108.

下凡，來作人間之王。[18]

比較上引四通碑刻可以發現，吐蕃碑刻所提王室祖源說法，與《敦煌古藏文卷子》P.T.1286〈吐蕃贊普世系表〉的說法，幾乎如出一轍，均表達王室祖源為天神，王室為天神之子下凡，統治人世。[19]這是基於本教信仰所產生者，統治者的銜稱「贊普」(btsan po)本身詞意就是本教信仰中一尊男神的稱號。[20]

對於悉補野氏係天神下凡統治人世的觀念，影響吐蕃後世極為深遠，是為西藏「神王統治思想」的濫觴，亦即統治者都必須是上天下凡的神祇，如是方具備統治人間的資格與權威。君不見吐蕃所有貴族，都號稱為天神之後，包括建立薩迦政權的昆氏(vKhon)，建立帕摩竹政權的朗氏(rLangs)等，乃至於後代的達賴喇嘛、班禪喇嘛都不能例外，也均以佛菩薩的化身做為統治正當性與合法性的訴求。

如是，吐蕃王室以天神之後名義取得大位，這就是吐蕃君臣之間「分」的建立。吾人另有一例證，即吐蕃當時受中原的影響，在對庶民的總稱上，亦採用了漢式觀念的名詞，例如「黔首」一詞，《敦煌古藏文卷子》I.O.750〈吐蕃大事紀年〉狗年(746)記載：

bkav nan cen pho mdzad nas / vbangs mgo nag poe khral thud stsungs par[21]

大論以下各官員均申誓言，嚴切詔告，減輕庶民之賦稅

同書P.T.1287〈吐蕃贊普傳記第七〉記載臣民上墀都松(Khri vdus

---

18. 譯文參酌李方桂、柯蔚南合著，《古代西藏碑文研究》，頁95。H. E. Richardson, *A Corpus of Early Tibetan Inscriptions*, p. 109.
19. 林冠群，〈漢藏文化關係新事例試析〉，頁30-31。
20. 王堯，《吐蕃文化》(長春：吉林教育出版社，1989)，頁13-15。
21. Ariane Spanien & Yoshiro Imaeda, *Fonds Pelliot Tibetain in Choix de Documents Tibetains conserves a la Bibliotheque Nationale*, I.O.750. pl.591. 第255行。譯文參酌王堯、陳踐譯注，〈吐蕃大事紀年〉，《敦煌本吐蕃歷史文書》(北京：民族出版社，1980)，頁118。

srong即都松芒保杰，675-704)贊普尊號之情形為：

> vbangs mgo nag phyogs kyis // mtshan bla dags vphrul gyi rgyal po
> zhes btag ste / bkav mchid kyi dper brjod do // [22]

庶民黔首齊上尊號曰「神變之王」，記載於詔誥令冊之中。

P.T.1287〈贊普傳記第七〉記載墀德祖贊(Khri lde gtsug btsan，704-754)贊普勳業之一為：

> blar yang dkor mang po brnyes // vbangs mgo nag pos kyang / rgya
> dar bzang po khyab par thab po // [23]

得以獲大量財物，民庶黔首普遍均能穿著唐人上好絹帛。

P.T.1287〈贊普傳記第八〉記載頌揚贊普墀松贊(Khri srong btsan尊號松贊干布Srong btsan sgam po, ?-649)時期，吐蕃的盛世為：

> vbang mgo nag po yang mtho dman ni bsnyams / dpyav sgyu ni
> bskyungs / dal du ni mchis / [24]

黔首民庶高下尊卑不逾不越，輕徭薄賦，安居樂業。

又如《敦煌古藏文卷子》P.T.16記載：

> Bod chen po vphrul kyi lha btsan po sku la byind chags / thugs la
> vphrul mngav bavi zha snga nas // vgring mgo nag gi rjer myi rjer lha

22. Ariane Spanien & Yoshiro Imaeda, *Fonds Pelliot Tibetain in Choix de Documents Tibetains conserves a la Bibliotheque Nationale*, P.T.1287. pl.569. 第330-331行。譯文參酌王堯、陳踐譯注，《敦煌本吐蕃歷史文書》(1980年版)，頁141。
23. Ariane Spanien & Yoshiro Imaeda, *Fonds Pelliot Tibetain in Choix de Documents Tibetains conserves a la Bibliotheque Nationale*, P.T.1287. pl.569. 第345-346行。譯文參酌王堯、陳踐譯注，《敦煌本吐蕃歷史文書》(1980年版)，頁141。
24. Ariane Spanien & Yoshiro Imaeda, *Fonds Pelliot Tibetain in Choix de Documents Tibetains conserves a la Bibliotheque Nationale*, P.T.1287. pl.574. 第448-449行。譯文參酌王堯、陳踐譯注，《敦煌本吐蕃歷史文書》，增訂本，頁169。

las gshegste [25]

大蕃聖神贊普自天而降，入主人間，成為黑頭人的君主。

除上引之敦煌文獻外，吐蕃碑刻如〈恩蘭達札路恭紀功碑〉左面碑銘記載：

phyi nang gnyis gyi chab srid khab so dpend pa dang che chung gnyis la drang zhing snyoms te / Bod mgo nag povi srid la phan pa legs dgu byas so// [26]

對內外政務大有裨益，上下黎庶一例公允平和，於蕃境黔首庶政堪稱嘉妙。

另同碑背面碑文亦載：

btsan pho sras Khri srong lde brtsan gyi sku la ni dard du nye // Bod mgo nag povi srid ni vkhrug du byed pa las / [27]

王子墀松德贊政躬亦瀕危境，蕃境黔首庶政大亂……

由上引敦煌古藏文卷子及吐蕃碑銘所載看來，吾人可確定吐蕃時期大量使用諸如「vbangs mgo nag po」、「vbangs mgo nag phyogs」、「vgring mgo nag」、「Bod mgo nag po」等詞彙，上述詞彙中之「mgo nag」，就每個單字的字義，mgo為「頭」、「首」；nag為「黑色」，字面合起來義為「黑頭」，實際詞義則是指平民、百姓。

按漢語的「黔首」一詞，早在秦統一六國以前就已有。[28]周朝原稱百姓為「黎民」，至秦始皇將之改名曰「黔首」。[29]梁益氏於《詩

---

25. Ariane Spanien & Yoshiro Imaeda, *Fonds Pelliot Tibetain in Choix de Documents Tibetains conserves a la Bibliotheque Nationale*, P.T.16. pl.13. 第34a-34b行。

26. 王堯編著，《吐蕃金石錄》，頁71、83。

27. 王堯編著，《吐蕃金石錄》，頁72、84。

28. 〔元〕吳師道，《戰國策校注》(臺北：臺灣商務印書館，1983)，卷7，〈戰國策魏卷第七〉。

29. 〔漢〕司馬遷，《史記》，點校本(臺北：鼎文書局，1979)，卷6，〈秦始皇本紀

傳旁通》一書中，解釋之為：「黔，黑也。謂其黑頭無知也。」[30]今人張春樹氏則以為「黔首」之義有四：(1)黔為黑色，黔首指顏色黎黑之人；(2)黔首即氓民；(3)黔為黑色，但「黔首」所指乃庶人之不冠而戴黑巾者而言；(4)「黔」指壯年人頭髮之黑顏色，黔首指黑髮之壯年人而言。[31]準上，「mgo nag」(黑頭)與漢籍所使用指平民百姓的「黔首」，不但表面的字義完全相同，而且實際詞彙的意義也完全相同。此非巧合，而是吐蕃透過漢籍中之載記，所移植採用。[32]由此可知，吐蕃在早期早已區分統治階層與被統治階層。但在統治階層之間，彼此的分際，於松贊干布之父論贊弄囊(sLon mtshan rlung nam)卻仍未確立，而導致社會失序而崩解。

三、松贊干布等歷代贊普確立君臣分際

　　松贊干布於立位未久，分別與各大家族盟誓，重新建立王室與各大家族之間的君臣關係。《敦煌古藏文卷子》P.T.1287〈吐蕃贊普傳記第五〉就記載了松贊干布與韋氏家族的盟誓過程。其事大要如下：

　　先前效忠松贊干布祖父達布聶息及父王論贊弄囊的韋氏家族族長韋邦多雷義策(dBavs phang to re dbyi tshab)，至松贊干布登基後已老邁，當時眼見松贊干布戮力於鞏固王室的統治，重建內部秩序。於是韋義策為向新君表態，託請大臣向松贊干布稟告，重申背棄森波杰、效忠悉補野的初衷，言明韋氏未如娘氏中途變節，韋氏家族子孫對贊普忠誠不渝，祈請贊普於其生前，如贊普父王般再次駕臨寒舍賜盟。松贊干布聞後言，往昔父王因韋義策年邁，讓娘尚囊出任大論，父王薨後，娘氏反叛，因而予以懲治。現在韋氏一族自始至終忠貞不二，

第六〉。

30.　〔元〕梁益，《詩傳旁通》(臺北：新文豐出版公司，1989)，卷6，〈小雅・鹿鳴之什〉。

31.　張春樹，《漢代邊疆史論集》(臺北：食貨出版社，1977)，頁11-14。

32.　林冠群，〈漢藏文化關係新事例試析〉，頁32。

欣然應允前往飲宴並賜盟。於是松贊干布與韋義策親族7人於韋氏之堡寨盟誓，松贊干布下旨：「義策忠心耿耿，你死後，我親自為你營葬，殺馬百匹陪葬，在你子孫中找一合適之人，賜以金字告身，世襲相傳。」降旨畢，贊普親口吟唱：「……從今以後，你不背棄我，我不抛棄你，如果我抛棄你，蒼天定會保祐你，如果你背棄我，岩波(Ngas po)將會被剿滅。」韋義策和歌答覆：「我雖小也要把王放在肩上，吾之屬官長上是贊普，你之手中掌握了我，神靈可以作證，大王所吩咐之語，任何時候都立即遵命。」唱畢，韋氏親族7人舉行隆重盛大的酬神儀式，盟誓時贊普手中所持圓形玉石，將作為營建韋義策墳墓之奠基石。[33]

接著松贊干布連同近侍大臣麴棄多日娘蘇爾(Khu khri do re smyang zur)、努布聶多日祖論(gNubs snya do re gtsug blon)、額結錦連頓(rNgegs rgyal vbring lan ton)、蔡邦棄贊恭托(Tshes pong khri btsan khong sto)、俄馬岱棄桑類贊(vO ma lte khri bzang lod btsan)以及麴孟多日旁策(Khu smon to re phangs tshab)等君臣七人，與韋氏家族七人分別為：韋義策本人，其子：塞多日聶托(bse to re nya sto)、囊多日松囊(snang to re sum snang)、棄松杰穹(khri sum rje cung)、芒杰贊循(mang rje btsan zung)，其孫：達布杰聶囊(stag po rje myes snang)、芒波杰布擦(mang po rje pu tshab)等共同盟誓。贊普之誓詞為：

> 自今以後，爾等兄弟子侄，於悉補野贊普駕前，忠貞不二，不陽奉陰違，永遠永遠，世世代代，都決不對義策之子，無過而降罪，決不聽信離間之言，縱使聽到某些離間之言，也會讓其辯解申訴，決不加以懲處。倘若義策之子孫後代任何一人有意想不到的不忠者，除不忠者本人外，決不株連未參與盟誓的其

---

33. 黃布凡、馬德，《敦煌藏文吐蕃史文獻譯註》，頁219-220。另見王堯、陳踐譯註，《敦煌本吐蕃歷史文書》，增訂本，頁163-164。另見林冠群，《唐代吐蕃史研究》(臺北：聯經出版事業公司，2011)，頁205-206。

他人等，決不降罪，決不像對豬一般，用武器來刺殺，也決不像老鷹追趕小鳥一般。有任何一無過失且有能力者，決不拋棄，決不貶抑。對義策之一子的封賜，絕不低於金字告身，決不無罪而沒收其奴戶、土地，忠心不二者絕嗣時，亦不沒收其奴戶、土地。爾若不忠則不得參與盟誓，爾若將奴戶、土地更換或獻出，亦不得參與盟誓，永遠永遠，世世代代，王室之子孫後代均遵照此誓辦理。[34]

松贊干布誓畢，韋氏家族接著發誓，誓詞如下：

對於贊普悉補野墀松贊父子及其後裔，絕不變心，永永遠遠，無論贊普怎麼做，子孫後代絕不變心。絕不另找他人做主人，絕不與其他想不忠的人聯合，絕不在食物中下毒，絕不對贊普墀論贊花言巧語。若我兄、母、弟及子孫之中有人不忠之時，也絕不隱瞞不忠之事，絕不與不忠的兄弟手足為伍。若聽聞有人對贊普不忠時，絕不隱瞞。對任何無過失之人，絕不挑撥離間。若被任官，對所有民庶，永持公正之心，對贊普所下之任何詔命，絕對予以執行，如是誓言。[35]

由上述君臣盟誓過程，透露出韋氏家族與松贊干布的意圖。對韋氏家族而言，當其他大家族如娘氏遭受整肅，政局詭譎氛圍凝重之時，韋氏家族試圖率先向松贊干布表態，期能獲致王室的信任，在新局中站穩腳步；對松贊干布而言，韋氏(dBavs)屬拉薩河谷地區的氏族，為協助雅礱征服江北地區的重要成員，是為頗具指標性的大家族，若能得到韋氏家族的輸誠，對王室的掌控全局，將有所助益。因此松贊干布頗為重視，親率近侍大臣隆重賜盟，營造君臣和諧，共造穩定持久的君臣關係，並以之做為典範，昭告天下。是以史官將君臣

---

34. 王堯、陳踐譯註，《敦煌本吐蕃歷史文書》，增訂本，頁164-165。
35. 參見王堯、陳踐譯註，《敦煌本吐蕃歷史文書》，增訂本，頁165。

盟誓過程，詳盡地記錄下來。如是，松贊干布透過上述的方式，包括剿除恃功而驕、桀傲不馴的家族，同時又分別與各大家族盟誓，重新界定君臣之間的權利義務，從而成功地建立了王室的權威，鞏固悉補野氏做為吐蕃君主的永久地位。[36]

　　除以盟誓手段重新安排君臣分際以後，松贊干布建立制度，以確立君臣名分，諸如《敦煌古藏文卷子》P.T.1287〈吐蕃贊普傳記第八〉所載：「吐蕃之最高欽定大法，大臣品位順序，大小官員的權勢，……吐蕃之一切純善法制典章，都出自墀松贊贊普時代。」[37]其中「大臣品位順序」(blon povi rim pa)，就是《賢者喜宴》所載之「yig tshangs」[38](位階制度)，是為分辨官階大小的辦法。漢史料對此亦有所著墨，《通典》記載吐蕃官員等級劃分法為：

> 其官章飾有五等，一謂瑟瑟(玉)，二謂金，三謂金飾銀上，四謂銀，五謂熟銅，各以方圓三寸，褐上裝之，安膊前以辨貴賤。[39]

　　上引《通典》所載，以玉、金、頗羅彌(phra men金飾銀上)、銀、黃銅、紅銅等位階加以劃分，松贊干布就是以上述方法，排定吐蕃各級官員高低位序。

　　至西元700年墀瑪蕾(Khri ma lod, ?-712)主政時期，吐蕃製訂出一套更為縝密、更為完整的社會分階，據《敦煌古藏文卷子》P.T.1071〈狩獵傷人賠償律〉之記載，將吐蕃社會階層的等級，按賠償命價的高低，分成了九等，分別為：

　　第一等之大論(Blon chen po)、大內臣(nang blon chen po)、贊普舅氏任平章事之職者(btsan povi zhang drung chabs srid la dbang ba gcig)、

---

36. 林冠群，《唐代吐蕃史研究》，頁205-207。

37. 譯文參酌王堯、陳踐譯註，《敦煌本吐蕃歷史文書》，增訂本，頁169；以及黃布凡、馬德，《敦煌藏文吐蕃史文獻譯註》，頁244。

38. dPav bo gtsug lag vphreng ba, *Chos vbyung mkhas pavi dgav ston*, f.21.a. 第5行。

39. 〔唐〕杜佑，《通典》，卷190，〈邊防六・西戎二〉，「吐蕃」條。

副大論(blon chen povi vog pon)等四種大尚論，包括其祖、其父。

第二等為玉字告身尚論本人與玉字告身者之祖、父，四種大尚論之子侄、叔伯昆仲無告身者諸人，及繼母、兒媳、姜媵、未婚之妹等(zhang lon g-yuvi yi ge khong ha ngo bo dang / g-yuvi yi ge pavi myes pho dang phav / dang zhang lon chen po / bzhivi phu bo spad phan cad / pha spun spad tshun cad / yi ge ma mchis pavi rnams / dang ma yar mo dang / bnav ma dang / khyo mo dang / bu sring khyo ma mchis pa dang /)。[40]

第三等為金字告身尚論本人及與金字告身之祖、父及玉字告身尚論之子侄及叔伯昆仲無告身者諸人，及繼母、兒媳、姜媵、未婚之妹等(zhang lon gser gyi yi ge pa ngo bo dang / gser gyi yi ge pavi myes pho dang phav dang / zhang lon g-yuvi yi ge pavi bu po spad phan cad / pha spun spad tshun cad / yi ge ma mchis pavi rnams dang / ma yar mo dang mnav ma dang khyo mo dang / bu sring khyo ma mchis pa vdi rnams /)。[41]

第四等為頗羅彌告身尚論本人與有頗羅彌告身之祖、父及金字告身尚論之子侄及叔伯昆仲無告身者諸人，及繼母、兒媳、姜媵、未婚之妹等(zhang lon phra men pa gyi yi ge ngo bo dang // phra men gyi yi ge pavi / myes po dang phav dang / zhang lon gser / gyi yi ge pavi bu po spad phan cad / pha spun spad tshun / cad / yi ge ma mchis pavi rnams dang / ma yar mo dang mnav ma dang khyo mo dang / bu sring khyo mo mchis pa / rnams)。[42]

---

40. Ariane Spanien & Yoshiro Imaeda, *Fonds Pelliot Tibetain in Choix de Documents Tibetains conserves a la Bibliotheque Nationale*, P.T.1071. pl.378.第4-5行，pl.380. 第38-40行。另請參閱王堯、陳踐，《敦煌吐蕃文獻選》(成都：四川民族出版社，1983)，頁8、10。

41. Ariane Spanien & Yoshiro Imaeda, *Fonds Pelliot Tibetain in Choix de Documents Tibetains conserves a la Bibliotheque Nationale*, P.T.1071. pl.382. 第81-84行。另見王堯、陳踐，《敦煌吐蕃文獻選》，頁12。

42. Ariane Spanien & Yoshiro Imaeda, *Fonds Pelliot Tibetain in Choix de Documents Tibetains conserves a la Bibliotheque Nationale*, P.T.1071. pl.383. 第107-109行。另見王堯、陳踐，《敦煌吐蕃文獻選》，頁14。

　　第五等為銀字告身尚論本人及有銀字告身者之祖、父及頗羅彌告身尚論子侄及叔伯昆仲無告身者諸人，及繼母、兒媳、妾滕、未婚之妹等(zhang lon dngul gyi yi ge pa ngo bo dang / dngul gyi yi ge pavi / myes po dang phav dang zhang lon phra men pavi / bu po spad phan cad / pha spun spad tshun cad / yi ge ma mchis pa rnams dang // ma yar mo dang mnav ma dang khyo mo dang / bu sring khyo ma mchis pa vdi rnams)。[43]

　　第六等為黃銅告身尚論本人和黃銅告身者之祖、父及銀告身者之子侄及叔伯昆仲無告身諸人，及繼母、兒媳、妾滕、未婚之妹等 (zhang lon ra gan pavi yi ge pa ngo bo dang / ra gan yi ge / pavi myes po dang / pha dang / zhang lon dngul gyi yi ge pavi / bu pho spad phan cad / pha spun spad tshun / cad / yi ge ma mchis pavi rnams dang / ma yar mo dang mnav ma dang / khyo mo dang bu sring khyo ma mchis / pa vdi rnams /)。[44]

　　第七等為紅銅告身尚論本人及紅銅告身者之祖、父，黃銅告身者尚論之子侄及叔伯昆仲無告身者諸人，及繼母、兒媳、妾滕、未婚之妹等人(zhang lon zangs kyi yi ge pa ngo bo dang / zangs kyi yi ge pavi myes pho dang / pha dang zhang lon ra gan pavi / bu po spad phan cad / pha spun spad / tshun cad / yi ge ma mchis pavi rnams dang / ma yar mo dang / bnav ma dang khyo mo dang / bu sring / khyo ma mchis pa dang / vdi rnams)。[45]

　　第八等為大藏本人和紅銅告身之子侄、叔伯昆仲等無告身諸人和繼母、兒媳、妾滕、未婚之妹及王室臣民中之軍戶、尚論和百姓的耕

43. Ariane Spanien & Yoshiro Imaeda, *Fonds Pelliot Tibetain in Choix de Documents Tibetains conserves a la Bibliotheque Nationale*, P.T.1071. pl.385. 第137-139行。另見王堯、陳踐，《敦煌吐蕃文獻選》，頁16。
44. Ariane Spanien & Yoshiro Imaeda, *Fonds Pelliot Tibetain in Choix de Documents Tibetains conserves a la Bibliotheque Nationale*, P.T.1071. pl.387. 第181-184行。另見王堯、陳踐，《敦煌吐蕃文獻選》，頁17-18。
45. Ariane Spanien & Yoshiro Imaeda, *Fonds Pelliot Tibetain in Choix de Documents Tibetains conserves a la Bibliotheque Nationale*, P.T.1071. pl.389. 第217-220行。另見王堯、陳踐，《敦煌吐蕃文獻選》，頁19。

奴、岸本的助手等人(gtsang chen ngo bo dang / zangs kyi yi pavi / bu po spad phan cad / pha spun spad tshun cad / yi ma mchis pavi rnams / dang // ma yar mo dang bnav ma dang / khyo mo dang / bu sring khyo ma mchis pa dang / rgyal vbangs rgod do / vtshal dang // zhang lon dmang kyi / bran rkya la gtogs pa dang // mngan kyi mngan lag dang / vdi rnams)。[46]

　　第九等為王室臣民之庸戶和尚論及百姓的耕奴，庸戶及蠻貊，囚犯以下之人(rgyal vbangs g-yung ngo vtshald dang / zhang lon dang dmangs kyi bran rkya la gtogs pa / g-yung dang lho bal / kyi btson / man cad vdi rnams)。[47]

　　由上引〈狩獵傷人賠償律〉對吐蕃社會等級的劃分中可以了解，吐蕃社會紅銅告身以上者，其氏族成員享有與告身本人次一等的身分地位。而告身本人與其祖父(myes po)、父親(phav)為同等。大藏(gtsang chen)、軍戶(rgod sde)、尚論及百姓的耕奴(bran rkya)、岸本的助手(mngan kyi mngan lag)、庸戶(g-yung sde)、蠻貊(lho bal)、囚犯(btson)等，就不再提及其氏族。由此可了解，持有紅銅告身以上者，屬於上層社會，其身分地位，可庇蔭氏族成員。

　　由上引〈狩獵傷人賠償律〉中看吐蕃名分的內容，贊普王室的成員並未歸列於其中，此意味著王室超脫於官僚之上，君臣分際更名符其實地劃分開來，贊普自天而降，成為統治人世的牯主，是為無可質疑、無可取代的最高統治者。貴族所出任的官員，由第一等的四大尚論以下，至最低階官員，均賦有代表位階高低的告身，每人都有固定的「名」，固定的位置，固定的職責，不得逾越。從而穩定了吐蕃的政治社會秩序，持續繁榮穩定至西元9世紀中葉。

---

46. Ariane Spanien & Yoshiro Imaeda, *Fonds Pelliot Tibetain in Choix de Documents Tibetains conserves a la Bibliotheque Nationale*, P.T.1071. pl.391. 第248-251行。另見王堯、陳踐，《敦煌吐蕃文獻選》，頁21。

47. Ariane Spanien & Yoshiro Imaeda, *Fonds Pelliot Tibetain in Choix de Documents Tibetains conserves a la Bibliotheque Nationale*, P.T.1071. pl.393. 第311-313行。另見王堯、陳踐，《敦煌吐蕃文獻選》，頁25。

四、吐蕃名分秩序的崩解

吐蕃原以本教概念建立名分，由上文所述，吐蕃各氏族係透過盟誓的程序，向贊普表達擁護效忠之忱，再由贊普徵召該氏族成員入朝任職，並賦與相應的優遇，包括告身、采邑、奴戶等，從而建立吐蕃王朝的官僚體系，此所蘊含的意義在於：贊普與入朝為官的貴族共治天下。

按於本教教義之中，雖以贊普為居中天神之後裔，貴族則是環侍其週的天神後裔，但贊普與貴族同為天神之裔，二者仍居於平等地位，代表贊普的天神，只不過是天神眾家兄弟中排行老大，並無絕對性的權威。是以在吐蕃未進立王朝以前，贊普的政治地位被西方學者形容為「同輩中第一或同事中資格最老」(a primus inter pares)。[48]在此情況下，對於王室與眾家貴族如何分享政權，成為吐蕃必須面對的重大問題。

贊普代表神權，本身必須負擔在人世間之天神總代表的角色與職責，那就是在本教薩滿頭的襄助下，進行各式各樣的祭典儀式，一則強化其所代表的神聖象徵；另則向民間展示其神跡，以鞏固整個統治階層的統治權，並象徵著吐蕃國家主權所在與統一；三則安天下之心，表世間正常運作，風和日麗，萬物萬事皆得以協和，且平順安適，例如《敦煌古藏文卷子》P.T.1286〈吐蕃贊普世系表〉在述及吐蕃王室始祖由天界下凡時曾云：

> Khri vi bdun tshigs kyi sras // Lde nyag khri btsan po /sa dog la yul
> yab kyi rje dog yab kyi char du gshegs nas // lha sras myi yul gyi
> rgyal mdzad cing bzhugs pa las [49]

---

48. 詳見 G.Tucci, "The Secret Characters of the kings of Ancient Tibet," *East and West*, 6:3 (Oct. 1955), pp. 197-199. H.Hoffmann, *Tibet: A handbook* (Bloomington: Indiana University Press, 1975), p. 22. R.A.Stein, *Tibetan Civilization* (California: Stanford University Press, 1972), p. 132.

49. Ariane Spanien & Yoshiro Imaeda, op.cit.P.T.1286. pl.555. 第43-44行。

墀宜頓祉之子德轟墀贊普，作為澤被大地的人主，滋潤土地的甘霖，降臨大地。[50]

在上引文之表述當中，表達了贊普以天神降臨人間，使天人和諧，萬物滋長的象徵意義之概念。由於上述角色的扮演，與職責的繁重，贊普對於俗世的瑣事，諸如管理百姓、徵稅、維持社會秩序、征戰等等，均由贊普王室委任其所信任的貴族代為處理。亦即，贊普為天下共主，透過委託關係，由入朝為官的貴族掌理國事，其中以大論(blon che)為最高行政首長，相當於中原王朝的宰相，由贊普任免。凡此，中原史官亦獲有類似資訊，而有如下的記載：例如《通典》記載吐蕃：「置大論以統理國事」[51]；《冊府元龜》描述吐蕃政事的推動云：「事無大小，必出於宰相便宜從事。」[52]

但自松贊干布於西元649年去世前，將贊普位傳給年甫8歲的孫子芒倫芒贊(Mang slon mang rtsan, 650-676在位)，命大論祿東贊(mGar stong rtsan yul zung, ?-667)輔政，祿東贊去世後，大論一職由其長子贊聶多布(mGar btsan snya ldom bu, ?-685)、次子論欽陵(mGar khri vbring btsan brod, ?-699)相繼接任，演成相權獨大的局面，贊普反成了「橡皮圖章」。王室為修正相權獨大的弊病，將原由一人專掌相權的體制，改為多人共同擔任宰相，以避免重蹈獨相專擅的惡局，並於西元705年正式推出眾相制。[53]

然而，歷史的發展經常不如人意，所謂「人算不如天算」，吐蕃王室在機關算盡之後，仍然遭遇了贊普初即位之時，無法隨心所欲地

---

50. 譯文見黃布凡、馬德，《敦煌藏文吐蕃史文獻譯注》，頁136。
51. 〔唐〕杜佑，《通典》，卷190，〈邊防六·西戎二〉，「吐蕃」條。
52. 〔宋〕王欽若等編，《冊府元龜》，卷961，〈外臣部六·土風三〉。
53. 按吐蕃於西元701年開始任命眾相，《敦煌古藏文卷子》I.O.750〈吐蕃大事紀年〉於牛年(701)記載：「於洛布窮地方由尚贊咄熱拉金與森哥囊咄熱徵二人集會議盟。」至西元705年方任命已懸缺數年的「大論」，此時吐蕃眾相制方完整面世。詳見林冠群，〈唐代吐蕃眾相制度研究〉，《中國藏學》，2012年期1，頁48-67，所引在頁54-55、67。

貫徹意志的困局。這是因為吐蕃歷朝新舊任贊普轉移之交，經常遭遇到接任的贊普年紀太輕，而造成無法克服的難題，例如開始實施眾相制的贊普墀德祖贊(Khri lde gtsug btsan, 704-754)2歲繼位，繼其後的贊普墀松德贊(Khri srong lde btsan, 742-797)13歲繼立。吾人以墀松德贊即位後之遭遇為例，說明如下：

　　墀松德贊繼承大位時已13歲，並於15歲親掌政權，相較於祖父的1歲繼位、10歲親政；父親的2歲繼位、9歲親政的情況，似乎年紀大些，似較能面對應付諸般情況，但實際上卻有如下的窘境。墀松德贊即位後，欲推動心儀的佛教信仰，遭到一撮反佛的大臣所攔阻。此一撮大臣聲稱：

> 王(墀祖德贊)之壽短，乃係推行佛法之故，遂不吉祥。所謂後世可獲轉生，此乃妄語。消除此時之災，當以本教行之。誰推行佛法，便將其孤身流放邊地。[54]

　　並由彼等制訂了「禁佛小法」(Khrims bu chung)。[55]按吐蕃制訂法律，屬吐蕃宰相的職權範疇，於墀松德贊時期吐蕃相制早已實施眾相制，不再是大論一人下決定即可，必須由眾相會議議決後，送請贊普核可，方能實施。但實際上，「禁佛小法」竟然跳過了贊普的核定，逕付實施。《賢者喜宴》記載此事云：

> 當由漢人梅果(rgya me mgo)、天竺阿年達(rgya gar ava nanda)及精通漢語者加以翻譯。此三人在海波山(has po ri)的鳥穴內將佛典譯成藏語。這時，另外之大臣恩達剌路恭(blon po dam ta ra klu gong)及舅臣(ma zhang)等等來到跟前，說道：「你們三個

---

54. 巴臥祖拉陳瓦著，黃顥、周潤年譯註，《賢者喜宴——吐蕃史譯注》(北京：中央民族大學出版社，2010)，頁122。

55. 巴臥祖拉陳瓦著，黃顥、周潤年譯註，《賢者喜宴——吐蕃史譯注》，頁122。原文見dPav bo gtsug lag vphreng ba, *Chos vbyung mkhas pavi dgav ston*, 葉75下，第1-2行。

勤奮人在那裡做什麼？舅臣的小法有載：人死如果做冥福，定
予隻身流放；不得奉行供養南方泥婆羅之神佛。這些你們沒聽
到嗎？凡所行之諸多事務，如與佛法言論相同者，無需稟告於
王，即當埋於沙中，然後以小法懲處。這是否還要辯論？」於
是，對於此事，整事大臣會議(bkav yo gal vchos pavi mdun sa)接
到緊急信息。[56]

　　上引文具體地描述了「禁佛小法」確實被執行的情形，而且無需
向贊普稟報，直接由執掌司法監察的整事大臣會議處置。顯然當時的
贊普墀松德贊無能掌控整個貴族官僚集團，否則怎麼可能讓群臣訂定
違反自己意志的法律，而且還予以通過並且執行。甚至墀松德贊派遣
近臣拔色囊(sBas gsal snang)往泥婆羅求法，返見贊普之時，墀松德贊
竟懼怕奉本大臣會加害拔色囊，要求拔色囊躲藏避險，[57]類此連自己的
心腹都無法保護之窘境，適足以反映當時墀松德贊處境的艱困。贊普
王室原欲藉由眾相制掌握政局，結果仍然不敵殘酷的現實，那就是年
輕且甫即位的贊普，無法面對吐蕃各地眾家貴族的合縱連橫，仍不免
於受到掣肘的困境。

　　按理，吐蕃實施眾相制後，王室應能如其所願地掌控全局，但按
上文所描述墀松德贊初即位之困境的原因，依照〈恩蘭達札路恭紀功
碑〉之背面碑銘，記載墀德祖贊遭弒，且墀松德贊本身安全亦受到危
害，吐蕃百姓陷入動亂的情況研判，[58]以墀松德贊當時13歲年齡而論，
甚難有獨力完成懲凶平亂後進而穩住局面的能耐，必須有大臣輔佐方
能成事。就因如此，為眾家貴族所利用，趁機掌控了實權，讓年輕的
墀松德贊無法施展手腳做自己想做的事，無能貫徹意志。吾人可從教

---

56. 巴臥祖拉陳瓦著，黃顥、周潤年譯註，《賢者喜宴——吐蕃史譯注》，頁125。筆
　　者依《賢者喜宴》原文對譯文作了部分調整。原文見dPav bo gtsug lag vphreng ba,
　　Chos vbyung mkhas pavi dgav ston，葉78下，第3-6行。
57. 巴臥祖拉陳瓦著，黃顥、周潤年譯註，《賢者喜宴——吐蕃史譯注》，頁124。
58. H.E.Richardson, *A corpus of Early Tibetan Inscriptions*, pp. 6-9.

法史料《賢者喜宴》所著錄的珍貴史料〈墀松德贊興佛證盟第二詔敕〉之中所陳述者，推敲出墀松德贊當時之困境。按墀松德贊為將佛教信仰推廣為吐蕃全民信仰，經過一番奮鬥，成功排除朝中反佛勢力以後，於西元779年完成興建吐蕃第一座道場式的寺院大殿時，[59]召集諸藩國國王及全朝臣子，連同王室成員共同盟誓，發誓世世代代永遠奉佛，絕不滅佛，盟誓完成後，墀松德贊發佈二道署有全部參與盟誓者名銜的盟誓詔敕，昭告全蕃。[60]是以，此詔敕所敘述的內容，足以表露吐蕃王室力行奉佛的來龍去脈。

〈墀松德贊興佛證盟第二詔敕〉云：

> btsan po yab dgung du gshegs kyi vog du zhang blon kha cig gis
> hur vduns kyi blo zhig phyung ste / yab myes kyi ring tshund chad /
> sangs rgyas kyi chos mdzad pa yang bshig go / de nas yang snyad ni
> lho bal gyi lha dang chos Bod yul du bgyi bavi myi rigs shes / gzhan
> yang phyind chad bgyid tu mi gnang bar bkav khrims bris so /[61]

> 父王贊普歸天之後，某些尚論居心巨測，遂將先祖以來所奉行之佛法予以損毀。此後，(彼尚論)又借口南方泥婆羅之神與佛法不宜行之於吐蕃，繼而又立下「以後不得奉行(佛法)」之法令。[62]

上引文明白指出，墀松德贊初即位時無力主導政局的窘況。按佛教為吐蕃王室心儀的宗教，歷朝贊普所極力推崇的宗教，此於〈墀松德贊興佛證盟第二詔敕〉中也有所表達，其云：

> btsan po bzhi mes Khri srong btsan gyi ring la / Ra savi Bi har brtsigs
> te sangs rgyas gyi chos thog ma mdzad tshun chad / btsan po yab

---

59. 所謂道場式的寺院指的是可剃渡、授徒、講經、傳法，並可大量收容出家僧侶以供修行與學法之大型寺院，例如臺灣的佛光山、法鼓山、花蓮慈濟及中臺禪寺等四大道場，就屬於此類型的寺院，此有別於僅供奉佛像的一般寺廟。
60. 林冠群，《吐蕃贊普墀松德贊研究》(臺北：臺灣商務印書館，1989)，頁212-214。
61. dPav bo gtsug lag vphreng ba, *Chos vbyung mkhas pavi dgav ston*，葉110上，第6-7行。
62. 巴臥祖拉陳瓦著，黃顥、周潤年譯註，《賢者喜宴——吐蕃史譯注》，頁184。

Khri lde gtsugs brtsan gyi ring la / Brag dmar gyi Kwa chur gtsug lag
khang brtsigs te sangs rgyas kyi chos mdzad phand chad gdun rabs
lnga lon no // [63]

當第四代贊普先祖墀松贊(松贊干布正式贊普號)之時，建造了邏
些貝哈寺(即今之大昭寺)，此為奉行佛法之始。此後在父王墀德
祖贊贊普之時，建造了紅岩嘎丘寺。此係自建佛法以來已滿五
代。[64]

　　但佛教向來僅屬於吐蕃宮廷之信仰，在墀松德贊以前之歷朝贊
普，無法將之推出宮廷以外，其原因在〈墀松德贊興佛證盟第二詔
敕〉中也有所說明，其云：

de na Bod kyi chos rnying pa ma lags la / sku lha gsol pa dang cho
ga myi mtshun pas / kun kyang ma legs su ngogs te / la la ni sku la
dmar yang ngogs / la la ni chab srid gong gis kyang ngogs / la la ni
mi nad phyugs nad byung gis kyang ngogs / la la ni mu ge langs bab
kyis kyang ngogs so[65]

此(指佛教)與吐蕃之古老教法不同，與敬奉生命神之儀軌不相符
合，因此，眾人疑(佛法)不善，有人疑其會不利於身，有人擔憂
其會造成政權衰落，有人顧慮其會使人疫畜病，有人懷疑其會
招致災荒飢饉。[66]

　　上引文為墀松德贊自承佛教不為吐蕃社會接受的原因，事實上，
上述原因似應為吐蕃貴族所宣揚。因為吐蕃王朝之得以建立，其中很

---

63. dPav bo gtsug lag vphreng ba, *Chos vbyung mkhas pavi dgav ston*，葉110上，第4-5行。
64. dPav bo gtsug lag vphreng ba, *Chos vbyung mkhas pavi dgav ston*，葉110上，第4-5行。
65. dPav bo gtsug lag vphreng ba, *Chos vbyung mkhas pavi dgav ston*，葉110下，第2-3行。
66. 巴臥祖拉陳瓦著，黃顥、周潤年譯註，《賢者喜宴——吐蕃史譯註》，頁185。筆
　　者依《賢者喜宴》原文對譯文作了部分調整。

大成分是贊普王室與吐蕃各地眾家貴族，經過協商而結合，協商內容
主要為如何共享統治權利、如何劃分利益等。而彼此協商的基礎，就
在於認知彼此均為天神之後的共識之上。然而，獨享權利也是古往今
來人類最難以抗拒的誘惑之一。吐蕃贊普王室既已躋登最高權位，於
初期之時，可能思慮未成熟，制度未完備，因此與眾家貴族共同執行
起初協商的共識。待萬事齊備，吐蕃王室嘗試改變以往的認知，企圖
藉由推翻與眾家貴族的共識，達到獨享權利的目的。更何況初時共識
也已滋生諸多弊端，諸如一家一姓獨攬相職、相權獨大等等，均屬吐
蕃王室無法繼續容忍的現象。

　　為了因應前後任贊普接續之交的間隙，每為貴族官僚集團所利用
的情勢，吐蕃王室釜底抽薪之計，就是以佛教信仰取代賴以起家的本
教信仰。藉佛教信仰所帶來新的理論依據，以及新的宗教倫理與秩
序，以替代舊有由本教教義所建立起來的倫理與秩序。按佛教的教
義，強調輪迴果報，〈墀松德贊興佛證盟第二詔敕〉就明白地陳述這
種看法：

> 若由法性中來考察，教法根基在世間並不存在，在有情界中則
> 有無數，凡生於四種生相之中而流轉輪迴者，由最初之無始至
> 最後之無極之間，依自身之業力而存在。凡以身、語、意三者
> 造善業者得善報，造惡業者得惡報，無善惡者則無記法，對別
> 人所施之行為終究及於自身。眾生依自己所造之業，轉生於天
> 上之神、地上之人、非天、餓鬼、畜生、地下之地獄等六道之
> 中。[67]

　　上引文呈現出墀松德贊對佛法的認知，側重於輪迴果報，所表現
出來的意義為：人世間的富貴貧賤都是以生前多世修積所致，今生之

67.　〈墀松德贊興佛證盟第二詔敕〉有關此段原文，請見dPav bo gtsug lag vphreng ba,
　　Chos vbyung mkhas pavi dgav ston, 葉110下，第3-6行。譯文採自陳慶英，〈試論贊
　　普王權和吐蕃官制〉，《西藏民族學院學報》，1982年期4，頁59。

為君為臣，均依據前生之修積所定，非人力所能改變。因此，君臣之間的尊卑等級，不可逾越，不可轉變。上述理論正是吐蕃王室所需，而且佛教以「法王」(chos rgyal)禮讚贊普，以法王作為世間教法的代表，形成至高無上的地位，無可質疑，無可挑戰之君主權威，跳脫與貴族臣民爭執衝突的環境，擺脫本教教義的陰影，從而打破與貴族立於平等地位無分軒輊的牢籠。[68]這就是為何吐蕃王室自松贊干布以還，歷代贊普均試圖推廣佛教信仰的原因，也因此形成吐蕃王室的努力方向，進而塑造成王室的傳統與既定方針。在如此情況下，無可避免地，王室與貴族間的角力，自始至終貫穿了整個吐蕃王朝歷史長河。

　　墀松德贊自即位初始，陷於受制於群臣之處境，一直挨到20歲，時當西元761年，掌握到千載難逢的良機，那就是李唐內亂，吐蕃朝中諸反佛大員將注意力轉向唐蕃邊境。其事原委如後：李唐於西元755年發生安史之亂，負責西北邊防的朔方軍等紛紛內調勤王，致唐蕃邊境軍防空虛，吐蕃趁勢鯨吞蠶食李唐河西隴右及劍南西山等地，至763年吐蕃已完全佔領上述唐境，[69]並於該年十月，由當時吐蕃四位大臣尚結息舒丁(Zhang rgyal gzigs shu teng)、尚贊磨(Zhang btsan ba)、尚東贊(Zhang stong btsan)及恩蘭達札路恭(Ngan lam stag sgra klu khong)，率軍20萬直入長安，唐代宗狼狽出奔陝州，蕃軍佔領長安13天，立傀儡皇帝，改元，署置百官，搶掠長安一空，隨後撤軍。[70]蕃軍攻占長安一事，將此時期吐蕃入侵李唐，推到了最高峰，為史上所僅有。於此，吾人可做如是說，墀松德贊明智地抓住了這個難得的時機，趁當朝諸大員傾巢而出，致力於侵唐大業之時，展開了奉佛壯舉，待諸大員返

68.　G.Tucci, "The Secret Characters of the Kings of Ancient Tibet," p.197.

69.　〔宋〕司馬光，《資治通鑑》，卷223，〈唐紀三十九・代宗睿文孝武皇帝上之下〉，「廣德元年秋七月」條。

70.　〔宋〕司馬光，《資治通鑑》，卷223，〈唐紀三十九・代宗睿文孝武皇帝上之下〉，「廣德元年冬十月」條。另見王堯、陳踐譯注，《敦煌本吐蕃歷史文書》，增訂本，頁156。

朝時，墀松德贊已布署妥當，造成既成事實，彼等只有接受一途，墀松德贊暫時達成了准許傳揚佛教之「佛本並存」局面。

接著，墀松德贊名正言順地自外地邀請高僧入蕃弘法，先後邀請了寂護(Zhi bavi vtsho)、蓮華生(Padma vbyung gnas)及蓮華戒(Kamalasila)等，其中之寂護在一場佛本大辯論之中，辯勝了本教，確定佛教在吐蕃的地位，也提供墀松德贊奉佛抑本的充分理由，壓抑本教，降低本教對政治及公共事務的影響力，進而獨尊佛教。[71]墀松德贊於西元779年建築完成桑耶寺之大殿，並於大殿落成開光之日，下詔將佛教定為國教，此事在《敦煌古藏文卷子》P.T.1287〈吐蕃贊普傳記第八〉有所記載：

> Sangs rgyas kyi chos bla na myed pa brnyeste mdzad nas // dbus mthav kun du gtsug la khang brtsigs te / chos btsugs / nas thams shad kyang snying rje la zhugs shing dran bas skye shi las bsgral to / g-yung drung du bton to //[72]

> 奉佛教為至高無上之教，自中央至邊境廣建寺廟，建立佛法，引眾生入慈悲界憶念，從生死中解脫，登上永恆不滅之境。[73]

按《敦煌古藏文卷子》P.T.1287〈吐蕃贊普傳記〉在第八篇之前的載記，從未提及佛教，上引〈吐蕃贊普傳記第八〉述及佛教事務，所占篇幅不大，字數不多，但已足以真確地描述了墀松德贊在佛教信仰上的作為。

引進佛教信仰，歷經數代贊普的推廣，至墀松德贊(Khri srong lde btsan, 742-797)時期，王室歷經艱困，終將佛教定為吐蕃國教，取代了原有本教的地位，連帶地，原以贊普為天神下凡統治人世的意識型

---

71. 林冠群，《吐蕃贊普墀松德贊研究》，頁204-209。
72. Ariane Spanien & Yoshiro Imaeda, *Fonds Pelliot Tibetain in Choix de Documents Tibetains conserves a la Bibliotheque Nationale*, P.T. 1287. pl. 570-571.第374-376行。
73. 譯文見黃布凡、馬德，《敦煌藏文吐蕃史文獻譯注》，頁294。

態，竟為之造成根本上的動搖。

　　墀松德贊於西元779年立佛教為國教以後，開始鼓勵優秀貴族子弟出家，並以國家財力建寺培養僧侶，重用出家人。至墀德松贊(Khri lde srong brtsan, 798-815在位)朝，吐蕃王廷已培養出一股以佛教徒為主的政治勢力，其中以佛教僧侶娘定埃增(Myang ting nge vdzin)為代表，墀德松贊竟任命娘定埃增為宰相，成為吐蕃歷史上以出家人就任宰相的第一人。接著有勃闌伽允丹(Bran ka yon brtan)由西元804年以前至西元836年前數年之間，擔任僧相達三十餘年。其正式官銜為bkav chen po la gtogs te phyi nang gnyis la dbang zhing chab srid vdzin [pa] [ba]n de chen po dpal chen po yon [tan]　，[74]漢譯為：同平章事兼理內外國政大沙門鉢闡布允丹。[75]由此官銜即知僧相權傾一時，特別是唐使劉元鼎入蕃，與墀祖德贊君臣盟誓時，親眼見及僅鉢闡布允丹一人立於贊普座右，其餘宰相大臣均列於台下，[76]證明鉢闡布允丹受贊普的寵信，其權勢地位無疑地超越了大論(blon chen)，此時之僧相形同吐蕃的獨相。

　　按僧人出任的宰相，蕃文載為Ban de bkav la gtogs pa，意為詔命所立的僧人，漢譯為「國政蕃僧」，字譯為「沙門同平章事」，即為「僧相」之意。僧相為贊普所信任，贊普拔擢僧相為眾相之首，甚至位列高過於傳統的首席宰相，從首席宰相以下的整體官員都成為僧相的僚屬。上述贊普佞佛的舉措，破壞了原有官僚體制，以佛僧所擔任的官員，駕陵傳統官員，此無異於破壞吐蕃原有穩定的名分秩序，從而製造了上層社會的波動，人心不安，而且實際上也造成了制度上的紊亂。

　　至墀祖德贊(Khri gtsug lde btsan, 815-836?)主政，一仍重用佛僧為

---

74. 〈唐蕃會盟碑〉，北面碑銘第7-9行。詳見李方桂、柯蔚南合著，《古代西藏碑文研究》，頁59。
75. 王堯編著，《吐蕃金石錄》，頁49。
76. 〔宋〕歐陽修等撰，《新唐書》，卷216下，〈吐蕃傳下〉載：「……贊普坐帳中……鉢掣逋立於右，宰相列於台下……。」

僧相，並積極開展崇佛政策，是為吐蕃最為佞佛的一朝。墀祖德贊終
為其作為付出代價，為臣下所弒。繼其後立位者，為墀祖德贊之弟烏
依冬丹(vU vi dum btan)，其僅在位數年即遭臣下弒殺，《資治通鑑》
載其事云：

> 初，吐蕃達磨贊普有佞幸之臣，以為相；達磨卒，無子，佞相
> 立其妃綝氏兄尚延力之子乞離胡為贊普，才三歲，佞相與妃共
> 制國事，吐蕃老臣數十人皆不得預政事。首相結都那見乞離胡
> 不拜，曰：「贊普宗族甚多，而立綝氏子，國人誰服其令，鬼
> 神誰饗其祀！國必亡矣！」[77]

據上引，王室繼大位者竟非悉補野氏血胤，竟為冒充者，如是，
吐蕃名分隳壞無餘，秩序崩亂，吐蕃王室成員互爭正統，王朝進入亂
世。此時正好是唐代末期。

五、宋代吐蕃的名分秩序

吐蕃王朝崩潰後，吐蕃勢力急速後撤至其本土，與中原王朝不再
互派使節，以致以拉薩河谷為中心的吐蕃王朝，與以關隴地區為中心
的李唐王朝之間，不再交通往來，也完全失去訊息。至宋代，中原所
接觸者，均為散佈於原李唐的失地，包括河西、隴右、劍南西山以及
河湟地區等地之人群，所建立的部族國家，彼等雖非真正的吐蕃人，
但卻是長期受吐蕃統治，受吐蕃文化影響，是為吐蕃化的人群。

據宋朝秘書丞何亮於宋真宗咸平二年(999)上《安邊書》中所言，
北宋當時西邊的吐蕃部眾散布如下：

> 西戎既剖分為二，其右乃西戎之東偏，為夏賊之境，其左乃西
> 戎之西偏，秦、涇、儀、渭之西北諸戎是也。[78]

77. 〔宋〕司馬光，《資治通鑑》，卷246，〈唐紀六十二·武宗至道昭肅皇帝上〉，
「會昌二年十二月丁酉」條。
78. 〔宋〕李燾，《續資治通鑑長編》，卷44，〈真宗·咸平二年六月戊午〉。

上引文之「西戎之東偏，為夏賊之境」，指李元昊所建立之西夏國，主體民族為党項羌；「西戎之西偏，秦、涇、儀、渭之西北諸戎」，則是指涇渭二水上游地區；涼州－六谷部地區；湟水流域；熙州(臨洮)、河州(臨夏)地區；岷江流域地區等地之蕃族。二者大抵以隴山、六盤山一線為界，以東、以北為党項羌，即西夏國；以西、以南為吐蕃居地。[79]上述吐蕃居地雖被稱為「吐蕃」，但實際上卻是民族雜處的情況，例如涇渭二水上游地區、涼州－六谷部地區等，均本屬唐朝疆域，為吐蕃佔領後，實施同化政策，當地居民大多數仍為漢人後裔。

據《宋史‧吐蕃傳》記載青海地區之一地方勢力云：

> 唃廝囉者，緒出贊普之後，本名欺南陵溫篯逋。篯逋猶贊普也，羌語訛為篯逋。生高昌磨榆國，既十二歲，河州羌何郎業賢客高昌，見廝囉貌奇偉，挈以歸，置鄯心城，而大姓聳昌廝均又以廝囉居移公城，欲於河州立文法。河州人謂佛「唃」，謂兒子「廝囉」，自此名唃廝囉。[80]

另沈括所著之《夢溪筆談》卷二十五〈雜志二〉云：

> 唃廝囉，人號瑕薩篯逋者，胡言贊普也。唃廝，華言「佛」也；囉，華言「男」也。自稱佛男，猶中國之稱天子也。[81]

彭百川之《太平治迹統類》卷十六〈神宗開熙河〉載云：

> 唃廝囉，本西域胡僧李立遵攜來吐蕃立文法，言是佛種，由是吐蕃咸皆信服之。吐蕃之俗尚釋教，謂佛為「唃」，兒子為「廝囉」，故稱唃廝囉。[82]

---

79. 劉建麗，《宋代西北吐蕃研究》(蘭州：甘肅文化出版社，1998)，頁61。
80. 〔元〕脫脫等撰，《宋史》，卷492，〈吐蕃傳〉。
81. 〔宋〕沈括，《夢溪筆談校證》(上海：中華書局，1959)，卷25，〈雜志二〉。
82. 轉引自：祝啟源，《唃廝囉——宋代藏族政權》(西寧：青海人民出版社，1988)，頁25。

上引三則史料，很明顯地指出，河州(今甘肅臨夏)欲「立文法」，大陸學者祝啟源氏對何謂「立文法」，引用了以下諸說：

> 《宋史》卷二五八〈曹瑋傳〉云：「西羌將舉事，必先定約束，號為「立文法」。《隆平集》卷九〈曹瑋傳〉云：「凡羌酋欲有所為，必先令其下，謂之立文法焉。」孔仲平《談苑》卷一亦云：「羌人以自計構相君臣，謂之立文法。」張平方《樂全集》卷二二二〈秦州奏唃廝囉事〉小註也說「起立文法，蓋施設號令統眾之意。」《長編》卷八六，大中祥符九年三月記事云：「唃廝囉欲於哩旺族謀立文法時，對其部落首領郭斡蘇說：「文法成，可以侵漢邊，復蕃部舊地。」《宋史》卷二八四〈陳堯咨傳〉云：「邊臣飛奏唃廝囉立文法，召蕃部欲侵邊。」[83]

祝啟源氏綜合上說以為：

> 「立文法」就是各個部落首領聯合舉事自立為政時，為首的大首領同參事的諸首領事先所定下的一些必須共同遵守的祕密誓約，以此來統一各個部落的行動。[84]

筆者以為，祝啟源氏只重視《宋史·曹瑋傳》以及《隆平集·曹瑋傳》的記載，並加以引申所做出的解釋。卻忽略了上引其他諸說，如《談苑》卷1、《樂全集》卷222，彼等所云之「羌人以自計構相君臣」、「蓋施設號令統眾之意」等說法，均較〈曹瑋傳〉的解釋要來得合理且深刻，惜祝啟源氏並未加以採納。因為沒有君臣關係，沒有施設號令，何來的「先定約束」？如何能使「共同遵守的祕密誓約」，「來統一各個部落的行動」？同時，祝啟源氏也忽略了一條史料。北宋熙寧年間(1068-1077)的熙河之役，北宋「拓地千二百里，招

---

83. 祝啟源，《唃廝囉——宋代藏族政權》，頁42，註3。
84. 祝啟源，《唃廝囉——宋代藏族政權》，頁42，註3。

附三十餘萬口」，[85]對此，王安石有以下意見：

> 今三十萬眾若能漸以文法調馭，非久遂成漢人，緣此本皆漢人
> 故也。[86]

上引文王安石所言，指出了「文法」具有「調馭」的作用與功能。事實上「以文法調馭」之意義，就是以「文法」調伏控馭所招附的部眾，也就是使招附部眾瞭解何人為主？為何為主？其權力來源為何？為何必需俯首聽命？因而建立武力旗幟後，違者罰之，不服者伐之等等。「立文法」其實就是建立「名分秩序」。

因此，河州李立遵欲立文法，就必須立旗號，號令當地民眾，為達到此目的，據《宋史·吐蕃傳》所載，必需要滿足二個條件，否則師出無名。其一就是抬出的號召人選，必須是「緒出贊普之後」，此為承繼自唐代吐蕃的名分，作為統治者，必需身為天神之後的條件，否則無以服眾；其二竟然是造成唐代吐蕃崩潰的禍首——佛教，而且號召人選必須是「佛之子」。按「唃」，蕃文為chos，本義為「教法」，並不一定指佛教，厮囉為蕃文之sras，義為「兒子」、「後代」；二字合而觀之，chos sras就是行教法之子，或是佛之子。原於唐代時期為破壞吐蕃傳統名分的外來宗教，至宋代竟成為萬民之信仰，欲立「文法」者，必以「佛之子」的名義，方能達成吸引民眾的要件。可見，經過唐代吐蕃歷朝贊普倡導佛教，終至深入人心。

另吾人亦見到吐蕃贊普烏依冬丹(vuvi dum brtan)遺腹子歐松(vod srung)之遺緒，播遷至阿里地區(mngav ris)，建立古格王朝，仍然極力推展佛教信仰。歐松後代中如益西沃(Ye shes vod)及絳曲沃(Byang chub vod)均出家為僧，同時又為古格王朝的統治者，彼等均取號為「Lha bla ma」(天神喇嘛)，類此銜號具有深刻的意義。其一，唐代吐蕃王室

85. 〔宋〕李燾，《續資治通鑑長編》，卷233，〈神宗·熙寧五年五月辛卯〉。
86. 〔宋〕李燾，《續資治通鑑長編》，卷233，〈神宗·熙寧五年五月辛卯〉。

的遺緒並未遺忘其祖先傳承，仍然保存著天神化現於人間，以統治人間的思想，並保留如是身分，故於銜號之中仍保留「lha」字。其二，賡繼唐代吐蕃王室的宗教信仰，推動佛教的弘揚，甚至王室子弟或統治者自身也剃渡為僧，而成為bla ma，故有「Lha bla ma」的銜號。上述深刻意義所呈現者，就是為了宣揚作為統治權的合理性與正當性，亦即必須具備有吐蕃悉補野氏血胤的條件，還必須具備崇信且弘揚佛教的條件，方能打動民心，接受領導統治。

吾人觀位於河湟地區的唃廝囉(chos sras)，與位於阿里地區的天神喇嘛益西沃(Lha bla ma ye shes vod)之間，誠可謂心同此理，如出一轍。那就是要獲得吐蕃群眾的俯首聽命與景從，就必須要有吐蕃王室遺緒與崇佛的條件具備下，方能順利開展。這就是為何宋代河州欲立文法，還必須從外地找來號為唃廝囉者，作為政治號召，從而建立旗號與統治機制，方能約束部屬，號令旗下民眾。也因此《續資治通鑑長編》記載唃廝囉謀立文法於哩旺族，使人語於熟戶郭千蘇都云：

> 文法成，可以侵漢邊，復蕃部舊地。[87]

上引文之「文法成」，說明了完成了名分秩序的建構，形成一號令嚴整，上下有序的國體，如此方可高舉旗號，以規復吐蕃舊地。否則僅憑祝啟源氏完全依照〈曹瑋傳〉對「立文法」的解釋，僅只於以共同遵守的祕密誓約來統一各個部落的行動，對於「侵漢邊，復蕃部舊地」，似無能為也。

六、結論

經由上文所討論，吐蕃歷經唐至宋，在名分秩序上的演變，吾人有如下看法：

---

87. 〔宋〕李燾，《續資治通鑑長編》，卷86，〈真宗·大中祥符九年三月乙巳〉。

　　唐代吐蕃確實受到中原王朝的影響，具有名分秩序的觀念。從部落聯盟制時期，僅粗分贊普與貴族之名分，其名分內容來不及細訂而無從建立紀綱秩序的情況下，論贊弄囊經常與群臣無分軒輊，共坐一堂，飲酒對歌，或群臣競忿於君前，無禮無儀，一幅草莽初創的情景。後因贊普論贊弄囊行賞未公，遇弒身亡，吐蕃部落聯盟體為之解體。

　　繼之立位的松贊干布，記取前車之鑑，在完成重新整合西藏高原以後，著手建立嶄新的王朝體制，發揮師自中原的名分觀，陸續制定諸多制度，諸如製訂吐蕃之最高欽定大法，大臣品位順序，大小官員的權勢等，並與具代表性的大家族透過盟誓，確立君臣分際，同時徵召各大家族的成員入朝為官，官員的品位順序按權勢大小，賦與位階，從而將吐蕃社會建立成金字塔狀結構，人人有名，各有其分，為日後吐蕃王朝的發展奠下宏基。吐蕃王朝更於西元700年訂定更為詳盡的位階分類，促使吐蕃王朝社會秩序更趨穩定。

　　至西元8世紀以後，吐蕃王室力挺佛教信仰，在諸多崇佛、佞佛的措置下，任命出家僧侶擔任沙門同平章事，位列傳統的大論之上，成為吐蕃最高的行政首長，破壞了原立基於本教的名分秩序，最後導致吐蕃王朝的崩潰。

　　至宋代時期，於河州地區的地方勢力，為號召群眾，為自己建立旗號的正當性，抬出具有贊普血胤與佛子身分的人物，以為號召並使民眾信服。另於阿里地區的古格王朝，亦以贊普血胤加上剃渡出家的模式，作為統治正當性的訴求。

　　基於上述，吾人觀吐蕃名分秩序在唐宋時期的演進，似為繼承式的演進，贊普遺緒仍為統治者的必要條件，此為宋代吐蕃承繼自唐代吐蕃者，仍力主統治者的正當性，必須是天神之後。但又多出了另一必要條件，為「佛之子」之身分，如此方為人民所接受。「佛之子」的名分，為唐代吐蕃所無，而為宋代吐蕃統治者提出名分的重要訴求。而「佛之子」亦非宋代吐蕃憑空所創，也是因緣於唐代吐蕃王室歷朝歷代推動佛教信仰的結果。

　　由此足見，所謂「唐宋變革」的主張與說法，並非全然如此。至少在吐蕃有關統治正當性的訴求，以及社會階序的安排上，歷經唐宋時期的演進，似非革命性變化，亦非徹頭徹尾轉化，而是承繼自唐代，並隨着時代潮流自然演進。

日本近世「大義名分」語詞形成史
——政治運作與載籍演繹的辨證之一例

童長義
國立臺灣大學歷史學系助理教授

前言

　　就日本在軍國主義告終的第二次世界投降日起以迄當代這段歷史裡的日常社會的語彙與大眾媒體通用文字上而言，「大義名分」這個四字成語，主要是意涵著「當要發起一個行動，為了主張這個行動的正當性而舖陳出來的一套道理、說詞或根據。」[1]其實，在二戰投降後日本昭和天皇被迫公佈「人間宣言」以前的近百年間，這個語詞與日本帝國天皇權力、日本自覺的特殊國體及民族主義緊密結合，與「萬世一系」、「八紘一宇」等等東亞漢字文化圈中日本獨用的其他相關的「四字熟語」，一起成為日本天皇權威及軍國主義對外擴張侵略的意識型態與宣傳口號。

　　日本是世界史背景下東亞漢字文化圈裡，中、日、韓、越等幾個民族中，相對地最能夠把漢字以各種方式賦與彈性、時代性與趣味性的民族。最主要的理由至少可以舉出兩點：一、日本是亞洲世界裡最早的，相對成功地近代化了的民族。在其近代化的過程中，要將全人

1.　這個詞語的解釋，是綜合日本歷史最悠久學術信譽最卓著的三大辭書：岩波書店的《広辞苑》，三省堂書店的《大辞林》及小学館的《日本国語大辞典》解釋的。此外，這三大辭書對此一四字名詞有另一個主要用在第二次世界大戰前日本民族意識與軍國主義高揚的明治大正到昭和前期的用法：作為一個臣民身分的人所必遵守奉行的道理、分限。這個定義在戰後日本社會剩下學術研究與歷史語彙的意義。

類中最早現代化的歐洲諸國中領先出現的各種概念、名詞有效地引介進來，那麼日本對自己既有文字系統，尤其須要花費一番功夫投注在文字的意義上的精確和記誦上的實用、彈性與趣味上。這點日本的成就在東亞漢字文化圈中其成就不遑多讓。例如：過去近百年中、日、韓各民族凡識字者，多已視為如空氣般自然存在，使用頻度相當高的概念名詞如「政治」、「經濟」、「文化」、「社會」、「交通」……無不是日本民族為了翻譯、對應歐洲傳來的概念，從既有東亞漢字系統中個別單字裡，挑選組合，經過一段時間調整試用後定型的二字組成名詞，而後或主動或被動地，推廣成為中、日、韓共同的語言文字財產。二、日本文字系統的特殊性。21世紀歷史上的東亞漢字文化圈內的三個主要民族裡，漢族一仍兩三千年來的舊貫，使用純方塊表意文字。朝鮮民族則隨著政治上在第二次大戰結束起，積極地要徹底擺脫兩千餘年來，先後臣屬或受殖民併吞於中國與日本的狀態，朝著徹底韓文表音字符系統方向發展，到了21世紀，朝鮮民族所使用的文字系統，幾乎已可以說是完全擺脫了表意功能方塊漢字而成為完全的表音文字系統。而日本文字系統則始終維持著表意的方塊單體漢字，與表音的複體組合假名，彈性靈活交雜運用的文字系統。

上述兩點理由，同時也相當程度可以延伸為解釋成是：日本語言文字系統對漢字詞的使用，在其時代性與趣味性上具有豐富表現力的條件。舉例而言，最近十年由大眾媒體上明顯可以看到，中、韓兩個民族也跟隨日本民族的先例，在歲末年初對剛過去的一年，從成千上萬的漢字堆中，找出一個單一漢字來作為對過去一年政治、社會、經濟、文化各方面的歷史回顧的總括。

除了單一漢字外，從許多跡象亦顯示出日本民族相對於中、韓兩民族而言，對四個單位的漢字組合起來的所謂「四字熟語」的重視，譬如每日發行量在日本乃至世界都占第一的《読売新聞》，雖然不定期，但頻度極高地在其重要版面的一角，有一個彩色配置的「四字熟

語」專欄。坊間的四字熟語相關書籍的出版量和頻度相當高。[2]

　　除了新聞媒體之外，大企業也有利用這種國民大眾喜好四字熟語的特色，來做為其商業宣傳的策略之一。例如：年營業額超過一千億日幣的日本四大保險公司「住友保險株式會社」，在每年的歲末，以豐厚獎金徵求最能反映剛過去的一年歷史特色的四字熟語。[3]2012年有一句被選為五大佳句之一的是「船船競航」。[4]這個四字熟語蘊意是：總結2012年一年間，日本的最重大的歷史事件是，中日兩民族的武裝或非武裝的各式大小船艦，在釣魚臺群島週邊海域集散出沒，緊張對峙的危機年。再往前一年2011年，則出現了兩個足以反映已成了歷史的一部分的娛樂與經濟產業現象。第一句是從中、日、韓三民族都耳熟能詳的四字成語「唯我獨尊」改造而成「我我獨尊」，「我我」兩字是取美國娛樂界以「Lady GAGA」為藝名，風靡一世的大眾流行音樂巨星「GAGA」兩字的日式讀音標記用的「宛字」。[5]當年「Lady GAGA」趁勝追擊，也將其魅力席捲到亞洲，尤其是日本，因當年其對日本大眾娛樂事業影響力太大，以致於日本國家公共電視台NHK將其表演排入該電視台年度最大盛事之一的「紅白歌合戰」中。使NHK局部改變了近半世紀邀演對象限定在日本人的傳統。「我我獨尊」的這個在2011年新造的「四字熟語」，短短四字，既內包了「Lady GAGA」的名字讀音，又承載了2011年，一個外來的美國演藝巨星，「唯我獨尊」，主宰了日本的大眾娛樂事業的歷史記錄。另外一個類似的，表現在經濟產業上的新創四字熟語則是：「Ｉ悼之意」，它也是從中、日、韓三個民族都共同熟悉的四字熟語「哀悼之意」巧妙地結合發生了的歷史事實而創造出來的。這新造的四字熟語，表現了全

---

2. 以2013年1月1日的時點，透過網路檢索，至少可以找到6本包含前述三大辭書出版社所出版的四字熟語辭典。

3. 參考住友保險株式會社官方網頁及每年的媒體徵求廣告。

4. 其日式讀音與傳統中、日、韓都使用的四字成語「戰戰兢兢」相同。

5. 即日本語文系統中借某一漢字的「音讀」音為標音用字。

世界電子產業超級人「蘋果」公司創辦人兼長期掌舵人賈伯斯之死在日本引起的震撼。「Ｉ悼之意」一句，較之「我我獨尊」一句，把日文四字熟語文化所蘊涵的歷史性、日本文字系統的彈性，以及東亞漢字普遍性種種特色(「Ｉ悼」兩字在中、日、韓三民族文字系統裡，讀音上的共通性較諸「我我」兩字更強烈。)表現得淋漓盡致。

　　以前述當代日本語文系統裡所看到的四字熟語所蘊含的時代意義為基點出發，擴大視野，我們可以看到日本文化系統內，不止在「當代」的群眾層次的媒體或商業行為有此現象。同樣的運作邏輯，也會表現在上層文化學術研究的領域的「現代史」、「近代史」當中。舉一例而言，以對江戶後期史家藤田東湖的基礎研究、文獻整理而聞名，也是「水戶史學」發祥地水戶市在地出身的史學家菊池謙二郎就曾經不稍隱諱，明言自己要創造四字熟語「尊王翼覇そんのうよくは」(根據於讀音完全一樣的既有成語典範「尊王抑覇」而稍加巧變)，來說明《大日本史》之父德川光圀修史的偉大動機。[6]隱約可以看出其巧妙地利用日本語言系統的巧趣性，來包裹、夾帶其對強覇德川家「宗室」之一的水戶藩的歷史性與學術性的地位的擁護。[7]若再更進一步上溯前近代日本歷史上的四字熟語，應該有機會覓得歷史解釋深度更大，歷史空間規模更寬廣，歷史時間更長遠例子，本文擬以1875年成書的，幕末維新風雲人物傳記的《近世偉人傳》一書裡，最先出現的四字熟語「大義名分」為對象，溯源日本歷史500年間，由兩組二字詞「大義」與「名分」，在載籍流傳與政治發展的動態辯證過程中，逐漸有機地融結成「大義名分」四字熟語的歷史過程，也為中國近世與日本近世的歷史劃分點，找出一個可能的參考用的解釋典範

6.　菊池謙二郎，《水戶学論藪》(東京：株式会社国書刊行会，2007)，頁404。
7.　水戶學在日本近現代史發展的功過以二次大戰日本徹底戰敗為一分水嶺，形成正面與負面的評價的明顯對比，其詳參見本鄉隆盛，〈藤田幽谷《正名論》の歷史的位置──水戶学研究の現在〉，收入衣笠安喜編，《近世思想史研究の現在》(京都：思文閣出版，1995)；吉田俊純，《水戶学と明治維新》(東京：吉川弘文館，2003)，頁4。

一、《春秋》尊王攘夷意識在中國近世的再現：《資治通鑑》的時代意義

　　通觀中國歷史，如以名分凌逼於外族一點而言，未有如宋朝屈辱者。所謂外族，指原本是被宋朝主體漢人視為低等夷狄各族，即遼、金、西夏、元。從北宋建朝一開始，到中原淪陷，越長江天險恃以為屏障而偏安江南成南宋，再到最後為蒙古族所滅亡為止，宋朝朝廷無一日君臣不苦於異族的武力壓迫。東北，正北，西北，乃至西方西南，隨時都有一個甚至多個異族的侵擾壓力問題，以致「同我族類，外禦其侮」的心理張力，促成忠君愛國，尊王攘夷之類的思想、風氣與時代精神特別旺盛。宋代上層社會菁英分子的忠君愛國、尊王攘夷思想，從《通志堂經解》一部可見，彼等如何地依託於對經典載籍的演繹與解釋，尤其是環繞著春秋經的相關經典的詮釋，來唱揚忠君愛國尊王攘夷思想。甚至連下層庶民社會，都出現了假託遠古後漢馬融論說忠君之道的《忠經》這樣的通俗書的流傳。尤其到了南宋，朱子學者們更熱烈鼓吹尊王攘夷忠君愛國思想。紹興八年，南宋宰相秦檜與金朝屈辱媾和時，上書極論其不可的大臣23人中，以胡銓、范如圭、馮時行、朱松、曾開等人為首，幾達三分之二為朱子學派，攘夷同仇敵愾空氣，一時風起雲湧。朱子學派中的胡安國的《春秋傳》，成為宋以後鼓吹忠君的寶典。其影響久深遠，以致於被與左傳、公羊傳、穀梁傳並稱「春秋四傳」，尤其是明代朱氏王朝定之為科舉取士的教科書。而朱子本人《通鑑綱目》一書，更是此下中國知識份子在討論政治上「正統論」、「名分論」等等議題時，不論正反各面的共同基本典範，不論是秦檜事件的諫奏書集、胡安國的《春秋傳》，乃至朱子的《通鑑綱目》，其根本立論依據，無不可溯源於孔子於東周王權衰頹，夷狄侵華政治情況下寫成的《春秋》。在這裡可以看到中國版的載籍演繹與政治發展的辯證關係的密切性。

　　戰國時代成書的《莊子》臧否當時諸子百家的載籍，用「易以道

陰陽，春秋以道名分」這句話來對孔子的《春秋經》做「一言以蔽之」式的定位。宋代全國上下瀰漫的忠君愛國的思想，尊王攘夷的時代精神，就某個層次的邏輯概括，的確可以用「名分論」來統合。若從學術史角度來看，原本「名分」兩字反而很弔詭地，並不見於先秦正統儒家的載籍，倒是常見於儒家以外諸子百家的載籍裡。[8]然而千年歷史的演變，在政治發展上，從六朝、唐、五代、宋初的內外情勢的發展，看到了與孔子作春秋經時的內外政治發展情境的部分歷史重現：內有王綱解紐亂臣交僭，外有夷狄環伺，交逼諸夏。以致於從唐末宋初起，也就是內藤湖南史學所畫分的「中國近世」的黎明期，一連串春秋經學的探討與詮釋，成為學術思想界相應於政治現實環境刺激的反應，很容易蔚為時代風潮。舉其大者言之：唐代即已有啖助、趙匡等的《春秋》三傳的批評，到了北宋建朝，終結了「天地閉，賢人隱」「亂極矣」的五代。有識之士思深慮遠，為長治久安之計，春秋經的研究更蓬勃展開。從北宋初孫復的《春秋尊王發微》獲得後生歐陽修的撰碑推崇開始，歐陽修本人接著作《春秋論》三篇，一面條陳了春秋三傳中演繹孔子《春秋》原經之失外，一面自己也在官宦正職之餘，在孔子《春秋》原經精神的基礎上張揚正統論，著成了《五代史記》。在這個相對偏重於載籍演繹的階段，歐陽修一人學術魅力，深刻地影響了門下及時人：蘇氏兄弟中蘇軾的「正統論」，蘇轍的史論，都發揮張揚了歐陽修所抉發演繹的《春秋經》的正統觀。歐陽門下另一組以「公是、公非」聞世的兄弟檔劉敞、劉攽，兄劉敞著《春秋權衡》、《春秋傳》，到了弟劉攽，更進一步參與了學術為政治「資用」的史著事業：即《資治通鑑》的編纂。

在北宋建朝成功，兵戈稍解的安定條件下，載籍演繹稍得可能。

---

8. 詳可參考尾藤正英，〈水戸学の特質〉，收入今井宇三郎、瀨谷義彥、尾藤正英，《水戸学》(東京：岩波書店，1973)；陳繼紅，《治世的至理——先秦儒家「分」之倫理研究》(北京：中國社會科學出版社，2011)。

趙家統治者深知史學的論著，有助於增進其統治的方便。北宋一朝賢臣與明君的風雲際會，遂有司馬光《資治通鑑》的成書。

從世界史的格局來看，中國歷史與日本歷史兩個民族的發展經驗，固然毫無疑問是全人類的歷史分類裡的兩個大異。但中國近世宋朝所看到的載籍演繹與政治發展的辯證關係的模式，在日本歷史分期上的「中世」到「近世」這段歷史裡，也看見了一個異中有同的參考模式，此即：中、日兩個歷史系統在後半段的發展過程中，中國先秦《春秋經》與中國近世宋朝《資治通鑑》這兩本載籍的演繹，在政治發展中都同樣起動極大的作用。

二、《通鑑》系列書及宋學的傳日：
載籍演繹與政治發展的辯證之一例

如果承認「尊王攘夷」的概念可以作為《春秋》學的幾個核心論題之一。自然也可以在邏輯上承認《資治通鑑》裡也突顯著尊王攘夷的重要性。從載籍演繹與政治發展的辯證關係的架構來看，這個「尊王攘夷」的主題，可能是一個有效的論述起點。只是，中日兩組相異的歷史中，這個異中之同的共同概念，往後在中日兩個歷史發展中，由主導政治發展的英雄豪傑將之演繹成不同的名詞口號，以之作為政治鬥爭，或者政治運作的有力工具。舉其大者而言，「攘夷」概念在中國清末民初，由孫中山先生加以演繹成「驅逐韃虜，恢復中華」的煽動力十足的口號；而「尊王」概念，在日本幕末維新期間，維新志士們除了同時使用著「尊王攘夷」口號外，整個幕末風起雲湧的政治發展中，在前三百年日本中世的歷史發展的基礎上，凝鑄出「大義名分」的四字熟語，一直使用到21世紀的今天。

就中國近世以後名分論的發展而言，《資治通鑑》的出現提供了相當程度的貢獻。連中國歷史上儒學的集大成者朱子，也據司馬光的《資治通鑑》，對之既批評修正，也同時相當大程度地加以繼承。可

以說：中國中世以後「名分論」的發展，是先有《資治通鑑》行之於前，再有朱子的《通鑑綱目》踵繼其後而發揚光大。而在東亞前近代的千餘年歷史過程中，對中國政治經驗智慧採取吸收參考立場的日本，也看到了類似的軌跡。

只是，饒有趣味的是，在內藤湖南史學裡，內藤湖南認為建朝初頭一開頭便高唱名分論的《資治通鑑》的出現的宋代，即是他所定義的「近世」的初葉。而《資治通鑑》四字在日本歷史第一次出現，則是在花園天皇(在位期：1308-1318)的時代，這個時代卻正是日本的「中世」的初葉。《花園院宸記》裡有這樣的記載：

> 今日《資治通鑑》見了。自前年初見之，去年一年中絕不見。今年又見之。此書歷代治亂與君臣善惡大概無遺，尤樞要之書也(原為日式漢文，《花園天皇宸記》元應三年5月8日條)

由此段花園上皇的日記，明確地在文獻上看到史料呈現了日本中世天皇家成員，首次發現發揮春秋經尊王大義的《資治通鑑》。之後經過了一年的空白，再讀時已明確地意識到君臣關係的層次了。到了花園天皇的後繼者後醍醐天皇的治世，《資治通鑑》的經筵講讀，已成為重要的宮廷活動了。日本中世宮廷學者一条兼良的《尺素往來》書中有如下的記載：

> 先全經者……清、中兩家之儒，傳師說而候侍讀歟。傳註及疏并正義者，前漢、晉、唐朝之博士所釋，古來雖用之，近代獨清軒玄惠法印，以宋朝濂洛之說為正。開講席(於)朝廷以來，程朱二公之新釋可為肝心也。次紀傳者，史記並兩漢書、三國志、晉書、唐書及十七代史等，南、式、菅、江之數家，被傳其說乎。是又付玄惠之議。《資治通鑑》、《宋朝通鑑》等人人傳授之，特北畠入道准后被得蘊奧云云。

《資治通鑑》及其所衍生的史著如《通鑑綱目》等書，繼其在中

國廣泛傳讀的威勢，在日本中世的初頭，也深入日本宮廷學術社群，廣為皇家重臣的重視。

宋朝面臨中國有史以來最大的夷狄之患，載籍演繹與政治發展激盪下，孔子春秋大義精神的具體發揮：忠君愛國、尊王攘夷的風氣重新被喚起。繼宋朝的歷史發展經驗之後，日本歷史發展也來到必須正視「忠君愛國」問題困難局面。因為日本在十四世紀初期，面臨有史以來最大的天皇威權失墜之危機。早在平安時代中葉開始，「萬世一系」外戚藤原家，藉攝政關白制度的特權，長期削奪架空天皇權力之後，新時代崛起的草莽武士集團，在「保元」、「平治」兩次亂事後，除了對只剩傀儡角色的天皇家之外，連長期侵凌天皇皇權的藤原家，也加以一併徹底壓制，原本天皇權力主要敵人的外戚貴族頭藤原家，反而成為次要敵人。而藤原家在原本獨霸政權無敵手的情況，一轉面臨武人主要敵人的崛起。天皇與藤原家共同面臨了一群必須捐棄前嫌，合作對抗的新興主要政敵武人集團。政治的舞台上，形成了武士集團的「武」陣，與皇室加上以藤原家為首的文弱貴族組成的「公」廷。就這個角度來看，東亞世界在進入11世紀之後，相對於中國宋朝帝室面臨的是夷狄外患，日本皇室面臨的則是武士僭霸的內憂。環繞春秋經所衍生出來的「尊王攘夷」，「名分」「大義」等等的詞語，透過上述天皇朝廷經筵講論，君臣共讀《資治通鑑》及其他宋學載籍的活動，也成為公家倚仗來對抗武家的有力口號。這個時代的風雲際會，給中世日本一個載籍演繹與政治運作辯證關係最好的展開條件。

《資治通鑑》一書在日本天皇公家政治圈內的流行，有其長期醞釀的準備條件。一個關鍵的歷史事件是發生在1150年，即日本嘉應二年九月二十二日的事。原來日本朝廷萬世權門藤原氏，在相隔不到五年的「保元」「平治」兩個政治動亂裡，同族內鬥元氣大傷。相對之下，在此二次戰亂中勝出的武家平氏陣營首腦平清盛，則是聲勢如日

中天，[9]他深知與宋交易的利得之大，於是挾著「平治」之亂戰勝的餘威，在攝津福原別墅附近開闢了兵庫港，廣納宋船，特意在其別墅接見宋商，還促使後白河法皇必須臨幸於此，宛如替平清盛作接待宋商的陪客，以至於外戚家領袖右大臣藤原兼實悲嘆道「我朝廷延喜以來未曾有之事也，是天魔之所為乎？」[10]主客易勢，君臣名分顛倒乾坤的情況，已超越前一階段藤原家僭奪王權的層次，來到一個新的階段。從此日宋貿易往來繁昌日增，其副作用是日僧入宋與宋僧來日，以及宋學書籍源源不絕，舶載而入。純就書籍而言，我們已看到了因為日宋貿易，舶載書籍的引入，而在日本後世產生了《本朝通鑑》《本朝文粹》[11]這樣日本模仿唐宋期載籍形式的文類的出現。其他經史子集中國圖書的湧入，更不待言，使得中國載籍不再只是日本朝廷明經博士家的禁臠，一般非以經學博士成家的公家貴族，也已是人人可得了。這些載籍的流通演繹，為日後公武鬥爭的政治活動，提供了意識形態的有形基礎。

三、「名分」的渴求：
日本中世天皇威權削奪與武家的僭越跋扈

　　以平清盛為首的平家集團，在平清盛死後不滿五年，即被東山再起的，以源賴朝為首的源氏集團推翻，建立了鎌倉幕府政權，從此開始穩健地逐步取代天皇貴族舊式政權運作型態，日本歷史的公武鬥爭進入了一個劃時代的階段：[12]武人正式建立了幕府政權，名實不符的律

9. 日本中世文學史重要著作之一的《平家物語》一書，描述中國大江南北寶物齊聚平家殿堂盛景：「平家知行之國三十有餘，既越其半矣，其外莊園田畠不知其數，綺羅充滿，堂上如花，軒騎群集，門前成市，揚州之金荊州之珠吳郡之綾，蜀江之錦，七珍萬寶無一有闕。」

10. 「延喜」是迄藤原兼實時代為止，日本王權史上天皇人望權勢最高峰的醍醐天皇治世901-923之間的年號。

11. 在東亞以中國為中心的異國貿易體系對文化學術的影響，表現在朝鮮半島上則有《東國通鑑》史書出現。

12. 鎌倉幕府家臣所編纂的幕府歷史《吾妻鏡》記載源賴朝挾其鬥倒平家的聲威氣勢，

令制度與「萬世一系」藤原攝關家的政治權力一起衰微凋零。源賴朝死後20年間，其岳丈北条家首先剷除源賴朝的舊部，繼而源賴朝的妻舅北条義時在源賴朝的未亡人北条政子默許下，趕盡殺絕了源賴朝血脈。天皇家在這過程中眼見東方鎌倉幕府的內亂，打算起兵反撲，以取回喪失已久的政權。天皇家錯估時代的趨勢，僅兩三天即遭到由鎌倉一路西進的北条軍勢攻入京都。這一個武士政權，敢於僭稱天皇家反撲的軍事行動為「御謀反」。歷史稱這次公武之間的戰事為「承久之亂」，其戰後處置是：幕府將後鳥羽上皇流放隱岐島。另兩位上皇也分別流放於佐渡和土佐等離島。年僅四歲人事不知的現任仲恭天皇則幽囚於京都內裏。幕府進而在京都要地六波羅設「六波羅探題」這個機構來監視皇室，並徹底掌管近畿西國一帶政務。從此皇位繼承需獲幕同意，甚至制定年號，皇家也無權自專。幕府壓制了朝廷，名實相符地完成了武人階級的獨裁。日本皇室陷入了比孔子著《春秋》時的周皇室更屈辱的處境。從此天皇皇室在虛有其名的京都朝廷，君臣們所能做的事就只是虛應故事的朝儀和年年重複行禮如儀的「年中行事」，此外，就是在經筵講論會上，君臣鄭重其事地共同研讀隨著日宋貿易帶來的宋代載籍。

入宋歸日的玄惠禪師在朝廷開筵講論宋學，以中國近世程朱新釋為重，連日本傳統以漢唐訓詁代代承家學的的文章博士家族都接受其學。更重要的時代意義所在是前引朝廷重臣一条兼良的〈尺素往來〉文末所謂的「……又付玄惠之議。《資治通鑑》、《宋朝通鑑》等人人傳授之。特北畠入道准后被得蘊奧」這段話，由其中可見繼花園天皇之後，不獨天皇本身的雅好《資治通鑑》，到了後醍醐天皇的經筵上，《資治通鑑》也成為「人人傳授」之必讀的舶來宋代的載籍。玄

推舉公卿中親鎌倉派的九條(藤原)兼實擔任公家朝廷最高實權者地位的「關白」一職，志得意滿地說出「此為天下之草創」一句。這件事從實質上與象徵意義上都生動地標志出日本公武鬥爭的時代階段性。

惠門下的朝廷名公巨卿如北畠親房等，在日本歷史的下個階段：皇位
正統、君臣名分雙重紛爭的南北朝時代歷史裡，由於有《資治通鑑》
為首的宋學忠君尊王精神的因素，將扮演關鍵角色。

　　拘束於京都一隅的天皇君臣，在被剝奪了財富與政權，百無聊
賴，相當多的時間精力傾注於新宋學禪學之時，強霸武人們一方面對
天皇家的宰制壓抑不曾稍歇，一方面，在日本中世時代可謂「政治新
貴」的武士階級，由於出身農村草莽，並未具備與其目前實力相應的
君臣上下道德名分的堅實傳統。他們也還沒有附風和雅的品好，去做
如同朝廷天皇公卿講論宋朝載籍。武士階級平日關心的是：人人砥兵
秣馬，有機會就爭土奪財。

　　再就對天皇家的宰制壓抑一點而言，1259年天皇家因皇位繼承出
現了持明院統與大覺寺統兩房的對立，十三代幕府將軍竟然擅自規定
此後天皇繼承以「兩統迭立」方式進行。以中國學術與政治的傳統價
值觀而言，禮樂之大，「皇統相繼」之事，當為大之之大者，此時日
本的政治情勢的發展，竟至於由名分上為居於人臣身分又是武人的幕
府將軍府來決定。如此僭越之舉，已到「禮樂自武霸出」的大無道的
地步。「是可忍，孰不可忍」，天皇家對中世政治新貴的鐮倉幕府武
霸政權的憤恨可想而知。尤其是本來預期可以世代繼承皇統的大覺寺
系統，對幕府仇恨尤深，隨時伺機倒幕。在1318年繼花園天皇之後登
基的後醍醐天皇即位後，即重用以北畠親房為首的一群精研宋學，熟
諳春秋經名分義理的儒臣為親信。趁著北条專權已久，開始腐化[13]的機
會，天皇家方面先後發起了以正中之變為首的連串倒幕行動。接連失
敗後，50年前承久之亂天皇屈辱放逐離島的皇威委地的僭越政情再度
上演。

　　武士階層原是崛起於農村，來自農村中的雄豪富農，這個階層的

---

13. 也就是在這樣江河日下的趨勢下，14代幕府執權北条高時日夜耽溺遊樂，以好鬥狗
　　而為世間稱為「犬公方」，而幕府群像中竟無諫正者的出現。

成員，以前述源氏與平氏為首，他們站上政治舞台的契機是：日本
「古代」的末期，天皇家與貴族的代表者外戚藤原家在爾虞我詐的鬥
爭歲月中，刻意自遠離京都的關東關西農村階層中挑募樸實無文，勇
壯善鬥的青壯擔任「侍(さむらい)」。從鄉野地方上來相對樸實無華
的世界來的武士們，在近千年皇室貴族匯聚的京都政治的世界裡生活
日久，公家貴族的富貴優雅的生活方式，與日本古代末期政治空間裡
的陰險鬥爭性格，一起未經篩選地滲入這群侍的生命活動裡。這個時
代武士階級的生活中，上下忠誠的倫理尚未形成。武士階級的上下主
從連結關係是建立在條件交換式的「恩賞奉公」[14]的原則上。鎌倉幕府
經歷過整個13世紀日本因為兩次蒙古入侵造成的「恩賞」不公，與日
宋貿易給日本帶來通貨膨脹而導致武士階級破產頻發的不安，這兩項
負面因素相輔相成。加速使得武士世界裡上下左右的秩序徹底崩潰。
武士階級陷入以推倒鎌倉幕府取彼代之的動亂中。原先處心積慮要倒
幕的後醍醐天皇，在鎌倉時代末年群龍游竄，具有壓倒性政治魅力的
武士領袖尚未出現的情況下，意志堅強的天皇，挾其天照大神子孫的
光環，順勢成為四方反幕勢力目光的焦點，精神號召的力量。連原本
冀望奉公而得恩賞，銜幕府軍命鎮壓近畿「御謀反」的武士軍隊，見
鎌倉幕府前景無望，紛紛倒戈背叛，先有下野豪族足利尊氏1333年攻
陷武家用以監視公家天皇的六波羅探提。繼而上野豪族新田義貞更直
接滅掉第一個武士政權所在的鎌倉幕府。

　　花園天皇在鎌倉幕府聲威猶在的時候，識時務地蟄居於京都一
隅，與沒落貴族們傾注心力在新輸入的中國近世特產「新儒學」的講
論鑽研上。孔子春秋裡尊王斥霸精神在日本這片沃土，以京都朝廷為
起點萌芽滋長，逐漸蔓延開來。如花園天皇宸記所見，公家新儒學的

---

14. 主君對臣下的「恩賞」主要項目有：新恩給與，本領安堵，向朝廷推薦，取得律令
　　制度下的某個官銜。而臣下對主君的「奉公」內容則主要有：平時應主君之命，派
　　員負責京都及鎌倉幕府的警衛。戰時出兵出資源陪同主君參加大小戰役。

講論鑽研，造就了幾個累代朝廷公卿家族重臣。他們熟諳經由《資治通鑑》一書所透露出來的春秋尊王大義精神。後來成為後醍醐天皇倒幕的重要支柱。花園天皇的後繼者後醍醐天皇本人更是司馬光《資治通鑑》卷首名分論的實踐者。推倒鎌倉幕府後，後醍醐天皇要「裁群物，制庶事」就制定了與天皇公家朝廷名實相符的新三所，[15]取代鎌倉武家政權時代的舊三所。後醍醐天皇也深諳「非名不著，非器不彰」的意義。在名號的運用上，推倒幕府後，赤裸裸地以中國歷史上漢家重振皇威的光武帝年號之名為名，讓後世史家稱這段短暫天皇復權的時代為「建武中興」。 在器物儀服上，他自己留傳後世最重要的一張的造像是125代天皇所絕無僅見的龍袞冕旒，藉服器彰顯其大一統日本的地位。[16]在承久之亂後，鎌倉幕府任意懲罰放逐天皇，擅定天皇年號，定奪皇位繼承，強霸僭越幾達百年之久，春秋精神「天下有道，禮樂征伐自天子出」，後醍醐天皇現在局部地在日本體現了。

　　然而「苟非其人，道不虛行」，後醍醐天皇其個人雄心太盛，報復心太過，在天皇家名分威儀被武家政權踐踏百年之後，政治舉措反動太過，以致於在「定名號」，「制服器」上的大動作外，為了彰顯名分的聲勢，還做出更大規模的物質性舉動：大內裏宮殿的營造。而為了籌措營建經費，課重稅，廣鑄幣，隨之而來的通貨膨脹，造成天下的鉅大動盪，尚未受到宋學正統名分洗禮的豪強武人，正如能載舟之水，條件成熟也能覆舟。擁兵一方，曾衛幕府軍命出征卻敵前背叛的足利尊氏，眼見天下動亂，天皇家不得民心，也公然向京都後醍醐天皇朝廷高豎反旗。一連串的征戰後，足利尊氏先軟禁後醍醐天皇，另立別統的持明院的光明天皇，兩相利用，足利尊氏自傀儡般的光明天皇手，獲得代表天下武士霸主的「征夷大將軍」名號，也在京都皇

15. 討論國政的「記錄所」，領地裁判等司法事務的「決斷所」，警衛皇都的「武者所」。
16. 其衣冠造形與歷代及後代天皇落差之大，以至於讓後世稱其為「異型」。

宮東北側營建了武家霸主的壯觀的有形象徵：室町幕府。經過短暫的
一段所謂「南北朝」時期後，足利家展開名實相符的「挾天子以令諸
侯」的政治策略，開啟了第二個武士霸權時代：室町時代。

　　由花園天皇首先開啟，而後醍醐天皇繼踵的朝廷經筵講論宋學的
風氣，隨著後醍醐天皇被逐出京都而頓挫，然而透過《資治通鑑》所
彰顯的春秋「尊王大義」，「君臣名分」的概念，已在部分公家貴族
廷臣中形成意識型態的一部分，其中對後世影響尤其深遠者為著作了
《神皇正統記》一書的北畠親房。

　　當後醍醐天皇被強霸足利尊氏逼迫向南流亡，試圖在南方覓地延
續其自以為「正統」的王廷時，一班飽讀宋學的公卿舊臣化整為零四
方求援。其中文武兼備的北畠親房，在軍事力量的發揮外，更透過載
籍著述，在政治宣傳上企圖呼喚天下勤王援軍。北畠親房所著的《神
皇正統記》一書，其在日本歷史上載籍演繹與政治發展的辨證過程
中，除了被與宋學系統裡的《資治通鑑》及《通鑑綱目》相提並論
外，甚者更將之與中國春秋經比美。後世江戶時代，在武霸德川幕府
治下，親藩水戶藩內著作的，以高唱尊王正統精神為世所重的《皇朝
史略》[17]一書，稱頌北畠親房其人其書的意義說：

> 親房深歎中興不終，皇統乖絕，乃推本皇祖建國之意，著神皇
> 正統記。上起于神代，下終于興國初。揭皇統於已微，以明神
> 器之有歸。其冒微扶正，誠有合于春秋遺旨云。

> 親房唱南朝正統，蓋基於《資治通鑑》也。《資治通鑑》一書
> 之內「三國鼎立」條下，溫公論南北正統之事。親房之《神皇
> 正統記》中「崇神天皇」條下，亦論及中國南北朝時正統之
> 事。據此推測，親房之神皇正統記所謂「正統」一詞，必自

---

17. 此書為鉅大篇幅《大日本史》的精簡版。

《資治通鑑》中取來。且宋代正統論盛行。歐陽修、蘇東坡等論之。親房當必讀過此等議論，乃立朝廷於吉野與北朝對抗。呼正統天子，鼓舞天下勤王之士，以圖南朝勢力之回復。

提倡中國近世始於《資治通鑑》著成的宋代的內藤湖南則說：

親房之《神皇正統記》實堂堂歷史。同時亦當時革新意見書。特別觀其彰顯正統論之部，此不只司馬溫公之《資治通鑑》耳，蓋亦熟知宋元時代支那廣泛流行正統論。又如朱子學派之書的《通鑑綱目》之書，雖不確知當時支那流行至何程度，因此說該書舶載來日而親房得見，此說雖有疑問，但無論如何，有宋一代朱子學發達的同時，所謂正統論之事，成為歷史之大事。這是確然無疑的。親房亦深知此事，想來也將其書之名取成《神皇正統記》。這樣推論絕非只是想像，將中日兩方時代比較，內容比較，邏輯上理當如此也。(《日本文化史研究》)

後醍醐天皇系統的南朝政權，雖然流離顛沛，最後甚至在強霸武家室町幕府的壓迫下告終，但因為這本《神皇正統記》載籍的演繹流傳，再過300年(1657)日本近世初頭，啟發了另一個強霸政權德川將軍宗室鉅藩的尊王意識，這股意識，與相輔相成的另一股日本式朱子學風潮，共同鼓動另一回合的載籍演繹與政治發展的辯證關係。於此同時，日本的歷史發展，才進入了內藤湖南所定義的日本近世史。

如上所述，《大日本史》的精簡版的《皇朝史略》稱頌《神皇正統記》在日本歷史的發展上，作為彰顯「尊王名分」「正統大義」政治意義，和春秋經及其詮釋書《資治通鑑》可相比擬。那麼，中國在春秋經成立之後，經歷了不止一次的司馬光《資治通鑑》一書中所見的「王權委地，群雄征戰，名分紊亂，大義不彰」的幾個週期。在上古有戰國時代不庸待言，更貼近的實例則是內藤湖南眼中的中國近世的前夕，那種司馬光同時代有識之士所謂「天地閉，賢人隱」「亂

極矣」的五代。與此相應的日本歷史發展經驗，我們既已在《神皇正統記》看到了第一個週期中的鎌倉幕府、室町幕府強霸北条家與足利家的僭越亂名的歷史。那麼，依照內藤湖南的邏輯，日本歷史發展週期，在進入「近世」之前，應該還有可以比擬於中國歷史經驗裡的唐末五代亂世的情況。否則《神皇正統記》的流傳，作為一種載籍演繹，就缺少了可以互為歷史辨證關係的政治發展的正反搭配元素了。

　　如同中國歷史的發展經驗，也就是：「道名分」「尊周王」的春秋經出現，並沒有立刻一勞永逸，讓中國往後歷史，從此如司馬光所希冀的「然後能上下相保，而國家治安」那樣地展開。日本歷史的發展也有類似的展開：在北畠親房的《神皇正統記》的著成後，雖然出現了短暫的統一，繼踵而來的，也出現了中國「戰國時代」的日本版：「下克上」的「戰國時代」，政治發展的現實狀況，與《神皇正統記》這本載籍想要演繹的道德秩序觀，兩者間產生了密切的辨證展開。

　　日本中世武士家族裡，繼源氏、北條氏之後的室町幕府足利氏，其前三代將軍專擅兵權，恣意抑黜天皇，借挾天子以令諸侯之策，穩坐權力大位後，到第三代足利義滿將軍，甚至動輒出兵攻打，或者借霸者地位，對次要的武家，拉攏挑撥，打擊最主要的有爭雄野心的武家對手。待足利義滿自己兵馬優勢定於一尊後，為貪求鉅大的朝貢貿易利得，甚至越過天皇，以「日本國王臣源義滿」之名分，向明朝皇帝執臣禮。這在中國封貢體制下，固然是實現了東亞世界裡，大明王朝天子的大一統夢想，但就日本民族自己的天下觀而言，足利義滿為圖一己朝貢貿易之鉅大利益，越過日本天皇，擅向異族稱臣，卻是實現了春秋大義「天下有道，禮樂征伐自天子出」的反命題。足利義滿自己到了晚年前圖謀了「幼主傳位陪臣」的計畫，因義滿自己猝死不及而功敗垂成。足利義滿企圖改變日本萬世一系國體尊嚴的行動失敗了。這個日本歷史的事件，一方面強化了往後日本國內「神國日本萬

世一系」的「中華」優越感，進而也加強了日本民族意識深層中，想要與所謂「外朝」「唐土」的支那競爭天下秩序之正統的信念外，一方面也讓足利家成為日本版天下秩序的反面教材。義滿之後，足利家子孫材質難以為繼，室町家創業三代「奸名犯分」的典型既立，而子孫雄材又不足以抑眾，臣弒其君，子弒其父，夫暴妻淫，成為室町後期到戰國時代日本天下的常態。後世日本文明系統內自創三字熟語「下剋上」一詞，與中國近世前夕「五代之亂極矣」，兩者在時空上遙相呼應，依內藤湖南時代區分的邏輯理路，也預示了《資治通鑑》系列史觀與朱子學正統名分論將要在日本的二度繁榮。

　　司馬光《資治通鑑》在史學上的成就，相當大部分在於其重振了左氏之後，中國一千餘年以來的編年史體。即使就編年史體的重振一項而言，《資治通鑑》又有別於左傳編年史體的意義。蓋自漢書創例以來，往後中國史著都只停留在斷代的原則上。司馬光《資治通鑑》此著，誠如梁啟超所贊美的「千三百六十二年間大事，按年記載，一氣銜接。光本邃於掌故，其別裁力又甚強，其書斷制有法度，其所經緯規制，確為中古以降一大創作。」大哉所謂「千三百六十二年間大事，按年記載，一氣銜接。」惟其取樣時間夠長，「一氣銜接」的讚語，彰顯了《資治通鑑》一書其內在理路的明確，中心思想的執簡御繁，誠不負其「通」之名。中國中世以後，多少文人因悅其氣勢磅礴與條理清明而通史事。又開了此後長篇記事之榜樣，後之史家續通鑑的尚不止十數，都是循《資治通鑑》所創。更有在《資治通鑑》的基礎上衍生了如袁樞的紀事本末體、朱熹的《通鑑綱目》體。說《資治通鑑》其書成為中國近世以來最重要的文史著作之一應不為過。日本室町時代前述的《神皇正統記》，江戶時代的《本朝通鑑》，朝鮮王朝的《東國通鑑》正是《資治通鑑》影響所及的產物，而日本一直到明治維新前夜，江戶時代以全日本260藩藩士為主的日本知識人，重視

《資治通鑑》《通鑑綱目》的風氣，恐不下中國本土。[18]

　　由於司馬光其人品道德之崇高，其《資治通鑑》著作之氣魄與開創性之大，其道德教化訴求入於統治者心坎之深，使其在中國「近世」黎明初開之後，就在中國政治與社會上，和近世所興起的程朱「新儒學」兩相聯手，對往後中國歷史發展上的政治，社會，道德，價值觀各方面，產生深遠的影響。試將中國「近世」以降與五代唐末以上做一大要對比而觀，相對於五代唐末以上中國臣弒君，易姓革命的輕率、男女大防的鬆懈淫亂、子弟犯上的稀鬆頻發，中國自宋朝開始民間廣泛流傳程子「餓死事小失節事大」之語，明朝開始的「教育子弟，尊敬長上」的六諭裡的教訓，以及旌表貞烈的貞潔牌坊，固然都是從在上位者便利其統治的角度考量，強調在下者對在上者的順服。但也無可否認的，確也是「名分論」概念體系上最基本的要求。這也就是為什麼這類的措施，無分漢族異族的政權，貫穿宋元明清成為社會所公認的正面價值取向。再放眼更重要的政治層面上而言，《資治通鑑》名分論一出，此下中國一千餘年間的歷史固然不免改朝換代，但那基本上是遊牧對農耕，種族集團間的異「族」征戰，而不是殿堂之內，犯上背叛的異「姓」革命。明代朱家王朝諸帝的荒淫之甚，卻仍有忠良袁崇煥寧可酷刑慘死，也沒有倒戈背叛取而代之之舉。正呼應了《資治通鑑》臣光曰的「非有桀紂之暴，湯武之仁，人歸之，天命之，君臣之分當守節伏死而已矣。」

　　與上述中國近世「名分論」影響歷史發展的經驗相對照，轉觀日本的歷史發展。以「承久之亂」亂後處置為起點，鎌倉時代中期已經看到了武家政權對公家系統的天皇「臣不臣」的常態性歷史展開。到

---

18. 江戶朱子學者「崎門三傑」之一的淺見絅齋一生對《通鑑綱目》就通讀了42回，另一位江戶儒者安積艮齋嚴格要求門人要讀《資治通鑑》，其門人喜多村香城氏回憶道：余十八九歲時，師借予《資治通鑑》，此書若日讀五卷，一生恐讀不過數回耳，師命須每日讀破二十卷。

了鎌倉末期更看到了後來開創足利家室町幕府霸業的足利尊氏，一方面在武家系統內部背叛幕府命令，倒戈自王的「臣不臣」之暴行。另一方面武人政權足利家「臣不臣」的暴舉也指向公家系統的天皇。自第一代足利尊氏開始，經第二代足利義詮到第三代足利義滿權力高峰之際，對公家系統最高主君的天皇的臣不臣的舉動，差一點斬斷了日本萬世一系的皇統。室町時代足利霸主的雙重「奸名犯分」的現象，宛如氣象學上已有一個武家內部臣不臣的台風，加上對公家天皇臣不臣的另一個台風，雙台效應加乘效果，激盪成日本獨有的名詞「下剋上」戰國時代的來臨。其君不君，臣不臣，父不父，子不子，夫不夫，妻不妻的名分暴亂程度，在為統一天下不擇一切手段的德川家康一人身上都具足了。

四、江戶時代水戶學與闇齋學派中的「名分」與「大義」

馬上得天下的德川家康一方面洞悉室町中期到戰國時代殺伐不已的風氣，是來自人心中「下克上」的精神的外顯，而「下克上」的精神狀態，則起因於武士世界裡外在君臣上下關係的流動性。沿襲自日本歷史古代末期中世初期的「恩賞奉公」模式的武士人際關係，是建立在利益交換契約式關係上，也就是主君對臣下給與「本領安堵，新恩給與，推薦朝官」的利益保障，換取臣下對主君的各種各樣奉公的回報。若君臣雙方，只要有一方算計到局勢演變，將使得舊有契約條件於已無利，甚至利基不若另結契約對象時，隨時可以武力為恃，加以廢棄。此所以鎌倉幕府亡於臣下背叛倒戈，室町末代將軍也為新興實力武將織田信長所廢，而戰國時代群雄合縱連橫，朝友夕敵，沒有任何信用與道義可言。德川家康本身即為了爭天下幹盡了殺妻殺子，逼死先君的孤兒寡婦的醜事。另一方面，德川家康與任何人一樣，都可以想像得到創業英君之後，子孫不可能代代同樣豪強英智，創業英

祖總會有未雨綢繆之想，深思可以長保家業的統治設計。早在他征戰天下時，史載他即曾召見棄僧歸儒的日本儒學之祖藤原惺窩聽其演讀《貞觀政要》。關原戰後，即下令刊行《貞觀政要》、《論語》等中國儒書，更於伏見設學校。藤原惺窩告老前向家康推薦其弟子林羅山出任幕府政治顧問。林羅山本人編纂《本朝編年錄》，自歷史觀點肯定江戶幕府成立的合法性。其子林道春更利用同一觀點，編纂《本朝通鑑》。師徒加上父子合共三代，已經將中國近世出頭最重要的兩個學術系統：《資治通鑑》學與朱子學，在江戶時代初期，奠下雄厚基礎。《資治通鑑》開首臣光曰：「非有桀紂之暴，湯武之仁，人歸之，天命之，君臣之分當守節伏死而已。」一句，以及以《通鑑綱目》為首的朱子道統名分論的強調，再加上以朱子語類為主要載籍的「理氣論」，可以讓德川家統治，除了具備了合理性外，更進一步提供了堅實的理論基礎，讓德川家統治現狀的上下尊卑秩序，得以固定下來。

　　日本戰國時代50年殺伐的慘烈，整個天下在握槍桿子的群雄競爭下，一塊完整的政治大餅終於逐漸成形。其最後二十年的走向，誠如江戶時代250年間民間文學小說戲曲演劇常用的一句「糯米蒸熟了，織田拼命搗撤，豐臣努力搓捏，而最後坐享其成，大口吃麻糬的是德川家康。」天下百姓在久戰之後，好不容易烽火止息可以喘一口氣，享受太平歲月的降臨。德川家巧妙的設計，讓多數平民百姓活在基本的生命線上，沒有多少人有太多精力與心思去計較權力顛峰上的背叛醜陋。何況德川家康一世梟雄，恩威並施，在一群精明的僧俗幕僚的集團構思，設計重重監控，嚴厲實行以「參勤交代法」為首的一連串人質連坐等等策略，挾其壓倒性戰勝的餘威，強力推行。中上階級的大小藩主，在縱向上，獨藩實力不足以對抗幕府德川家擁全日本四分之一以上所謂「天領」的土地與資源。而在橫向上，則因為連坐及人質的雙重嚴規，沒有機會聯合反叛。德川政權從開建幕府以來，得以

持續了近百年的的安定統治。然而其「禁中並公家諸法度」一項，規制的對象，竟然是將軍自己頭銜的頒授者：天皇。而其實質內容上，開宗第一條「天子之藝能，以學問為要」。這是承久之亂之後，歷經鎌倉、室町兩個武家政權300餘年武力統治以來，公家朝廷蝸居京都一隅，天皇與朝臣只能行禮如儀與從事經筵講學的傳統，進一步明文化，法條化的結果，露骨地將天皇疏隔於政治權力之外，天皇的體力與精神，只能限制在以宮廷經筵講學為首的藝能之事之上。再印證以「紫衣事件」[19]一事，這就形成了春秋大義所謂：「天下有道，禮樂征伐自天子出」的反命題。德川強霸「奸名犯分」的嚴重程度，是自鎌倉室町戰國以來前所未及的。外樣諸藩在嚴刑峻罪重重法網下，雖然一時無敢吭聲，然而德川家康孫輩中，崇仰朱子學的御三家之一的水戶藩主德川光國，畢竟也吐露出「天皇(才)是吾主君，幕府(止)是吾宗室」的話。

　　德川光國沒有直接嚴厲批判其宗家幕府將軍當局，卻在將軍麾下找到批判的著力點。緣於江戶幕府御用朱子學家族的林羅山及其子所著的《本朝通鑑》書中顛倒名分的歷史撰述。[20]加上德川光國本人十八歲讀史記伯夷叔齊列傳，對二人初而犯死阻諫武王以人臣身分伐君，繼而恥於姬氏「奸名犯分」伐紂代商的不義，寧餓死不食周粟的至德感動奮起，毅然著手成立史局，發動了以彰顯天皇家正統名分的史著《大日本史》長達220年的修史事業。於是日本江戶時代初葉，在空間上以武家根據地江戶為中心的東半部，政治宗法上屬於武家霸主德川

---

19. 紫衣乃紫色法衣或袈裟之謂，自古以來，不問宗派，天皇有對有道高德尼僧御賜紫衣的傳統，一方面表示天皇具有決定認可宗教界最高榮寵的權威，實質上儀式的舉行也是天皇朝廷重要收入來源之一。1627年後水尾天皇寬永四年，幕府悍然援用〈禁中並公家諸法度〉宣佈天皇紫衣御賜的敕許狀無效，沒收天皇賜出的紫衣，並對提出抗辯書的受衣高僧數人流罪邊鄙。這些舉措明示了幕府制定的法度效力凌駕天皇的敕許，在這破天荒的奸名犯份舉措下，後水尾天皇震怒又無能為力，不久即削髮出家，皇位由皇女繼承。
20. 該史書參考中國歷代史書說法，認為日本是春秋吳太伯後裔。

家陣營內部，「尊王大義」與「君臣名分」的這兩個與春秋尊王精神密切關聯的概念開始萌芽旺盛起來了。其最耀眼具體的成果是第三代史館總裁藤田幽谷的〈正名論〉一文。正如同藤田幽谷的高弟會澤正志齋的評語所謂：「先生忠義亦自天性出，成童時讀《保建大記》感憤興起，從此好讀書倍於他日，十八歲著正名論，言君臣大義。」藤田幽谷的〈正名論〉一言以蔽之，要彰顯君臣上下的名分。文中將日本江戶幕府將軍與京都朝廷天皇兩者間，上下君臣名分關係，模擬於中國歷史經驗裡的商周天子與四方諸侯。在策略上，藤田幽谷首先稱美德川家康「君臣之名正，上下之分嚴，其為至德豈在文王之下哉!」用這樣的手法，作為「將欲取之必先與之」的策略，真正意圖是要舖陳其欲以史筆彰顯德川家康以後，歷代幕府將軍及御用文臣們霸凌天皇，奸名犯分的暴舉之用心。而在文章風格與遣詞用句上，《資治通鑑》一文的骨肉神采，俯拾即是。[21]

　　約略與德川光國在霸府所在的江戶城成立史局，撰修《大日本史》的同時，空間上天皇公家朝廷所在的京都，則有朝廷公卿大臣的尊皇經筵講學。整個江戶時代統治階層，霸府所在東方的江戶，與衰敗天皇朝廷所在西方的京都，東西遙相呼應，尊王呼聲開始興起。

　　早在1830年水戶尊王名分論典型的《正名論》一文出現的200年前，京都朱子學派一支的闇齋學派開創人山崎闇齋，已率先在整個江戶學術界裡點燃了春秋經所開創的尊王名分思想的講論。《先哲叢談》記載了一段闇齋門師徒的對話，首先見到了闇齋學中將「大義」一詞，使用在強調「上下之道」與「日本民族主義」兩個面相的的脈絡之下。[22]接著，崎門三傑之一的淺見絅齋著《中國弁》對闇齋的日本民族主義的側面作了更進一步的探討，以強調其重要性。他說：

---

21. 比對藤田幽谷〈正名論〉一文。
22. 此即著名的闇齋門深明大義，彰揚名分，披甲執戈，以抗侵犯日本的孔孟程朱所率非義大軍的故事。

中國夷狄之名見於儒書久矣，故吾國儒書亦時有言及，讀儒書者，以唐為中國，以吾國為夷狄，甚者以吾生為夷狄而悲歎，甚哉！讀儒書者不明書中真義，不知名分大義之實，誠可悲之至也。夫天包於地外，地上無處不戴天，故各國以其土地俗一分天下，無尊卑貴賤久別也。唐土分九州，上古以來風氣互開，言語風俗相通，自成其天下也。其四方周圍，風俗不通之處，各成異形異風之國。其地近九州達通譯處，自唐看來，自為邊土，故以九州為中國，外圍為夷狄也，不明此理，見儒書稱外國為夷狄，而以為有萬國皆夷狄。不知吾國獨立他國，與一地共生之理。甚哉其誤也。[23]

這裡可以看到日本文獻中首先將「名分」與「大義」兩組詞，以「名分」一詞在先，「大義」一詞在後的形式合併連用。但很顯然其使用的脈絡是在強調日本國體的自主性。接著，淺見絅齋在另一個載籍裡說道：

吾國自開天地以來，正統延續萬世，君臣之大綱是三綱之大者，他國所不及也。[24]

淺見絅齋這話有三重深刻的意義。第一，確認日本的天皇與臣下關係「正統延續萬世」。不管實質內容如何，至少在形式的名分上，天皇家作為萬世一系的「主君」身分，從未間斷過。第二，這種君臣關係，天皇家萬世一系從未間斷的日本特殊國體，具備了天下各國唯一僅見的優越性，當然也超越春秋經所源出的「唐土」。這點延伸的意涵是：名分意義的演繹論說，在政治運作的正反合辯證條件下，日本比中國更具合法性。第三，「唐土」中國兩千年載籍演繹下來的名

---

23. 淺見絅齋，〈中國論〉，收入西順藏、阿部隆一、丸山真男校注，《山崎闇齋学派》(東京：岩波書店，1980)，頁418。

24. 淺見絅齋，寫本《靖獻遺言講義》。原假名漢字交雜文，譯文為引自：岡田武彥，《山崎闇齋》(臺北：東大圖書公司，1987)，頁99。

分三綱的內容，雖然沒有明確排優先順序，但淺見絅齋明確地認定日本的國體內，名分的三綱的內容，在全人類唯一僅見，君臣之綱萬世不間斷過，因此君臣之倫是三綱之首。

> 道者天地之道，可通行於天下，無彼此之隔。各國之名分無上下之分，⋯⋯「中國」之名，乃模仿於唐，實無必要也。如不得已言之，則應以吾國(日本)為主，稱之為中國也。若以九州(大清疆土)為中國，以天地間之萬國皆夷狄，則是偏曲之見也。總之，以各國之立場觀之，吾國皆為主，異國是異國，分清主客之名分則無不明也。

在這份載籍的文脈裡，淺見絅齋對名分一詞的意涵，是指涉著國際關係上當以我為主。尤其是淺見絅齋不止一處自覺日本君臣關係萬世一系，未曾間斷的優越性，則延伸意義是日本更是天經地義地當「中國」之名而無愧。

淺見絅齋在〈拘幽操師說〉發揮他老師拘幽操序文裡曾言道的名分概念：

> 上下尊卑，各立名分，乃萬古不動之物。同於天地之位。萬事君導引臣，臣順從君，其義無二。

這裡則見到淺見絅齋將「名分」一詞的指涉，限制到君臣上下關係上。

由這兩段文脈，可以確認闇齋學派將「名分」一詞指涉到「日本與他國」的優越性，也可以指涉到「君臣上下」關係中君尊臣卑，日本天皇的絕對優位性。

由於德川幕府所制定的諸法度的慘刻嚴厲，處士不敢輕易橫議。開府百年來，德川家與天皇關係的議題更是禁忌。闇齋與淺見絅齋師徒二人既不碰觸逆鱗，只就日本國體的卓越性加以推揚，充分地利用中國傳入的載籍當中最普及的理學朱子相關著作、加上史學上的《資

治通鑑》、《通鑑綱目》等等載籍，以強調「上下尊卑各立名分」的概念，這種作法，乍見之下，於德川家的統治不僅無傷，抑且有助於德川家在表面上將「權威」虛名做給天皇，而實際上，以挾天子得來的「權力」，將天下二百餘藩，更堅固地掌控。

　　雖然老師山崎闇齋曾應會津藩主保科正之，也就是德川家康之庶孫，之禮聘，做政治上的顧問，試圖將朱子學理想在政治上實踐出來。而門生淺見絅齋則對德川家政權痛恨至極，發誓不入強霸武家政權江戶幕府所在地的「關東」。一生足不出天皇被「〈禁中並公家諸法度〉」所禁錮的京都。淺見絅齋對威壓君上的武霸德川家的憤恨，轉化成助力，加強了平日論講，推崇歷史上轉戰南北，戰死而後已的南北朝時代勤王英雄楠木正成。楠氏父子兩人，以極薄弱的兵力，對抗壓迫天皇的武家霸主足利尊氏的壓倒性大軍。父子兩人最終戰死殉王。淺見絅齋一面誓不入關東之地，一面以「望楠樓」筆名，著書立說。其勤王斥霸的象徵意義不言而喻。而門下弟子若林強齋繼師遺命，在師死無後情況下，創立了演繹師說的家塾，也取名「望楠軒」。繼續傳揚勤王斥霸的精神。

　　儘管淺見絅齋如此痛恨江戶武家霸主德川幕府，又如此景仰楠木正成。但在〈武家諸法度〉及〈禁中並公家諸法度〉的嚴刑峻罰政治運作下，淺見絅齋也只能假用外來的載籍史事，企圖掩護其尊王抑霸的政治運作。具體的作法是著成《靖獻遺言》一書，書中歌頌歷史上中國七大忠君愛國的典型，每一位典型人物一生中幾個關鍵的事件上，都附會比類，加上了對楠氏父子一生尊王抗霸悲壯的相關情節的評論與感喟。在淺見絅齋死後，此書在師門內代代相傳，作為絅齋門流開塾講學的基本教材，將其尊王精神，深烙入自日本全境各藩來京都留學的各藩志士的意識裡。

　　淺見絅齋生前死後師徒累積的尊王抑霸教學成果，在政治發展上產生了兩個具體成果，出現於江戶幕府中期。分別出現在西日本天皇

所在的京都，和東日本強霸將軍所在的江戶。前者為寶曆事件，後者為明和事件。時隔八年，地分東西，兩個事件即以其「尊王斥霸」的屬性，往往為後世史家以「宝曆・明和」事件相連並論。

首先是京都方面。曾在淺見絅齋學派門流下學習儒學的竹內式部氏，透過在京都對朝廷公卿的講學，以及對當時少壯天皇桃園天皇侍讀，講述具有君權神授，政教合一性質的山崎闇齋所開創的垂加神道。竹內式部帶有政治運作的講學行動，首先造成了京都朝廷中，強烈親皇賤霸的少壯公卿，與畏憚強霸幕府氣焰的天皇外戚方老臣間的對立，進而導致老臣派對竹內式部的猜忌，乃向江戶幕府派駐京都監視天皇公家朝廷的京都所司代告發入罪，將竹內式部下判逐出京都的刑罰。

繼而八年後，在江戶發生了明和事件。起因武家諸法度下為防止藩侯反叛，迫令天下250藩藩主必須在江戶設藩邸，藩主本人與嫡子正妻隔年輪流縛住江戶為人質。其中小田藩舊藩士山県大弍在江戶武家社群中，公餘講授軍學，其門人中有小幡藩重臣，與同藩僚友間的私怨。講授軍學的山県大弍被連累嫁禍而逮捕訊審。結果雖無謀叛事實，但以其平常言動碰觸幕府忌諱，[25]終究還是以欲加之罪式的「不敬」的理由判死。幕府藉明和事件懲處的機會，以「追放」期間擅入京都為理由，也將八年前寶曆事件犯人竹內式部進一步流放到最遙遠的八丈島。結果竹內式部在未抵刑地半途病死於遠島三宅島上。表面上兩個事件，時間相隔八年，地在東西兩個極端空間。性質上一個是武士之都的浪人舌禍事件，另一個則是公家朝廷內老少公卿集團間的對立。卻被強霸江戶幕府連結施刑。原來竹內式部的著作載籍中留下發揮春秋大義的文句謂「天下無道則禮樂征伐從諸侯出。從諸侯出則十世少(有)不衰(者)」這段話顯然是批觸了德川幕府以紫衣事件為代

---

25. 山県大弍所著《柳子新論》一書，有〈正名篇〉，正是以名分論的觀點出發，相當露骨地批判了當朝的德川幕府政治。

表的一連串僭犯天皇的行為。繼而查出竹內式部平日教學碰觸忌諱的主張，曰：「於日本未有身貴如天子者。然而當今天下人人皆知有將軍之貴，而不知天子之貴……」這已是春秋大義君不君，臣不臣，名分亡墜的赤裸控訴。這句話對專制獨裁者而言，無異咒咀其政權敗亡。繼而又調查出平常講學對公卿們主張說「自天子以下以至諸臣，上下勵學問，備五常之道，則天下萬民皆服其德而心寄天子。自然將軍亦必奉還天下之政統。其勢瞭如指掌。回歸公家之天下。」而另一方面，山縣大弐在其《柳子新論正名篇》中說：「苟害天下者，縱為國君之貴亦必罰之。力能克之，則舉兵討之，故湯伐夏，武伐殷，皆其大者也。」，「縱為(害天下者之)群下，善用此以除其害，立志興其利，則放伐尚且為仁。此無他，與民同志也」當時主天下武力之權柄，並非被《禁中並公家諸法度》軟禁在大內的天皇，而是在江戶的建立霸府，以壓倒性武力與密不透風的諸法度嚴控天下動靜的德川將軍。所以放伐對象所在不言可喻。

　　這兩個人，一個是在東方武家霸主所在的江戶，曾經接近武家政權權力核心(為側用人的左右手)，一個是在西方，大權旁落已五百年，天皇等同軟禁之地的京都，從事於町醫兼講學者。經過八年的時間仍然被關聯起來同時處刑。其間連結的共同紐帶正在於名分思想的作用。這兩人以生命安全為賭注的主張，其思想基礎是奠基於下級武士，神官，醫師，民間儒者等等，屬性上是定位於「民間知識人」階層。思想形成了之後，除了得到大權失落五百年的公家陣營的公卿乃至天皇家的呼應支持外，也更在其所自出的階層裡，透過行醫，家塾講學機會，廣為流傳。尊王思想，名分主張，搭配著時機上江戶時代中後期開始出現幕藩體制支配動搖，社會經濟危機，西洋外力壓迫等等的一連串武家統治負面力量的外在條件，終於出現了以高山彥九郎為首的幕末志士「全國行腳」的風氣。為六十年後造成幕府顛覆的極重要的導火線之一的安政大獄四義士刑死事件，舖下了斥霸倒幕的精神基礎。

　　1831年小濱藩草莽志士高山彥九郎行腳到他慕名已久的尊王重鎮水戶藩時，與水戶藩史館彰考館第四任史館總裁長久保赤水一席話，頗有承先啟後之意。原來長久保氏向高山氏提示自己作詩：「豐王城郭雄風盡，仁德帝墟膏澤多，好是江南行樂處，逢君欲問浪華歌。」這本是長久保氏遊歷大阪豐臣秀吉故城時抒懷詩。高山氏雖知豐臣秀吉在武士群中，相對地尊王。但仍建議長久保氏謂：「尊詩中，『豐王』一詞的『王』字當改成『公』字，若是江戶霸府地的學者所作也就罷了，貴藩水戶重名分學風名聞天下，此點似宜多加著意。」此一對話顯示這時期全日本有志之士各藩行走，交換砥礪尊王情操，互相鼓舞名分的風氣鼎盛。「大義」一詞與「名分」一詞連結成四字熟語的外在條件更趨成熟。

　　安政五年九月七日，奔走天下遊說尊王攘夷而勞瘁心力的梅田雲濱身體不堪，終於臥床京都烏丸池上自宅時，被幕府大老井伊直弼指示京都幕府監視鎮壓京都用的專門機構設計逮捕。

　　早在五年前美國總督培里率東印度艦隊四艘軍艦出現在浦賀外海時，懷抱強烈危機感的梅田雲濱已經與被世人視為「尊攘四天王」梁川星巖、賴三樹三郎、池內大学等人一起被幕府視為危險分子高度監視警戒。更早之前的嘉永五年七月，雲浜即以藩士身分向其所屬小浜藩藩主・酒井忠義上書論「藩政得失」而提出「外寇防禦」建言。因其言論激烈，觸怒藩主而被剝奪藩籍。從此，由於少了藩的束縛，反而得以更自由地行動，交結各藩同志，連日連夜議論時局大事。最後下定決心遊說那些軍備充實的雄藩，聯合起來伸張天皇朝威。主張在天皇朝廷領導下，斥黜那卑屈於西洋夷狄，妥協開國的無能德川幕府。遊說的首發對象為西南雄藩，即最接近西洋勢力侵犯日本的最前線九州一帶。明治維新後不久寫成的，以歌頌那些助成推倒幕府，天皇王政復古的幕末豪傑事蹟的《近世偉人傳》，如此地描述梅田雲濱道：「嘗遊九州。謂群弟子曰：余將遠游，為諸子講終身服膺之道，及呫口則『元年春王正月也』。先說大義名分，遂及我神武天皇以

下，二千三百年間事云。」幾乎同時出版的，以回顧這段扭轉近千年來日本王權由失墜而復興的繪圖史話《近世紀聞》則曰：「志士生在皇國之中，若無精誠之心，則天下大義名分無以立也。」從此，直到第二次世界大戰結束時天皇被聯軍統帥逼迫做「人間宣言」之前，「大義名分」一詞成為幕府末年起，天皇家重拾旁落千餘年王政實權，並將之進一步發展成日本民族對外擴張侵略的響亮口號之一。

結論

　　明治維新大業的重要思想基礎，同時學術上也是水戶學之關鍵史料之一的藤田東湖起稿的《弘道館記1838》有云：

> 嗚呼！我國士民，夙夜匪懈，出入斯館，奉神州之道，資西土之教，忠孝無二，文武不歧，學問事業不殊，其敬神崇儒，無有偏黨，集眾思，宣群力，以報國家無窮之恩，則豈徒祖宗之志弗墜，神皇在天之靈亦將降鑑焉。建斯館以統其治教者誰?權中納言從三位源朝臣齊昭也。

　　這段文字為日本中世以來「大義名分」一詞的形成過程，在各個層次上提供了相當有用的解析說明的架構。首先，「奉神州之道，資西土之教」一句，說明了日本有志之士理想上的民族文明發展應有的模式：即日本的文明與歷史發展，明確掌握自己(神州)的主體性「道」，開放積極地吸收(資)外來(西土)之文明(教)。而這最大最主要的「西土」是中國，及其文明中的主流學術思想體系：儒教。

　　第二「忠孝無二」，相對於前近代中國從傳說中的舜「竊負天下而逃，視天下如敝屣」所確立下來的「孝先於忠」的傳統。[26]日本是將忠的重要性放在孝之前，忠君報國的價值至少不會遜於孝親孝家的價值，其最突出的事例是受水戶學深刻薰陶的乃木將軍殉死明治天皇一

26.　參見《孟子·萬章下》。

事。[27]

第三「文武不歧」。日本文明的典型與天皇家的家業傳統相重疊的一個鮮明的形象是：第一代創業登基的天皇為「神武」天皇，天皇家武勇另一個象徵是「日本武尊」的神話，這兩位天皇家代表性形象人物，從《神皇正統記》到《大日本史》乃至江戶時代民間的戲曲小說，傳頌不已。藉由強調天皇家的「武德」一面，正足以反襯出強霸德川家「奸名犯分」的種種不德之舉的一例，也就是在〈禁中並公家諸法度〉開章首條，將天皇的存在意義侷限在「學問藝能」的文事上的作法。

第四「敬神崇儒，無有偏黨」，神即是「神州之道」，日本文明的主體。「儒」即是外來可資借用的「西土之教」當中的最大最重要的思想教學體系。既不失日本民族靈魂主體性，又不斷吸收外來資源養份，使日本這個主體可以持續滋榮壯大。

弘道館建館高揭的這套理想出現的背景是：幕府在過了鼎盛時期之後，一方面內政上有大塩平八郎為首的民眾反亂所呈現的幕藩體制崩潰的內政危機，另一方面有西洋各強國海事力量頻頻寇擾日本海疆，外來勢力有威脅日本國體存亡的外交危機。在這樣內政外交的重重危機下，日本的現狀卻是：天皇家王權被收奪於強霸武家之手已逾六百年。神武天皇與日本武尊所象徵的日本皇家「武」的一面，更被武士政權江戶幕府以「禁中並公家諸法度」的首章摧折禁錮，而看來江戶幕府也無力「攘夷」。以上這四要點的出現，更深層的基礎則在於「水戶學」的起點，也就是水戶藩第二代藩主德川光圀讀史記伯夷列傳所傳達的兄弟讓國與尊王名分雙重深意，有感啟發，興起設館修日本歷史的念頭。水戶藩修史的彰考館，一開始就廣納了日本全境各

---

27. 乃木將軍在明治天皇大葬之後同日傍晚，與妻子一起殉死示忠。相對的情況，在中國的價值道德系統脈絡下，這種行為可能被以「身體髮膚受之父母，不敢毀傷也」的經文依據而受到批判。

藩而來的文士儒學者，連同水戶本藩人材，絕對多數在「資西土之教」的日本文明發展傳統模式下，都受過以《資治通鑑》與廣義朱子學為代表的宋學的深刻薰陶。其中尤其以江戶學術思想中「忠君尊王」，「正統名分」色彩最強烈的闇齋學派淺見絅齋的門流譜系最為分明。

在水戶學弘道館記問世前六百年間，從王權的角度來看，日本歷史的發展的重點是「武家霸道崛起，王權衰敗陵夷」的過程。先是中世開頭鎌倉時代末期，王權主體所在的天皇家，在鎌倉幕府成立以來，武力一路消蝕殆盡情況下，嘗試藉由對「西土之教」的載籍加以演繹，用以號召霸權主北条氏家族以外的非主流武士們勤王。載籍演繹第一階段的具體成果是花園天皇治世開頭的公家朝廷經筵裡，對舶載而入的《資治通鑑》系列宋籍的研讀。後醍醐天皇踵事增華，助成了政治上，「建武中興」所實現的王權的短暫回復。「人能弘道，非道弘人」，後醍醐天皇個人德術不足，真理的載籍的演繹的成效在後醍醐天皇之世，在政治運作上，未能夠突破公武之爭的臨界點，不能為天皇家王權打造出長治久安的基礎。以致於推倒了一家僭霸，旋即被另一群以足利尊氏為首的武士們所建立的室町幕府侵奪了絕大部分的王權。儘管如此，後醍醐天皇朝廷裡宋學儒臣北畠親房出於「奉神州之道」的意識與精神，資藉西土傳入「宋學」之教，著成《神皇正統記》一書，裡面既發揚了日本「神國萬世一系皇統」的「勤皇」思想，同時也繼承了春秋經「尊王名分」的意識型態，天皇家政治運作是失敗了，然而《神皇正統記》一書本身成了日本的經典，作為日本歷史發展「載籍演繹與政治運作」正反二素所構成的下一個辯證過程的起點。

後醍醐天皇曇花一現的建武中興之後，日本歷史發展的動力是主要來自武力上的鬥爭競逐。室町幕府足利家在推倒前一個武士鎌倉幕府過程中，早已是群雄並起，逐鹿天下。首代將軍足利尊氏即使勝出

受封為征夷大將軍，但並不具備壓倒性的優勢，其人權力鬥爭的策略，顯現了見風轉舵，缺誠少信的性格，藉挑撥分化以便隔山觀鬥求自保。這是因為武士階層在日本歷史過程中是新崛起的政權爭奪團體，道德教條，名分意識的強度，與有近七百年儒學講讀傳統的公家相較而言，幾乎可謂空白。在三代將軍義滿聲勢到達顛峰後，繼任者多已才具平庸，德術不能服眾。日明貿易加劇日本經濟的發展，財富實力的消亡與積長，在規模與速度上的變化更加劇烈，走順境者財大氣粗，爭雄天下的意氣高漲，在原本即是稀薄近乎零的名分意識背景下，武士的世界裡「下克上」現象陡然膨脹。室町幕府的將軍，也走上如同前一個階段武人侵奪架空天皇實權的過程一樣，自己也被幾大武力家族不斷侵奪架空實權，只能空坐虛席，看戰國群雄互相殺代爭奪天下實權。強有力的武士，逐鹿中原，力能「上洛」者，[28]成為名實相符的霸主。天皇家存在的意義只在等待大勢底定時，為下一位霸主做形式上的冊封。德川家康就是在使盡一切不講仁義，唯勝是求的手段後，得到早已徒擁虛名的天皇的冊封為征夷大將軍名銜，而建立德川幕府這個武家政權。德川家康回顧自己剛走出來的下克其上，尚武殺伐的戰國時代，切身體會到上個時代的政教缺失，參考了中國近世開頭宋代以來的政治運作的優點，透過藩校寺子屋等等教育機構裡，對中國傳入的載籍加以學習講論，把那一套在中國行之著有成績的朱子學，選擇性地推展全體系中有助於強化日本社會政治尊卑秩序，上下定分的部分，逐漸在日本的武士社群中形成意識型態。然而在朱子學教育過程中，邏輯相關的其他意識型態，如經史載籍中以《資治通鑑》，《通鑑綱目》為代表的春秋名分觀，也自然地滋長起來。[29]

---

28. 意指日本封建時代裡，有實力的戰國英雄，率大軍陣仗穿越別的軍閥的領國而前往京都觀見天皇。

29. 東從水戶史館成員，西到京都公卿講學的竹內式部，尊上如水戶藩主德川光國，卑下如幕末低級藩士梅田雲濱，以此為例，都可見到各階層日本人受到日本朱子學重鎮淺見絅齋與《資治通鑑》及《通鑑綱目》的春秋尊王名分的影響的事例。

　　儘管德川家康繼任者對天皇嚴密露骨而有效的打壓，比如紫衣事件，卻在春秋名分意識型態滋長到躍出一個臨界面後，打壓的刺激，反而逼出天皇存在的鮮明形象，在多數人的記憶裡喚起尊王名分的情操。廣大的識字者群中，豪傑型人物公然藉由載籍的著作流傳，造成了政治運作上尊王攘夷運動的點火。遠者疏者如外樣大名、京都公家社會裡出現的寶曆、明和兩個事件。近者親者如幕府將軍宗室，親藩大名的水戶藩裡，水戶史學精神的勃發。水戶學中結晶出兩篇關鍵性的文獻：藤田幽谷藤田東湖父子所寫的〈正名論〉和〈弘道館記〉。「水能載舟，亦能覆舟」，強霸德川家原欲為自己政治運作順利，政權長治久安而設計的文教政策，卻在朱子學載籍在日本社會演繹發達的過程中，被存心尊皇，或有志倒幕的個人或團體，反向政治操作。誠如近世偉人傳所載：「遠遊(天下)，為諸子講終身服膺之道，及咶口則元年春王正月六字也。先說大義名分，遂及我神武天皇以下二千三百年間事。」一段所見，政治操作又醞釀出「大義名分」的經典口號，也產生了《近世偉人傳》這類的載籍。武家推倒了，天皇家的王政復古了。大義名分的口號和近世偉人傳這類的載籍，又成了明治天皇政治運作上，有效的意識型態宣揚工具。日本歷史的發展，又看到了一個載籍演繹與政治運作新回合的辨證階段。

　　由於「大義名分」一詞在漫長的形成過程中，融進了「尊王」「攘夷」「倒幕」「斥霸」的看似不相干，實則內在有邏輯關聯係的四組意涵。使得因「大政奉還」「王政復古」後的明治政府掌握了這個強有力的意識型態的工具，凝聚全日本的國力，大到足以與西洋列強爭雄時，很自然地可以轉換成向海外擴張勢力，及至侵略弱小以自大的軍國主義宣傳口號了。

附錄

中國近世北宋司馬光《資治通鑑・臣光曰第一（論名分）》與日本近世江戶藤田幽谷〈正名論〉

《資治通鑑・臣光曰第一（論名分）》

　　臣光曰：臣聞天子之職莫大於禮，禮莫大於分，分莫大於名。何謂禮？紀綱是也；何謂分？君臣是也；何謂名？公、侯、卿、大夫是也。夫以四海之廣，兆民之眾，受制於一人，雖有絕倫之力，高世之智，莫敢不奔走而服役者，豈非以禮為之綱紀哉！是故天子統三公，三公率諸侯，諸侯制卿大夫，卿大夫治士庶人。貴以臨賤，賤以承貴。上之使下，猶心腹之運手足，根本之制支葉；下之事上，猶手足之衛心腹，支葉之庇本根。然後能上下相保而國家治安。故曰：天子之職莫大於禮也。

　　文王序《易》，以乾坤為首。孔子系之曰：「天尊地卑，乾坤定矣，卑高以陳，貴賤位矣。」言君臣之位，猶天地之不可易也。《春秋》抑諸侯，尊周室，王人雖微，序於諸侯之上，以是見聖人於君臣之際，未嘗不惓惓也。非有桀、紂之暴，湯、武之仁，人歸之，天命之，君臣之分，當守節伏死而已矣。是故以微子而代紂，則成湯配天矣；以季札而君吳，則太伯血食矣。然二子寧亡國而不為者，誠以禮之大節不可亂也。故曰：禮莫大於分也。

　　夫禮，辨貴賤，序親疏，裁群物，制庶事。非名不著，非器不形。名以命之，器以別之，然後上下粲然有倫，此禮之大經也。名器既亡，則禮安得獨在哉？昔仲叔於奚有功於衛，辭邑而請繁纓，孔子以為不如多與之邑。惟器與名，不可以假人，君之所司也。政亡，則國家從之。衛君待孔子而為政，孔子欲先正名，以為名不正則民無所措手足。夫繁纓，小物也，而孔子惜之；正名，細務也，而孔子先之。誠以名器既亂，則上下無以相有故也。夫事未有不生於微而成於

著。聖人之慮遠，故能謹其微而治之；眾人之識近，故必待其著而後救之。治其微，則用力寡而功多；救其著，則竭力而不能及也。《易》曰：「履霜，堅冰至」，《書》曰：「一日二日萬幾」，謂此類也。故曰：分莫大於名也。

嗚呼！幽、厲失德，周道日衰，綱紀散壞，下陵上替，諸侯專征，大夫擅政。禮之大體，什喪七八矣。然文、武之祀猶綿綿相屬者，蓋以周之子孫尚能守其名分故也。何以言之？昔晉文公有大功於王室，請隧於襄王，襄王不許，曰：「王章也。未有代德而有二王，亦叔父之所惡也。不然，叔父有地而隧，又何請焉！」文公於是乎懼而不敢違。是故以周之地則不大於曹、滕，以周之民則不眾於邾、莒，然歷數百年，宗主天下，雖以晉、楚、齊、秦之強，不敢加者，何哉？徒以名分尚存故也。至於季氏之於魯，田常之於齊，白公之於楚，智伯之於晉，其勢皆足以逐君而自為，然而卒不敢者，豈其力不足而心不忍哉？乃畏奸名犯分而天下共誅之也。今晉大夫暴蔑其君，剖分晉國，天子既不能討，又寵秩之，使列於諸侯，是區區之名分復不能守而並棄之也。先王之禮於斯盡矣。或者以為當是之時，周室微弱，三晉強盛，雖欲勿許，其可得乎？是大不然。夫三晉雖強，苟不顧天下之誅而犯義侵禮，則不請於天子而自立矣。不請於天子而自立，則為悖逆之臣。天下苟有桓、文之君，必奉禮義而征之。今請於天子而天子許之，是受天子之命而為諸侯也，誰得而討之！故三晉之列於諸侯，非三晉之壞禮，乃天子自壞之也。

嗚呼！君臣之禮既壞矣，則天下以智力相雄長，遂使聖賢之後為諸侯者，社稷無不泯絕，生民之害糜滅幾盡，豈不哀哉！

〈正名論〉

甚矣！名分之於天下國家，不可不正且嚴也，其猶天地之不可易邪。有天地然後有君臣，有君臣然後有上下，有上下然後禮義有所措。

　　苟君臣之名不正，而上下之分不嚴，則尊卑易位，貴賤失所，強凌弱，眾暴寡，亡無日矣。故孔子曰：必也正名乎，名不正則言不順，言不順則事不成，事不成則禮樂不興，禮樂不興則刑罰不中，刑罰不中則民無所措手足。

　　周之方衰也，強霸更起，列國力爭，王室不絕如綫，猶為天下共主。而孔子作春秋以道名分。王而稱天，以示無二尊；吳楚僭王，貶而稱子；王人雖微，必序於諸侯之上，其惓惓所以正名嚴分者，不一而足。故曰「天無二日，土無二王」言統於一也。

　　蓋嘗覩古今治亂之迹：天命靡常，順德者昌，逆德者亡。桀紂至暴也，湯武至仁也，以仁易暴，為天下除殘賊，猶誅一夫，而湯有慙德，武未盡善，商書魯論所記，豈誣哉。

　　(而)文王為西伯，帥殷之叛國以事紂。詩人稱之曰：「王室如燬，雖則如燬，父母孔邇。」又曰「赳赳武夫，公侯干城。」夫紂之播惡，如火之燎于原，不可嚮邇。文王樹德，視民猶赤子，而民愛戴之，然猶曰王室，曰公侯。當文王與紂之事，其名分之正且嚴也如此。孔子曰：「三分天下有其二，以服事殷」，周之德其可謂至德也已矣。由是觀之，聖人之意可知矣。

　　赫赫◎日本，自◎皇祖開闢，父天母地，◎聖子神孫，世繼明德，以照臨四海。四海之內尊之曰◎天皇。八洲之廣，兆民之眾，雖有絕倫之力，高世之智，自古至今，未嘗一日有庶姓奸◎天位者也。君臣之名，上下之分正且嚴，猶天地之不可易也。是以◎皇統之悠遠，國祚之長久，舟車所至，人力所通，殊庭絕域，未有若我邦也，豈不偉哉！

　　雖然，天下之生久矣，世有治亂，時有盛衰。中葉以來，藤氏專權。其輔幼主號曰「攝政」，然特攝其政而已，非攝其位矣。及還政◎天子，則號曰「關白」，萬機之政，關白其人也。是皆上之所命，非敢為僭號。而◎天子垂拱之勢，亦有由來矣。

鎌倉氏之霸，開府於關東，而天下兵馬之權專歸焉。室町氏之霸，據輦轂之下，而驩虞之政，以號海令內，生殺賞罰之柄，咸出其手。威稜所在，加以爵命之隆，傲然尊大，奴視公卿，攝政關白，有名而無實。公方之貴，無敢出其右者。則幾乎武人為大君矣。豐臣氏當天步艱難之日，身起匹夫，致霸主之業。挾◎天子以令諸侯；振長策以驅使域中，遂奪藤氏關白之號而有之矣。其強蹙既如此，而猶執臣禮事◎皇室，不敢自稱王者，以名分之存故也。名分所存，天下仰之。強霸之主，西滅東起，而◎天皇之尊自若也。

◎東照公生戰國之際，以干戈平定海內，勝殘去殺，翼戴◎皇室，以征夷大將軍，奠居東海，控制四方，鎮撫天下，文子文孫，世光先烈，尺地一民，莫不歸往焉。君臣之名正，而上下之分嚴，其為至德，豈在文王下哉。

古之聖人，制朝覲之禮，所以教天下之為人臣者也。而天子至尊，無所自屈，則郊祀之禮，以敬事上天；宗廟之禮，以君事皇尸。明其雖◎天子，猶有所受命也。聖人於君臣之道，其謹如此，而況◎天朝開闢以來，　◎皇統一姓，傳之無窮，擁神器，握寶圖，禮樂舊章，率由不改。　◎天皇之尊，宇內無二。則崇奉而事之，固非若夫上天杳冥，皇尸近戲之比，而使天下之為君臣者取則，莫近焉。是故，◎幕府尊◎皇室，則諸侯崇◎幕府；諸侯崇◎幕府，則卿大夫敬諸侯。夫然後上下相保，萬邦協和。甚矣！名分之不可不正且嚴也。

今乎◎幕府，治天下國者也。上戴◎天子，下撫諸侯，霸王之業也。其治天下國家者，攝◎天子之政。天子垂拱不聽政久矣，久則難變也。◎幕府攝◎天子之政，亦其勢爾。異邦之人有言：「◎天皇不與國事，唯受國王供奉。」蓋指其實也。雖然，天無二日，土無二王。皇朝自有◎天子，則◎幕府不宜稱王。雖則不稱王，其治天下國家，莫非王道也。伯而不王，文王之以為至德。與其王而用霸術，曷若其霸而行王道。

　　日本自古稱君子禮義之邦。禮莫大於分，分莫大於名，不可不慎
也。夫既攝◎天子之政，則謂之攝政，不亦名正而言順乎！名正言
順，然後禮樂興。禮樂興，然後天下治。為政者豈可以正名為迂也
哉。